王永春 主编

小学数学思想方法解读及教学案例

华东师范大学出版社

·上海·

图书在版编目(CIP)数据

小学数学思想方法解读及教学案例/王永春主编.
—上海：华东师范大学出版社，2017
ISBN 978－7－5675－6473－2

Ⅰ.①小… Ⅱ.①王… Ⅲ.①小学数学课－教学研究
Ⅳ.①G623.502

中国版本图书馆 CIP 数据核字(2017)第 101385 号

XIAOXUE SHUXUE SIXIANGFANGFA JIEDU JI JIAOXUE ANLI

小学数学思想方法解读及教学案例

主　　编　王永春
策划组稿　倪　明　汤　琪
审读编辑　倪　明　汤　琪
装帧设计　黄惠敏

出版发行　华东师范大学出版社
社　　址　上海市中山北路 3663 号　邮编 200062
网　　址　www.ecnupress.com.cn
电　　话　021－60821666　行政传真 021－62572105
客服电话　021－62865537　门市(邮购)电话 021－62869887
地　　址　上海市中山北路 3663 号华东师范大学校内先锋路口
网　　店　http://hdsdcbs.tmall.com

印 刷 者　上海昌鑫龙印务有限公司
开　　本　787×1092　16 开
印　　张　28.5
字　　数　582 千字
版　　次　2017 年 8 月第 1 版
印　　次　2025 年 1 月第 11 次
印　　数　43 001—45 100
书　　号　ISBN 978－7－5675－6473－2/G·10361
定　　价　66.00 元

出 版 人　王　焰

(如发现本版图书有印订质量问题,请寄回本社客服中心调换或电话 021－62865537 联系)

前　言

《义务教育数学课程标准》(2011年版)在总体目标中提出：通过义务教育阶段的数学学习,学生能获得适应社会生活和进一步发展所必需的数学的基础知识、基本技能、基本思想、基本活动经验。

为了帮助小学数学教师转变数学教育观念,提高对数学思想方法的理解和运用水平,进而提高数学专业素养,我于2014年出版了专著《小学数学与数学思想方法》。该书一经出版,便受到广大小学数学教师的欢迎,同时掀起了学习的热潮,在"鲲鹏小数读书吧""无痕小数悦读社"等QQ群进行读书交流活动。我被老师们高涨的学习热情和精神所感动,便应邀参与每周一次的读书交流活动,持续约半年时间。在这半年的学习过程中,大家分工合作、踊跃发言、取长补短,实现了共同的进步。QQ群就像一个大家庭,老师们在学习交流的过程中不但提高了专业素养,也收获了温暖和友情。在读书活动的最后一次交流中,我带着激动的、敬佩的、感动的、眷恋的心情结束了这半年的活动,激动于老师们的学习热情,敬佩于老师们的学习水平,感动于老师们的思想共鸣,眷恋着与老师们相处产生的友情。带着五味杂陈的心情,我向老师们郑重承诺：请参与学习的老师们把自己的读书心得写出来,在教学中去实践自己的学习收获,然后把这些鲜活的学习体会和宝贵的教学经验案例结集出版,我作为主编亲自审稿,让更多的老师分享对数学思想方法通俗而深刻的理论解读和接地气的实践经验。

2016年期间，我得知即将颁布的高中数学新课程标准，在继承了"四基""四能"目标的基础上提出了六个数学核心素养的目标，即：数学抽象、逻辑推理、数学建模、直观想象、数学运算、数据分析。这些核心素养本质上就是数学核心的思想方法，数学运算本质上是一种推理，也可以归为数学思想范畴。因此，高中数学核心素养也是对核心数学思想方法的高度概括，这更加凸显了数学思想方法的重要性。由此我们认为应继续加强对数学思想方法的理论学习和实践研究，本书的出版将为一线教师提供更多的学习参考资料和教学案例。

本书是《小学数学与数学思想方法》一书的读后感、一线教师的解读和教学案例研究。因此本书的内容结构和目录与《小学数学与数学思想方法》的内容结构和目录是基本相对应的，其中第一章到第五章的目录与《小学数学与数学思想方法》相对应，第六章教学案例部分，考虑到各年级案例分布不均，没有按照册数分节，把一、二年级分为第一节，三、四年级分为第二节，五年级分为第三节，六年级分为第四节。

这里要真诚感谢两个群的群主和管理员王首朋、郑帅、高贻军等老师，感谢热心参与读书交流的所有老师，更要感谢参与本书撰写及承担书稿初审的王喜清、韩素品、郑玲玲、杜建军、赵兴军、高莉、杨磊、杜煜等老师。

这里要衷心感谢华东师范大学出版社的倪明等老师对数学教育类图书策划出版的重视和一贯支持，使得本书能够及时出版。

因时间关系及水平所限，书中定有不妥之处，恳请大家提出宝贵意见。

王永春

2016 年 12 月 12 日

目 录

第一章 数学思想方法简介 / 1

第一节 对数学思想方法的认识 / 1

1 读《小学数学与数学思想方法》,联想《春夜喜雨》/ 1

2 提炼小学低年段数学思想方法,感悟数学灵魂 / 4

3 揭开"数学思想"的面纱,从迷茫走向清晰 / 7

第二节 数学思想方法的教学 / 9

4 数学基本思想的理解与落实
　　——《标准(2011版)》深度解析与行动策略 / 9

5 品味数学思想,提升数学素养 / 15

6 数学思想在数学学习中的作用 / 21

第二章 与抽象有关的数学思想 / 26

第一节 抽象思想 / 26

7 基于数学思想方法的案例研究——以抽象思想为例 / 26

8 对抽象思想的解读与感悟 / 29

9 抽象思想——数学的法宝 / 33

第二节 符号化思想 / 34

10 对符号化思想的一些粗浅认识 / 34

11 基于学生思维轨迹下的"关系符号"
　　——以"和是10的加法"教学为例 / 40

12 聚焦符号化思想,分享数学教育智慧 / 45

13 用符号化思想点亮数学课堂——以"用字母表示数"为例 / 48

14 在"四能"中培养学生的符号意识 / 53

第三节 分类思想 / 57

15 分类思想在小学数学教学中的应用 / 57

16 基于"分类思想"的教学实践与思考
　　——以"探索图形"和"最大公因数"为例 / 59

17　例谈小学数学中的分类思想 / 63

第四节　集合思想 / 65

18　例谈小学数学中的集合思想 / 65

19　浅谈集合思想在小学数学教学中的渗透 / 66

第五节　变中有不变思想 / 69

20　变中有不变思想——解决问题的利剑 / 69

21　活用"变化量",定住"不变量"——变中有不变思想 / 70

22　定质高效,限量减负——品读"变中有不变思想"小感 / 73

23　"神奇的变量"教学设计与思考 / 76

24　审时度势,变中不变思想的多维思考 / 83

第六节　有限与无限思想 / 85

25　有限与无限思想——一对矛盾的双胞胎 / 85

第三章　与推理有关的数学思想 / 88

第一节　归纳推理 / 88

26　归纳推理宏观及微观教学探析 / 88

27　浅谈小学数学中归纳推理能力的培养策略 / 93

第二节　类比推理 / 99

28　浅谈植树问题与类比推理教学 / 99

29　类比推理在小学数学教学中的有效实施 / 101

30　对类比推理的几点思考 / 105

31　数学中之类比 / 108

第三节　演绎推理 / 111

32　培养学生演绎推理思想,促进形成正确演绎推理 / 111

33　"演绎"引领,水到渠成
　　——小学阶段演绎推理能力培养策略探析 / 116

第四节　转化思想 / 125

34　浅谈数学日记与转化思想学习 / 125

35　谈小学数学教学中的转化思想 / 127

36　转化思想导引,冲破思维迷雾 / 129

37　数学思想导引,让"套公式"变成"长智慧" / 135

38　转化思想在平面图形面积教学中的实践与思考 / 137

第五节　数形结合思想 / 144

39　浅析"数形结合百般好"在小学数学中的体现 / 144

40　提炼数形结合思想,运用数形结合思想方法教学 / 152

41 应用数形结合思想,构建有效数学课堂 / 157

42 "数与形"教学研究报告 / 162

43 赏读数形结合,解密试题检测——从学生数学检测题说起 / 172

第六节 几何变换思想 / 177

44 几何变换下的"柳暗花明" / 177

45 几何变换思想在图形运动中的三部曲 / 183

46 设计小学数学平移变换教学,与初中平移法作辅助线衔接 / 188

第七节 极限思想 / 193

47 再论极限思想 / 193

48 "圆的周长"教学研究报告 / 201

49 认识极限思想,在教学中有效渗透极限思想 / 215

50 极限变无为有,代换删繁就简 / 217

第八节 代换思想 / 219

51 例说小学数学中的代换思想 / 219

第四章 与模型有关的数学思想 / 225

第一节 模型思想 / 225

52 把握数学本质,构建数学模型
　——"分数与除法"的教学实践与评析 / 225

53 动手操作,稳步构建模型的有效手段
　——"三角形边的关系"教学实践与评析 / 233

54 例谈如何在低年级教学中渗透数学模型思想 / 243

55 有思想的知识留得住——以乘法分配律的教学为例 / 247

56 在植树问题中渗透数学模型思想 / 249

第二节 方程思想 / 253

57 破茧而出,化茧成蝶——关于方程思想的思考 / 253

58 转变思维策略,架构起等量关系式与方程式的对应关系 / 256

第三节 函数思想 / 260

59 于"变"中把握"不变"——关于函数思想的点滴思考 / 260

第四节 优化思想 / 265

60 思想为先,深度体验——"烙饼问题"教学思考与实践 / 265

61 优化思想,优化生活——感受数学优化思想的魅力 / 271

第五节 统计思想 / 276

62 浅谈我理解的统计思想 / 276

第六节 随机思想 / 280

63 摸球抛物，感知随机 / 280

第五章　其他数学思想方法 / 285

第一节　数学美思想 / 285

64 赏析数学之美 / 285

65 我对数学美思想的认识 / 301

66 做有思想的数学老师 / 308

67 挖掘数学内在美，让常规教学"有滋有味"
——"梯形的面积"异构课堂对比赏析 / 311

第二节　分析法和综合法 / 316

68 分析法和综合法在小学数学解决问题中的应用 / 316

第三节　反证法 / 318

69 关于反证法教学的一点看法 / 318

第四节　假设法 / 320

70 巧用假设法解决工程问题 / 320

71 例谈小学数学中的假设法 / 323

第五节　穷举法 / 327

72 由举引思，拨动缜密思维的"密码" / 327

第六节　数学思想方法的综合应用 / 330

73 谈小学数学思想方法的综合应用
——以"圆环的面积猜想"为例 / 330

第六章　小学数学教学案例 / 336

第一节　一、二年级教学案例 / 336

74 数学思想方法在计算教学中的综合应用——以"9加几"为例 / 336

75 乘法口诀的秘密 / 339

76 开辟"数形结合"的小天地——在小学低年级数学概念教学中
渗透数形结合思想的策略研究 / 343

77 挖掘数学思想，增强方法意识 / 347

第二节　三、四年级教学案例 / 350

78 基于数学思想方法的案例研究——以集合思想为例 / 350

79 在课堂中有效渗透数学思想方法
——四年级"三角形的特性"课堂实录及思考 / 356

80 怀揣多种数学思想进入代数的世界
——两次教学"字母表示数"的对比思考 / 364

第三节　五年级教学案例 / 370

81　"分数的认识"教学研究报告 / 370

82　建立方程模型,体会方程思想——"方程的意义"教学思考 / 389

83　基于数学思想方法维度的"3 的倍数的特征"教学研究报告 / 399

84　"折线统计图"教学设计 / 413

85　在"植树问题"教学中渗透数学思想方法 / 419

第四节　六年级教学案例 / 422

86　让数学思想充盈课堂——"圆的面积"思考与设计 / 422

87　运用转化的思想方法解决实际问题的案例分析
　　——以"圆柱体积解决问题"为例 / 428

88　"比例的意义"教学设计 / 432

89　如何在教学中渗透数学思想方法——以"鸽巢问题"为例 / 439

第一章　数学思想方法简介

第一节　对数学思想方法的认识

读《小学数学与数学思想方法》，联想《春夜喜雨》

有幸拜读王永春教授的《小学数学与数学思想方法》一书。翻开第一章,看到了书中介绍的《义务教育数学课程标准》(2011年版)(以下简称《标准(2011版)》)理念下的全新的数学思想方法系统,同时也品读了关于小学数学思想方法在小学数学教学中的重要意义的精辟论述。书中第12页写有:"正如杜甫的诗句'好雨知时节,当春乃发生。随风潜入夜,润物细无声……'所表达的心境一样,数学思想方法教学也应该像春雨一样,不断地滋润着学生的心田。"让我久久回味。

这段话体现了本书的灵魂,读后受益匪浅。反复斟酌,感到《小学数学与数学思想方法》和杜甫的《春夜喜雨》确有异曲同工之处。今将其与数学教学联系分析,由此对数学思想方法的培养及其价值展开思考。

春夜喜雨
杜　甫

好雨知时节,当春乃发生。

随风潜入夜,润物细无声。

野径云俱黑,江船火独明。

晓看红湿处,花重锦官城。

好雨知时节,当春乃发生。好雨好像知道下雨的节气,在植物正萌发生长的时候降临。类比数学思想方法教学:教师要抓住数学知识中蕴含的数学思想方法,在相关的各个教学环节,适当渗透或点明,使数学思想方法在恰当情境中滋生;学生在学习实践中,或在解决问题中遇到困难时,教师要抓住时机给以数学思想方法的渗透和引导,机不可失,失之可惜。

小学阶段是数学思想方法形成的萌芽和初期阶段,小学低年级更是萌芽初始阶段。想让这阶段的学生直接有意识地、自觉地运用数学思想方法,固然是很困难的。但小学低年级若不抓住时机,在数学思想方法要萌生时忽视数学思想方法导引,则会耽搁学生数学的学习与发展。教学中常常发现一些学生由于数学思想方法长期处于薄弱状态,遇到待解答的数学问题,一步看不到位,就宣告失败。这些学生久而久之,思维发展步伐迟缓,到小学高段甚至到中学时,思维还没能打开穴道,不善于分析问题,遇到陌生问题,老师不讲,就束手无策。

当然小学生数学思维中往往也自然蕴含了数学思想,但要注意的是,对于有些学生,教师若不适时点拨,数学思想往往总处于潜意识状态,因而不能很好起到有意调节思维的导引功能。教学过程中如果有意揭示,则能使学生的数学思想从无意识层面上升到有意识层面,学生的数学学习则会上升层次。很多成年人一谈起数学,就望而生畏,说"我上学时,就是数学没学明白,怕数学",其原因大多是没领会数学思想方法,没用数学思想方法去认识数学及其规律所致。

随风潜入夜,润物细无声。春雨随着春风在夜里悄然落下,无声地滋润着大地万物。类比数学思想方法学习:数学思想方法悄悄蕴含在数学教与学中,如同春雨潜移默化地滋润着小学学生的心田,而后逐步地由默会到明确化,成为强大的思维动力。

学生数学思想方法的培养,不可能"一蹴而就、立竿见影",而是一个"水滴石穿"的过程。数学思想方法蕴含在小学数学学习的各个阶段,随着数学知识的不断学习而悄悄滋润着学生的大脑,潜移默化地促进学生认知的发展。学生在数学思想方法学习上的进步,有时可能看不见摸不着,但此时学生实际上已经前进了一大步。因而,数学思想方法的教学不能只看一节课的内容,还要看这节课对学生数学思想发展的作用。我们要从长远角度规划数学思想方法的教学,从发展角度评价学生数学思想方法学习的成绩。我们要让数学思想方法在学生学习的各个年龄段体现整体功能。这样,学生会逐步学会数学思考。等到学生上中学时,中学教师看到学生会思考问题,看到学生"不但聪明,而且智慧",将会为你点赞,那将是你教学最大的成功和精彩。

野径云俱黑,江船火独明。雨夜中江郊野外黑色茫茫,而船上的灯火却独自明亮。在数学知识的海洋中,教师的教和学生的学往往如同在黑夜中艰苦摸索,而数学思想方法则像一盏明灯,在黑暗中照亮了教与学前进的道路,导引学生数学思维的方向。

思想本身是大脑对客观事物的认识,以及在认识中产生的观念、想法;是客观存在反映在人的意识中,经过思维活动而产生的结果。数学思想方法是对数学及其规律的理性认识,是对数学知识的本质认识,是数学认知过程中提炼上升的数学观点方法,带有观念性和指导性。人的大脑机能好比计算机的硬件,储存的各个数学本体知识好比计算机的软件,而数学思想方法则是硬件和软件得以融合的桥梁。学生大脑中若不蕴含数学思想方法,会导致数学学习缺乏自主性,往往就成为离不开教师这个拐棍的被动学习者,学得的数学知识往往不能用数学思想去有效链接,知识各自独立,支离破碎。学生在数学学习中,大脑有了数学思想,学习才有方向导引,心中有了明确方向,才能主动思考,才有利于对数学本质的认识,面对数学问题才能知道如何去思考和解决。

数学思想方法和数学认知策略有紧密的联系。认知策略是对内调节大脑认知活动的一种方法和程序,其中的思维策略在数学学习中有独特的意义。在小学生的数学学习中,数学思想方法大多体现在调节数学学习思维方法上,此时的数学思想方法大多属于数学认知策略范畴。学生在面对一个陌生的数学问题时,要思考问题解决的策略,构建解决问题的方案,其思考过程,是靠对大脑中的认知调节程序(元认知等)来指挥的,是靠数学思想方法来寻觅解决问题的方向的。从这个角度看,《小学数学与数学思想方法》一书,为我们小学数学教师教学指明了重要的前进方向。

晓看红湿处,花重锦官城。天亮后,看着这被春水湿润的花朵,娇美红艳,整个锦官城变成了繁花盛开的世界。类比数学思想方法:数学思想方法和数学知识教学融在一起,会相互生辉,从而点燃学生数学思维的火花;学生们领会数学思想方法后,如同干旱的土地见到了春雨,如同在黑暗中见到破晓的曙光,感到空气湿润清新,心情豁然开朗,数学学习将脱离枯燥而充满活力,我们的数学课堂将如同绚丽多彩、繁花似锦的世界。

我们大家其实都想在教学中看到"晓看红湿处,花重锦官城"的效果。但一些教师为实现这个效果,往往走单纯追求题型和题海这条路。在小学数学教学的研究中,一些教师对解题的"奇妙招术"十分感兴趣。我们不反对学习"奇妙招术",但我们更要关注"奇妙招术"背后的数学思想。忽视数学思想,学生大脑只是奇招妙术的简单堆积,不一定能够合成结构化的能力。学生"奇妙招术"学了很多,仅仅是机械记忆,却缺乏分析解决问题的能力,考试遇到陌生问题很可能束手无策,这将是教学最大的遗憾。学习别人的解题经验的同时,要沉下心来结合认知基本原理思考背后的数学思想,以《小学数学与数学思想方法》的基本思想为导引,思考学生如何能在教师的引导下感悟数学思想方法,进而获得解题经验和智慧,使学生面对新的陌生的问题,有变"山穷水尽"为"柳暗花明"的能力,进而有效地提高学生的实际素质和考试成绩。拥有数学思想方法的优秀,才是真正的优秀,才是具备可持续发展的能力。

到这里,我想我们应该理解作者将数学思想方法和《春夜喜雨》联系的良苦用心了。我们不妨仿照《春夜喜雨》也编一首通俗易懂的诗送给学生们,让他们铭记,并激励他们逐步学会运用数学思想方法进行思考:

方法源情节,入境会滋生。

随思潜心里,启迪细无声。

数学多迷雾,思想指航程。

巧思题破晓,柳暗伴花明!

数学思想是数学的灵魂。尽管我们的学生,将来参加工作不可能都从事数学专业,但数学思想这个灵魂,将引导每名学生的工作和学习,乃至影响其一生。数学教学蕴含了数学思想这个灵魂,数学课堂就能体现数学蕴含的美,学生的数学学习就能充满活力,学生的数学头脑就能真正建构,我们的教学就会更上一层楼。有人将数学思想方法教学称之为"授之以渔",也有人将数学思想方法称为"点金术"。其实教给学生数学思想方法的效果何止"授之以渔"和"点金术",更有意义的效应是能使学生具有发明点金术的大脑。王永春教授指出,数学思想方法中蕴含数学美。期盼我们各位教师都能在《小学数学与数学思想方法》这本书的启迪下,在教学中更科学地渗透和运用数学思想方法,用数学思想方法蕴含的美来感染、启迪学生的数学思维,将我们的学生培养成能用数学思想看世界,用数学思想创造未来的新一代。我们的宏伟目标一定能在《春夜喜雨》中实现! 我们的数学教学将迎来新的绿色的春天! 作为本文结尾,再送给各位教师一首诗:

赞研读《小学数学与数学思想方法》

金石为开,大有所悟,思中远望,望穿迷茫路;

寻觅本质,殊途归一,俯瞰数学,穷尽千里目;

放眼宏观,清澈透底,思想导引,天涯迈阔步;

一把金钥,拨开千锁,走出题海,脚踏科学路;

学读研教,王国遨游,永伴思想,春晖映小数!

黑龙江省七台河市教育研究院退休教师　王喜清

提炼小学低年段数学思想方法,感悟数学灵魂

一、从读书谈起

无意中加入了"鲲鹏小数读书吧"。这里有一群来自五湖四海热爱数学教学的老师,每周四晚上我们共同守护在电脑前等待那激动人心的时刻。在半年时间里,我们研读了《小学数学与数学思想方法》。平时工作很忙很累,想要看看书,可是总会有种种原因而放弃,这里因为有了志同道合的老师们共同研读,让我有了坚持读书的动力。感谢这个平台,让我在教学路上不再孤单,在这里不仅让我收获了理论

知识,更是让我踏上了一条坚定不移的成长之路。

《标准(2011版)》在原来的"双基"的基础上增加了"基本思想和基本活动经验",小学数学中的数学思想方法是什么,到底体现在哪儿呢?以往一头雾水的我拿到《小学数学与数学思想方法》这本书时,很兴奋地看了起来,结果看了几页,我就看不下去了,感到自己浅薄的知识可能看不懂该书,我有些想打退堂鼓了。忙忙碌碌却又碌碌无为,转眼就到了周四晚上,我怀着愧疚的心情认真倾听群里老师们的分享,听完后我感到茅塞顿开,于是再次拿起书细细研读起来。此时明显感觉不同了,在他们的解读下我再次读书就变得轻松愉悦了。正如书中所说:"……数学思想方法的教学也应该像春雨一样,不断地滋润着学生的心田。学生通过学习经验和思想方法的日积月累,能够实现数学素养的真正提高……"作为一名数学教师,如果自己都没有搞懂什么是数学思想,没有读透数学教材中的数学思想,不可能编织出精彩的教学设计,数学教学更难以体现数学的灵魂。

二、 边学习边提炼教材中低年段的数学思想方法

通过研读这本书,我对自己执教的低年段数学教材中的数学思想有了深刻的认识。新教材注重贯彻四基目标,数学思想的编排主要体现在数与代数、图形与几何、统计与概率、综合与实践这四个领域。在教材中还单独设置"数学广角"单元,利用操作和直观等手段呈现重要的数学思想。通过研读,我的大脑由"数学思想教学知识的一片空白",变为"初步感悟数学思想方法教学"。我在这本书中学到的小学低年段数学教材中的部分数学思想方法,根据自己的理解重点归纳如下。

1. 抽象思想和符号化思想

比如人教版小学数学一年级上册课本(本文中以下简称"一上",并依此类推),教材主要是让学生能从具体情境和直观图中抽象出数字符号"0~9",关系符号"=、>、<",运算符号"+、-"等,并理解这些符号的含义。其中第三单元"1~5的认识和加减法"中的"比大小"的教学内容,情境图中小猴和各种水果是散乱放置的,要先进行分类,将同类的东西放在一起,并一一对应竖直排列,统计出数量,根据数量的多少来比较数的大小关系并得出比较结果,让学生从具体到抽象,经历了符号化的过程,感受符号的简洁,同时,这里还呈现了简单的象形统计图,让学生感受统计思想和对应思想。

又如"二上",第一单元"长度单位"的教学,要理解字母符号"cm""m"分别表示长度单位厘米和米;第三单元要了解角的符号;第四单元要理解运算符号"×"表示乘法。

再如"二下",第二单元要求理解运算符号"÷"表示除法;第八单元的克和千克,要理解字母符号"g""kg"分别表示克和千克。

2. 分类思想

如"一上"中"6或7由两个数的和的组成",要引导学生思考根据什么标准能

够不重复不遗漏地写出每个数的所有组成,如可以按照从小到大或从大到小的顺序书写。"一下"第一单元要结合平面图形的认识,让学生感受分类思想;第三单元"分类与整理",要认识到分类的作用,分类与统计的密切联系;第五单元"认识人民币",知道人民币有元、角、分三种计量单位。"二上"第三单元"角的初步认识",让学生了解本单元所学习的角可以分为锐角、直角、钝角三类;第八单元"搭配",让学生知道解决排列组合问题时,可以用分类讨论的方法。"二下"第一单元"数据收集整理",让学生理解收集和整理数据时,经常要把数据分类,体会分类的重要性,等等。

3. 归纳法

"一上"20以内的加法表。"一下"第七单元"找规律"。"二上"第六单元"表内乘法",让学生通过观察、计算归纳口诀。"二下"第一单元"数据收集与整理";第四单元"表内除法"中通过几个特例归纳出可以用乘法口诀计算表内除法;第五单元"混合运算"中归纳出运算顺序(包括同级运算的、不同级运算的和有括号的运算顺序);第六单元"有余数的除法",探索余数与除数的关系,通过归纳法发现余数总是比除数小;第七单元"万以内数的认识",通过几个有代表性的特例,归纳万以内数的读法和写法。

4. 其他数学思想方法

通过读书,使我感到,在低年段数学中,除了蕴含上述数学思想方法外,还不同程度地蕴含了数形结合思想、模型思想、变中有不变思想、数学美思想等等。限于篇幅,这里就不详谈了。

三、 在读书中感悟低年段数学思想方法教学的意义

在课堂教学中有了这本书,我感到数学思想方法的教学了然于心,让我的教学之路走得更顺畅、更自信。我边读书边提炼书中的数学思想方法,使我进一步感悟到数学思想方法在低年段教学中的意义。

第一,我知道了低年段数学知识中蕴含的数学思想,让学生感受数学思想,能够使学生逐步萌生数学思想,从而灵活地思考。其中,推理是抽象的计算,计算是具体的推理。在日常教学中结合所教知识很清楚地知道这些知识中蕴含了哪些数学思想方法,教学思路清晰了,教学就有了明确的方向,不再迷茫纠结于"每一课时数学思想方法到底是什么""自己想的是否是对的"等问题,为我的教学提供了明确的指导和帮助。

第二,数学思想方法不同于一般的概念和技能,它需要通过教学中长期的渗透和影响才能够形成。对于低年段学生来说,心中有思想有方法的老师自然能够使学生学习数学从开始就获得良好的数学教育,也更好地实现"四基"目标,培养学生用数学的眼光看待世界,并学会分析和解决问题。

第三,日本数学家米山国藏说过:"作为知识的数学出校门不到两年就忘了,唯

有深深铭记在头脑中的数学的精神、数学的思想、研究的方法和着眼点等,这些随时随地地发生作用,使人终身受益。"学生将知识忘却了以后剩下的东西,其核心的成分就是数学思想。是的,只要我们调查一下周围的亲朋好友,就知道如今没有几个人会记得自己学过的数学知识,但是在生活中会用到推理思想、优化思想、统计思想等。因此,作为数学教师的我们首先要通过不断学习来提高自己的专业素养,才能更好地引导学生深入思考,让他们举一反三、学以致用并且终身受用。从低年段数学教学开始,我们教师就要注意提炼教材中的数学思想方法,在教学中逐步渗透数学思想方法,使学生逐步体验数学思想方法,逐步理解数学思想方法,逐步学会运用数学思想方法,我们的数学教学将更上一层楼。

最后用书中的话让我们共勉:"数学思想方法是数学的灵魂,要想学好数学,用好数学,就要深入到数学的灵魂深处。"让我们一起深入到数学的灵魂深处共舞吧!

福建省福州市闽侯县南屿中心小学　何秋珠

3 揭开"数学思想"的面纱,从迷茫走向清晰

《小学数学与数学思想方法》一书第一章中,尽管篇幅不是很长,但作者就什么是数学思想方法,它在小数数学教学中具体是如何体现的;数学知识与数学思想的联系是什么;为什么在小学数学教学中要渗透数学思想的教学,它对学生的思维发展到底有何益处;数学思想教学在小学数学教学中如何实现"软着陆",每一堂课如何渗透相关的数学思想;新授课和复习课中如何体现数学思想;数学思想到底多久才能凸显其价值与效果等方面,作者给出了"长久坚持,潜移默化渗透"的经典诠释。这本书对这几个问题的诠释,给了我"醍醐灌顶"的感觉,让我对小学数学中的数学思想教学有了比较清晰的认识,知道了在教学中为什么要重视数学思想。下面结合自身的教学实践,谈一谈自己对第一章内容的感悟。

一、数学思想的价值在小学数学知识中的具体体现

数学思想是对数学事实与理论经过概括后产生的本质认识;基本数学思想则是体现或应该体现于基础数学中的具有奠基性、总结性和最广泛的数学思想,它们含有传统数学思想的精华和现代数学思想的基本特征,并且是历史地发展着的。通过数学思想的培养,数学的能力才会有一个大幅度的提高。小学数学中的数学思想应该与我们通常说的解题方法是有明显区别的,数学思想是解题方法、策略的进一步提炼和推广,抽象程度更高,更加体现在它的"普适性",而解题的方法更多地体现在它的"操作性""实用性"。掌握数学思想,就是掌握数学的精髓。在小学

教学中,尽管没有明显指出什么内容应该具体教学什么数学思想,但数学思想的身影却"深入"每一个知识的"骨髓",因此,在具体的知识教学中,渗透相关数学思想,在小学数学教学中有着至关重要的作用。

二、 数学思想的教学对学生的能力、思维发展的益处

数学思想,与解题方法、技巧有着本质的区别,那么具体在教学中如何渗透?它是否为一个全新的数学概念? 它到底有没有与基础知识、基本技能教学不同的地方? 特别是数学思想方法的教学对学生的解题能力有没有帮助? 会不会在强调思想方法教学的同时,削减学生对"双基"的掌握,造成学生对具体知识掌握、理解、应用能力的下降? 这应该是所有小学数学教师担忧的问题,这本书为一线教师进行了"答疑解惑"。

其一,数学思想是《标准(2011 版)》新加入的内容,它的引入,不仅弥补了原有单一知识点教学的弊端,而且对原有教学经验、策略的不足进行了必要的补充。也就是说,数学思想的教学不是一个"新鲜"的概念,没必要"另起炉灶",它是基于原有知识的教学,只是更加系统化、条理化。其二,数学思想的教学,是在巩固好"双基",即基础知识、基本技能的基础上的升华,是通向"四基"教学的有力保证。其三,数学思想的教学,与原有的知识教学不相冲突,在保证培养学生发现、提出、分析、解决问题能力的同时,发展了学生的数学思维,而且能提高教学的效率,减轻学生的学习负担,丰富学生对相关知识内涵的认识,真正意义上做到"提质高效"。

三、 数学思想的教学在课堂中的具体实施

小学数学教学中,每一个知识点的背后,或者说每一种解题方法、策略教学的背后,都有着相关的数学思想与之联系。那究竟在教学中应该如何体现? 这是一线教师十分想了解和知道的问题。实际上,从知识的编排上我们可以看出,人教版教材的编写,尽管没有在每一课时、每一个例题的后面强调要安排哪些数学思想的教学,但是从一年级开始,教材的编排中就有相关数学知识的支撑。也就是说,我们的教学,不能看成是单课独立教学目标的教学,甚至是单一知识点的教学,应该站在教材的编排体系上去理解:为什么要教学这个内容;这个内容,前期已经教学了哪些知识;关于这个内容,在后续的学习中还要学习什么。理解好了这几个内容,在课时教学中,就可以明确让学生掌握什么知识内容,重点培养学生哪种能力,重点让学生掌握哪些知识与技能,积累哪些相关的数学活动经验,渗透哪些数学思想。这样我们就能从教材编排的大框架里去理解数学思想教学的地位,就能让我们的教学成为能够具体实现数学思想的教学,就能帮助学生"高屋建瓴"地理解相关知识。

其实,关于数学思想的教学,这本书也举出了几个生动的实例,数学思想的教学不仅仅蕴含在新授课的教学中,也蕴含在相关的习题教学中和复习教学中。在

习题教学中,帮助学生对某一种解题方法与技巧的提炼、抽象,就是相关的数学思想;在单元复习、学期总复习教学中,对某一类知识的分类教学、方法总结、技巧归纳,这也是数学思想教学。无论是新知教学,还是习题讲解、试卷分析,或是复习归纳,数学思想的"身影"无处不在。可见,让学生对每一知识的"前世今生"有清楚的了解,引导学生将知识进行系统梳理,让前后知识形成联系,在每一堂数学课解决问题的过程中进行相关数学思想的渗透,这些都是数学思想教学的具体实施。

四、 数学思想教学何时会有显著效果

数学思想教学的评价与具体知识教学评价的区别是:数学思想的教学比较"隐性",也就是说教学效果很难用一把尺子来衡量,也难用统一的方式来考核具体思想掌握的情况。这是数学教师颇为担心的问题,在教学中老师们怕费力不讨好,怕大量的投入,换来的是"扑朔迷离"的结果,甚至"耽误"孩子们的学习。的确,不能不说一线教师的担忧没有道理。

关于数学思想方法的教与学及评价,这本书的阐述给予了我们信心和力量。事实上,如果学生能长久地坚持,小学、初中、高中 12 年坚持学习,就能做到:把书"读薄",能系统地建构相关的知识,会从整体上对相关知识及思想进行梳理,体现数学思想的数学学习最终会产生效果,会带给学生一辈子的幸福;如果教师能长久地坚持,"润物无声"地渗透,就能让学生对数学思想的掌握有长足的发展。我们知道,某一道习题,随着时间的推移,会慢慢淡忘!但学生解题中的数学思维、思考方式、数学思想,思考问题的周密性、严谨性不会随着时间的推移而"褪色"!我们有理由相信,在小学数学教学中进行数学思想的教学,风光会无限好!

广东省中山市三乡镇大布小学　曾　鹏

第二节　数学思想方法的教学

数学基本思想的理解与落实
——《标准(2011 版)》深度解析与行动策略

《标准(2011 版)》总目标中的第一条就明确提出了获得"四基"的要求:"通过义务教育阶段的数学学习,学生能获得适应社会生活和进一步发展所必需的数学的基础知识、基本技能、基本思想、基本活动经验。"数学课程目标由"双基"发展为

"四基",成为此次课标修订的一个重要标志。"该怎样理解与落实好新增的'两基'"成为一线教师广泛关注的问题。本文重点谈谈数学基本思想这个方面。

其实,当人们面对课程改革的一些新变化时,自然而然会产生这样的问题:"为什么(从原来的获得'双基'发展为'四基'的原因)?""是什么(数学基本思想的内涵)?""怎么做(如何在课堂教学中落实数学基本思想)?"参考课程标准解读的描述,概要地谈谈这些变化。

一、 为什么? ——"双基"为何要发展为"四基"

(一) 2+2=?

变化的原因可以从三方面来说:

第一,从三维目标来看。以往的"双基"仅仅涉及三维目标中的一个目标——"知识与技能",新增加的基本思想和基本活动经验则还涉及三维目标中的另外两个目标——"过程与方法"和"情感态度与价值观"。

第二,从以人为本的角度来看。因为某些教师片面地理解"双基",往往在实施中"以本为本",见物不见人;而教学必须以人为本,人的因素第一,新增加的"数学思想"和"活动经验"就直接与人相关,也符合"素质教育"的理念。

第三,从培养创新来看。因为仅有"双基"还难以培养创新型人才,"双基"只是一个基础,但创新型人才不能仅靠熟练掌握已有的知识和技能来培养,思维训练和积累经验等也十分重要。

(二) 4="1"!

我们还要把握住一个观点就是,4="1"即四基是一个整体。数学"四基"不是简单的叠加与混合,而是相互联系、相互交融,相互促进的整体。基础知识和基本技能是数学教学的主要载体;数学思想则是数学教学的精髓,是课堂教学的主线;数学思想的教学要以数学知识为载体,因势利导,画龙点睛,避免生硬牵强和长篇大论。数学活动是不可或缺的教学形式与过程。

二、 是什么? ——数学基本思想的内涵

(一) 数学思想

数学思想是数学科学发生、发展的根本,是探索研究数学所依赖的基础,也是数学课程教学的精髓,内涵十分丰富。有学者通俗地把"数学思想"说成"将具体的数学知识都忘掉以后剩下的东西"。就比如说研究"植树问题",这类问题的公式,随着时间的久远和不经常用到,很可能就会淡忘。但如果在学习这一内容的同时也获取了数学思想,通过一棵树对应一段距离的对应思想,了解了数形结合的思想,学会了化繁为简的转化思想,掌握了归纳推理的思想,相信这一问题定会迎刃而解。更重要的是这些思想会让学生终身受益,绝不仅仅限于这一问题,数学思想应该会影响到方方面面。

（二）"基本"怎么理解？

这次在"思想"的前面加了"基本"二字，一方面强调其重要性，另一方面也希望控制其数量——基本思想不需要太多。说"强调其重要"，是因为"数学思想"可以有许多，并且是具有层次的，而"数学的基本思想"则是其中带有基本重要性的一些思想，处于较高的层次。其他的数学思想都可以由这些"数学的基本思想"演变出来，派生出来，发展出来，处于相对较低的层次。数学的基本思想主要指数学抽象的思想，数学推理的思想，数学模型的思想。

由"数学抽象的思想"派生出来的有：分类的思想，集合的思想，数形结合的思想等等。由"数学推理的思想"派生出来的有：归纳的思想，演绎的思想，转换化归的思想，联想类比的思想等等。由"数学建模的思想"派生出来的有：简化、量化的思想，函数的思想，方程的思想，优化的思想等等。

（三）数学思想与数学方法

我们以往在表述中常常会提到"思想、方法"这两个词，即"数学的思想方法"。而这次我们看到《标准（2011 版）》在这里的措词为"数学的基本思想"，而不是"数学的基本思想方法"，那么这样表述的意图何在，数学思想与数学方法又是怎样的关系呢？《标准（2011 版）》在这里的措词为"数学的基本思想"，而不是"数学的基本思想方法"，这是因为后者可能更多地让人联想到"方法"，这样层次就降低了，且冲淡了"思想"。其实在用数学思想解决具体问题时，会逐渐形成程序化的操作，就构成了"数学方法"。数学方法也是具有层次的，处于较高层次的可以称为"数学的基本方法"。数学方法不同于数学思想。

"数学思想"往往是观念的、全面的、普遍的、深刻的、一般的、内在的、概括的；而"数学方法"往往是操作的、局部的、特殊的、表象的、具体的、程序的、技巧的。数学思想常常通过数学方法去体现；数学方法又常常反映了某种数学思想。数学思想是数学教学的核心和精髓，教师在讲授数学方法时应该努力反映和体现数学思想，让学生了解和体会数学思想，提高学生的数学素养。

三、 怎么做？ ——例谈数学基本思想的落实

人们常说，知易行难。了解了数学基本思想的内涵与产生的原因及背景，那么数学的基本思想该在课堂教学中怎样落实，我们该怎么做呢？受篇幅所限，以下仅从三类基本思想中各选一例具体谈谈。

（一）抽象之分类

数学从本质上讲，只研究数量关系和图形关系。那么抽象所起的作用，就是把生活中与数量、图形有关的东西抽象成概念，并用符号表达。

分类思想作为抽象思想派生出的数学思想，就是当人们面对比较复杂的问题，且无法通过统一研究或者整体研究解决时，需要把研究的对象按照一定的标准进行分类并逐类进行讨论，再把每一类的结论综合，使问题得到解决。而这样的过程

就是一个抽象的过程。

我们要明确的是数学的分类有其内在的科学性,在教学中要牢牢把握。举一个例子:"认识自然数 2、3"一课,教师出示了如图 1.2.1 所示的图片,请学生来分类。

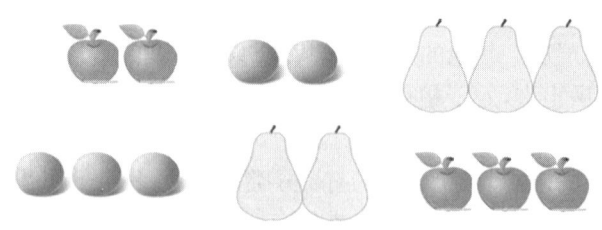

图 1.2.1

学生的答案多种多样。有按种类分的,有按颜色分的,有按个数分的,有按大小分的,甚至有按是否带把来分的……

很显然这位老师在教学中十分注重数学思想的渗透,这样一道习题设计就很具有代表性。可是面对学生如此多的分类,教师又应该如何把握,怎样引导,做何评价呢? 究竟哪一种分类才是数学意义上更本质的分类呢?

我认为应突出以下几点。

1. 数学抽象中的分类思想,我们所关注的只是对象的本质特征(数量关系和空间形式),而完全不去考虑其他的方面(本题更本质的分类显然是等值性,无关大小、颜色、形状)。

2. 就分类这一数学抽象思想而言,不能同等地肯定学生的多样化,而应作出必要优化。

3. 在教学中,还应考虑课程设计的科学性。要依据学生的认知水平合理地去确定教学内容与总体目标。

再来看一个资料,有分析人士指出,儿童分类能力的发展表现为以下趋势:

第一阶段,根据事物的非本质的、表面的特征进行分类(如颜色、形状等);

第二阶段,根据事物的功用进行分类(个别的功能和用途,如可以吃、穿等);

第三阶段,根据概念,即客观事物抽象的、本质的特征进行分类。

所以我们说就上一个例子而言,学生多样化的分类正是其认知水平(一年级)的合理体现,一年级教材中诸如此类的分类习题还有很多。面对学生较为合理的分类,教师都要给予学生积极的肯定,但在教学的过程中也要逐步引导,不断比较、抽象,进而优化理解更本质的数学分类。

(二) 推理之归纳

推理是从一个或几个已有的判断得出另一个新判断的思维形式。推理所根据的判断叫前提,根据前提所得到的判断叫结论。推理分为两种形式:演绎推理和合情推理。

以往"双基"主要是教知识,较少教智慧,较少教从条件预测结果的能力,也较少教从结果探究成因的能力。这种能力靠的是什么? 靠的是归纳推理。虽然得到的结论不一定是对的,但正是这样一种推理,才有可能发现一些新的东西。

以我执教的"量的计量复习课"为例(如图1.2.2所示),这是学生梳理的计量单位。

长度单位　　千米　　米(m)　　分米　　厘米　　毫米
　　　　　　　　　1 000　　10　　　10　　　10

质量单位　　吨　　　　　千克　　　　　　克
　　　　　　　　1 000　　　　　　1 000

时间单位　　时　　　　　　分　　　　　　秒
……　　　　　　　60　　　　　　　60

图 1.2.2

在学生梳理总结出学习过的计量单位后,引导学生进行归纳、联想、类比。还有没有比毫米更小的长度单位? 有没有比千米更大的长度单位? ……学习了长度单位、质量单位、时间单位,还有没有其他的计量单位呢? 米可以用字母m来表示,那么其他的计量单位如何表示呢? 为什么相邻的长度单位之间的进率一般都是10,而质量单位的进率却是1 000,时间单位的进率又与前两者千差万别呢? 这样的观察、比较,归纳、类比正是发现新知的过程,如果更多给学生这样发现问题、提出问题的机会,学生获得的就绝不仅仅是上面的几个数学知识点,而是获取知识的能力以及数学的思维方式。

当然我们也要正确理解推理思想在教学中的渗透。首先,推理是数学的基本思维方式,要贯穿于数学教学的始终;另外,合情推理和演绎推理二者不可偏废;最后,要把握好推理思想教学的层次性和差异性,视学生认知特点和知识内容而定。

(三) 模型之植树问题

数学模型是用数学语言概括地或近似地描述现实世界事物的特征、数量关系和空间形式的一种数学结构。数学建模是一个比较复杂和富有挑战性的过程,这个过程大致有以下几个步骤:

1. 理解问题的实际背景,明确要解决什么问题,属于什么模型系统。

2. 把复杂的情境经过分析和简化,确定必要的数据。

3. 建立模型,可以是数量关系式,也可以是图表形式。

4. 解答问题。

但我们在理解模型思想时却常会产生这样的误区或者单一的认识,即认为建立数学模型就是获得解决相应问题的数学的概念、定理、规律、法则、公式、性质、数量关系式等等。如果只是记住这样的概念、定理之类,这就还是停留在知识层面,可能随着缺少应用而淡忘。而一旦在学生的头脑中建立起真正的模型思想,即使忘却所谓的公式、定理,也可以依靠已形成的思想再次发现。

以"植树问题"一课为例。

有的老师将问题中的 100 米调整为了 20 米,以求降低思维难度,便于学生发现规律,建立起所谓的数学模型(公式);有的老师在这一内容的处理上,经常通过提供学具,帮学生来理解,甚至是在课堂伊始即出现"一球一棒"的拼接游戏;还有的老师执着于帮学生提炼计算公式,要求学生熟记背诵"两端都栽:棵数=间隔数+1;两端不栽:棵数=间隔数-1;一端栽树:棵数=间隔数"。

关于"植树问题"这一内容的研究在我的其他文章中(博客)有详细阐述,在这里不做展开。这里只想表明如下观点:

1. 100 米调整为 20 米,降低了学生的思维难度,却并没有考虑到所有学生解决问题能力的本质提升,这样获得的问题解决,不是根本意义上的模型建立。学生并没有自己经历一个化繁为简的过程,从简单问题中直接得到答案,也缺少一个归纳推理的过程。如若再遇到类似的其他问题,学生可能仍然没有思路,找不到方法,不能独立解答。

2. 这里的学具、教具乃至课件的使用要恰到好处,要有面向全体的情况,也要有针对个别学生的时候。我们设计开放性的探究问题的目的就是关注到不同学生的不同能力和不同发展,同样的问题,可能有些学生一看就会,有些需要计算一下,有些需要画一画、摆一摆的直观操作,还可能有些学生完全没有思路。所以学具、教具不宜在教学开始直接出现。

3. 对于公式的提炼,我姑且提一个大胆的观点,即不出现总结出来的所谓万能钥匙(公式)。其实这里面显然不是知道了公式,就表明学生对于这一知识的数学模型就建立了。这需要学生充分理解数量之间的关系,建立起棵数与间隔数(空数、段数等等)一一对应的关系。这种建立可以通过学具、图示、计算,甚至是自己的思考,这种建立是一个循序渐进的过程。但可以肯定的是公式不是最终的目标。

此例我想表达的就是对于模型思想的渗透,重要的是让学生经历这样的抽象、推理再到建立模型的过程(如前面的四个步骤),而非只盯在形成的式子上。这其实才是最关键的。

前面关于数学的基本思想从理论到实践谈了很多,最后补充一点。先看这样一个"烧水的故事"。

有好事者曾提出一个问题:"假如你面前有煤气灶、水龙头、水壶和火柴,你想烧些水应当怎样去做?"

被提问者答道:"在壶中放上水,点燃煤气,再把水壶放到煤气灶上。"

提问者肯定了这一回答,接着追问:"如其他条件不变,只是水壶中已有了足够的水,那你又应当怎样去做?"

这时被提问者很有信心地答道:"点燃煤气,再把水壶放到煤气灶上。"

但是提问者说:"物理学家通常都这么做,而数学家们则会倒去壶中的水,并声称已把后一问题转化成先前的问题。"

故事的本意是说数学家"倒去壶中的水"看似多此一举,实则是引导我们感悟数学家独特的转化思想。诚然,数学思想在解决问题时会带给我们很多积极有益的潜移默化影响,但上面故事中所谓数学家的做法是最好的吗?我们是否也应该清醒地意识到,在数学研究的过程中,在获得数学思想的同时,也可能会带给我们某些思维定式,我们要深入地思考数学基本思想带来的积极作用,也应当努力看到数学思维的局限性。

由此更应该认识到这样一点,在我们的专业成长道路上应该保持开放、多元的思维方式,我们还要有跳出数学看数学,乃至是跳出教育看数学的眼光、气魄与能力。与大家共勉!

黑龙江省哈尔滨市中山路小学　王开杰

5　品味数学思想,提升数学素养

《标准(2011版)》在教学建议中强调让学生感悟数学思想。南开大学的顾沛教授也提到:"小学生、中学生、大学生,数学学习的内容虽然不同,但是通过数学课程,渗透数学思想,提高数学素养这一点是共同的。"可见,理想的数学教学效果是:不仅让学生拥有知识,更重要的是体会数学思想,这是新一轮课程改革的新视角。为了学生的终身可持续发展,教师该如何让学生在学会知识的同时,又能很好地品味更高层次的数学思想的魅力呢?我通过拜读《小学数学与数学思想方法》一书,受益匪浅,使我对数学思想方法有了更深刻的认识。根据我的教学经验,结合罗鸣亮老师执教的"平行四边形和梯形"一课,谈谈我的思考和理解。

一、辨析特征,体会分类思想

师:什么是平行线?找一找身边的平行线。

师:都有哪些是平行线?

师:那我们来做个游戏,我举起一只手臂作为一条线,请另一名同学用一只手臂作这条线的平行线。

师:现在请一名同学自己来作平行线试试看?

师:现在请这位同学平行着回到座位上,好吗?

师:老师带来了一个信封,信封上面写着"四边形"(从信封边缘露出一个四边形的一部分),请同学们猜猜信封里装着的这个图形可能是什么四边形?

生：平行四边形和梯形。

师：（板书：平行四边形和梯形）还有没有别的答案？没有了。

师：我们等会再揭晓答案，先看看屏幕上这8个图形当中有没有平行四边形和梯形，在你们手中的作业纸上标一标。（每个学生手中都有一张印有和黑板上完全一样的8个图形的作业纸，如图1.2.3所示）

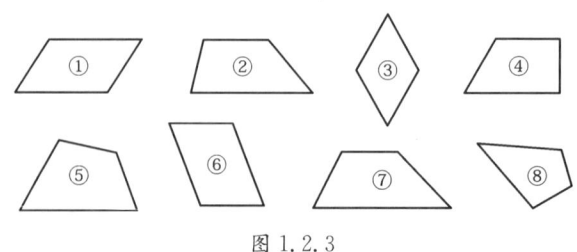

图1.2.3

学生动手操作，教师将8个图形贴在黑板上。

师：做完了吗？可以到前面来演示一下。（指名一位学生到前面把平行四边形和梯形找出来）

生：平行四边形是1号、3号、6号，梯形是2号、4号、5号、7号、8号。

师：来，太棒了，同意的鼓掌。（请不鼓掌的同学回答原因）他做的对吗？

生：有2个错了，5号和8号不是梯形。

师：你凭什么说它们不是梯形？

生：因为梯形只有一组对边互相平行。

师：那平行四边形呢？

生：有两组对边互相平行（还边说边板书）。

师：那5号和8号？

生：它们的边都不平行，是特殊的四边形。

师：那请刚才的同学说一说3号为什么是平行四边形？

师：2号、4号、7号为什么是梯形呢？

生：（按特点说明）……

教师把7号梯形旋转90度，使左右两边平行，再不断变化位置分别让学生判断是否是梯形。此时，通过教师的引导，学生把8个图形分成了三类：平行四边形、梯形和不规则四边形。

这本书中写道：人们面对比较复杂的问题，需要把研究的对象按照一定的标准进行分类并逐类进行讨论，再把每一类的结论综合，使问题得到解决，这种解决问题的思想方法就是分类讨论的思想方法。罗老师为学生提供丰富的感性材料让学生进行分类，在比较讨论中感悟梯形与平行四边形、不规则四边形的不同。通过变式，突破了原有对梯形的固有认识——上、下两边平行，将其上升为"只有一组对边平行"的数学化表达,体会到分类思想能够增强思维的缜密性。因此,在教学中应注意从数学思维和解决问题的方法上感悟分类思想。

二、 触摸本质,体会变中有不变思想

师:我们已经会画平行四边形。请同学们在手中的点子图上画一个与众不同的梯形。要求与众不同。

师:(投影展示学生画的梯形)这个是梯形吗? 为什么?

生:是,因为它有一组对边平行。

师:请一名同学来指一指。他指对了我们就用掌声鼓励他。(掌声响起来)

展示有特点的梯形,例如上边长,下边短,将直角梯形进行不同位置的摆放等,请同学一一加以确认。

生:倒过来。

师:不要讲倒过来,我们用事实来确认,它是不是只有一组对边是平行的?

生:是。

师:那它就是梯形。

师:想不想知道信封里到底是什么图形?

当教师抽出一个形状接近平行四边形的梯形(如图 1.2.4 所示)时,有的学生回答是平行四边形,也有的说是梯形。

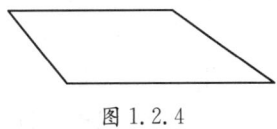

图 1.2.4

教师欲将该图形给一位回答是平行四边形的学生,但有一位学生说不同意。

生:因为它有两边不是同一斜度的,延长这两边,(生用手做动作)它们相交了。

师:他的动作说明什么?

生齐说:相交。

师:那它还是平行四边形吗? 它是……

生:是梯形。

让学生说明理由,将图形送给说是梯形的学生。

顾沛教授说过:"世界上的一切事物,都是在运动变化当中的,但是在事物的这种运动变化当中,事物的某些性质可能有相对的稳定性,在事物变化的时候它的某些性质不变,这就是变中有不变思想。"王永春教授也在书中指出:"在数学的学习中,面对千变万化的对象,应引导学生透过情境、信息等现象去抓住数学中不变的本质。"罗老师让学生通过在点子图上画与众不同的梯形,把抽象的知识转变成看得见、讲得清的现象。通过画梯形抽象出图形的本质特征,在直观形象与抽象概括之间架起数学模型的桥梁,从而达到对图形理性认识的飞跃。在众多"不同"中强化梯形的相同属性。通过梯形旋转让学生理解,不管梯形位置怎么变,它只有一组

对边平行的本质属性没有变,所以还是梯形。当教师抽出"特殊"的梯形时,引发了学生的争论,教师没有将自己的观念强加给学生,而是引导学生触摸概念的本质,进一步引导学生从梯形的本质属性去思辨,从而进一步强化了两种图形的特征与区别,学生深深感悟到"万变不离其宗"的道理。

三、 沟通联系,体会集合思想

师:信封里还有一个图形,猜对的也可以送给你,可是看不见,你们能猜出来吗?需要提示吗?你们最需要什么提示?

生:它有多少组平行线?

师:这个提示好不好?好在哪里?

生1:如果它有两组对边平行就是平行四边形,只有一组就是梯形。

师:那如果没有呢?

生2:那就是一般的四边形。

师:对了,我们就是按照这个来给四边形分类的。

师:我来看看信封里的图形(打开一点自己看一看),有两组平行线。

生:平行四边形。

老师拿出信封里的图形。

生:是长方形。

师:能送给这位同学吗?

学生间出现不同意见。

师:那什么原因能送给这位同学呢?

生1:因为它有两组对边分别平行。

生2:因为它是特殊的平行四边形。

师:如果通知所有的平行四边形来开会,它要不要来?它特殊在哪里?那如果用一个大圈表示平行四边形,长方形应该在大圈的里面还是外面呢?

生:里面,因为它是特殊的平行四边形。

师:那正方形呢?

生:在长方形的里面。

师:(板书集合图)对了,这就是四边形的集合图。

学生听到两组平行线这个特征后,马上就想到了平行四边形,而教师拿出的却是长方形。当学生很茫然时,罗老师层层追问,逐步点拨,学生抓住平行四边形的本质属性,在思辨中深刻理解长方形是特殊的平行四边形,从而使学生的知识结构在争论中得到升华。在充分感悟的基础上有效地理解了长方形、正方形和平行四边形之间的包含关系,丰满了学生对四边形概念的认识,对四边形的分类知识结构形成一个完整的系统,对集合思想的感悟就水到渠成了。

四、 拓展应用，体会转化思想

师：信封里还有一个四边形，是女儿送给我的，我拿出来，一起说是什么图形？

老师拿出一个三角形（如图1.2.5所示）贴在黑板上。

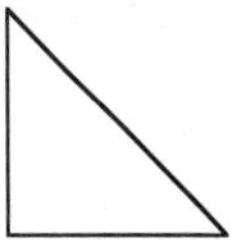

图 1.2.5

师：别急，我女儿为了包装方便把这个图形分成了两部分。你们猜一猜信封里面还有什么图形？

生：三角形、正方形、长方形……（请同学说理由）

师：好，都有可能，见证奇迹的时刻到了！

（师拿出来一个直角梯形，如图1.2.6所示）

生：原来是长方形。

师：谁能拼出来？（指名一个学生拼出来）你们认为我女儿准备的一定是长方形吗？

图 1.2.6

生：不一定。可能是梯形，还可能拼成平行四边形。

老师指名学生拼图形。

师：我女儿聪明吗？可以拼成长方形（如图1.2.7所示）；把三角形平移拼成的是平行四边形（如图1.2.8所示）；再把三角形旋转拼成的是梯形（如图1.2.9所示）。这些图形之间可以相互转化的。这节课上完了，你有什么收获？说得好奖励一个游戏。

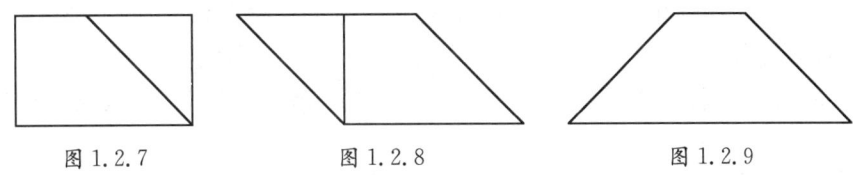

图1.2.7　　　　　　　图1.2.8　　　　　　　图1.2.9

罗老师在教学中通过让学生用一个直角三角形和一个直角梯形分别拼成长方形、平行四边形或梯形。在这个练习中，渗透了图形之间的转化，使学生对转化思想有所感悟，为今后学习几何图形的面积计算积累了数学活动经验，给学生的思维提供了生长的空间，发展了学生的空间观念。

五、 关注联结，体会极限思想

生1：只有一组对边平行的四边形是梯形，两组对边分别平行的四边形是平行四边形。

师：对了，它们都有亲戚关系。

生2：既然拼成的四边形里有三角形，那三角形也和它们有亲戚关系吧？

师：说得太好了！我们来看看亲戚关系。

课件动点游戏，三点固定，由另外一个动点从上往下移，请学生在图形构成梯形时喊停；教师再把另外一个点从右往左移，请学生在图形构成平行四边形时喊停。

师：站起来就意味着下课，我送给大家一句话：行动会改变人的一生！移动会改变图形的名称！

这本书中指出，极限思想是用无限逼近的方式来研究数量的变化趋势的思想，这里要抓住两个关键语句：一个是变化的量是无穷多个，另一个是无限变化的量趋向于一个确定的常数，二者缺一不可。罗老师让学生观察钉子板上的三个点，移动后四点相连是一个一般四边形，接着又慢慢地移动一点，随着点的移动，当移动到极致就分别变为梯形和平行四边形，让学生深刻体会图形的对立与统一，体现了图形之间的联系与沟通，再次凸显了梯形和平行四边形之间的本质区别。在这个看似简单的挑战中渗透了极限思想，串联起上下知识的逻辑结构，体现了数学知识的发散性与严谨性，发展了学生的空间观念。

六、有效建构，体会模型思想

纵观罗老师的这节课，模型思想贯穿于本课的始终，精彩课堂上处处闪烁着数学思想，充分体现了《标准（2011 版）》所倡导的理念。罗老师大胆放手让学生对 8 个图形进行分类比较，在比较中感悟梯形与平行四边形、不规则四边形的不同，初步建构平行四边形和梯形的特征。通过画图形和猜图形的游戏，循序渐进地引领学生从初步感知走向内化，进一步内化学生对平行四边形、梯形以及一般四边形的模型建构，实现由具体到抽象模型的转化，看似简单的猜测，实际背后却隐藏着丰富的思考，帮助学生有效地建构数学模型。通过后续的练习帮助学生从更为广泛的角度去回顾总结各个概念之间的联系和区别，使学生将一些原先似乎互不相关的概念联系起来，从而真正建立起系统的"结构性认识"，使模型结构更加明晰。

《2015 年全国高考考试大纲（新课标版）》指出：对数学思想方法的考查是对数学知识在更高层次上的抽象和概括的考查，考查时必须要与数学知识相结合，通过对数学知识的考查，反映考生对数学思想方法的掌握程度。可见，数学思想蕴涵在数学知识发生、发展和应用的过程中。数学思想方法重在悟，教学中应科学地渗透和运用数学思想方法，应让数学思想方法像春雨一样，不断地滋润着学生的心田。这本书中还指出："实际上数学思想方法不是彼此完全独立的，相互之间有联系、有渗透；而且就同一个问题而言，可能用到多个思想方法。"因此，要注重思想方法的综合应用，让数学思想遍地开花，使学生充分地体会到数学思想的魅力，将我们的学生培养成能用数学思想看世界的人才，从而提升学生的数学素养，使有效教学走向优质教学，为学生的终身可持续发展注入后劲。

福建省平潭综合实验区城中小学　林龙凤

数学思想在数学学习中的作用

《标准(2011 版)》把发展学生的数学思想作为一项重要的教学任务提出来。但是,由于数学思想的培养是一个新生事物,在平时的教学中没有众多可参照的样本来学习,所以许多教师在平时的数学教学中都忽略了数学思想的培养,往往把教学目标都集中在基础知识、基本技能与基本活动经验上面。这样的现状一定要改变,因为数学学习的真正目的并不是学生能够解答多少数学题目,而是要让学生学会用所学的东西灵活地处理生活中的一些数学问题,这些处理数学问题能力的形成需要数学思想来支撑。因此,培养学生的数学思想在小学数学教学中非常重要。在当前的小学数学教材中,数学知识的编排非常明显,让我们一眼就可以看出课堂教学应该教给学生什么样的知识与技能,而数学思想却是隐藏在这些知识的背后,不容易被我们发现。所以,我们在平时研读教材时,如果没有数学思想概念,就不会发现教材内容中所蕴含的数学思想,也就不可能在教学中发展学生的数学思想,更不会让数学思想反哺学生的数学学习了。我们只有把培养学生的数学思想作为一项重要的教学目标时,才能真正走进教材内容,去挖掘教材内容中所隐藏的数学思想,才能让数学思想在学生的数学学习过程中发挥作用,让数学思想可以有效地促进学生的数学学习,让学生的数学学习实现飞跃。下面,笔者就结合小学数学教学中常用的数学思想,来谈一谈数学思想在学生数学学习中的作用,以引起广大教师同仁的重视,并能够在平时的数学教学中更好地培养学生的数学思想,让数学思想成为促进学生更好学习数学的助推器。

一、 转化思想——让数学学习更有序

数学转化思想在"百度百科"中是这样阐述的:"转化的思想是把一种数学问题转化成另一种数学问题进行思考的方法。"从这一句话上来理解,转化思想就是让学生在数学学习过程中,懂得将新知识通过观察与分析等思维活动,转化到旧知识中进行解决。这样不仅可以让学生的学习更有序,还可以让新旧知识融为一体。由于数学知识之间联系都是比较密切的,新知识的学习往往都是建立在旧知识的基础之上,所以每一节课前面几分钟,许多教师都要先安排一些与新知识相关联的复习内容来激发并调动学生已有的知识经验,为学生学习新知识做好铺垫。其实,这样做的最终目的就是想让学生在学习新知识的过程中,能够主动把这些新知识的学习转化到旧知识的系统中,能够运用旧知识来解决新问题,从而形成新的数学能力。所以,转化思想可以更好地促进学生去思考新的数学问题,对学生独立获取新的数学经验有很大的帮助。

现行的小学数学教材中,许多内容的学习我们都是可以通过转化思想来进行

思考的。比如,教学"三角形的面积"时,我们就可以利用转化思想让学生自主探索三角形面积计算公式。首先,我们可以给学生若干个三角形,然后提醒学生通过转化的思想将三角形转化为已经学习过的平面图形来计算面积,最后再探索三角形的面积。结果有的学生将一个等腰三角形通过底边的高把这个三角形给剪开来,然后转化成一个长方形来探索出三角形面积计算公式;有的学生是将两个形状相同的三角形通过拼接,把它转化成一个平行四边形来探索三角形面积计算公式。学生通过不同的转化策略来探索三角形面积计算公式,不但培养了学生的转化思想,让学生在以后的工作与学习过程中都能够利用转化思想把新问题变通成旧知识来解决,而且可以让学生将新知识转化成旧知识来完成学习任务,有利于数学思想的形成。这样,就可以促进学生将新知识融入到旧知识当中来,让学生的知识系统更加有序。

再比如,在教学"100 以内的加法和减法(二)"中"不进位加"时,教材出示的例题是 $35+32$。根据教材中的安排,先是让学生观察小棒,然后直接让学生学习用竖式来计算。如果我们按照教材的编排思路来进行教学的话,那么学生的学习就会局限在这一策略中,而不能从更大的视角来思考这一问题,这样做的直接后果是学生虽然学会了两位数加两位数的计算方法,但是学生的数学思维却没有得到更好的发展,他们在以后解决问题的过程中,就不会想到用不同的策略来解决问题了。所以在教学时,我是先让学生想一想,怎样才能将这一道计算题转化成以前学习过的内容来进行计算。由于学生在前面已经学习过了两位数加一位数与两位数加整十数的计算方法,所以许多学生都将 $35+32$ 转化为这一知识来进行计算。有的是将 32 分解成 $30+2$,这样,这一道题目的计算就变成了 $35+32=35+30+2=65+2=67$;有的学生是将 35 分解成 $30+5$,那么这一道题目的计算就转化成了 $35+32=30+32+5=62+5=67$。然后再让学生学习用竖式来计算。这样做可以让学生解决问题的策略更加丰富,这也是我们数学教学所想要看到的最佳结果。

利用转化思想来促进学生更好学习数学知识的案例还有很多,比如教学梯形的面积时,可以将梯形转化成长方形或者平行四边形来探索其面积计算公式;教学圆面积时,可以将这一曲线图形转化成直线图形来探索其面积计算公式;教学小数乘除法时,可以将其转化成整数乘除法来计算。在平时的教学过程中,我们只有牢固树立转化思想,才可以发现教材中的许多学习内容都可以通过转化来促进学生更好地学习。

二、 数形结合——让数学学习更清晰

小学生的数学思维以直观形象思维为主,他们的数学学习往往需要借助一定的图形来完成,所以数形结合思想也是小学数学教学的重要思想之一。借助一定的图形,可以将复杂的数学问题简单化,可以让学生的数学思维更清晰。著名数学家华

罗庚(1910—1985)曾经说过:"数形结合百般好,隔离分家万事休。"由此可见,在数学学习过程中,我们要重视数形结合的应用,将数学学习置身于简单、明了、开放的直观图形中进行,那么学生才能更好地理解算理,才能让学生所学的知识脉络更清晰。

比如,在教学"有余数除法"时,教材是以用小棒摆正方形的情境引入有余数除法的。学生也许能够很快地明白有余数除法的算理,但是对于商与余数后面分别应该带什么样的单位却总是处于一种模糊的状态,这也是很多教师在教学有余数除法时最苦恼的一件事。学生在解答时,余数后面的单位总是搞错。这与教师在平时的教学时,没有利用数形结合思想来展开教学有关。因为学生面对计算出来的结果,不知道商是表示什么,余数是表示什么,造成了单位乱写一气的现状。如果我们用数形结合思想来教学的话,那么就会给学生的脑海中形成一个清晰的概念。比如教材例题中的用小棒摆正方形,学生还可以通过画图等形式来得出计算结果,商表示摆了几个正方形,那么单位就应该是"个",而余数表示的是还剩几根小棒,那么单位就应该是"根"。这样,学生在解决后面的相关有余数应用题时,就会在脑海中形成一个清晰的图形概念,写单位时就不会写错了。

再比如教学"乘法的初步认识"时,学生往往对于几个相同加数相加改写成乘法算式感觉比较简单,比如 3+3+3+3 可以改写成 3×4 或者 4×3,但是对于它们表示的意义的理解却会出现模糊的现象。3+3+3+3 表示的是 4 个 3 相加的和是多少,可以用 3×4 或者 4×3 来表示;而 4+4+4 表示的是 3 个 4 相加的和是多少,也可以用 3×4 或者 4×3 来表示。那么为什么会出现算式相同,而意义却不同的现象呢?学生在脑海中如果形成不了一个清晰的概念,那么他们在以后解决有关乘法问题时,就会出现模糊的现象,甚至会解答错误。所以,在教学乘法的意义时,我们可以利用数形结合的思想来帮助学生厘清这一概念,更好地理解这一概念。我们可以给学生出示一个方阵图(见图 1.2.10)。从横向看,表示的是 3 个 4 相加,如果竖着看,表示的就是 4 个 3 相加,但它们是用相同的算式,即 3×4 或者 4×3 来表示的。这样,学生通过数形结合,就可以非常清晰地理解这两个乘法算式的意义了,从而也加深了对乘法意义的理解,在脑海中可以形成一个清晰的乘法概念。

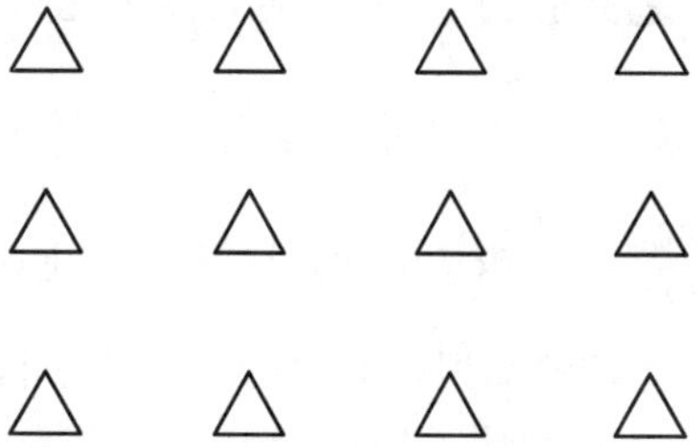

图 1.2.10

三、 类比思想——让数学学习更透彻

许多数学内容之间都存在着一定的联系,学生在学习过程中,可以通过一类数学内容的学习,发现另外一类数学知识的内在特点。这时候,我们就可以通过举一反三的策略来发展学生的类比思想,让学生通过数学知识之间的相互比较,发现它们的共同特征,在已有经验的基础上,尽量引导学生推导出新知识来,从而促进学

生自主学习能力的提升。

比如，在教学"乘法交换律与结合律"时，因为这一部分数学内容与前面学习过的加法交换律与结合律从表层上看具备相同的特点，就是交换运算符号前后两个数来计算，它们的和与积是不变的。所以，在学习这一部分内容时，我们完全可以在加法运算定律的基础上，让学生自主猜想、验证，自主探索乘法的交换律与结合律。这样，不仅可以让学生较好地掌握新学内容，还可以促进学生的知识系统更加完善，帮助学生掌握解决数学问题的基本思想与方法。

再比如，人教版小学数学六年级上册练习十二第 1 题，如图 1.2.11 所示。

> 某妇产医院上月新生婴儿 303 人，男女婴儿人数之比是 51：50。上月新生男、女婴儿各有多少人？

图 1.2.11

这一道题目的安排是为了巩固学生对"比的应用"相关知识的学习，所以在教学这一道题目时，许多教师把学生的解题方法仅仅局限于比的知识来解答，而忽略了其他的解答方法。其实，为了让学生的数学思维更加丰富，让他们养成从不同角度来看问题的习惯，我们还可以通过以前学习过的知识来类比出不同的解法，从而培养学生思维的灵活性。我们可以利用归一法来类比出这一道题目的解法，男女婴儿人数之比是 51：50，也就是说男性婴儿占 51 份，女性婴儿占 50 份，那么他们的总份数就是 $51+50=101$（份），每一份就是 $303\div101=3$（人），从而也就求出了男性婴儿有 $51\times3=153$（人），女性婴儿有 $50\times3=150$（人）。同时，我们还可以利用比与分数之间的关系，类比出用分数方法来解答这一道题目。男女婴儿人数之比是 51：50，说明女性婴儿人数是男性婴儿人数的 $\frac{50}{51}$，若以男性婴儿人数为单位 1，可求出男性婴儿的人数 $303\div\left(1+\frac{50}{51}\right)=153$ 人，女性婴儿人数为 $153\times\frac{50}{51}=150$（人）。如果把这一类题目放到小学毕业总复习中来练习，我们还可以通过比例的知识来类比出这一道题目的解法。我们可以用正比例的方法来解答，设男生人数为 x，那么女生人数就是 $303-x$，从而列出一个比例算式 $x:(303-x)=51:50$，求出 $x=153$，也就是男生是 153 人，女生 $303-153=150$（人）。

以上的教学，是通过不同知识之间的类比，让学生学会了用不同的思维来解决问题，这样不仅能够让学生对所学知识更加透彻，同时还可以更好地提示学生所学知识之间的内在联系，能够准确地把握出它们之间的联系与区别，防止所学的知识之间产生相互打架的现象，提高学生能够根据实际情况灵活运用所学知识的能力，让他们明白许多事物之间往往都会存在着某种联系的辩证观点。

当然，在数学教学中，数学思想还有很多种，它们对学生的数学学习都会起到积极的作用。我们的数学教学,要在学生学习新知识的过程中,适当地渗透一些数学思想的学习,找准其渗透的时间节点,努力在数学知识与技能的教学过程中,让学生习得某一种数学思想。同时,在带着学生解决数学问题的过程中,能够让学生感受数学思想的魅力,以培养学生可以自主运用数学思想来解决相关数学问题的能力,让数学思想与知识技能和谐共生、相辅相成,从而促进学生数学素养的不断提升。

山东省临沂朴园小学　郑玲玲

第二章　与抽象有关的数学思想

第一节　抽象思想

基于数学思想方法的案例研究
——以抽象思想为例

抽象性是数学最本质的特征之一。"数学的威力就在于它的抽象性：越撇开内容，就越有广泛应用的可能。"

抽象是数学活动最基本的思维方法，也是数学活动的一般方法。作为数学思想方法的抽象就是把大量生动的空间形式和数量关系的直观背景材料，进行去粗取精、去伪存真、由此及彼、由表及里的加工和制作，以提炼数学概念、构造数学模型、建立数学理论。数学抽象思想是一般化的思想方法，对于培养人的抽象思维能力和理性精神具有重要的意义。

全部的数学都是抽象的产物，数学中的任何一个概念、一个数、一个算式、一种运算、一个公理、一个定理、一条法则等，无不具有抽象性，就连最简单的数字 1 也是抽象的产物。一个人、一棵树、一条狗、一栋房子，数学并不管这些东西的质的区别，只管量，把这些具体的质的内容抽掉后，抽象为数"一"，并用符号"1"表示。

下面以三个案例来说明小学数学中抽象思想的应用。

一、从学生的困惑谈起

一位六年级小学生来问一道下面的数学题：

> 小明从家到学校，骑自行车每分钟行 300 米，放学返回时每分钟行 400 米。已知放学比上学少用 4 分钟，求小明家到学校的路程。

这位学生来问这道题目的原因是他会用方程方法解答,但是不会用算术方法解答,想问一问怎样用算术方法解答。

此题用方程方法解答如下。

解:设小明从家到学校的路程为 x 米。

$$\frac{x}{300} - \frac{x}{400} = 4,$$

$$\frac{4x}{1\,200} - \frac{3x}{1\,200} = 4,$$

$$\frac{x}{1\,200} = 4,$$

$$x = 4\,800。$$

答:小明从家到学校的路程是 4 800 米。

这位学生会用方程的方法解答,说明他对题目中蕴含的"速度、时间、路程"之间的数量关系是理解的,方程方法比较容易建立等量关系(无论是用路程或时间中的某一个量,都很容易建立方程)。这位学生不会用算术方法解答,主要是因为数学抽象思维能力没有发展得很好,对抽象的整体"1"缺乏深刻的理解成为了拦路虎。

瞄准了问题的关键,我启发他。

我伸出 1 根手指头,问他:这是几? 他略带疑惑地看着我说:这是 1。继而伸出 5 根手指,问:这是几? 他说:是 5。继续追问:还能看成几? 这下他摸不着头脑了,不知道葫芦里卖的什么药。我笑着说:也可以看成"1"呀,1 只手。伸出 10 根手指,问:这是几? 他说:10。追问:还能看成几? 他说:2。还能看成几? 我们相视笑了,他说:还能看成"1",1 双手。再问:你们班有多少名学生? 他说:72 名。还能看成几? 他说:1!

小明从家到学校的路程是多少米,刚开始知道吗,能够看成什么? 哦,也能看成"1"。

突破了这一难点,学生能够很顺利地用算术方法解答如下:

$$4 \div \left(\frac{1}{300} - \frac{1}{400}\right)$$

$$= 4 \div \frac{1}{1\,200}$$

$$= 4\,800(米)。$$

此题的算术方法可能对于部分学生来说仍然有难度,那么怎么理解算术方法的意义呢? 每分钟行 300 米,$\frac{1}{300}$ 表示去学校行 1 米用的时间(分);$\frac{1}{400}$ 表示回家行 1 米用的时间(分)。$\left(\frac{1}{300} - \frac{1}{400}\right)$ 表示回家行 1 米少用的时间,一共少用 4 分钟,

$4 \div \left(\dfrac{1}{300} - \dfrac{1}{400} \right)$ 就表示学校到家的路程。

二、 乘法分配律中的抽象

1. 从实际生活引入课题

> **问题** 一张课桌 46 元,一把椅子 24 元,如果买 3 套这样的课桌椅一共需要多少元?

启发学生用不同的方法解答。

解法一:$(46 + 24) \times 3 = 210(元)$。

解法二:$46 \times 3 + 24 \times 3 = 210(元)$。

2. 从运算意义的角度探索

说出下面两个式子所表示的意义,并计算结果。

$$(38 + 42) \times 25 , 38 \times 25 + 42 \times 25 。$$

能发现什么? $(38 + 42) \times 25 = 38 \times 25 + 42 \times 25$。

3. 从运算顺序的角度探索

说出下面每组中两个式子的运算顺序有什么不同?

$$75 \times 18 + 25 \times 18 , (75 + 25) \times 18 。$$
$$(12 + 40) \times 3 , 12 \times 3 + 40 \times 3 。$$
$$15 \times (40 + 8) , 15 \times 40 + 15 \times 8 。$$

能发现什么? $75 \times 18 + 25 \times 18 = (75 + 25) \times 18$。

$$(12 + 40) \times 3 = 12 \times 3 + 40 \times 3 。$$
$$15 \times (40 + 8) = 15 \times 40 + 15 \times 8 。$$

并可归纳概括出"积的和等于和的积"。

4. 抽象概括,符号表达

启发学生进一步抽象概括出乘法分配律的符号表达式。

学生经历了从具体到抽象的过程,在考察了对象:$75 \times 18 + 25 \times 18 = (75 + 25) \times 18$;$(12 + 40) \times 3 = 12 \times 3 + 40 \times 3$;$15 \times (40 + 8) = 15 \times 40 + 15 \times 8$ 等之后,抽象概括出 $(a + b) \times c = a \times c + b \times c$ 这样的普遍规律。

三、 解决问题中的应用

> **问题** 有 10 个学生站成 5 排,每排学生有 4 人。这些学生应该如何站?

通过审题,直觉告诉我们,这 5 排学生之间一定有相交点,也就是 1 个人当"2"个人用,否则 10 个学生不够分。于是,这样设想,这 5 排中,至少需要多少相交点呢? 根据条件,5 排,每排 4 人,最多需要 20 人。而实际只有 10 人,要想符合要求,应假设每个人都"以 1 当 2"。将题目的情境去掉,抽象成 5 条线段和 10 个点,这 5 条线段两两相交,有 10 个交点,每个点都被两条线段共享。这样,才能正好是 10 个学生。于是,我们通过画图,得到下面图 2.1.1 与图 2.1.2 两种答案。

 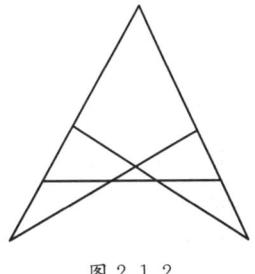

图 2.1.1　　　　　　　　　图 2.1.2

解决这个问题,就是利用数学抽象,抓住了点和直线的排列关系,从而找到一般规律。

数学学习不仅要学习那些已由前人抽象概括形成了的数学知识,还要学习形成这些知识的抽象思想。在数学知识学习过程中,要注意分析、研究,弄清它们是如何被抽象、概括出来的。通过这样的探究分析训练,便可在学习活动中逐步提高学生的抽象概括能力。

河北省沧州市路华小学　杨　磊

　　对抽象思想的解读与感悟

抽象,是指舍弃事物的个别的、非本质的属性,抽取出本质属性的过程与方法。数学抽象是一种特殊抽象,是从事物的量的属性进行抽取的抽象,即对现实世界具有数量关系和空间形式的真实材料进行加工、提炼出共同的本质属性,用数学语言表达进而形成数学理论的过程。抽象思想对数学学科的建立、发展和应用起到了重要作用,同时对培养人的抽象思维能力和理性分析思维起到了不可低估的作用。笔者对抽象思想的解读有以下三个方面。

一、 抽象思想的广度

就抽象思想的广度而言,它遍布于人类整个文明史。远古时代,根据日常生活和生产实践的需要,人们用摆石子的方法来计数。清晨,放出去一只羊摆一颗石子,羊的数目和石子一一对应,如图2.1.3所示。傍晚,羊回来时再清点一遍,从中看出羊是多了还是少了。

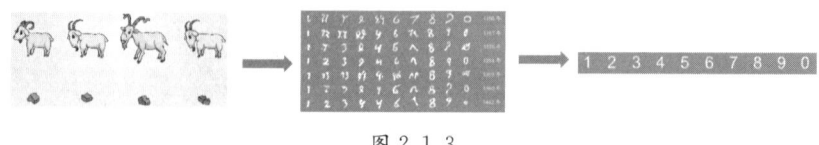

图 2.1.3

将羊看成石子,从那时开始,人类的抽象思想已经开始萌芽了。随着时间轴的前进,逐渐抽象为数字符号,再慢慢发展为12世纪时的阿拉伯数字。可以说,数字符号的抽象化过程从时间维度上体现了抽象思想的广度。抽象思想的广度也体现在数学知识各个分支的兴起和发展上:由从埃及人为划分土地界线的测地技术逐步抽象演变起来的几何学;由从敌我双方交战,要克敌制胜就要在了解双方情况的基础上,做出最优的对付敌人的方法,即"运筹帷幄之中,决胜千里之外"思想演变开创的运筹学;由从哥尼斯堡七桥问题抽象发展而来的拓扑学等等。抽象思想遍布于数学知识的各个角落,无处不在。在人一生的思维发展过程中,抽象思想也是如影随形的。比如图2.1.4,幼儿从一条狗、一只杯子、一根筷子、一个孩子、一辆汽车抽象到数量一,再从数量一抽象到数字符号"1",并理解所有这些具体事物的量都是1,它与具体事物是什么东西无关,这是幼儿在抽象过程中的第一次质的飞跃。随着以后的学习和生活,人还会经历更多的抽象过程,体验更深层次的抽象思想,抽象思想将会伴随人的一生,从另一个角度说明了抽象思想的广度。

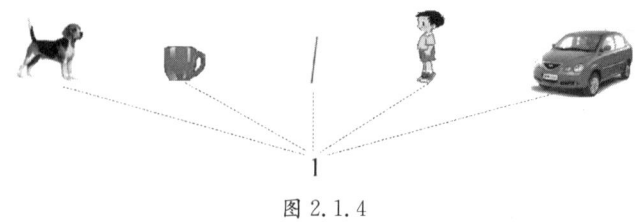

图 2.1.4

二、 抽象思想的高度

抽象思想是数学三个基本思想(抽象思想、推理思想、模型思想)之一,是较高层次的数学思想。由它可以演变、派生出很多较低层次的数学思想,如:符号化思想、分类思想、集合思想、对应思想、有限与无限思想、变中有不变的思想等。抽象思想是有一定层次和高度性的,可以从两方面来看:一是从某个数学知识的发展历程来看,随着数学知识的发展,抽象层次和程度越来越高。如图2.1.5所示,从一条具体的绳子抽象为一条线段,再把线段向两端无限延长,想象成为一条直线,抽象成为一维空间,再从一维直线发展到二维平面,最后到立体的三维空间,这里要求的抽象思想的层次在不断提高,同时程度也越来越高。在数学史的发展过程中,这种知识性的呈阶梯式的抽象思想是举不胜举的。二是人所具有的抽象思想的层次和高度是有区别的。不同的人看同一个问题,他们所体现出来的抽象思想的高度是不一样的,如:"1+1为什么等于2?"很多人会觉得莫名其妙,1+1就是等于2,哪有什么为什么的? 而具有较高抽象思想层次的人会说:书本上画着一个苹果就叫1,画两个苹果就叫2。它的含义就是"1"代表一个事物,"2"代表两个事物,"+"代表增加的意思。这是人们用数字符号和运算符号来表示事物之间关系的一种方法,将具体事物之间的关系抽象化的方法。同时,一个人随着年龄的增长、知识的获取和阅历的丰富,他的抽象思想的层次和高度是不断提升的,从较低层次的抽象思想逐步提升为较高层次的,呈螺旋式不断上升。

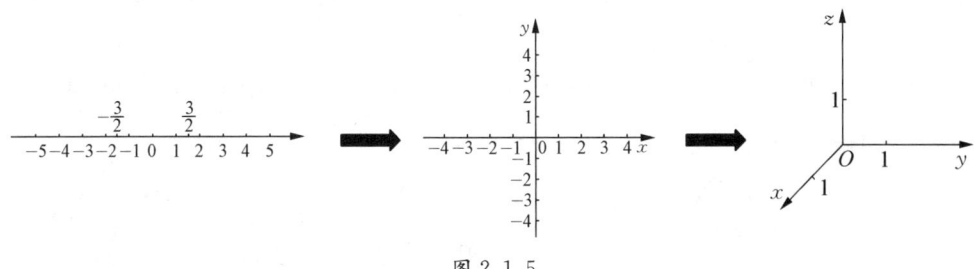

图 2.1.5

三、 抽象思想的深度

国内数学教育家史宁中教授认为,就抽象的深度而言,大体上分为三个阶段:简约阶段、符号阶段和普适阶段。下面以具体案例为例,来解读这三个阶段。

案例 小明家距离学校500米,小丽家距离学校800米。小明家距离小丽家多远?

简约阶段是指把握事物的本质,把复杂的问题简单化、条理化,能够清晰地表达。在此案例中可以把问题简约为:把学校、小明家、小丽家看作三个点,小明家在以学校为圆心,半径为500米的圆上,小丽家在以学校为圆心,半径为800米的圆上,那么小明家和小丽家的距离在什么范围内?

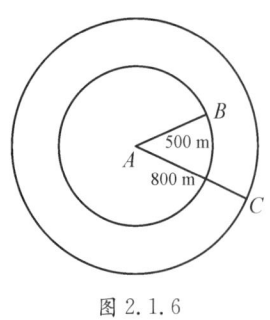

图 2.1.6

符号阶段是指去掉具体的内容,利用概念、图形、符号、关系表达已经简约化了的事物在内的一类事物。上述案例如果用图形和符号来表达,如图 2.1.6 所示,点 B 在以点 A 为圆心,半径为 500 米的圆上运动,点 C 在以点 A 为圆心,半径为 800 米的圆上运动。点 B 和点 C 的距离在什么范围内?

普适阶段指的是通过假设和推理建立法则、模式或者模型,并能够在一般意义上解释具体事物。案例中求 B、C 两点间距离的范围,可以抽象为三角形三边关系的模型。如图 2.1.7 所示,AB、AC、BC 构成三角形,其中 $AB = 500$ 米,$AC = 800$ 米。若要使 B、C 两点间距离最小,根据三角形两边之差小于第三边,使 BC 边等于 AC 和 AB 两边之差时最小,即 A、B、C 三点在同一直线上,且 B、C 两点在 A 点的同侧时最小,如图 2.1.8 所示,此时 $BC = AC - AB = 800 - 500 = 300$(米)。若要使 B、C 两点间距离最大,根据三角形两边之和大于第三边,使 BC 边等于 AC 和 AB 两边之和时最大,即 A、B、C 三点在同一直线上,且 B、C 两点在 A 点的异侧时最大,如图 2.1.9 所示,此时 $BC = AC + AB = 800 + 500 = 1\,300$(米)。回归具体题目,也就是说小明家和小丽家的距离大于等于 300 米,小于等于 1\,300 米。

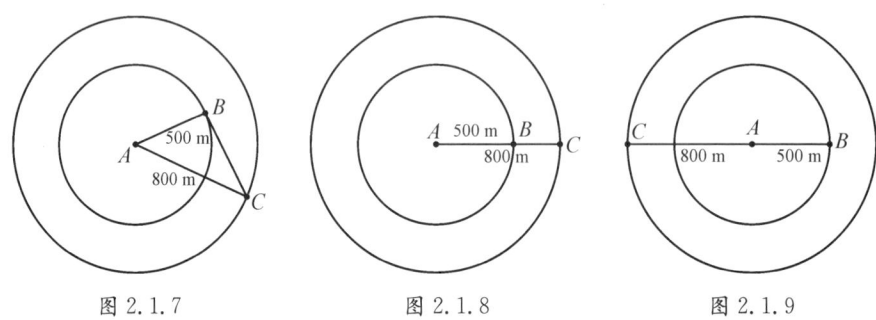

图 2.1.7   图 2.1.8   图 2.1.9

在抽象思想深度的三个阶段中,史宁中教授认为第一阶段是最重要的,将复杂问题抽象成简单的问题,去掉多余干扰或无用的条件,使之简约化。这也是我们将现实世界中形形色色的复杂问题转化为数学问题中最关键的一步。

哥尼斯堡七桥问题就是通过抽象将实际生活问题抽象为数学一笔画问题的,笔者由衷赞叹欧拉所具有的抽象思维。同时感悟到,如果我们用数学的眼光去观察大自然和日常生活,会发现很多事物可以抽象成一笔画问题。如用手指玩的翻绳游戏,见图 2.1.10,游戏中做出来的图形一定是一笔画的;再如我们平时穿的毛衣,用钩针钩的各种物品、蜘蛛结的网、蚕宝宝结的茧,纠缠在一起的一

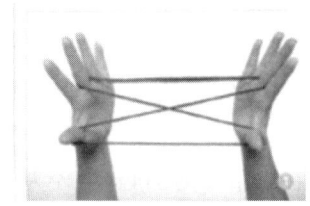

图 2.1.10

团线等,都和一笔画有关系;深入一点的话,如收音机、电视机内部的电路板都可以用一笔画来验证电流是否可以流通。当我们用数学的眼光去发现和看待问题时,一切都是那么简单而有趣,而这其中发挥最大作用的就是抽象思想。抽象,让一切变简单!

浙江省慈溪市周巷镇潭北小学　韩素品

9 抽象思想——数学的法宝

　　抽象是指从具体事物中被抽取出来的相对独立的各个方面、属性、关系等。数学抽象是对现实世界具有数量关系和空间形式的真实材料进行加工、提炼出共同的本质属性,用数学语言表达进而形成数学理论的过程。从结绳记数开始,我们就在抽象思想的孕育中开始了数学的学习,一切思想的源头都是由抽象得出的。简单来说抽象就是由具体直观转向思维思考,由看得见摸得着的事物转向无形的思维体验。我们在抽象的过程中一定要注意学生的感观体验,为学生积累丰富的知识储备,为后续的学习甚至是终身学习奠定良好基础。

一、 抽象思想,计算的启蒙

　　任何一种运算都离不开抽象思想,是抽象思想把我们带入了运算的国度。从一年级简单的认数到六年级分数的乘除都彰显抽象思想的渗透。抽象的前提是具体。每一种事物在抽象之初都是在具体的实际背景中呈现的。

　　如人教版小学数学六年级上册的分数乘法单元中,由具体的吃蛋糕情境引入,首先使孩子们置身于自己熟悉的生活场景中,由图形示意图明白题中表达的真实含义,进而抽象得出算式,运算的过程就这样被抽象出来,算理算法就在直观与抽象的转换之间得以明确。

　　再如,苏教版小学数学六年级上册的分数混合运算单元也是由具体的编中国节的情境去抽象出运算方法。正如史宁中教授曾经说过"所有混合运算都是在讲述两个或两个以上的故事",我们以这样的心态去感悟和抽象数学中的运算,数学抽象思想怎能不在学生思维中落地开花?

二、 抽象思想,图形的诠释

　　图形与几何领域,抽象思想更是魅力无敌。我们所接触的简单的图形运动(如:平移、旋转)就是抽象思想的又一典型诠释。在教学"平移和旋转"这堂课时,我曾经利用多媒体为孩子们展现了生活中的两种不同现象,由现象入手,让孩子们自主区分分类,感知平移和旋转的特征,在生动具体的情境中感受抽象的数学思维。

其次,利用课外资料补充丰富孩子们的见闻。(1)动画演示:上海音乐厅平移图。利用牵引整个大楼平移,感受现实平移的伟大,赞叹人类智慧的同时激发学习兴趣。(2)视频展示:花样滑冰。伴随着音乐,孩子们边欣赏边体会平移旋转现象,并脱口而出"平移"、"旋转"……使特征内化到每个学生的心田,抽象思想也被烙印到学生的脑海。

山西省太原市小店区刘家堡乡西柳林小学　　白美云

第二节　符 号 化 思 想

对符号化思想的一些粗浅认识

在今天,全社会都在使用符号,我们的生活周围各种符号随处可见,如交通规则标识、商店、机场、火车站和医院的各种标识、各国国旗等等。无论是自然科学还是社会科学,甚至包括人文学科,用符号表达概念、关系、法则已经成为一种常识。但数学符号有自身的特殊性,数学符号是数学的语言,数学世界是一个符号化的世界,数学的发展和普及离不开数学符号。《标准(2011版)》将符号意识作为数学新课标的十大核心词之一,指出建立符号意识有助于学生理解符号的使用是数学表达和进行数学思考的重要形式。符号化思想有助于学生用准确、简明、规范的数学语言表达自己的数学思维,从而提高学生的数学素养。笔者对符号化思想有以下三点粗浅认识。

一、 数学符号是抽象和形象的和谐统一

数学符号有数量符号(如数字符号、圆周率 π)、运算符号、关系符号、结合符号(如小括号()、中括号[])、性质符号(如正号"＋"、负号"－")、省略符号(如三角形"△"、因为"∵")等等。这些千姿百态的数学符号从发明到应用再到统一,每个背后都有故事,它们是人们想象并抽象出来的思维产物,但同时人们自始至终都在努力赋予这些符号以生命。可以说数学符号既具有高度的抽象性,又兼具一定的直观形象性,它们是抽象和形象的和谐统一。利用多媒体技术,动态演示符号的由来,可使抽象符号形象化。

比如运算符号中的"＋""－""×""÷",可以安排如图 2.2.1 所示的动态演示。

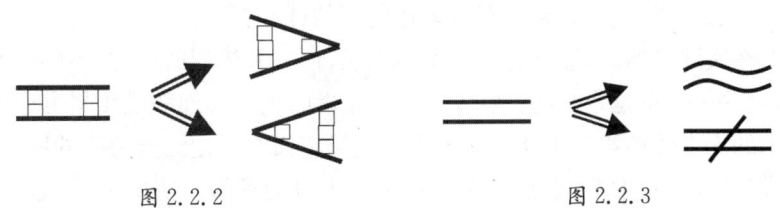

| 加号的生成 | 减号的生成 | 乘号的生成 | 除号的生成 |

图 2.2.1

加号的生成演示：先出现一横，再移来一竖，以显示"合并"、"添上"、"增加"的意思。

减号的生成演示：从"＋"里拿走一竖，表示"去掉"、"减少"的意思。

乘号的生成演示：将"＋"转动 45°成"×"，表示特殊的加即同数连加。

除号的生成演示：先写中间一横，表示平均分，上、下各一点，表示每份同样多。

运算符号是抽象的，但这样动态演示之后，学生感觉符号有了生命，体会到运算符号是其内在含义和直观形象的和谐统一，对"＋""－""×""÷"符号意义的理解自然是入木三分。

小学阶段首先出现的关系符号是等号，等号的首创者英国数学家雷科德（R. Recorde，约 1510—1558）说："世界上再也没有比两条平行而又等长的短线段更确切的相等符号了。"为了让学生明白"平行"的含义，可在"＝"两头各嵌入两个小正方形，以显示距离相等，用学生的话来说就是"一样宽"。

在此基础上，以线段的中点为旋转中心，将其分别朝相反方向旋转 30 度，使等长线段的一端并拢，一端张开，就生成了大于号、小于号。这两个符号的共同点是开口对大数，尖头对小数。通过动态演示（如图 2.2.2 所示）让学生看到"开口"、"尖头"是从等号演变过来的。再让等长的线段弯一弯，等号就变成了约等号；等号添上斜杠，就表示不平行、不等于（如图 2.2.3 所示）。

图 2.2.2   图 2.2.3

动态演示既符合符号本身的抽象意义，又使符号具有活力，体现了数学符号是抽象和形象的和谐统一。每个符号本身就是一个传奇故事，用心体会，会发现符号是会说话的语言，它的内涵和外在形式是高度统一的。

二、 符号表达是简约和精确的完美体现

一个数学符号一旦产生并被广泛应用，它的意义就已经明确了，它的简约性和精确性使得它得以传承和被广泛使用，符号表达正是这种简约性和精确性的完美体现。

在基础数学中,用字母表示数在这方面的优越性也有所体现。如乘法分配律的教学,人教版小学数学四年级下册以学生说的方式给出了如下文字语言描述:两个数的和与一个数相乘,可以先把它们与这个数分别相乘,再相加。教学中,如让学生用自己喜欢的方式表示乘法分配律,学生的表示各不相同,有用三角形、正方形、五角星等各种图形和图案来表示的,也有用大写字母、小写字母来表示的,这些表示的共同点是都有符号表达的影子。但如果用字母表示数的话,根据习惯,用小写字母比较常见,于是乘法分配律的字母表达式一般就表示为:$(a+b) \times c = a \times c + b \times c$。在教学中教师还往往给出乘法分配律的几何模型,如图 2.2.4 所示。

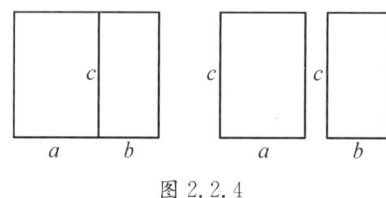

图 2.2.4

仔细解读数学语言的三种形态:教材中学生说的文字语言、用字母表示的符号语言($(a+b) \times c = a \times c + b \times c$)和用图示表示的图形语言(图 2.2.4)。发现文字语言理解起来有一定难度,前面说的是"两个数"、"一个数",后面是"它们"、"这个数",长长一句话,谁和谁先加、再乘,又是谁和谁先乘、再加,需要一定的语言文字的理解力。图形语言很直观,这个直观是建立在能看懂图形的基础上,要理解左边大长方形的面积是右边两个小长方形的面积之和,而且这个图形语言有一定的局限性,因为长度、面积都是正的,但乘法分配律在数系扩充之后是同样适用的。反观用字母 a、b、c 分别表示三个数的符号语言:$(a+b) \times c = a \times c + b \times c$,简洁、准确、无歧义、严谨,充分表现了符号表达的简约性和精确性。

再如在实际做题时,经常有学生混淆周长、面积和体积的单位。在我们现行的教材中,这些单位都是定义的:如边长为 1 厘米的正方形面积是 1 平方厘米,棱长是 1 厘米的正方体体积是 1 立方厘米等。这样定义对于记忆能力强的同学来说容易掌握,但从长远角度看,不利于学生对单位本身的理解。实质上,求边长为 1 厘米的正方形的面积时,我们是带着单位运算的,列式是 $1 \, \text{cm} \times 1 \, \text{cm}$,运算时,数字和数字相乘,单位和单位相乘,两个一样的量相乘,数学中是定义为平方的,简写时在该量的右上角标上 2,所以完整列式是:

$$1 \, \text{cm} \times 1 \, \text{cm}$$
$$= (1 \times 1) \times (\text{cm} \times \text{cm})$$
$$= 1 (\text{cm}^2)。$$

三个一样的量连乘,数学上定义为立方,简写时在该量的右上角标上 3,所以求棱

长是 1 厘米的正方体的体积时,完整列式是:

$$1 \text{ cm} \times 1 \text{ cm} \times 1 \text{ cm}$$
$$= (1 \times 1 \times 1) \times (\text{cm} \times \text{cm} \times \text{cm})$$
$$= 1(\text{cm}^3)。$$

为了书写简便和简洁,我们去掉单位列式和运算,只需在得数最后加上单位就行。

笔者认为这样给学生解释清楚,有助于学生理解符号表达的简约性和精确性。比如求边长为 3 cm 的正方形周长时,学生就能明白列式 4×3 中的数字 4 是倍数,没有单位,而 3 的单位是 cm,所以最后得数的单位是 cm。当遇到单位不一致时,如长方形的长是 5 米,宽是 80 分米,求长方形的面积。米和分米是不同的单位,它们相乘不能叫平方,所以首先要把单位换算成一样的才行。单位的符号表达是符号简约性和精确性的完美体现,让学生体会其中的含义,才能正确使用。

三、 符号推演是特殊到一般的演绎证明

数学符号不同于其他符号的一个重要特点就是数学符号能进行运算和推理,符号的使用是数学思考的重要形式。似乎数学的每一个分支都靠一种符号语言而生存,而几乎所有运算,都表现为符号的推演,且经符号推演得到的结论更具一般性。在小学阶段,也能找到很多可以用符号推演的例子。

比如和学生一起玩吉卜赛人古老的神秘读心术,然后破解,让学生感受"使用符号可以进行运算和推理,得到的结论具有一般性。"先让学生在心中从 10—99 之间任意挑选一个数(比如 27),用这个数先减去它自己十位数上的数字,再减去个位数上的数字(比如 27−2−7),得到最终的数。在下面的图 2.2.5 中找到与你自己的最终数相对应的图案,并把这个图形牢记心中。

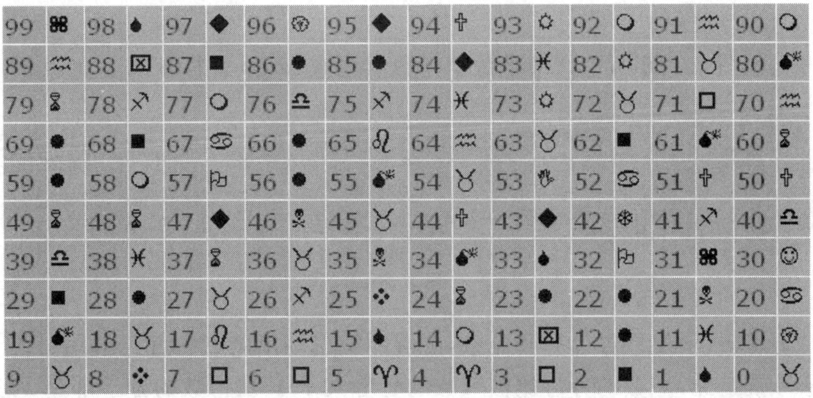

图 2.2.5

当面读出其中一个学生心中所想的图案 ,学生必会惊讶不已。更换数字所

对应的图案,继续实施"读心术",此时学生急切地想破解此术。可让学生先自行讨论,寻找最终得数的共同点,然后教师再进行如下的符号推演:设这个两位数十位上的数字是 a(a 是大于 0 小于 10 的自然数),个位上的数字是 b(b 是大于等于 0 小于 10 的自然数),则这个两位数可表示为 $10a+b$,减去它自己十位数上的数字,再减去个位数上的数字,用符号推演就是:

$$
\begin{aligned}
& 10a+b-a-b \\
= {} & 10a-a+b-b \\
= {} & (10a-a)+(b-b) \\
= {} & 9a+0 \\
= {} & 9a_\circ
\end{aligned}
$$

最终得数始终是 9 的倍数,而上图中所有 9 的倍数的图案都是 ,这就是吉卜赛人古老的神秘读心术的关键秘密。

同样的"数学小魔术"还有很多,比如:请你想一个整数,把它乘 2 加 6,再把结果乘 4 减 24。告诉我计算结果,我立即能判断出你想的整数是多少? 用符号推演如下:

设所想的数为 x,则

$$
\begin{aligned}
& (2x+6)\times 4-24 \\
= {} & 8x+24-24 \\
= {} & 8x_\circ
\end{aligned}
$$

只要学生计算正确,结果一定是偶数,将计算结果除以 8,就是对方所想的数。学生受到启发,会自己尝试修改规则,使计算结果为 $4x$、$6x$、$10x$,整个过程兴趣盎然,意犹未尽,从中逐渐体会到引入符号的必要性,并初步感悟到符号推演是特殊到一般的演绎证明。

再比如图 2.2.6 所示,《小学数学与数学思想方法》一书第 21 页的案例 2。

计算 $1-\dfrac{1}{2}=(\qquad)$,$\dfrac{1}{2}-\dfrac{1}{3}=(\qquad)$,$\dfrac{1}{3}-\dfrac{1}{4}=(\qquad)$,你能发现什么规律? 如果用 a_n 表示第 n 个算式,请把这个规律表示出来。

图 2.2.6

对于规律,学生经过计算和观察,能够归纳总结出两点。首先第几个式子的被减数分母就是几,减数的分母比被减数的分母大 1;其次得数的分子都是 1,分母是被减数分母与减数分母相乘的积。为了演算推理得到用符号表达的一般规律,必须让学生理解 a_n 的含义,从前几项开始理解符号含义,并寻找规律,从而得到 a_n 的表达式,如下所示:

$$a_1 = 1 - \frac{1}{2},$$

$$a_2 = \frac{1}{2} - \frac{1}{3},$$

$$a_3 = \frac{1}{3} - \frac{1}{4},$$

$$\cdots$$

$$a_n = \frac{1}{n} - \frac{1}{n+1}.$$

之后可以对 a_n 的表达式进行推演：

$$
\begin{aligned}
a_n &= \frac{1}{n} - \frac{1}{n+1} \\
&= \frac{n+1}{n(n+1)} - \frac{n}{n(n+1)} \\
&= \frac{1}{n(n+1)}.
\end{aligned}
$$

得到更为一般化的结论：$a_n = \frac{1}{n} - \frac{1}{n+1} = \frac{1}{n(n+1)}$，如果从右往左看等式，可以得到 $\frac{1}{n(n+1)} = \frac{1}{n} - \frac{1}{n+1}$ 这样可以拆项的式子，其实上述运算过程已对拆项进行了演绎推理。

引导学生继续思考，题目如果变为：$1 - \frac{1}{3} = ($ $)$，$\frac{1}{2} - \frac{1}{4} = ($ $)$，$\frac{1}{3} - \frac{1}{5} = ($ $)$，你能发现什么规律？又该如何用 a_n 来表示这个规律？

根据第一次的经验，部分学生会做如下推演：

$$a_1 = 1 - \frac{1}{3},$$

$$a_2 = \frac{1}{2} - \frac{1}{4},$$

$$a_3 = \frac{1}{3} - \frac{1}{5},$$

$$\cdots$$

$$a_n = \frac{1}{n} - \frac{1}{n+2}.$$

之后再对 a_n 的表达式进行推演：

$$
\begin{aligned}
a_n &= \frac{1}{n} - \frac{1}{n+2} \\
&= \frac{n+2}{n(n+2)} - \frac{n}{n(n+2)}
\end{aligned}
$$

$$= \frac{2}{n(n+2)}。$$

得到一般化的结论：$a_n = \frac{1}{n} - \frac{1}{n+2} = \frac{2}{n(n+2)}$，从右往左看，则 $\frac{2}{n(n+2)} = \frac{1}{n} - \frac{1}{n+2}$，左右两边同除以 2，得到 $\frac{1}{n(n+2)} = \frac{1}{2}\left(\frac{1}{n} - \frac{1}{n+2}\right)$。可以一直变换题目，直至最后引导出拆项最具一般化的结论：$\frac{1}{n(n+k)} = \frac{1}{k}\left(\frac{1}{n} - \frac{1}{n+k}\right)$，其中 n、k 都是正整数。这个看似简单的题目，经过符号表达和运算推演，得到了从特殊到一般的结论，开阔了学生的眼界，让学生充分感受到符号表达的强大，体会到符号推演是特殊到一般的演绎证明。

罗素(B. A. W. Russell，1872—1970)说过："什么是数学？数学就是符号加逻辑。"可以说，没有符号，就没有近代数学和现代数学。数学符号的抽象性、简约性、精确性和可运算性使得数学的思维功能被放大到了极致，数学思维成了可视的符号操作过程，从而使数学得以发展和传承。在今后的教学过程中，我们一线教师要时刻注意符号化思想的渗透，以期数学知识得到最大化的传递。

浙江省慈溪市周巷镇潭北小学　韩素品

基于学生思维轨迹下的"关系符号"
——以"和是 10 的加法"教学为例

一、 教学内容

人教版小学数学一年级上册第 59—60 页。

二、 学情分析

"和是 10 的加法"是在学生掌握了 9 以内数的组成的基础上，一节侧重探索等于号的双重关系，进而应用等号关系解决连等式的数学思维课。

我们在前测调查中发现学生刚刚接触加减法(比如 $2+3=\Box$，$5-4=\Box$)时，这些等于号给了他们一个非常强烈的指向性信息，就是等于号只能表示算式运算的结果的程序性质，这种先入为主的经验在头脑中已经根深蒂固了。因此当他们遇到形如 $6+4=\Box+6$ 时，就会出现类似这样的错误：$6+4=(10)+6$，殊不知这些都是学生只关注了"等于号的程序性质"，而忽视了"等于号的关系性质"的缘故。

三、 教学目标

(1) 进一步认识加号和建立加法的概念,会用数的组成正确计算和是 10 的加法。

(2) 初步感受等于号是双向的,体会等于号的程序性质和关系性质,发展学生的算术思维和代数思维,感受符号化思想。

四、 教学实践

【片段一】数与数的"关系性质":□＝10

师:(出示□＝10)小朋友们,猜猜方框后面藏着什么? 猜对了它就会跳出来和大家见面。

生 1:方框后面藏的是 10,10 = 10。

生 2:方框后面藏着 10 个点子,⋮⋮＝10。

生 3:方框后面藏着 7＋3 = 10。

师:方框后面藏着 7＋3 = 10,你有什么办法说明它是对的吗?

生 3:我想 7 再往上数 3 个数,7—8—9—10。

生 4:因为加法表示两部分合起来,7 个圆片加上 3 个圆片(如图 2.2.7 所示)等于 10 个圆片,所以 7＋3 = 10。

图 2.2.7

师(追问):那你还能用其他情境说明 7＋3 = 10 吗?

生 5:7 个苹果加 3 个苹果等于 10 个苹果,所以 7＋3 = 10。

……

生 6:我想等于号左边 7 加 3 等于 10,等于号右边是 10,两边相等,所以 7＋3 = 10。

师(追问):谁听明白了他的想法?

生:他是先把算式算出来,再比较等于号左右两边的数,发现两边相等用"="连接。

师:我们知道了 7＋3 = 10 是正确的,那你还能写出和是 10 的其他算式吗?

(经过学生讨论交流后得到和是 10 的所有加法算式)

师:你们能把这些算式排排队吗?

生:1＋9 = 10、2＋8 = 10、3＋7 = 10、4＋6 = 10、5＋5 = 10、6＋4 = 10、7＋3 = 10、8＋2 = 10、9＋1 = 10。

师:现在这些算式变得很有规律了,你能发现这些算式里藏的秘密吗?

生：我发现第一个加数一个一个变大，第二个加数一个一个变小，和不变。

设计意图：我紧紧抓住低年级学生的心理特点，用儿童化的语言把学生带入到简明、抽象、清晰、准确的符号化世界中，帮助学生初步建立符号意识。他们依靠比较大小、9以内加减法等已有知识经验，在 □ ＝ 10 中有的联想到方框表示数，即 10 ＝ 10，这体现了"＝"可以表示数与数之间的相等关系；有的联想到方框表示算式，即 7＋3 ＝ 10，这体现了式与数之间的相等关系。为了说明这样的加法算式是正确的，大部分学生采用按照事情发展的"故事"情境，因此等于号有了"得到"的意思，突出了等于号的程序性质，体现了算术思维。还有少部分学生采用"天平"情境，天平一边放上 7＋3，另一边放上 10，此时天平左右两边平衡，因此等于号有了"等值"的意思，突出了等于号的关系性质，体现了代数思维。可见 □ ＝ 10 既培养了学生的发散性思维，又沟通了算术思维和代数思维的联系。

【片段二】数与式的"关系性质"：10 ＝ □

师：（出示 10 ＝ □）现在你想到了什么？

生1：我想 10 可以分成几和几。

生2：我想等于号左边是 10，等于号右边是 10 或者是表示 10 的算式。

师：请你有序地写出符合条件的加法算式，并说说你是怎么想的？

生：10 ＝ 1＋9、10 ＝ 2＋8、10 ＝ 3＋7、10 ＝ 4＋6、10 ＝ 5＋5、10 ＝ 6＋4、10 ＝ 7＋3、10 ＝ 8＋2、10 ＝ 9＋1。

师：（指着 10 ＝ 1＋9）你会读这个算式吗？

生：10 等于 1 加 9。

师：在数学上我们把这个算式读作：1 加 9 等于 10。

师：请你仔细观察这些算式，你发现了什么？

生：从左往右看，第一个加数在变大，第二个加数在变小，和不变。

师：他不重复不遗漏地写全了这些算式，还有不同写法吗？

生：10 ＝ 1＋9 和 10 ＝ 9＋1、10 ＝ 2＋8 和 10 ＝ 8＋2、10 ＝ 3＋7 和 10 ＝ 7＋3、10 ＝ 4＋6 和 10 ＝ 6＋4、10 ＝ 5＋5。

师：仔细观察前 4 组算式，你发现了什么？

生：我发现了，交换两个加数的位置，和不变。

设计意图：本环节的教学体现了"三个一"：一个核心词——符号意识；一种思维——代数思维；一种思想——函数思想。为了帮助学生构建像 10 ＝ □ 这样的数与式的相等关系，我先让学生说说看到 10 ＝ □ 后的真实想法，然后逐步放手让学生有序地罗列出 10 ＝ □ 的加法算式，最后让学生在分类中经历简单函数的概括归纳过程，即"第一个加数一个一个变大，第二个加数一个一个变小，和不变"和"交换两个加数的位置，和不变"，为后续整理加法算式表奠定了基础。其实 10 ＝ □ 这样的算式，从算术思维的角度可以看成数的分解，从代数思维的角度可以理解为数与式的等值，由此在学生头脑中建立了不同表征形式之间的相互关系。

【片段三】式与式的"关系性质"：□＝□

师：（指着 $10＝4＋6$ 和 $10＝6＋4$）你能用圆片来表示这两个算式的意思吗？

生：（如图 2.2.8）从左往右看表示 $10＝4＋6$，从右往左看表示 $10＝6＋4$。

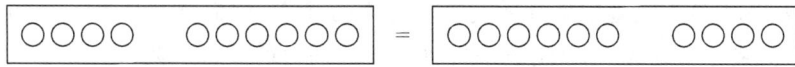

图 2.2.8

师：现在你能把这两个和相等的算式改写成 $4＋□＝6＋□$ 的算式吗？

生1：$4＋2＝6＋□$，右边的方框填……

生2：$4＋6＝6＋4$，等于号左边 $4＋6＝10$，等于号右边 $6＋4＝10$，所以等于号两边结果相等。

师：你同意哪种观点，为什么？

生：我同意第二种观点，等于号表示左右两边的结果要相等。$4＋6＝6＋4$ 其实就是如图 2.2.9 所示。

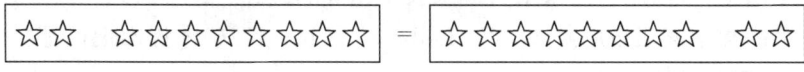

图 2.2.9

师：看来在这里看局部来计算行不通了，要把两个算式看成一个整体来处理是解决这类题目的法宝。

师：（板书 $4＋6＝6＋4$）我们一起来读一读，4 加 6 的和等于 6 加 4 的和。（齐读）

师：（指着 $10＝1＋9$ 和 $10＝9＋1$、$10＝2＋8$ 和 $10＝8＋2$、$10＝3＋7$ 和 $10＝7＋3$、$10＝4＋6$ 和 $10＝6＋4$）请你试着把这 4 组算式改写成和相等的算式。

生：$1＋9＝9＋1$，$2＋8＝8＋2$，$3＋7＝7＋3$，$4＋6＝6＋4$。

师：你能选择其中一组算式说说它为什么是正确的吗？

生1：我选了 $1＋9＝9＋1$，等于号左边 $1＋9＝10$，等于号右边 $9＋1＝10$，因为等于号两边相等，所以是正确的。

生2：我选了 $2＋8＝8＋2$，用画图来表示是这样的，如图 2.2.10 所示。

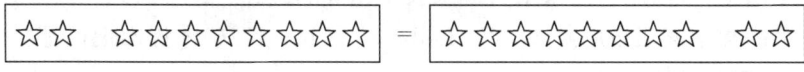

图 2.2.10

师：观察这几组算式，你有什么发现？

生1：我发现等于号左右两边都是 10。

生2：我发现等于号左右两边的数交换了位置。

师：小朋友们观察得真仔细，（指着 $10＝1＋9$ 和 $10＝2＋8$）你能把这两个算式改写成一个和相等的算式吗？

生：$1＋9＝2＋8$，等于号左边 $1＋9＝10$，等于号右边 $2＋8＝10$，所以等于号两边相等。

师：我们学了把两个和相等的算式改写成一个算式，（指着 $10＝1＋9$、$10＝2＋8$、$10＝3＋7$、$10＝4＋6$、$10＝5＋5$、$10＝6＋4$、$10＝7＋3$、$10＝8＋2$、$10＝9＋1$）那你有信心把这 9 个算式改写成一个算式吗？

生：$1＋9＝2＋8＝3＋7＝4＋6＝5＋5＝6＋4＝7＋3＝8＋2＝9＋1$。

设计意图：本环节的主旨是帮助学生体会等于号在式与式之间的相等关系，要求学生把两个或多个和相等的算式看作一个整体来处理，包括两个递进层次。其一，两个算式的加数相同。我让学生借助图片的情境图，从不同的方向看就能得到两个和相等的算式，在情境图中帮助学生理解式式之间的相等关系。其二，两个算式的加数不同。随着学生对算式运算能力的提高，他们能根据很多和相等的单个算式，写成一个连等式，此时真正建立了等号两边的"等值"关系。

【片段四】课堂总结

师：这节课我们研究了"和是 10 的加法"，说一说，你有什么收获？

师：今天同学们学得很棒，根据自己的学习情况，选择你的"作业套餐"。

A组：在□里填上合适的数。

$$2＋□＝4＋6＝□＋7＝□＋□＝□$$

B组：从 1～9 这九个数中，找出和相等的三对数。（每个数只能用一次）

聪聪的做法：$1＋2＝3＋4＝7＋6$；

佳佳的做法：$1＋8＝2＋7＝3＋6$。

请你说说谁的做法是正确的，为什么？

C组：从 1～9 这九个数中，各选一个填入□里。（每个数只能用一次）

$$□＋□＝□＋□＋□$$

数学小知识：在 1557 年的时候，英国人雷科德认为：两条平行线是最最相像的两件东西了，可以用这两条平行线来表示相等的意思。过了大约 100 年的时间，德国著名的数学家莱布尼茨（G. W. Leibniz，1646—1716）才提出倡议把"＝"作为等号，表示"等于"的意思。

设计意图：练习环节分层设计，A组是基础题，侧重课堂的重难点知识；B组是能力题，拓展延伸课堂的知识点；C组是创新题，培养学生的发散性思维。这些练习让不同程度的学生可以选择适合自己的题目，也让学有余力的学生挑战难题，较早地接触代数思维，把等式当作一个整体来处理，建立等于号的"等值"思想，从而感受符号化思想，提升数学思维含量。

浙江省嵊州市逸夫小学　裘陆勤

聚焦符号化思想，分享数学教育智慧

读到《小学数学与数学思想方法》这本书的时候，我又一次想起一个 07 年毕业的学生在上初中后给我打来的电话："老师，我还想让您教我数学。现在老师讲的应用题都用方程解，我都不会了！"貌似一个求救的电话，却像一根针扎到了我的心上。这个孩子的逆向思维能力很强，小学的时候他用算术方法解题，多难都可以信手拈来。所以我当时抱着只要做对得分就行的想法，不去过多地强调让他用方程解题。然而现在看来，我似乎是"害"了这个孩子！于是，我重新审视自己的教育教学，充分地认识到教育教学是着眼于一个人一生的事业，作为教师，我们不能"铁路警察各管一段"！于是我开始和初中的老师交流，了解初中的知识，了解教学理念，学习课程标准，在教学中潜移默化地进行尝试和改变。

数学发展到今天，已成为一个符号化的体系。符号就是数学存在的具体化身。英国著名数学家罗素说过："什么是数学？数学就是符号加逻辑。"数学离不开符号，数学处处要用到符号。怀特黑德（A. N. Whitehead，1861—1947）曾说："只要细细分析，即可发现符号化给数学理论的表述和论证带来的极大方便，甚至是必不可少的。"数学符号除了用来表述外，它也有助于思维的发展。如果说数学是思维的体操，那么，数学符号的组合谱成了"体操进行曲"。

将目光聚焦到"符号化思想"这一节内容，我谈谈个人的一些想法。

一、信其道

《标准（2011 版）》把符号意识作为课程内容的十大核心概念之一，足以说明符号意识的重要性。

《标准（2011 版）》解读认为："符号是数学的语言，也是数学的工具，更是数学的方法。"也就是说用符号表示既是一种数学思想，也是一种数学方法。

《小学数学与数学思想方法》这本书建议我们这样来理解符号意识：

（1）理解符号所表示的数、数量关系和变化规律。

（2）能用符号表示数、数量关系和变化规律。

（3）知道使用符号可以进行运算和推理，是进行数学思考的重要形式，得到的结论具有一般性。

二、解其语

符号对于数学的发展来讲更是极为重要的,它可使人们摆脱数学自身的抽象与约束,集中精力于主要环节,这在事实上增加了人们的思维能力。没有符号去表示数及其运算,数学的发展是不可想象的。数学是科学的语言,符号则是记录、表达这些语言的文字。正如没有文字,语言也难以发展一样,几乎每一个数学分支都是靠一种符号语言而生存,数学符号是贯穿于数学全部的支柱。

作为教师我们要在日常教学中运用符号化思想教学。要给予符号化思想足够的重视,并落实到课堂教学目标中。要创设合适的教学情境,引导学生在探索中归纳和理解数学符号所表达的数学信息,并进行解释和应用。学生只有理解和掌握了数学符号的内涵和思想,才有可能利用它们进行正确地计算、推理和解决问题。

三、行其道

1. 巧妙创设情境,理解符号意识

创设具体的情境,联系身边的事情,帮助学生去认识与理解符号,要尽可能在实际问题情境中帮助学生理解符号以及表达式、关系式的意义,在解决实际问题中发展学生的符号意识。比如人教版小学数学六年级下册"认识负数",我从孩子们身边的当地气温入手,在只有刻度的温度计上让学生来表示零上 6 摄氏度和零下 6 摄氏度,通过如何来区别这两个温度引出负号,同时引导孩子进行知识链接:

负数是由中国古代的数学家最先所采用及应用的,在《九章算术》中便记载了负数及负数的运算法则。在其他运算中,亦有不同的方式来表示正负数,如在筹算时,会以红色的筹表示正数,黑色的筹表示负数。但这种方法用于毛笔记录时,换色十分不便,因此在 12 世纪,李冶(1192—1279)首创了在数字上加斜划以表示负数。这可以说是世界上最早的负数记号。西方对负数的认识则比中国迟,到 15 世纪后才正式应用负数。在运算中,亦有不同的负数符号以表示正负数。如在数字前加上"⊣"或"¬"来表示负数。此外,亦有不同方式表示负数如 →a 表示负数,←a 表示正数;am 为负数,ap 为正数。直至二十世纪初,亨廷顿(E. V. Huntington, 1874—1952)才开始采用接近现在的负数符号形式,如 −3、−2、−1、0、+1、+2、+3,并逐渐成为现在的正负数。

让学生了解符号就是某种事物的代号,先人们在不断探索用简单的记号去表现复杂的事物,进而充分体会数学符号的简洁美和先人的思想智慧。

2. 借助数形结合,树立符号意识

培养学生的符号意识,首先要引导学生树立符号意识,有目的、有意识、有计划、有步骤地渗透于数学教学的始终。在一年级"认数"单元,教材十分注意加强对数的实际意义的理解,在认识了 1—5 以后,教学"几和第几的认识",让学生联系生活经验,体会一个数可以用来表示物体的个数,也可以用来表示物体排列的顺序。

符号意识的培养需要坚实的经验为基础,在教学中应促进学生在交流、分享的过程中积累经验,允许个性化地表示符号,逐步体会用数、形将实际问题"符号化"的优越性,感受符号在理解和解决问题过程中的价值。

3. 充分灵活运用,强化符号意识

建构主义理论认为,应当把学生原有的知识经验作为新知识的生长点,生长新的知识经验。数学符号意识的形成同样应该遵循这样的规律。

如教学"三角形面积的计算",在引导学生推导出三角形的面积 = 底×高÷2后,及时引出字母表达式:$S = ah \div 2$,这样便于记忆和使用。在应用这一面积公式解决一些简单的实际问题后,可以让学生解决类似的问题:已知三角形的面积为 40 平方厘米,三角形的底为 16 厘米,求三角形的高。这就需要学生把三角形的面积公式进行变形:$S = ah \div 2 \rightarrow S \times 2 = ah \rightarrow S \times 2 \div a = h$,从而求出三角形的高为:$40 \times 2 \div 16 = 5$(厘米)。为了帮助学生实现这样的符号运算,教师可以再次结合三角形面积公式推导的过程,体会"$S \times 2$"表示的是先根据三角形的面积求出与它等底等高的平行四边形的面积,"$S \times 2 \div a$"表示用平行四边形的面积除以底就等于高,也就是三角形的高。对符号的灵活使用,大大增强了学生的符号意识。我在给女儿讲题的时候就先用公式推导,得出一般结论再让她代入数字解决问题。同时也让她尝试着给我运用这种方法讲题,效果非常好。

特别是这次人教版教材的修订,更加突出了对符号化思想的有效落实,五年级上册用字母表示数就是孩子们集中强化符号意识的最好的例证。

四、证其果

作为老师,其实除了这些常规的手段之外,我们自身的数学思想方法意识和落实是最重要的,就像王教授在书中讲到的"小学数学思想方法的目标不再是附属品一样永远停留在渗透的层面上,而是像双基一样,真正成为课堂教学的常态目标,真正成为学生素养不可分割的一部分。"所以我认为我们老师应从以下几点做起。

1. 多读书,了解最新的教育教学理念,来引领自己的教育行为。

2. 多学习,树立正确的教育教学观念,来丰厚自己的教育储备。

3. 多实践,发现可行的教育教学举措,来积累自己的教育积淀。

4. 多反思,顿悟真实的教育教学智慧,来幸福自己的教育事业。

学习是一项双边活动,只有老师做到以上几点才可以引领学生多运用、多参与,如此我们的教学才可以达到双赢。

思想有多远,我们就能走多远。水本无华相荡而生涟漪,石本无火相击而发灵光。读书时不可有己见,读书后不可无己见。结合实际的有效借鉴和合理切实的实践才是一切读书学习的最终目的。

河北省张家口市怀来县怀来双语学校　白金华

用符号化思想点亮数学课堂
——以"用字母表示数"为例

《标准(2011版)》提出:"建立数感、符号意识和空间观念,初步形成几何直观和运算能力,发展形象思维与抽象思维。"并指出"符号意识主要是指能够理解并且运用符号表示数、数量关系和变化规律;知道使用符号可以进行运算和推理,得到的结论具有一般性。"从中可以看出《标准(2011版)》非常重视对学生符号意识的培养。因此,在教学中应注重发展学生的符号意识。

英国著名数学家罗素说过:"什么是数学? 数学就是符号加逻辑。"怀特黑德曾说过:"在数学中,只要细细分析,即可发现符号化给数学理论的表述和论证带来极大的方便,甚至是必不可少的"。数学符号除了有助于数学表述外,还有助于数学思维。如果说数学是思维的体操,那么数学符号的组合就谱成了"体操进行曲"。

那么,什么是符号? 什么是符号化思想? 一般来说,"符号"就是某种事物的代号,它的意义是采用对应的方式,把一个复杂的事物用简便的形式表现出来。符号化思想就是用一种符号代替原物,不用原物而用符号进行表示、交流、运算等活动的思想。符号化思想是数学中的一种重要思想,使学生懂得符号的意义,并会用符号解决实际问题。发展学生的符号意识,是学习数学的目标之一。教学中,如何渗透符号化思想,并用符号化思想点亮我们的数学课堂呢? 下面,笔者就以人教版小学数学五年级上册"用字母表示数"的教学片断为例,谈谈自己的实践与体会。

一、巧设情境,需求中唤醒符号意识

【片段一】引入(学生齐唱字母歌)

师:同学们刚才唱的是一首什么歌曲?

生1:英语歌。

生2:字母歌。

......

师:在我们的生活中哪些地方见过字母? 下面的这些图片你能很快说出这里面字母所表示的意思吗?

呈现情境,如图2.2.11所示。

① 轿车车牌(粤 A PS886)

② 电视台台标"CCTV"

③ 公共厕所标记"WC"

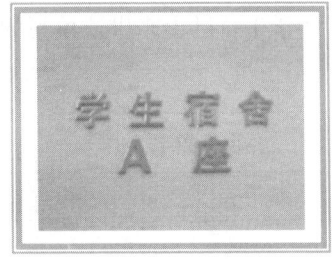

④ 学校的宿舍楼 A 座

图 2.2.11

师：看了这些,你觉得这几幅图有什么共同之处,谈谈你的想法?(都有字母,字母的作用真大!)(板书：字母)

师：看来同学们很善于观察,很关注我们的生活,知道得还真不少。其实何止这些,让我们再来看一看扑克牌中的字母(呈现扑克牌)。

师：这里面有字母吗?

生：J,Q,K,A。

师：各表示的是什么意思?

生：J-11,Q-12,K-13,A-1。

师：扑克牌上的字母表示什么?(板书：数字)

师：字母在我们生活中应用真的非常广泛,发挥的作用也真不小,而且字母在我们数学王国里还有另一种特殊的功能,那就是今天我们要研究的内容。

(把板书补充完整：用字母表示数)

设计意图：俄国著名教育家乌申斯基(1824—1871)曾说过："没有任何兴趣,被迫进行学习会扼杀学生掌握知识的意愿"。因此,在引入环节中,通过创设唱英文字母歌、说说生活中字母表示的意思、扑克牌中 4 个字母表示的数等贴近学生生活实际的问题情境,引起他们对所学材料的兴趣,在唤醒学生的符号意识的同时,让学生正确理解所使用符号的意义,培养符号感。

二、 自主探究，转换中感受符号价值

【片段二】探究（摆三角形）

师：同学们用小棒摆过三角形吗？想一想，单独摆一个三角形需要几根小棒？（3根）单独摆2个这样的三角形需要几根小棒？（6根）摆3个呢？（9根）怎么算的呢？

师：当摆 a 个三角形时，需要用多少根小棒？

（1）请同学们填写表格2.2.1。

（2）四人小组交流一下自己怎样填写表格的。

（3）让学生自己上来讲述填写的原因。

表 2.2.1

三角形个数	需要小棒根数（写算式）
1	
2	
3	
...	......
a	

生：摆1个三角形，要用3根小棒，算式是 1×3；

摆2个三角形，要用6根小棒，算式是 2×3；

摆3个三角形，要用9根小棒，算式是 3×3；

......

（学生边汇报，教师边板书）

（4）教师引导。

师：这些算式都有什么特点？

生：每个算式都"×3"。

师：为什么要乘3呢？知道三角形个数，怎样算小棒根数？

生：三角形的个数×3＝小棒根数。

师：当摆 a 个三角形，需要用多少根小棒？

生：$a \times 3$。

师：字母 a 表示什么？含有字母的这个式子 $a \times 3$，又表示什么？式子 $a \times 3$ 可以看出小棒根数是三角形个数的几倍？

师：表格中有一个省略号，是什么意思？

师：看来，字母真是奇妙！一个式子就可以概括了表格中所有的算式，而且能清楚地看出小棒根数是三角形个数的 3 倍。

师：你知道当 a 是 60 时，需要多少根小棒？当 a 是 5 000 时呢？

设计意图：从数学学习心理的角度看，不同的思维形式，它们之间的转换及其表达方式是数学学习的核心，能把数量之间关系的一种表示形式转换成另一种表示形式，构成数学学习过程中的重要方面。课堂中，我通过摆三角形的活动，使学生从具体的情境中经历用字母表示数的过程，由具体的数、算式到抽象的字母与含有字母的算式，由表示数量到既可以表示数量又可以表示数量关系，继而根据字母所给出的取值来求含有字母的代数式的值。学生在反复经历符号与数字转换的过程中，理解其中的数量关系和变化规律，感受字母符号的价值，这一过程促进了学生数学思维的发展，也让数学课堂更加凸显作为数学教育任务的符号化思想。

三、自主学习，互动中发展符号意识

【片段三】互动（介绍用字母表示数的简便写法）

师：在数学王国中，x 这样的字母可以表示任何一个自然数。这可麻烦了，原来呀，这个 x 与运算符号"×"长得非常像，怎么办呢？数学家们想到了一个区分的办法，请自学课本知识，并汇报小组交流获得的信息。

学生汇报：

① 在含有字母的式子里，字母中间的乘号可以记作"·"，也可以省略不写。

② 数字与字母相乘时，数字要放在字母的前面。

③ 字母与 1 相乘，1 和"×"可以省略不写。

④ 相同字母相乘可以写成平方的形式。

师：大家真善于学习，不但说出了课本中明确说明的用字母表示数的规则，还找到了隐含的规则。老师这里也有一个小资料，我们一起来看看。

（出示资料）英国数学家奥特雷德（W. Oughtred，1575—1660）于 1631 年在其著作《数学之钥》中首次以"×"表示两数相乘，即现代的乘号，后日渐流行，沿用至今。莱布尼茨于 1698 年 7 月 29 日给贝努利（J. Bernoulli，1667—1748）的一封信内提出以圆点"·"表示乘，以防"×"号与字母 x 相混淆。后来以"·"表示乘法的用法相当流行，现今欧洲大陆派规定以"·"作乘号。其他国家则以"×"作乘号，"·"为小数点。而我国则规定以"×"或"·"作乘号都可以，一般字母或括号前的乘号可略去。

师：学习了以上规则，你能用这些规则写出长方形和正方形的周长和面积公式吗？试试看！比一比谁表示得最简洁？

学生汇报，如图 2.2.12 所示。

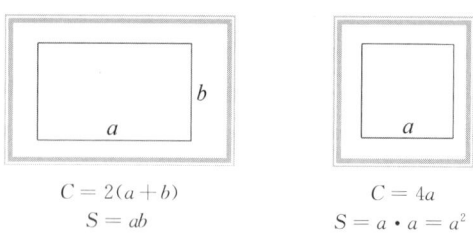

$$C = 2(a+b)$$
$$S = ab$$

$$C = 4a$$
$$S = a \cdot a = a^2$$

图 2.2.12

师评价学生汇报结果。

师：我们就用刚才所学的知识一起来试试，看能不能解决下面的问题。

练习1 省略乘号写出下面各式。（重点让学生理解 $b \times 1$ 可以简写成 b）

$$a \times x = (\qquad) \qquad\qquad b \times 4 = (\qquad)$$

$$x \times x = (\qquad) \qquad\qquad a \times 1 = (\qquad)$$

练习2 明辨是非。

① $a \times 10$ 写作：$a10$。（　　　）

② $n + 23$ 写作：$23n$。（　　　）

③ a^2 就是表示两个 a 相加的和。（　　　）

④ 6×4 可以简写成 $6 \cdot 4$。（　　　）

设计意图：人的记忆可以分为程序性记忆和陈述性记忆，让学生主动地学习，记忆将更深刻。而数学符号是经过数学界约定的、规范化的一种符号，比较抽象。含有字母的乘法算式的简便写法对学生来说是一个难点，初步学习通常容易出错，对于简写规则的理解和应用亦需要一个过程。教学中，我给出了简写的规则，然后进行针对性的练习，加之，让学生分析一些常见的错误，从而，数学课堂教学更具实效性。学生自学、汇报交流，巩固练习的过程中体验着字母的价值和数学的简洁之美。教师小资料的介绍，让学生对符号产生了兴趣，丰富了数学文化，也为进一步发展学生的符号意识奠定了基础。

四、 解决问题，应用中体验符号化思想

【片段四】运用

1. 根据图 2.2.13 回答问题。

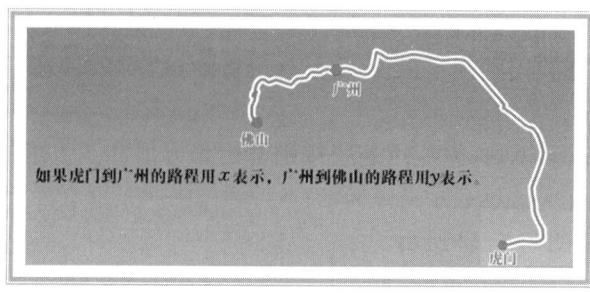

如果虎门到广州的路程用 x 表示，广州到佛山的路程用 y 表示。

图 2.2.13

① 说一说：$x+y$、$x-y$ 所表示的意义？

② 从虎门到佛山的汽车票价是每人 42 元,老师一行 a 个人从虎门到佛山一共要(　　)元。

2. 生活超市。

① 琪琪买练习本用去 a 元钱,买铅笔用去 0.65 元,一共用去(　　)元钱。

② 一件上衣 a 元,裤子比上衣少 12 元,一条裤子(　　)元。

③ 小明买 4 个乒乓球共用去 c 元,买 1 个乒乓球应付(　　)元。

④ 电脑超市原有 12 台电脑,卖了 x 台,又运来 y 台,现在有(　　)台。

设计意图：数学符号化思想的核心之一是"字母表示数"的思想。这一核心思想如果仅凭老师的讲解,学生没有经历自己学习的过程,没有适当的练习与感悟,符号是很难理解的,学生的符号化思想也是难以建构的,更不用说学生的符号意识提升了。所以,通过上述 2 个板块的练习,学生不仅能用含有字母的式子表达稍复杂的数量与数量之间的关系,还能用含有字母的式子来分析数量关系,开始自觉地、有意识地运用符号去表达数学内容。

符号作为一种最为重要的数学语言,使得数学思维更流畅,问题解决变得更容易。但如果不了解其含义与功能,它就如同"天书"一样令人望而生畏,不知所云。因此,在教学中,渗透符号化思想要把握好"度"。比如,第一学段的学生以形象思维为主,学生的学习经验较少,纵观新版一、二年级的教材不难发现,在低年级的教学中"符号"多是体现在数的认识和图形的认识上。所以,对于第一学段的学生来说只要初步感悟体会,让学生初步具有符号意识就行了。第二学段的知识点比较多,知识抽象性较强,如：四年级的运算定律和性质,五年级的方程,六年级的立体图形与平面图形之间的相互转化关系等都渗透了符号思想。教学中,老师要多给学生创设机会,让其经历"具体情境—抽象化—符号表示—深化应用"这一逐步符号化的过程。让学生在经历、体验中获得知识、思想,提高抽象能力。

作为教育任务的数学,在小学阶段的教学中应注重让学生逐步了解符号语言,养成使用符号表达数量关系的习惯,建立符号意识,也让我们的数学教学因注重发展符号意识而更具"数学味"。

广东省东莞市虎门镇虎门外语学校　郑　帅

在"四能"中培养学生的符号意识

《小学数学与数学思想方法》第二章第二节符号化思想的教学中指出：符号意识的培养应贯穿于数学学习的整个过程,包括学生经历的发现问题、提出问题、分析问题和解决问题的各个过程,而不是让学生简单地记忆和模仿。这段话引起了我的思考:到底怎样才能做到? 这样做又有什么好处呢?

恰好,重庆市特级教师张健老师到我校执教的"用字母表示数"一课与这本书的观点不谋而合,下面摘录其中的一些片段来与大家共享。

"用字母表示数"是学生由数的学习向代数学习的开始,其核心就是:用字母表示数、变量、数量关系和一般性。

一、 发现问题

张老师在课的前一部分让学生发现问题。

师:你们喜欢玩游戏吗?

生:喜欢。(个个露出期待的眼神,张老师到底让我们玩什么游戏呢?)

师(在吊足学生的胃口之后,老师一手拿一个瓶子,一手拿珠子神秘地对学生说):今天玩的游戏是猜一珠一子。

然后老师像魔术师一样,先亮一亮空瓶,然后一颗一颗地往里放 5 颗珠子,让学生一起来猜,这时瓶里有多少颗珠子?

生:5 颗。(很自豪的样子)

师(背对着孩子们又放了几颗进去,转身对孩子们说):你们猜猜现在瓶子里有多少颗珠子?

由于瓶子不透明,孩子们这次没看见老师放珠子,于是乱猜。

生:8 颗、12 颗、30 颗……

(老师通过儿童喜闻乐见的游戏,勾起了学生的好奇心,兴趣也更加高涨。)

师(幽默地对他们说):看来这次不那么好猜了吧,你们为什么刚才一猜就准,这次猜不准了呢?

(老师一语激起千层浪。)

生:没看见老师怎么放的珠子。

生:瓶子不透明。

……

师:这种未知的、不能确定的数我们还能不能用原来学过的数来表示?

生:不能。

师:像这种未知的、不能确定的数可以怎么表示呢?

生:用 a、b、c、d……

师:你还在什么地方见过用字母来表示数的? 这样表示有什么好处?

学生通过平时的生活以及知识积累,知道有的字母表示的是特定的数、特定的名称,有的表示的是单位名称,有的表示的是公式等,看来研究"用字母表示数"非常必要,教师由此揭示课题,让学生感受到学习的重要性和必要性。

(引出课题:用字母表示数)

二、 提出问题

师：谁发明的用字母表示数？

引出：被尊为"代数学之父"的法国数学家韦达（F. Viete，1540—1603）。

师：你知道韦达解决了哪些数学问题吗？

……

师：老师为同学们准备了一首儿歌：数青蛙。（课件出示儿歌）请同学们快速、整齐地数出来。

儿歌内容：一只青蛙 1 张嘴，2 只眼睛，4 条腿；

两只青蛙 2 张嘴，4 只眼睛，8 条腿；

三只青蛙 3 张嘴，6 只眼睛，12 条腿；

……

学生齐数，老师没让停，就不停地继续数。

师：能数完吗？

生：不能。

指定学生数 10 只青蛙、100 只青蛙、1 000 只青蛙。

师：如果全世界的青蛙都让你数，你怎么数？

生：无数只青蛙无数张嘴，无数只眼睛，无数条腿。

师：你能不能用一句话表示所有的呢？

学生通过刚才的学习，知道未知的、不能确定的数可以用字母 a、b、c、d……等来表示，于是很快就有人来回答。

生：a 只青蛙 b 张嘴，c 只眼睛，d 条腿。

师：这位同学用了几个字母来表示？（4 个）能用一个字母来表示吗？

生：a 只青蛙 a 张嘴，a 只眼睛，a 条腿。

三、 分析问题

根据刚才学生的回答，老师相机板书。然后大家齐读，不置可否，读得很整齐，也觉得很有趣。

生：a 只青蛙 a 张嘴，a 只眼睛，a 条腿。

师（追问）：你们最想用 a 代表哪个数？

学生各自表达自己的意见，老师抽学生说。

生：3 只青蛙 3 张嘴，3 只眼睛，3 条腿。

学生读完后，立即发现了问题，如果这样表示，青蛙不都残废了吗？

师（顺势提出）：同一句话中的几个 a，只能表示同一个数，怎能不把青蛙搞残废呢？

于是又有学生提出下一种表示方法。

生：x 只青蛙 x 张嘴，a 只眼睛，b 条腿。

师（追问）："x 只青蛙 x 张嘴，a 只眼睛，b 条腿"这样表示妥当吗？

生：字母多了。

生：还不简洁。

……

师：对，除了这些，最主要的是这样表示看不出青蛙只数、嘴数、眼睛数、腿数之间的数量关系和变化规律，它们之间本来是有内在联系的，而这样表示成了没有联系的了。

四、解决问题

师（顺势引导）：谁能像韦达那样只用一个字母，又让青蛙不残废呢？你是怎么做到的？

生（通过分析数量关系得出）：x 只青蛙 x 张嘴，$2 \times x$ 只眼睛，$4 \times x$ 条腿。

师（又让学生观察）：$2 \times x$ 和 $4 \times x$，这两个式子什么地方容易搞错？

生（很快发现）：乘号与 x 很相似，容易看错。

师：怎么办呢？

师（总结）：韦达又把这个难题给我们解决了。他把乘号写成"·"，后来还有更简便的，"乘"都不用读了，直接写成 $2x$、$4x$。

数青蛙激发了学生的兴趣，数无数只青蛙，学生想到了用字母表示数。在这里老师先让学生观察，通过不断追问，让学生进行推理、找到规律，并分析得出只数、嘴数、眼睛数、腿数之间的数量关系，再让学生用字母表示数，这样水到渠成，让学生很容易理解并且运用符号表示数、数量关系和变化规律，从而掌握这节课的内容。学生学得十分轻松，课堂很精彩。

五、一点启发

《小学数学与数学思想方法》这本书中明确指出：符号意识的培养应贯穿于数学学习的整个过程，包括学生经历的发现问题、提出问题、分析问题和解决问题的各个过程，而不是让学生简单地记忆和模仿。

张老师在这节课中，不是简单地告诉学生用 x 表示青蛙的只数，$2x$ 表示眼睛的只数，$4x$ 表示腿的条数。而是通过让学生在不断地发现问题、提出问题、分析问题和解决问题的过程中，深刻地理解那些未知的、不能确定的数可以用字母表示。把符号化数学思想渗透于整个教学过程中，使得这节课既见树，又见林，水到渠成地解决了这节课的核心问题。整个过程以学生为主体，教师扮演了很好的主导者的角色。

是呀！授之以鱼不如授之以渔。我们要为学生的未来发展奠基，要不断阅读《小学数学与数学思想方法》这本书，用理论指引实践，用实践验证理论。在不断地学习和探索中实现自身的价值,为孩子创设一个卓越的快乐课堂。

重庆市江津区油溪小学校　袁孝书

第三节　分类思想

分类思想在小学数学教学中的应用

分类思想是一种重要的数学思想方法。《标准(2011 版)》在总目标中要求学生能够运用数学的思维方式进行思考,数学思考的部分特征就包括有顺序地、有层次地、全面地、有逻辑性地思考,分类讨论就是具有这些特性的思考方法。因此,分类讨论思想是培养学生有条理地思考和良好数学思维品质的一种重要而有效的方法。无论是解决纯数学问题,还是解决联系实际的问题,都要注意数学原理、公式和方法在一般条件下的适用性和特殊情况下的不适用性,注意分类讨论,从而做到全面地思考和解决问题。

如何在小学数学中进行分类思想的教学,帮助学生积累初步的数学活动经验呢?依据苏教版小学数学教材的编写体例,结合我对《小学数学与数学思想方法》第二章第三节的读书心得和自己的教学实践活动,谈谈分类思想在苏教版小学数学教学中的应用。

学生在学习数学的过程中经常会遇到分类问题,如数的分类、形的分类等,所以在研究数学问题中,常常需要通过分类思想解决问题,分类的过程就是对事物共性的抽象过程。教学活动中,要密切联系上述教学内容,使学生体会为什么要分类,如何分类,如何确定分类的标准,在分类的过程中如何认识对象的性质,如何区别不同对象的不同性质。通过多次反复的思考和长期的积累,使学生逐步感悟分类是一种重要的思想。学会分类,可以有助于学习新的数学知识,有助于分析和解决新的数学问题。我们可以从以下四个方面来进行数学分类思想的教学。

一、 分类学习明确概念

比如,四年级上册教学"认识平行"时,可以先根据具体场景中一些物体构造,抽象出平面上不重合的两条直线的两种位置关系,再引导学生从两条直线是否相交这一角度进行分类,认识同一平面内两条直线的两种位置关系:相交或不相交。在此基础上,描述两条直线互相平行的概念,使学生认识同一平面内不相交的两条直线互相平行。

再如,五年级下册教学"认识方程"时,可以先结合具体情境,逐步抽象出一些等式和不等式,含未知数的等式和不含未知数的等式,再引导学生从是否是等式,是否含有未知数两个维度进行两次分类,由此揭示方程的共同属性:既要含有未知数,又要是等式,并描述方程的概念,使学生认识到含有未知数的等式是方程。得出概念后,可以让学生通过讨论"等式和方程的关系",体会到方程也是等式,进一步明晰方程的概念。

二、 分类思考探索规律

比如,三年级上册教学"间隔排列"中的"试一试"时,可将"试一试"适当改变,问题如下:

> 任意拿几个正方形和几个圆片,在桌上摆成一排,使正方形和圆片一一间隔排列。数数正方形的个数和圆片的个数,看看有什么关系?

活动结束后,教师可展示三种情况的相关实例,如图 2.3.1 所示。

□○□○……□□   ○□○□……□○   □○□○……□○
图 2.3.1

第一种是两端都是正方形的情况,第二种是两端都是圆片的情况,第三种是一端是正方形,另一端是圆片的情况。接着引导学生从两端物体是否相同这个角度,对上述例子进行分类,初步发现规律:两种物体一一间隔排列成一行,当两端物体相同时,这种物体的个数比另一种多1;当两端物体不同时,这两种物体的个数相等。再应用一一对应的思想解释所发现的规律。课末,可以继续进行摆正方形和圆片的活动:任意拿几个正方形和几个圆片,在桌上摆成一圈,使正方形和圆片一一间隔排列。数数正方形的个数和圆片的个数,再次发现规律:两种物体一一间隔排列成一圈,这两种物体的个数相同。再将其展开,与两种物体一一间隔排列成一排,两端物体不同的情况进行对比,发现其本质相同。最后,将所发现的规律分类整理成下图 2.3.2。

两种物体一一间隔排列 { 排成一行 { 两端物体相同时,位于两端物体的个数多1 / 两端物体不同时,两种物体的个数相同 } 围成一圈 两种物体的个数相同 }
图 2.3.2

三、 分类探究解决问题

比如,五年级上册教学用"一一列举"的策略解决足球比赛场次的问题时,先要适当帮助学生弄清题意,再引导学生进行分类思考,将比赛情况分成三类:红队先上场可以进行三场比赛,接着黄队再上场进行两场,最后绿队上场只有一场比赛,最后按照分类情况一一列举,其中红队比赛的具体场次可以让学生一一列举并写下来,也可以让学生用符号或画图来表达自己的思考过程。通过这样的教学设计,体会分类列举的优势,帮助学生在分类过程中真正做到不重复、不遗漏。

再如,六年级下册教学用"假设和调整"的策略解决租船问题时,可以分成两种情况进行思考:第一种情况是从特殊情况入手解决问题,即假设所租的船都是大船或都是小船;第二种情况是从一般情况入手解决问题,即假设所租的船有大船也有小船。问题解决后,先引导学生发现解决问题的方法:假设—比较—调整—检验,再引导学生体会解决此类问题时,从特殊情况入手比较简单。

四、 分类形成知识结构

在总复习阶段,通过分类可以使数学知识条理化、系统化、结构化,有助于学生更好地掌握知识和形成良好的知识结构。比如,六年级下册复习"正比例和反比例"时,可以分类整理成下表2.3.1,通过比较,帮助学生进一步明确正比例和反比例的概念。

表 2.3.1

	正比例	反比例
相同点	都有两种相关联的量,一种量变化,另一种量也随着变化。	
不同点	商一定 $\dfrac{y}{x} = k$(一定)	积一定 $xy = k$(一定)

帮助学生掌握分类思想是数学教学的重要目标之一,是学生不断经历、体验分类活动过程的结果。分类思想需要在"做"的过程和"思考"的过程中积淀,需要在数学学习活动过程中逐步形成。

江苏省盐城市阜宁县公兴中心小学　葛乃娟

基于"分类思想"的教学实践与思考
——以"探索图形"和"最大公因数"为例

分类思想是一种常用的思想方法。人们面对比较复杂的问题,有时无法通过统一研究或者整体研究解决,需要把研究的对象按照一定的标准进行分类并逐类进行讨论,再把每一类的结果综合,使问题得到解决,这种解决问题的思想方法就是分类讨论的思想方法。其实质是把问题"分而治之、各个击破、综合归纳"。

《小学数学与数学思想方法》中还提到:《标准(2011版)》在总目标中要求学生能够运用数学的思维方式进行思考,数学思考的部分特征就包括有顺序地、有层次地、全面地、有逻辑性地思考,分类讨论就是具有这些特性的思考方法。因此,分类讨论思想是培养学生有条理地思考和良好数学思维品质的一种重要而有效的方法。无论是解决纯数学问题,还是解决联系实际的问题,都要注意数学原理、公式和方法在一般条件下的适用性和特殊情况下的不适用性,注意分类讨论,从而做到全面地思考和解决问题。

笔者在最近的校教学比赛中上了"探索图形"一课,又在教研员来听课时上了"求最大公因数"一课,正好都与分类思想有关,故以这两节课为例,谈谈分类思想的教学实践和实践后的思考。

一、 分类思想的教学实践

1. 探索图形

(1)例题教学。

"探索图形"是人教版小学数学五年级下册第 44 页"长方体和正方体"的内容,在原教材中是一道习题,在新教材中为了更充分地培养学生的空间想象能力,以及体会分类、数形结合、归纳、推理、模型等数学思想,教材将其拓展成了一节课。

新教材在原来只有三阶正方体的基础上增加了二阶和四阶两个基本模型,并给出了五阶至九阶的练习。在学生从二、三、四阶正方体中找到规律后,便可以轻松地运用规律解决五阶至九阶的问题。

而寻找其中的规律的前提,就是按照涂色面的个数将大正方体里的小正方体分类。期间正值学校数学周魔方比赛,全年级学生都在学魔方,故笔者按魔方教程里的称呼教学:把三面涂色的叫角块,二面涂色的叫棱块,一面涂色的叫中心块,没有涂色的叫无色块。这样,学生能清楚地指出、说出各种色块,为更方便地寻找规律打下了基础。

(不用教材的图是因为教材没有把所有图都画出来,并且教材①号、②号、③号图对应的分别是二阶、三阶、四阶,容易产生混淆,故直接说几阶更清晰。)

(2)习题教学。

本课的习题是第 44 页下面的阶梯状堆法,这道习题要找规律是很难的。事实上,根据试教和比赛时的情形,一个班里可能没有一个人说得出规律是:

$$1+(1+2)+(1+2+3)+(1+2+3+4)+\cdots$$

学生能得到的结论大部分是 $1+3+6+10+\cdots$ 的类型,因此,这里需要老师利用课件让学生明白这样的情况我们也可以通过分类讨论来解决。该题分类的关键在于分层,在上面1+(1+2)+(1+2+3)+(1+2+3+4)+… 这个算式中,第一个1表示最上面一层的小正方体;(1+2)表示第二层的小正方体,而且这里的1是被最上面的小正方体盖住的那个,2是指露在外面的2个;(1+2+3)表示第三层的小正方体,1是被第二层最里面的小正方体盖住的那个正对着最上面的小正方体,2是被第二层的露在外面的2个盖住的,3是露在外面的3个;第四层学生完全能说出规律了;第五层以此类推,学生能独立计算小正方体的块数……

(在指被盖住的小正方体时,用课件将上面的小正方体删除,被盖住的就看到了)

这样,随着直观的课件和适时的引导,学生能更方便地理解规律,而这些,是基于恰当的分类获得的。

最后,在总结时,可提问:今天,我们是如何探索这些图形的?(先分类,然后寻找规律)并追问:大家在以前的学习中哪里也用到过分类的方法呢?(如三角形等)

设计意图:联系以前的知识,让学生了解在学习过程中,分类是一种常见的方法,不仅在数学里有,在语文、科学、英语等学科里也有。学会分类,能够更容易地看出规律,帮助我们解决问题。

2. 最大公因数

"最大公因数"是人教版小学数学五年级下册"分数的意义和性质"单元里"约分"中的内容,与原教材比较没有大的变化。教师教学用书中提及了该内容的分类教学,且任课老师们一般会用半节课甚至一节课来上,说明该内容的重要性。这不仅能提高孩子们求最大公因数的速度和准确率,也能让孩子们感受到分类的思想方法是常用的。

课始,笔者呈现了9组求两个数的最大公因数的练习,涉及各种类型,一方面复习求最大公因数的基本方法——列举法和短除法,另一方面也为下面的分类埋下伏笔。

必然会有一些孩子写得快,一些孩子写得慢,如此便可请快的孩子来说说他们有什么好方法。不管方法是什么,大部分孩子即使不懂为什么这样(如两个数是倍数关系那么最大公因数是小的那个),却能在笔者的引导下想到用分类的方法,将这9组按照一定的标准分成某几类,每一类的最大公因数可能都会有一种特定的、方便的算法,按照这样的算法,就能快速地说出很多数组的最大公因数。

在这里,有些数组可以赋予不同的类别,但是教师要引导孩子将更容易看出最大公因数的类别提炼出来。如(4,12),有孩子说是倍数关系,有孩子说是两个偶数,还有的说是两个合数,那么教师便要追问,我们把它看成哪种类型更容易得到最大公因数呢,孩子们自然会想到看成倍数关系。其他数组也是如此,当学生能够把最明显的特征抓住后,分类就自然而然地完成了。

最后分得的类别有：倍数关系、互质关系、不是倍数也不互质的两个合数、1 和任意数、一个质数一个合数（只能属于互质或倍数）。

在分得这些类别后，笔者再出示另外 9 组练习，孩子们独立思考，将这 9 组按照刚才的分类方法求最大公因数，大部分孩子都能正确地完成，说明他们能正确地分析出每一组分别属于哪一类。这，同样是基于恰当的分类获得的。

二、 实践后的思考

1. 探索图形

笔者成功地让孩子们通过分类找到了各类色块数量的规律，也通过课件分层使得他们明白了习题中的规律，但遗憾的是，在孩子们眼中，例题和习题这两个问题是不同的，因为笔者未能将例题和习题联系起来。

若能让孩子们体会到两个问题都是先进行分类，然后寻找规律，那么例题和习题看起来就合二为一了，因为解决这类问题的方法是相似的。

事实上，将一道题归纳成一类题也是一种分类，某类题都是用了同一种模型或者同一种解决问题的思想方法，这或许是更宏观意义上的分类思想。

2. 最大公因数

在这节课里，笔者以开放的姿态迎接各种分类方法，孩子们之间的激辩，看起来是很民主的，却在各种分类方法中迷失了方向，在孩子们的激辩中未能抓住那一闪而过的契机进行引导和追问，正是本节课的遗憾之处。

若能在分类时进行适时的追问、提炼，那么在练习时孩子们不仅能正确完成，更能快速完成，而这节课的一个重要目标就是使孩子们更快更准确地计算最大公因数。

不可为了分类而分类，这是我们在教学相关课例时需要特别注意的地方，在分类中及时提炼、优化，乃是我们对分类思想更准确把握的体现。

三、 总结

通过教学这两节课，笔者更清楚地理解了王永春教授在书中所说的运用分类思想解决问题的步骤：（1）根据问题需要选择统一的分类标准；（2）恰当地进行分类，分类后各类别尽量不要交叉（在最大公因数分类中比较难，可以按最明显的特征分类），也不要遗漏；（3）一类一类按层级进行讨论；（4）归纳得到规律和结论。

另外，分类思想和集合、归纳、推理、模型、数形结合等思想都有密切的联系，很多时候都是几种思想方法一起运用。而分类思想不仅在"探索图形"时能用到，在三大领域知识的教学中都有涉及，如平面图形和立体图形的分类、数的分类等，且要习惯将一道题归纳成一类题，这也是轻负高质的前提之一。要注意让学生体会分类的目的和作用，不要为了分类而分类，如对商品和物品的分类是为了便于管理和选购,对数学知识和方法进行分类是为了更深入地研究问题、理解知识、优化解决问题的方法。

浙江省杭州市闻涛小学　徐昊昶

例谈小学数学中的分类思想

一、 一起来分类

这是北师大版小学数学一年级上册第四章第二节的内容。我把自己 2009 年前执教该课的教学目标与最近执教该课的教学目标做了对比。

2009 年的教学目标:

(1) 让学生通过活动,经历分类的过程,进一步体会分类的含义,学会按一定标准进行分类的方法。

(2) 通过分类活动,感受分类在生活中的用途。

(3) 初步养成有条理地整理事物的习惯。

现在的教学目标:

(1) 使学生在观察、操作、游戏等活动中体验分类标准的多样性,知道根据不同的分类标准可以有不同的分类方法,体会分类的作用。

(2) 培养学生动手操作、主动探究、自主发现、交流合作的能力。

(3) 在活动中积累活动经验,感受分类思想。

现在的教学重点:体验分类标准的多样化,会自定标准进行不同分类。

现在的教学难点:分类标准多样化,但每次分类只能选择一种标准,感受变中有不变思想。

以前执教这节课我只是为了教材而教,甚至认为这节"分类"不应该放在数学课中,数学味太淡了。当通过阅读《小学数学与数学思想方法》这本书中的"分类思想"后,再执教这节课,从理念上我是明白的,是认同的。知道教材中安排这类课程是为了给一年级孩子渗透"分类思想",让学生在动手操作的过程中积累分类经验,体验分类标准的多样性,体会分类的作用。为孩子们后续学习其他领域知识,如"数的认识"、"图形认识"等做好铺垫,也是学习"概率与统计知识"的重要基础。分类数学思想是培养学生有条理地思考和良好数学思维品质的一种重要而有效的方法。

二、 数图形中的学问

这是北师大版小学数学四年级上册的"数学好玩"单元的一节课。

我将教学目标定为：

(1) 经历把生活中的现实问题抽象成数图形的数学问题,并经历利用多样化的画图策略解决问题的过程。

(2) 在数图形的教学过程中,逐步形成有序思考的良好习惯(分类思考),发展推理能力。

课一开始,在学生读懂主题图后我提出"请你用数学符号将主题图中有用的数学信息表示出来"。于是有了如图2.3.3所示的结果。

图 2.3.3

在交流中学生意见达成一致,认为线段图比较直观、简洁。于是抽象思想与符号思想体现出来了。

提问:请利用线段图数数看,有几种不同的走法?

学生独立思考后,有了如图2.3.4所示的思维方式。

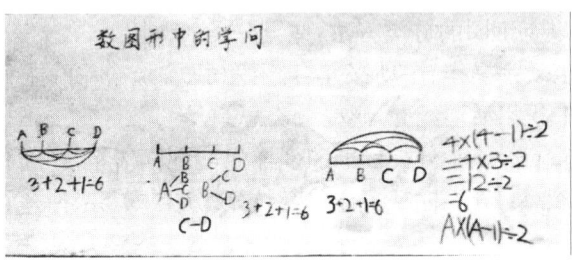

图 2.3.4

第一种方法:先固定 A 点,从 A 点出发,有 3 种走法;再固定 B 点,从 B 点出发,有 2 种走法;最后固定 C 点,从 C 点出发,有 1 种走法。D 点是 0 种走法,可以忽略不计。第二种方法:思想与第一种方法是相同的,但表现的方式不同。第三种方法:先数一段的走法,即 AB、BC、CD;再数两段的,即 AC、BD;最后数三段的,即 AD。第四种方法:每一个点上都有 3 种走法,但重复了 2 次,所以要除以 2。有了前面的自主探究与独立思考的经验,学生感悟到了规律,用数学表达式总结出了数这类图形的一般方法:$A \times (A-1) \div 2$。

学生的这一学习过程恰恰是体现了分类思考解决问题的步骤:①根据研究的需要确定同一分类的标准;②恰当地对研究对象进行分类,分类后的所有子项既不能"交叉"也不能"从属",而且所有子项的外延之和必须与被分类的对象的外延相等,也就是"既不重复又不遗漏";③逐类逐级进行讨论;④综合概括、归纳得出结论。学生在独立思考、自主探究、分享交流的过程中分类思考,达到了目标中的有序思考和不重复不遗漏分类的效果。

上完课后我记录了自己的反思:这一课是我在开学初备的。当今天再看时,连我自己都感觉到了瑕疵——以前重在规律的探究上。当最近阅读了王永春老师的《小学数学与数学思想方法》后,我知道这节课其实还有一个重要的任务就是:把生活中的情境问题抽象成数学图形的能力,即抽象思想与数形结合思想要到位,分类思想要应用。意识到后我立即进行了二次备课。上课时,我让学生读懂主题图信息后,放手让学生自己用数学符号表示出主题图中的有用数学信息。在巡视的过程中,学生的做法是让我欣喜的:一类学生用线段图来表示,一类学生用长方形来表示,也有同学用三角形来表示。在交流中学生认为线段图是最简洁直观的,优化思想也有了,在优化中学生的数学素养得以发展。当学生在展示自己数的过程时,将分类思考体现得淋漓尽致。我用最质朴的教学方式,学生用最简单的探究手段将学习过程进行得扎扎实实,有声有色。整节课我没有说一句有关规律的话,学生最后竟然自己归纳出用数学表达式来表示数这一类图形的一般方法。

陕西省铜川市耀州区(新区)裕丰园小学 郭文侠

第四节 集合思想

例谈小学数学中的集合思想

一次,去小区的蔬菜店买菜,碰见菜店老板给自己的儿子教"谁比谁多多少"这类问题,下面是父子对话片段。

爸爸:爸爸吃了 5 个馒头,你吃了 3 个馒头,爸爸比你多吃几个馒头?

儿子想了想:多吃了 5 个。

爸爸又以同样的方式再次问了一遍,儿子还是认为"多吃了 5 个"。

爸爸这回有点着急,继续重复上面的对话,但是语气加重了"5 个"和"3 个"这两个信息。儿子从爸爸的表情与语气中意识到了错误,但是回答的依然是:"多吃了 5 个"。只不过眼神是茫然的,语气是怯怯的。

听到父子的对话，我从心底里没有笑这对父子。一是因为这个爸爸他不是老师，但他已经懂得用直观的、孩子熟悉的情境帮助孩子理解"谁比谁多多少"这类数学问题。二是因为刚走上工作岗位的我当时就是这么教的，只不过将馒头换成苹果、铅笔等。当时我和这个爸爸有着一样的感触：这么简单，怎么就想不明白呢？有一次学习时听到一位名师说："经常有老师抱怨——这个学生怎么这么笨，我都讲了好几遍了，怎么还不会？殊不知是学生笨还是你笨？明知道这种方法学生不理解，还重复讲几遍，不知道换一种办法吗？"当再次执教这类课程时，我读到教材中有很多两行实物一一对应比多少的情境图。

这个案例中的爸爸和当初的我都没有明白其实孩子没有理解"一一对应"关系，没有理解"多出来的"是哪部分，在孩子的头脑中没有直观的表象图，就更谈不上抽象的数学符号之间的运算意义。读到《小学数学与数学思想方法》这本书的"集合思想"部分，我理解得更深一层了——通过两组数量相等的实物建立"一一对应"，让学生理解"同样多"概念，实际上就是在两个对等集合的元素之间建立"一一对应"。加法可以理解为两个交集为空集的集合的并集，减法其实就是求集合 A 与其子集 B 的差集的基数。教材从一年级开始都已经有了集合思想的渗透。我想我们当然没有必要给一年级的孩子讲什么是集合，具体是哪种数学思想，但作为教师，我们应该心中有数，可以用直观的图示去表示，让学生在直观中理解的同时，数学思想也"随风潜入夜，润物细无声"般浸入孩子头脑。也正如这本书中所说"数学思想不同于一般的概念和技能，后者一般通过短期的训练便能掌握，而数学思想方法要通过在教学中长期的渗透和影响才能够形成"。

史宁中校长说过，"四基"中的"基本思想"和"基本活动经验"是一种隐性的东西，恰恰是这种隐性的东西体现了学生的数学素养，这种素养是靠学生自己"悟"出来和"做"出来的，不是教师教出来的。作为一线的数学老师，落实"四基"的任务，我们任重道远。

陕西省铜川市耀州区(新区)裕丰园小学　郭文侠

浅谈集合思想在小学数学教学中的渗透

集合简称集，数学中最基本的概念之一，也是集合论的主要研究对象。集合是一个不加定义的原始概念。通俗地说，集合是将一些对象放在一起作为一个整体来考虑，组成集合的对象称为这个集合的元素或简称元。

集合思想作为数学思想方法的一种，在小学数学教学中我们应该如何渗透这一思想呢？

集合思想应从一年级认数起就开始渗透,并继续渗透在以后的各年级的教学内容中。

一、 在认数、数的大小比较中渗透一一对应思想

在一年级上册准备课"数的认识"中就体现了集合思想,在认识"4"的时候,我们首先是利用垃圾桶实物图这个集合对应表示事物数量的多少,然后再对集合中实物的多少进行命名"四",最后把命名了的东西符号化为"4"。

在后面的"比多少"的环节中更是突出了对应思想,教材通过从兔子的集合中拿出一只兔子对应笼子集合中的一个笼子,重复这个过程,发现兔子和笼子都没有剩余,就说兔子和笼子同样多。让学生通过一一对应先建立起同样多的概念。接着,同样把小猪看作一个集合,把木头也看作一个集合,一头小猪扛一根木头,重复这个过程,最后木头集合中有剩余,说明 4 根木头比 3 头猪要多。

二、 在进行加法教学中渗透并集思想

在一年级上册学生初步认识加法运算意义时,教材是按照定义的方法来编排的。3 个红气球,再拿来 1 个蓝气球,于是就得到 $3+1=4$。可是为什么这样得到的就是 4 呢? 这就利用了等号"="的对称性,因为从自然数的定义知道 $4=3+1$。这种方法比较抽象,特别对低年级是不可取的。这种方法没有说清楚"相等"的含义到底是什么,进而没有涉及"等号"本质,虽然记住了加法的计算规则,但是却没有让学生感悟到集合的数学思想。

因此,我们可以从集合的思想出发,这样教加法:

先出示一个有 3 个气球的集合,再出示一个有 4 个气球的集合,如图 2.4.1 所示,问:哪边的气球多?

图 2.4.1

然后,再拿一个气球加到左边,形成下面的图 2.4.2。

图 2.4.2

继续问:现在哪边的气球多? 于是在这个直观的基础上,就可以向学生解释加法算式 $3+1=4$ 了。

这样,就突出了两个量之间的相等关系:左边=右边,进而揭示了符号的本质意义,加上一个不是零的自然数比原来的数大。最关键的是感悟到了并集

思想。

在 11～20 各数的认识中,对于"11",先把 10 根小棒捆成一捆,组成十位上的"1",然后再数 1 根组成"11"。同理在教学 12、13、14、15 等数时,也都应该采用并集思想。

三、 在进行减法教学中渗透差集思想

在一年级初步认识减法时,同样体现了差集思想。

与加法一样,先出示两个不同的集合,如图 2.4.3 所示,问:哪边的气球多?

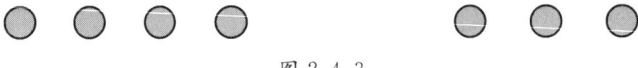

图 2.4.3

然后从左边拿走一个气球,如图 2.4.4 所示,问:现在哪边的气球多?

图 2.4.4

于是,在这个直观的基础上,再解释减法,突出了等量关系,使学生进一步感悟到差集的思想。

四、 在解决问题中渗透交集思想

在教学最大公因数时,就应用了交集思想。比如下面的问题:一个班有 48 人。老师问:"谁做完了数学作业?"这时有 42 人举手。又问:"谁做完了语文作业?"这时有 37 人举手。最后又问:"谁语文、数学作业都没有做完?"没有人举手。请问:这个班语文、数学作业都做完的有几人?

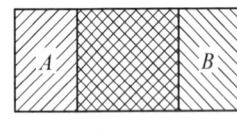

图 2.4.5

一看这道题就会想到用维恩图来算比较简单。画一个长方形表示全集,完成语文作业的学生为集合 A,完成数学作业的学生为集合 B,A、B 集相交部分就是语文、数学作业都做完了的同学,如图 2.4.5 所示。

数学教育学家波利亚(G. Polya,1887—1985)说过:"数学教师的首要责任是尽其一切可能,来发展学生解决问题的能力。"作为数学教师,在教学中不能仅满足于学生对所学知识结论的理解与记忆,更应该让学生经历知识产生的过程,积极引导学生主动参与教学过程,在解决问题的过程中理解、掌握知识,还应该在教学中大胆地应用集合思想,让学生在学习中获得对集合思想的感性认识,并逐步形成运用集合思想的观念。

江西省南昌市青新小学　彭贤能

第五节　变中有不变思想

变中有不变思想——解决问题的利剑

变中有不变思想,用一句俗话说则为"万变不离其宗"。在小学阶段数学的概念、法则、性质、定律、数量关系式(包括各种公式)等都广泛应用了变中有不变思想。

数学教学,无论是让学生获得知识技能,还是掌握思想方法,都需要学生透过情境、信息等现象去抓住数学不变的本质,以不变应万变。在高年级的教学中,尤其是六年级的孩子思维已发展到一定程度,面对复杂繁琐的问题时,学会分析、解决问题,寻找突破口是关键。而变中有不变思想正是这样一把利剑,能够帮助学生拨开层层迷雾直指关键,学生慢慢地理解并掌握这一思想方法,就会达到以不变应万变、融会贯通的境界。

人教版小学数学六年级上册"比"这一单元中,对于比的基本性质的推导过程,教材呈现了"你还记得商不变的性质和分数的基本性质吗?"这样的场景,帮助学生迁移类比出比的基本性质的相关知识。学生在思考、自主探索中不由得会联想到变中有不变思想,以旧知识的解决方法去诠释新知识的内涵。这时的我们不应操之过急,可以在学生简单描述结果后打个大大的问号:"是不是所有的比都有这样的规律?"简单追问,让孩子们尽量找例子去验证。这样的过程也是在诠释变中有不变思想在学习过程中的应用。

苏教版小学数学六年级下册"圆柱和圆锥"这一单元中,孩子们应用变中有不变思想,完美解答了体积不变,多形态物体变化的问题。当这类题型出现时,他们的头脑中就不由得浮现出变中有不变思想这七个金光闪闪的大字。本着体积不变的原则,在底面积与高的变量中自由穿梭。

在教"面积的变化"这一实践活动课时,我曾这样问学生:看到这个题目,你觉得这节课我们会用到哪些数学思想方法?学生脱口而出转化思想、数形结合思想、变中有不变思想……说别的思想我可以理解,之前面积的计算一直在利用转化思想来解决。数形结合思想呢?是解决图形与几何必不可少的方法。脱口而出变中有不变思想,我比较好奇。不由得问:题目是面积的变化,你怎么会想到变中有不变思想?学生这样回答我,变化是为了不变而变的,一定有不变的规律。

带着这样的问题我们进入了活动的探索中,也正是因为有这样的思想方法的引导,孩子们在实践活动的操作中一直努力寻找不变的规律。为这节课教学任务的高效完成提供了坚实的理论依据。

图 2.5.1

随着一项项数据的得出,结论显而易见。当某个小组把结论书写在黑板上时(见图 2.5.1),孩子们可爱的脸上洋溢着自信的笑容,多么骄傲与自豪!

这只是一节课小小的一个亮点,在数学思想方法的引领下,这样的课堂会更多,会更有生机。孩子们沉浸在知识的海洋里,痴迷于数学思想方法的魅力中。

正如《小学数学与数学思想方法》这本书中所言,解决问题的情境和信息是丰富多彩变化多端的,如果能够抓住数学模型不变的本质,可避免被表面复杂的情境所迷惑。

山西省太原市小店区刘家堡乡西柳林小学　白美云

21 活用"变化量",定住"不变量"
——变中有不变思想

在学习数学或用数学解决问题的过程中,会面对千变万化的对象,在这些变化中找到不变的性质和规律,发现数学的本质,这就是变中有不变的思想。所谓"万变不离其宗",恰当通俗地概括了这个思想。那么如何在教学过程中帮助学生领悟数学思想方法,笔者从事高年级数学教学,读《小学数学与数学思想方法》第二章第五节变中有不变思想后,我对变中有不变思想有了进一步的认识,以在"数与形"教学中渗透变中有不变思想为例,抛砖引玉,谈谈自己的一点做法和体会。

数形结合思想就是通过数和形之间的对应关系和相互转化来解决问题的思想方法,数形结合是数学解题中常用的思想方法。数学家华罗庚曾说过:"数无形时少直觉,形少数时难入微",这句话深刻地揭示了数形结合的重要性。人教版小学数学六年级上册专门设了一个单元"数学广角——数与形",在这一单元的教学中学生和我却都深深挖掘出变中有不变思想。

人教版小学数学六年级上册第八单元"数与形"第108页第2题,见图2.5.2所示。

2. 下面每个图中各有多少个黑色小正方形和多少个白色小正方形?

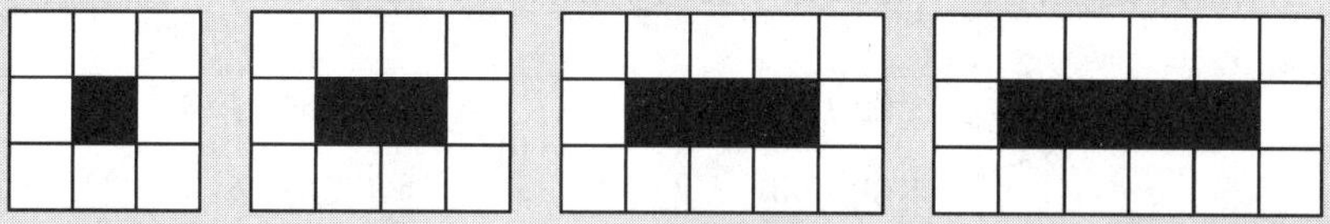

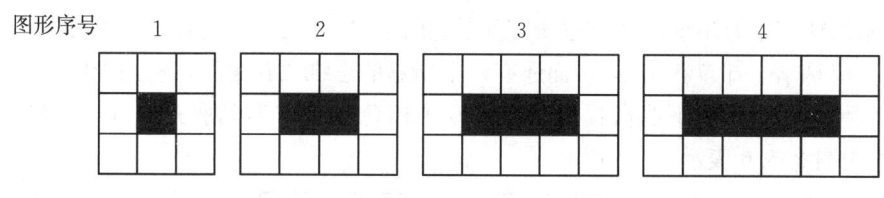

黑色：　　　1　　　　　　2　　　　　　　3　　　　　　　4
白色：　　　8　　　　　　10　　　　　　　12　　　　　　　14

照这样接着画下去,第6个图形有多少个黑色小正方形和多少个白色小正方形? 第10个图形呢? 你能解释这其中的道理吗?

图 2.5.2

教学主要过程:

(1) 编写序号,一一对应。

我先引导学生给图形编序号,如图 2.5.3 所示：第 1 个图形、第 2 个图形、第 3 个图形……

图形序号　　　1　　　　　　　2　　　　　　　3　　　　　　　4

图 2.5.3

编序号后,学生对于黑色小正方形的个数一目了然,因为图形序号和黑色小正方形的个数是一一对应的,第几个图形就有几个黑色小正方形。

(2) 仔细观察,找出变化。

本题的关键是找出白色小正方形的个数,如何更好地找到其中的规律呢? 我用变中有不变思想进行引导。请学生观察比较后一个图形与前一个图形白色小正方形的个数,很容易得出每相邻两个图形的白色小正方形个数变化规律是相差 2,也就是以 2 个白色小正方形作为公差在变化的,如图 2.5.4 所示。

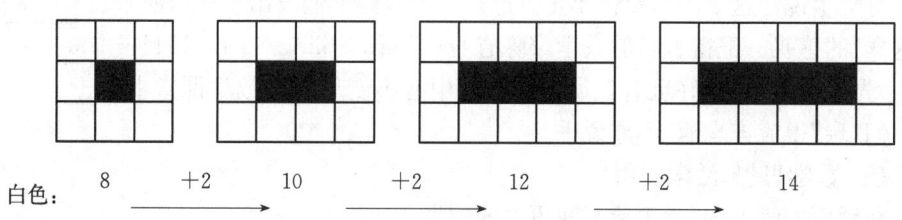

白色：　　　8　　　+2　　　10　　　+2　　　12　　　+2　　　14

图 2.5.4

(3) 抓住变化,引出不变。

引导问:这些图形中有没有不变的小正方形? 变化的是什么? 得出如下示意图 2.5.5。

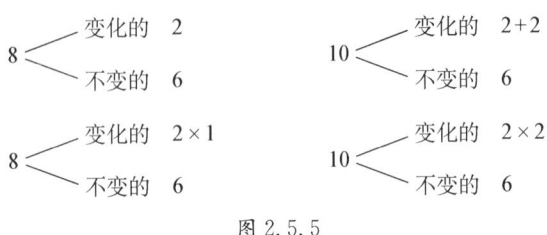

图 2.5.5

学生很容易得出以下结论。

第 6 个图形白色小正方形的个数为 $6+2×6 = 18$(个)。

第 10 个图形白色小正方形的个数为 $6+2×10 = 26$(个)。

最后得出:第 n 个图形白色小正方形的个数为 $6+2n$。

(4) 追究根底,思维碰撞。

课堂交流讨论到这里似乎应该结束了,我顺势总结:在解决问题中,我们可以活用变化的量,抓住不变的量,这就是变中有不变的思想方法。科学家、数学家也经常抓住变中有不变的地方去研究问题,我们也应该要学习这样的好方法。

但是学生却意犹未尽,后面还有两个精彩的思维火花是我没有想到的。

一是还有学生不明白提出不变的 6 个白色小正方形到底是哪 6 个? 经过探讨,用图 2.5.6 表示。

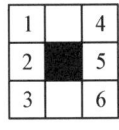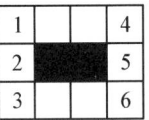

图 2.5.6

这时学生有顿悟的感觉,说"我明白了,那两列竖着的 6 个白色小正方形就是不变的,上、下夹着黑色小正方形的白色小正方形就是变化的"。

二是有学生提出在第 1 个图形前还有个原始状态的图形,如图2.5.7所示。

有学生说:"这个图形黑色小正方形是 0 个",同学们发出了"哦,原来是这样"的感叹。记得著名的数学家陈省身(Chern Shiing-Shen, 1911—2004)先生说过"数学好玩",在这样渗透变中有不变思想的数学课堂中,孩子们"玩"得流连忘返,不亦说乎。

图 2.5.7

(5) 数学思想,活学活用。

在后面的练习中,学生给了我更多的惊喜。

观察图 2.5.8 中图形的构成规律,根据规律,第 8 个图形中有多少个圆?

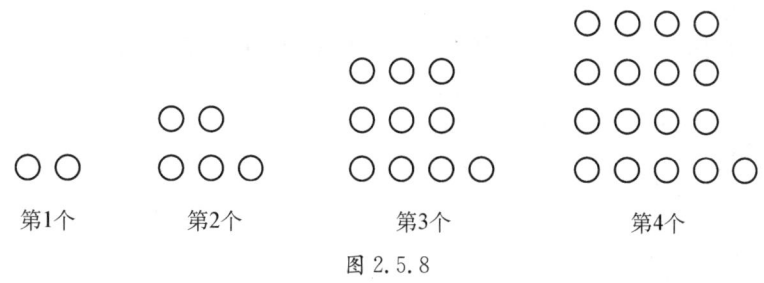

第1个　　　第2个　　　　第3个　　　　　第4个

图 2.5.8

学生的圈线解答法如图 2.5.9 所示。

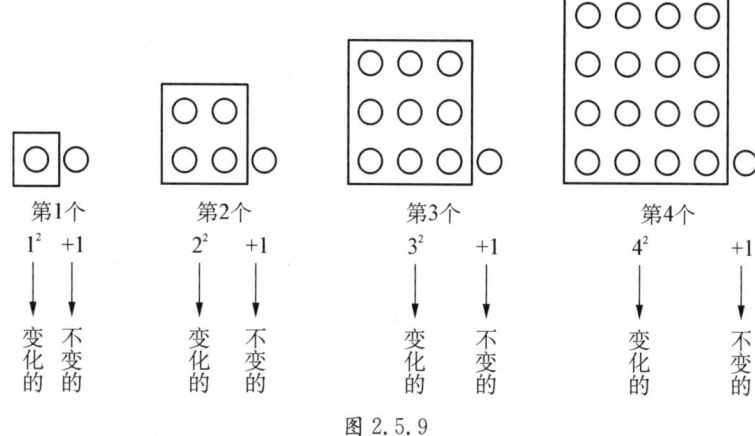

第1个　　　　第2个　　　　　第3个　　　　　　第4个
1^2　　+1　　2^2　　+1　　3^2　　+1　　4^2　　+1
↓　　　↓　　　↓　　　↓　　　↓　　　↓　　　↓　　　↓
变　　不　　变　　不　　变　　不　　变　　不
化　　变　　化　　变　　化　　变　　化　　变
的　　的　　的　　的　　的　　的　　的　　的

图 2.5.9

因为 $8^2+1=65$，所以第 8 个图形中有 65 个圆。第 n 个图形中有（n^2+1）个圆。

聪明的孩子们,你们的表现不禁让我想起一句名言:"水本无华,相荡乃成涟漪;石本无火,相击而成灵光"。

透过现象看本质,在丰富多彩、变化多端的问题情境中,如果能够抓住数学模型不变的本质,活用"变中有不变思想",就能避免被表面复杂的情境所迷惑。

"好雨知时节,当春乃发生。随风潜入夜,润物细无声……"。我想,数学思想方法的教学也可以像春雨一样,不断地滋润着学生的心田。

广东省东莞市长安镇培英小学　李小华

定质高效,限量减负
——品读"变中有不变思想"小感

"变中有不变思想"这节内容所选案例很有针对性、典型性,既有数学思想,又有丰富内涵,其中"抓数学模型不变","可以避免被表面复杂的情境所迷惑","透过现象看本质"以及"小学数学教材的编排是分散式的、螺旋式的、直观的、逐步抽象的",这些都渗透着哲理思想,闪烁着智慧光芒。

笔者教学苏教版小学数学三年级上册"轴对称图形"这一单元,在确定轴对称图形的对称轴条数时,这里就体现出变中有不变思想。各种轴对称图形的对称轴条数如下图 2.5.10 所示。

图形名称	对称轴条数
等腰三角形	1 条
等腰梯形	1 条
长方形(菱形)	2 条
等边三角形	3 条
正方形	4 条
圆	无数条
圆环	无数条

图 2.5.10

图形的不同,有时得出的对称轴条数就有所变化。等腰三角形与等腰梯形可以理解为同一思路,将等腰梯形某底缩小为一点,也就变成了等腰三角形,从而得出联系,这里蕴含变中有不变思想,它虽然将四边形变成三角形,可对称轴的画法与条数是不变的,只要抓住本质,不被表象迷惑,找与画对称轴,也是挺容易的。圆与圆环的对称轴的确定方法也是这个道理,圆的任何过圆心的一条直径所在的直线都可以看作它的对称轴,而圆环就是两个半径不同的同心圆,所以过其较大圆(或较小圆)圆心的直径所在的直线就可看作圆环的对称轴,因为较大圆(或较小圆)的直径有无数条,无论大圆、小圆,它们的直径都有无数条,所以圆环的对称轴自然也就有无数条了。

笔者在阅读《小学数学与数学思想方法》这本书第 31—32 页案例 1 时,见图 2.5.11,该题要求我们分别画出符合要求的多边形,也就是要画几种,一题多解。实质上在平时的教学中,学生们能画一个出来,已觉得不容易,他只要做出来一种,就乐不可支,你叫他画几种,学生一下头就大了。

案例 1 图中每个小正方形方格的面积是 1 cm². 以给定的线段 AB 为边,你能分别画出几个符合下列要求的多边形?

(1) 面积是 3 cm² 的三角形;

(2) 面积是 6 cm² 的平行四边形;

(3) 面积是 7 cm² 的梯形。

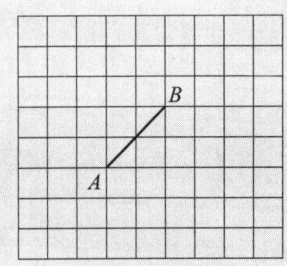

图 2.5.11

读了这个案例,品读如图 2.5.12 所示图文并茂的分析与引领,我们再结合教学实际,引导学生从四面八方去考虑,从上下左右各个方向画出了每种对应面积的图形,思路清晰。学生们有的也许当时不太懂,老师稍加分析点拨,他们自然就豁然开朗。

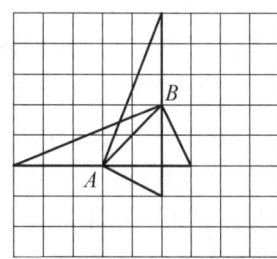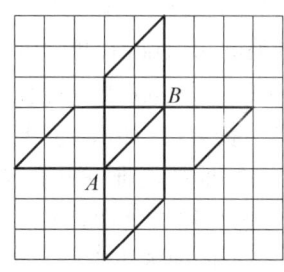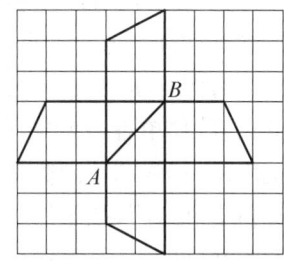

图 2.5.12

这种读书学习真的可以给我们老师的教学提供很好的指导引领,少走很多弯路,把握解题思路,优选方法,取长补短,教师教得轻松,学生学得自然快乐。一群人走,才会更稳,大家可以从中各取所长。

案例 2,见图 2.5.13,多边形内角和的变化与其外角和总度数的不变对我很有启发。这里所显示的是多边形内角和的变化,边数也在变化,其外角和总度数始终是 360 度,保持不变。这应是义务教育阶段初中的知识,我虽然已经淡忘,但通过读书,感觉平添几份亲切,有一种久违的感觉。读到书中这样的例题,有种"他乡遇故知"的感觉,读的过程中有想说、愿写的冲动。

案例 2 如图,三角形的外角和是多少度? 四边形的外角和是多少度? 五边形的外角和是多少度? 任意一个多边形的外角和是多少度?

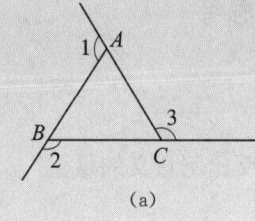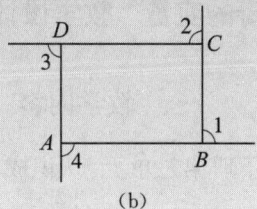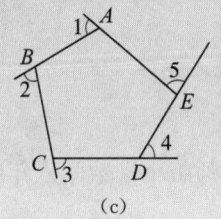

| (a) | (b) | (c) |

图 2.5.13

这种几何图形的推理可以有效地训练孩子思维的敏捷性,建立初步的空间思维能力,但是并不是每个孩子都喜欢这样枯燥的推理,如何引领、激发学生的兴趣,这就是教师的教学魅力的真正体现。

这样的练习或是例题,笔者认为采用追果索因的方法较好。教师可先揭示出答案,它的外角和就是360度,而这些不同的多边形,边数在增减,内角和也随着增减,外角和却不变,这怎么可能? 这时候学生们就有了探究的兴趣,教师再结合着思路,让学生返回去找原因,这是很好的方法,学习兴趣会更浓。我的孩子在中学学习数学时,因为老师上课进度快,课堂中总是感觉有些内容不是太懂,怎么办? 只有及时记笔记,回来再结合着老师的思路整理,听课的知识就逐渐内化,理解得更透了。

　　教师往往在课堂上重点讲关键知识点,有些学生可能不能在课堂上完全理解,那么只有课外多用功,才会将这些知识学得牢。对有些基础较弱的孩子,你在讲图形的内容,单单看一个角,就得很费力,比如看$\angle CAB$或$\angle ABC$,其中这三个字母他就眼晕,你强调了到底是哪个角,他都很难一眼确定出来。你还要他们写那么多的分析推理过程,孩子们注意力哪会那么集中,而这本书里的解法写得非常细,所以此时教师的引领,解疑释惑,学生们课下再自学这样的分析推理过程,互帮互学,共同分享,教师进行适时点拨,学习效果不言而喻,知识把握就会更牢固。

　　如同我们现在的阅读分享,一章一章去读,一节一节去理,一题一题去悟,在读的过程中,每一题(指每个案例)重新读一下,感觉思路马上会更清晰。我就觉得总有喜悦在心头,自然获益颇丰。

　　读书分享,如果我们只是听,而不去利用课余时间捧着书读,不试着上台分享,还是浅层次阅读。自己不去准备,就不会深入地理解那些思想,你听得快,忘得也快,所以我们只有自己捧着书来读,读过之后,在课堂上实践,再写写心得,和大家一起交流分享,这种阅读效果我不说您都懂得。

"神奇的变量"教学设计与思考

一、 教学内容

西师版小学数学六年级下册第三单元,认识成正、反比例意义的量。

二、 教学目标

　　(1) 结合具体情境中的特点,依据变量之间的变化规律,会对变量进行分类,培养学生观察事物、归纳总结和发现规律的能力。

　　(2) 使学生经历探究变量之间关系的四个过程,建构出正、反比例的模型,体会变中有不变思想和函数思想。

　　(3) 使学生能进一步体会到数学与生活之间的密切联系,增强从日常生活中探索数学知识和规律的意识。

三、 教学重点

感悟量与量之间的变化及其变化规律,建构出正、反比例的意义,并能正确判断成正、反比例的量及其关系。

四、 教学难点

建构正、反比例的意义的四种不同表达式之间的联系。

五、 教学方法

先学后教,以学定教。

六、 学习方法

自主探索,小组交流,展示汇报。

七、 教学准备

课前学习任务单、多媒体课件。

八、 教学过程

(一) 创设情境,激趣引新

利用课前学习任务单(见本篇结尾处的附件),为学生创设春季旅行的情境,并借此情境给学生提供大量的变量信息,让学生对变量之间的关系有了初步和整体的感受。

师:同学们,在这个春暖花开的季节里,周末你最想参与什么活动?

生:赏花踏青,爬山旅行。

师:如果我们真的去春游了,该在哪些方面做足准备工作呢?

生:衣、食、住、行。

师:衣物就各自准备好,大家一起从食、住和行三方面来准备。任务单上的任务完成得怎么样了呢?

设计意图:以学生最喜爱的活动为课堂教学切入点,激发了学生的学习兴趣,激活了学生的学习状态,激起了学生的探索欲望,变被动学习为主动学习。

(二) 展示交流,建构新知

1. 检测学生对任务单中呈现的 9 个情景的理解度,学习情况

抽查并指名学生,以讲述小故事的形式来帮助学生理解学习素材。

2. 展示情景分类情况

各组派代表,展示汇报,并说出分类的理由。

组1：分两类。

第一类是(5)；第二类是(1)、(2)、(3)、(4)、(6)、(7)、(8)和(9)。理由是：第一类情景中，发现了三个变量；第二类情景中，都有两个变量和一个不变的量。

师：哪组分的不一样，请上台来分享。

组2：我们分的更细一些。我们组发现在(1)、(2)、(3)、(4)、(6)、(7)、(8)和(9)中也有不同之处。在不同的情景中，表示不变的量有所不同，有的是两个变量的和，有的是两个变量的差，有的是两个变量的积，有的是两个变量的商。所以，我们分了5类，分别是：情景(1)、(3)、(4)、(6)和(8)中，不变的量都是两个变量的商为一组；情景(2)中，不变的量是两个变量的和为一组；情景(7)中，不变的量是两个变量的差为一组；情景(9)中，不变的量是两个变量的积为一组；情景(5)中，没发现不变的量为一组。

师：大赞！有没有要补充的？

师：生活中存在着大量的变量，其中好多变化的量中还有隐藏着不变的量，你们能举几个变中有不变的例子吗？（给足学生时间和空间，让学生多举例）

当一名学生举例时，其余学生从中找出变化的量和不变的量，从而加深对变量之间关系的理解。

师：数学上，把一种量变化，另一种量也随之变化的两个量称为两种相关联的量，不变化的量称为一定的量。当两种相关联的量的商一定时，称这两种相关联的量为成正比例的量，它们的关系叫做正比例关系；当两种相关联的量的积一定时，则称这两种相关联的量为成反比例的量，它们的关系叫做反比例关系。

思考：如果用 x 和 y 表示两种相关联的量，用 k 表示不变的量。那么，如何用含字母的式子表示正、反比例关系呢？

设计意图：以学生熟悉的生活问题为学习素材，创设贴近学生的生活情境并展开教学，激发了学生解决问题的积极性。进一步，通过观察、分析具体的9个情景，让学生看到变量的情况，对不同情景、不同变化规律进行分类，帮助学生理解和认识了两种相关联的量，同时渗透了两种量的变化情况，并体会了变中有不变思想。在认识成正、反比例的量的过程中，初步体会数量之间相依互变的关系，感受有效表示数量关系及其变化规律的不同数学模型，自然地建构出正、反比例的意义，在培养观察能力和发现规律能力的同时，对函数思想进行了有机渗透。

(三) 学以致用，举一反三

师：再次回到任务单中，你能判断出9个情景中，两种相关联的量中哪些是成正比例？哪些是成反比例？哪些是不成比例的呢？为什么？

学生讨论后，小组交流，展示汇报。

师：请你们举出一些生活中的成正、反比例的例子。

师：再举出一些数学公式中的成正、反比例的例子。

设计意图:让学生经历判断两种量是否成正、反比例的思考过程。通过举例,培养学生主动参与数学学习的习惯,提升了学生的思维水平,拓宽了学生的思维空间,进一步巩固和加深了对正、反比例意义的理解,达到真正理解正、反比例意义的目的。

(四)点亮主题,素养升华

师:同学们,咱们这节课研究的都是生活和数学中的数量之间的关系。(课件出示:量)通过大家的观察、发现、分析和思考,发现他们都是变量之间的关系。(课件出示:变)而且他们都是神奇的变量,"变化中有不变"。(课件出示:神奇的)

师:只要你善思维,勤动脑,再神奇的奥秘也会被你揭开神秘的面纱,露出它的本质。就像你们今天学习的正、反比例的意义一样,看似很难理解的知识,但是历经你们的努力就变得很容易掌握。

人生也一样,哪怕是再远的道路,再高的山梯,只要你不言放弃,不愿回头,一步一前行,一步一台阶,你一定是走得最远、站得最高的人物。

学习也一样,老师希望你们就是:那个人物!

设计意图:课末,授课教师打破了常规课题命名,巧妙地设计了"神奇的变量"这一主题,再次吸引了学生的注意力,突出了此节课的精华和本质属性,增强了学生学习数学的自信心,学生的数学素养得到了提升。

"正、反比例的意义"这节课,概念难理解,数学俗语难记忆,对学生语言的要求高,大多数学生在理解时,只是小和尚念经,有口无心,只会机械地模仿应用。教师创造性地使用教材,在课前发放学习任务单,把问题直接抛出,学生利用课外时间,通过自学、讨论、展示和争议,厘清了知识间的联系和区别,初步认识了变量之间的关系。最后,利用课堂,使学生感受了数学知识的形成过程,找到解决问题的方法,开阔学生的视野,拓宽学生的知识面,让学生感受到数学变幻莫测的无穷魅力,让孩子们真实地经历数学知识的探索和获取过程。在整个设计过程中,笔者有效地解决了以下几个思考的问题:

【思考一】正、反比例意义的本质是什么?

正、反比例关系作为正比例函数、反比例函数的雏形,是刻画现实世界的重要模型之一。因此,在教学中要强调学生对于变化的量及变量之间关系的体会,使学生感受到正比例关系和反比例关系是两种重要的刻画变量之间关系的模型。正比例概念主要包含两层意思:1.两种相关联的量,其中一种量变化,另一种量也随着变化;2.两种量中相对应的两个数的比值一定。只有同时符合上述两个条件,这两种量才成正比例关系,或叫做成正比例的量。反比例概念主要包含两层意思:1.两种相关联的量,其中一种量变化,另一种量也随着变化;2.两种量中相对应的两个数的乘积一定。只有同时符合上述两个条件,这两种量才成反比例关系,或叫做成反比例的量。

【思考二】教学正、反比例的意义的预设策略。

老师课上并没急于牵着学生找联系、下定义、学判定,而是放手让学生去探究、去发现、去整理,感悟变量之间的关系。

(1)利用课前任务单,设计带学生去爬山准备工作的9个相关情景,直觉感受,引起学生对数据分析的兴趣。

(2)结合递进式问题,使学生充分体会变量与变量之间相互依赖的关系,以及变化之中的不变。

通过任务单的学习,学生能感受到生活情境中存在着大量的变量,对于变量之间的关系有了初步和整体的感受。在要求对9种情景进行分类时,学生能依据不同的分类标准进行分类,能基本把握变量之间的本质关系:依据是否有变量将9种情景分为两大类,即含有变化的量的情景和只含有不变的量的情景;依据变量中的不变量的各种情形将剩下的8种情景分为四类,即不变量分别为变量的和、差、积、商(变中有不变,这正是知识的灵魂),从而自然而然地引出正比例关系和反比例关系的意义。在这个环节中,学生经历了四个过程"变量之间有关系—感受到变量之间的关系不同—通过分类关注某一类变化情况—抽象出正、反比例的意义"。

特别是学生通过观察图、表格、数量关系式及文字等方式,直观地感受到了变化趋势,从而学生理解了正、反比例有多种表达方式:图像、表格、数量关系式和语言文字,渗透了函数的多种表达方式。

【思考三】如何创造性地使用教材?

笔者认为,在课程改革的背景下,教师不应该将教学内容固定不变,而应该结合学生的认知规律、生活经验,注意与学生的实际联系起来,吸收时代的信息,收集数学资料,从而拓展或更替教材。在教学"正、反比例的意义"时,因为使用的是西南师范大学出版社的教材,西师版彰显了我国西南部的地域特征,教材中提供的例题与习题情境大都是西南部人文地理,对于我们北方的学生来说,感觉数学化有余,生活化不足,且仅凭两例就给出正、反比例的意义,显然书上的例题已不能满足学生的需求,感觉离孩子太远,知识由来显得过于单薄。笔者根据学生的实际情况,对教材进行了适当的整合和创新,从学生喜欢参与的周末活动出发,提供了大量的学生熟悉的生活素材,大胆翻转课堂,课前发放学习任务单,通过学生自主探索,小组讨论,交流展示等环节,力求使学生利用自己的已有知识和生活经验,架起新旧知识间的桥梁,激起学生的探索欲望,变被动学习为主动学习,学习效果明显有所提高。所以,数学教师对教材的处理和运用可以是丰富多彩而各具特色的,但无论如何,教师都应该用一种时代精神去诠释它、解读它,创造性地使用教材,从而使全新的教学理念真正落实到课堂教学之中,促进学生的全面发展。

【思考四】如何把正、反比例意义的学习延伸到课外?

鼓励学生利用课外时间,去发现生活中成正、反比例量的实例,并能提出相关的问题,寻求解决的方案,必要时教师给予适度引导和点拨,把学习主动权还给学生,学生在与同学进行争议、讨论、上网搜索等过程中经历并体验实际情境中的正、反比例。例如:学生走进小区调查发现,电的总价随着用电的度数变化而变化,但是二者的比值即电的单价是一定的;用水量和用水的总钱数也是成正比例的关系;某学生用不同交通工具从家到学校的时间和速度的积也是一定的。这样,学生不仅理解了正、反比例的意义,而且能够熟练地应用正、反比例知识解决问题。在学生进行展示交流时,教师只需做一个倾听者。这样的结果不正是教师想要的吗!

【思考五】如何让学生学会做数学?

教师提出问题:如何知道我校国旗杆的准确高度?

美国数学家哈尔莫斯(P. R. Halmos, 1916—2006)指出:学习数学的唯一方法是做数学。做数学是学生理解和掌握数学知识,探索和认识世界的有效途径,也是发展思维能力和创造性解决问题能力的有效途径。笔者两次让学生走出课堂并就地实践,如图 2.5.14 所示,记录测量结果,再通过观察、猜想、验证,发现并找到测量旗杆的方法:在同一时间,同一地点,影长和物体的高度的比值是一定的,可以测量出米尺的影子长,再根据 $\dfrac{1 米}{米尺影子长度} = \dfrac{旗杆长度}{旗杆影子长度}$,算出旗杆的长度。

在测量过程中,有调皮的学生测量了自己的影子长度,根据 $\dfrac{自身身高}{自己影子长度} = \dfrac{旗杆长度}{旗杆影子长度}$,也算出了旗杆的准确高度。笔者认为学生在找到解决问题策略的同时,情感上也得到了满足,这种积极的情感又成为了培养他创造能力的内驱动力,更能激发学生探究数学知识的兴趣。

图 2.5.14

河南省项城市新华学校　高　莉

附件:课前学习任务单

课前学习任务单

同学们:老师计划带你们一起去旅行,想必你们一定很开心!但是,旅行之前必须先把准备工作做足了。

学习任务如下:

1. 观察每个情景中两个变化的量是怎样变化的?

2. 在以下 9 个情景中,哪些量的变化具有相同的特点? 尝试按照它们的变化特点进行分类。

3. 独立探究后,小组进行交流。

【食】

(1) 便利小超市:娃哈哈矿泉水每瓶 2 元。

矿泉水瓶数	1	2	3	4	5	6	⋯
总价(元)	2	4	6	8	10	12	⋯

(2) 准备了一筐茶叶蛋。

已吃掉的个数	10	25	30	45	50	60	⋯
剩下的个数	80	65	60	45	30	30	⋯

(3) 在万果园买苹果,$\dfrac{苹果的总价}{苹果的数量}$=苹果的单价(8 元)。

【住】

(4) 舒心农家院住宿全是单人床,住的学生数和需要的床位数。

【行】

(5) 到了山坡路段,1 号车行驶情况如下:第 1 分钟行了 15 米,第 2 分钟行了 20 米,第 3 分钟行了 30 米,第 4 分钟行了 32 米,第 5 分钟行了 60 米⋯⋯汽车缓慢颠簸着前进。

(6) 六羊山门票:学生票 50 元/张。

学生票张数	2	20	30	50	⋯
所需付的金额(元)	100	1 000	1 500	2 500	⋯

(7) 1 号车和 2 号车所行驶路程之间的关系。

1 号车(米)	50	100	150	180	400	⋯
2 号车(米)	250	300	350	380	600	⋯

(8) 1 号车行驶的路程和耗油量之间的关系。

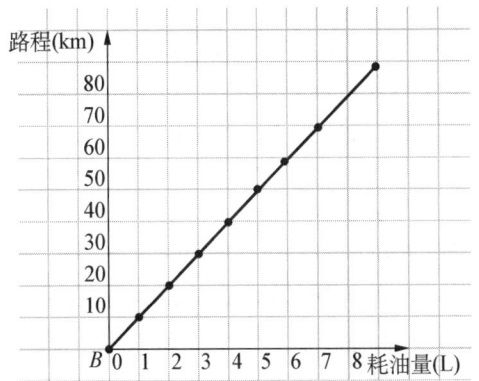

（9）全体学生分组。

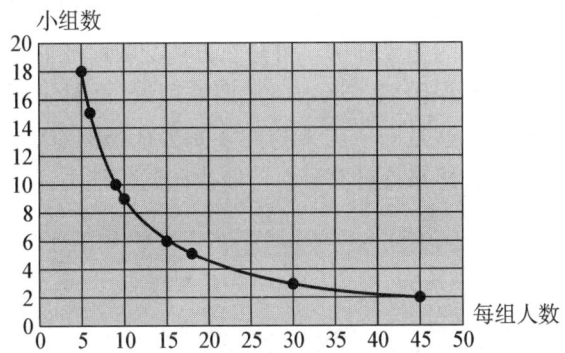

 审时度势，变中不变思想的多维思考

《小学数学与数学思想方法》第二章第五节提到：在学习数学或用数学解决问题的过程中，会面对千变万化的对象，在这些变化中找到不变的性质和规律，发现数学的本质，这就是变中有不变思想。笔者结合期末复习教学碰到的两道题目来进行分享。

问题1 随着三角形个数的增加，涂色三角形的个数也在增加。如图2.5.15，照这样接着画下去，第20个图形有（ ）个涂色三角形。

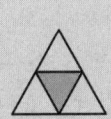  

图2.5.15

这是一道找规律的题目,学生马上找出了规律:1,1+2,1+2+3,… 有一个学生想到了另一种方法:"这还可以看成求梯形面积问题,和堆木条问题一样,把阴影三角形看成木条,把空白三角形看成空隙,得涂色三角形有 $(1+20)×20÷2=210$(个)。"

课下调查 39 名学生,发现此题不会做的有 7 个,做对的有 22 个,这 22 个学生中一大半是用 $1+2+3+…+20=210$ 算出来的。

都说透过现象看本质,在数学学习活动中面对千变万化的对象,要从变化中找到不变的性质和规律,学生的慧眼识"金"之能就尤为重要。绝大多数学生是抓住数的变化规律这一角度来考虑本题,而数与形是紧密联系的,用梯形面积计算方法求出三角形个数的这位同学是从形的角度来思考本题。由于不同学生的思维特征差异导致思考的角度不同,但二者最后会殊途同归,梯形面积公式可以从形的角度促进学生对等差数列求和的初步理解。可是在方法交流时还有部分学生对为什么可以用梯形面积来计算心存困惑。堆木条他们能理解,可对于多了空白三角形的干扰就让他们难以理解。这是同一类事物的多元表征影响着学生的思维判断,要帮助学生用变中有不变思想来提升其分析与解决问题的能力。

问题 2 计算下面图 2.5.16 中图形的面积。(单位:厘米)

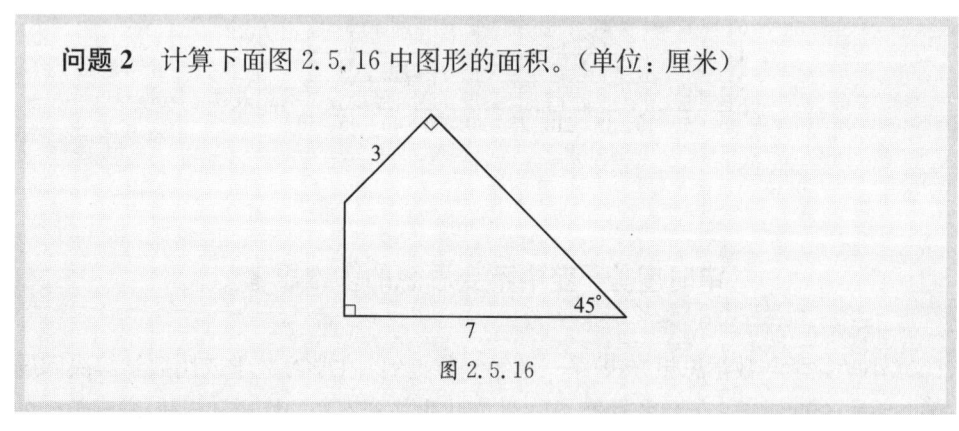

图 2.5.16

这是学生学习了组合图形后进行的测试。学生知道该题用分割或填补来做,可不知道如何下手。有的学生把它分割成两个直角三角形得到 $7×3÷2×2=21$(平方厘米)。当时笔者就把这么做的几位同学请到面前,请他们说一说这个算式是怎么想出来的。原来学生误以为添加一条辅助线分割成的两个直角三角形是轴对称图形,它们的形状大小完全相同。厘清了学生的思维脉络在哪里出的问题,学生习惯添一条辅助线来解决问题,这或许是学生从实验几何向论证几何升华的良好契机。

我们在教学组合图形面积的计算方法时,让学生体悟到无论分割、填补或是割补图形越简洁,解题方法就越简单,这导致了学生的思维定式。对于这道题学生仍然习惯于用不变的割补思想来解决,但是却无从下手。我于是画出辅助线图给一点提示,有学生就顺杆而上。这里有一个直角和一个 45 度角,所以可以添 2 条辅助线补成一个大的等腰直角三角形,再用大面积减小面积的思想来做,即 $7 \times 7 \div 2 - 3 \times 3 \div 2 = 20$(平方厘米)。

既然有的同学的想法是中间添加一条辅助线分割成两个直角三角形,认为它们 2 个是轴对称图形。那么我们能不能顺着这个思路,利用轴对称图形的特征来解决此题呢? 如图 2.5.17 所示。

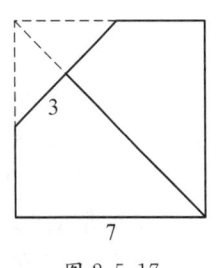

图 2.5.17

$(7 \times 7 - 3 \times 3) \div 2 = 20$(平方厘米)。

鼓励学生从不同角度思考问题,这个方法虽看似复杂,但实际上对学生的空间观念发展可能有益,可以结合"折纸活动"展开想象。不同方法之间的区别和联系或许可以更加凸显出变中有不变思想,具体的解决问题的方法是不同的,相同的是"把陌生的问题转化成熟悉的问题,把未知的问题转化成已知的问题"。

课程标准提倡不同的人在数学上得到不同的发展。变中有不变思想对于领悟力快的同学是一通百通,可对学习需要帮助的学生来说却是瞎子摸象,以偏概全。我们要思考和研究怎样通过易解渐悟的方式来渗透这一思想。

有个词叫一点就通,受最近发展区原理启示,教师在教学设计时要给学生提示或者"脚手架"来做适当的铺垫,帮助他们跳一跳摘到"果子"。许多时候,我们只要给点提示或者脚手架之类的"梯子",让学生顺着"梯子"爬,通过爬"梯子"就够到了"果子"。与其让学生苦思冥想地浪费时间,还不如适时适机指点一下迷津。

学生经常被题海战术搞得精疲力尽,厌学和怕学的情绪逐渐蔓延。要引导学生自己进行归类发现,抓住知识的本质,这样任题目千变万化,只要掌握了运用知识的方法,学生就会自信地前行。

浙江省衢州市衢江区横路中心小学   杜   煜

第六节   有限与无限思想

有限与无限思想——一对矛盾的双胞胎

"有限与无限"从词义上感知就是一对矛盾的复合体。"有限"将事物以具体形式展现于眼前,可观、可感、可估量。"无限"却给予我们深刻联想、无限遐想,其规律导引我们去挖、去探、去畅想。

有限与无限思想宛如一对双胞胎,无限是哥哥,有限是弟弟。哥哥牵引着弟弟前行,弟弟似乎更顽皮总喜欢小打小闹,但总被哥哥所包容。

一、 数的认识,有限与无限思想的首次重逢

从数的认识开始,我们就在一步步引导学生认识数学中无限思想的魅力。由最初的 10 以内数的认识,百以内数的认识,到千、万、亿的认识,一步步由元素个数有限的集合逐步扩大,让学生明确数的无穷,体会数的无限。在关于数的"有限"思考中,当偶尔回头时,往往会不经意地发现有限已经悄悄与无限思想相逢。

例如在因数与倍数的教学中,孩子们通过乘法算式的书写,从中找到某个数的因数或倍数,发现一个数的因数的个数是有限的,而倍数的个数是无限的。

再如在积的变化规律中,一个因数不变,随着另一个因数的变化,积也变化。这样的数的个数是无限的,但在某个范围内却是有限的。

当有限与无限重逢时,却也常常迷惑孩子们。

例如判断此题是否正确:大于 0.3 而小于 0.5 的小数只有一个。

该题孩子们稍不留神就会判断失误,给结论打上对号。事实上大于 0.3 小于 0.5 的一位小数确实只有一个 0.4,但在 0.3 与 0.5 之间的小数却有无数个。

数的认识中,这样的例子处处可见,处处体现着有限与无限思想的重逢,有时重逢得令我们惊喜连连,令我们的教学神采奕奕。

二、 图形与几何,有限与无限思想的并肩战场

从图形的认识开始,我们总是有意无意渗透着无限思想。图形认识由点到线、线到面、面到体,从三角形到边数无限增加的多边形……这不正是由有限奔向无限而在无限中遨游的过程吗?

例如在角的分类中,我们取特殊的直角为界限,大于 0° 而小于 90° 的角叫锐角,大于 90° 而小于 180° 的角叫钝角,但锐角和钝角的个数却是无限的。认识锐角的个数的无限时,可以让孩子们举例说度数,判断是否是锐角,人人参与,人人举例,然后提问:还有吗?此时会给孩子数不清,找不完的印象,渗透了无限思想,使学生既看到角的有限分类,又体会到角的定义的广泛性。

再如圆柱体积的计算,孩子们回忆学习圆面积公式时,将圆切割的推理过程类比迁移,滋生切割圆柱转化成已学长方体体积公式的思路,再加上教材呈现长方体、正方体体积公式=底面积×高,这些为学生探索圆柱体积做了充分的铺垫及知识储备。此时孩子们的思维会被调动,会立马想到转化思想,这时小组讨论就可以上场了。通过讨论,完善自己的思路:如何切割?怎样转化?展示环节可集思广益,全班的智慧碰撞到一起。教师此时操作演示平均分成 16 份的圆柱,拼补为近似的长方体。顺势提问学生:如何令图形更接近长方体?学生们会感到平均分的

份数越多越接近,由有限的份数联想到无限,从而得出结论：圆柱的体积＝底面积×高。有限与无限思想并肩出场,解决了问题。

总之,有限与无限思想总是相互依存,相互促进着。我们要与学生一起体会有限与无限思想的魅力,共同携手,促进自我成长,用自己有限的知识丰富生活,为无限的明天努力添砖加瓦。

山西省太原市小店区刘家堡乡西柳林小学　白美云

第三章　与推理有关的数学思想

第一节　归　纳　推　理

归纳推理宏观及微观教学探析

　　关于小学学生归纳推理的培养,人教版小学数学教材从宏观上遵循学生认知发展,进行了由浅入深的构划。在《小学数学与数学思想方法》一书中特别揭示了归纳推理的数学思想方法在教材中的螺旋式呈现。受此基本思想启迪,我想探讨一下小学数学归纳推理及其思想方法的宏观及微观教学问题。

　　归纳推理是由特殊推出普遍性结论的推理。在归纳推理过程中,突出蕴含了模式识别、整体思考、比较异同、抽出共性、对象分类、相似联想、类比联想、归纳猜想、类比猜想等思想及思维活动。其中,归纳思想是促进归纳推理程序形成的动力因素,也是归纳推理思维发展的重要结果。归纳推理的复杂性,导致了归纳思想教学的难度。因此,我们教师要本着教材螺旋式展现归纳推理及思想,遵循学生认知发展规律,将教学从宏观到微观分层进行构划,使学生在学习的各个学段及各个过程都能发挥潜在的思维水平,从而使学生在深刻体验及理解中获得归纳思想方法,这有望更有效化解教学难点,实现教学目标。以下我仅就"与序号相关的归纳推理问题"谈一下归纳推理及思想的微观教学过程及宏观教学设计。

一、　剖析"与序号相关的归纳推理问题"的学与教的微观过程

问题 1　按下图 3.1.1 排列,第 100 个图形是什么图形?

图 3.1.1

学生初见题意信息后,如果解答过该问题,则以往储存的归纳程序会促使大脑自发进入归纳推理,解答出该问题。如果没解答过该问题,但解答过和该问题同类的问题,则学生会在"类比"和"从一般到特殊"思想驱动下,自动进入归纳推理,解答出该题。如果学生没解答过与该问题同类的问题,而解答过与该问题类似的问题,此时学生在教师启迪下,会将原题特征和该问题特征分解,将两题对比,在看到不同点后,找到共同点,类比思考会激发学生用归纳推理解答出该问题。

如果学生上述水平都不具备,对该问题感到是陌生的,无力在大脑中搜索出与该问题相同的、同类的或特征类似的问题,则不能直接进入归纳推理了。此时教师启迪的意义其一是,以数学思想激活学生分析、比较、归纳和概括的程序,促进其进入归纳推理;其二是,使学生从盲目尝试中尽快进入科学归纳的推理,产生正确假设(对规律的猜想)。对该问题,教师可按如下程序导引。

1. 启迪学生将整个问题分解,寻找不同点

儿童认识事物时,一般先认识不同点,而后以不同点为基础发现相同点,最后归纳出结论。事实上先发现不同点,有助于避免学生将不同点误当成共同规律,促进在辨析中发现相同点。横向是分析图形之间的序号不同点;纵向是分析同类图形所在序号的不同点。教师启迪:想求第 100 个图形为何图形,要从现有的图形发现图形排列规律,这是解答该问题的突破口。圆都排在哪个位置? 正方形都排在哪个位置? 三角形都排在哪个位置? 该启迪会激发学生横、纵方向搜索,发现不同点:图形出场先后顺序依次是圆,正方形,三角形;圆的序号为 $1, 4, 7, \cdots$,正方形序号为 $2, 5, 8, \cdots$,三角形序号是 $3, 6, 9, \cdots$;同一类图形序号不同……

2. 启迪学生纵、横观察某图类型,找相同点

学生在前面教师语言提示下,会将一类图形从背景中分离出来分析,横向分析同类图形之间的序号的共同点,纵向分析同类图形不同序号的共同特点。如,对比发现每隔两个其他图形出现相同的图形;同类图形的序号依次一个比一个多3;三角形序号为 3 的倍数;正方形序号都比 3 的倍数少 1;圆的序号都比 3 的倍数少2……得出这些相同点实际是归纳的初步阶段。

3. 综合分析问题,寻找整体规律

在前面将问题分解,探寻各个特征基础上,大脑积淀了一定量的特征信息后,则进入综合分析阶段。由于三角形序号特征明显,都是 3 的倍数,故大多学生可能会将问题盯在三角形这个突破口上。此时教师可启发:在 100 以内与 100 序号最靠近的三角形的序号是几? 学生回答出 99 后,会突发灵感,发现可利用三角形的序号和其他图形序号的关系来解答该问题:

$100 = 3 \times 33 + 1$,该序号对应圆。

对归纳能力强的学生,教师可点拨用叠加(累加)的方法探索,横向从"序号依次多3"的规律中发现:

圆的序号为 $1, 1+3, 1+2 \times 3, 1+3 \times 3, 1+4 \times 3, \cdots$;

正方形序号为 2，2＋3，2＋2×3，2＋3×3，2＋4×3，…；

三角形序号为 3，3＋3，3＋2×3，3＋3×3，3＋4×3，…。

即序号为 $3n+1$、$3n+2$、$3n+3$（n 为非负整数）分别对应圆、正方形、三角形。$100 = 3×33+1$，该序号对应圆。

4. 引导学生总结归纳推理思想方法、一般步骤和经验

学生经历上述问题解答后，教师可引导学生总结以归纳推理解答"与序号相关的探究规律问题"的思想方法和常见步骤。如：

(1) 将问题分解，回忆旧知识和相关问题类型；

(2) 横向和纵向分析各个对象之间关系、同类对象间的不同点；

(3) 横向和纵向分析同类对象和序号之间关系，看相同点；

(4) 综合分析，由相同点归纳猜想出一般性结论；

(5) 检验结论的正确性，确认结论。

上述步骤，似乎是一个具体解题步骤。我们不能以此理解为常见的固定的解题具体模式，这其实是分层引导学生思考的一个途径。该分层引导，是在让学生经历各层的感悟过程，是在让学生在过程中体验和感悟归纳思想，最后在思想导引下产生顿悟。在有关归纳猜想问题的解题各层教学中，如果你交给学生的仅仅是特殊问题下的具体招数，而不是概括性的思想方法，则学生的感悟往往不会是对数学思想的感悟，而是对具体招数的感悟；学生仅仅掌握具体步骤而没萌生思想，没有思想的导引，则不会迁移。

二、 例说"与序号相关的归纳推理问题"的宏观教学层面

简单的归纳思维在幼儿阶段就存在于潜意识中，因为幼儿在形成概念时需要归纳和抽象思维的参与。而后随着学习和生活中的抽象实践，归纳思维逐步形成自动化程序。初始的程序是简单的、单一的，随年龄段发展，由简单到复杂积累式构建，形成产生式系统。在学生认知的各个阶段，大脑一旦具有了相应阶段的归纳推理水平，教师一揭示各个特殊问题中蕴含的共同因素，学生往往就能自动化产生归纳思维，得出一般性结论。以下就"与序号相关的归纳推理问题"，探析归纳推理及归纳思想教与学的不同层面。这里主要面对小学思维能力相对弱的学生，不同层面的问题，有的是用来由浅入深进行连续训练的，有的可间隔分布到教学的各个阶段。

1. 不关注序号值变化，含一种相同特征的对象

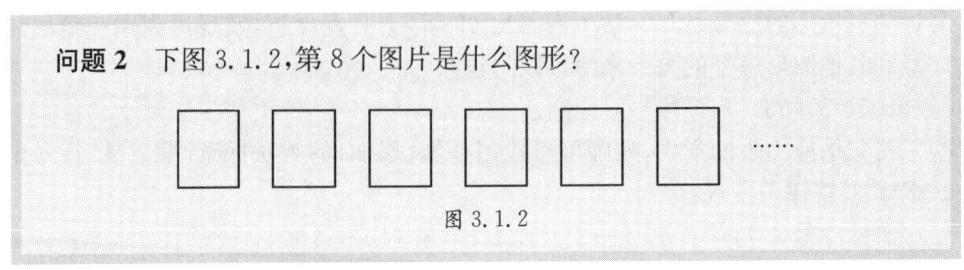

问题 2 下图 3.1.2，第 8 个图片是什么图形？

图 3.1.2

低段学生的注意分配能力和综合分析能力较弱,故对归纳推理的启蒙教学,教师可出示类似上面不关注序号具体值而只关注位置、只含一类特征的问题(这里是形状特征)。此时教师可启迪学生:"图中的图片,放的位置不同,但图片都相同,这样放的图片很多,我们画不下了,大家可猜想,没画出的图片是什么样子?"教师的启迪,会引发学生神经冲动,在理解教师的语言过程中实际已经自动进行归纳了,猜想出所有的图片都是长方形。

2. 不关注序号值变化,含二种相同特征的一类对象

问题 3 下图 3.1.3,第 7 个图片是什么图形?是什么颜色?

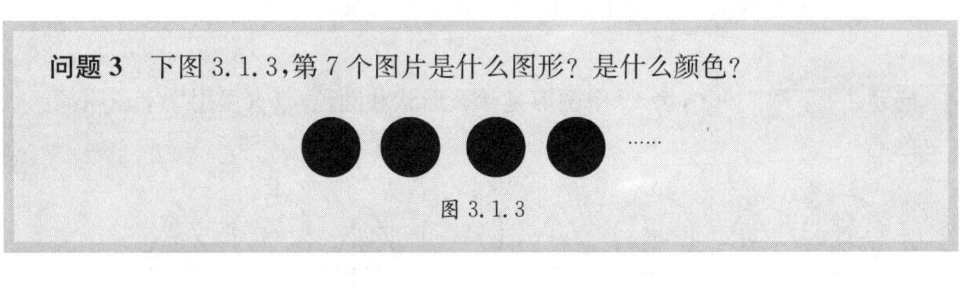

图 3.1.3

有了类似问题 2 的学习,学生积淀了简单的归纳程序。此时,面对该问题教师可点拨学生,使学生知道该组图形颜色相同,形状也相同。类比思考会激发学生按两个特征进行归纳,从中看出黑颜色是共有的。

3. 关注序号奇偶,含二类不同单一特征的对象

问题 4 下图 3.1.4,第 8 个图片该是什么颜色?

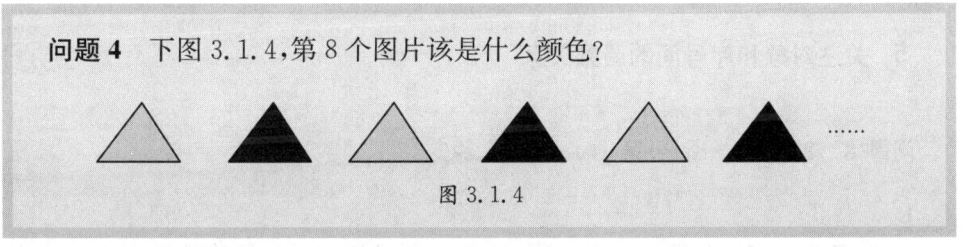

图 3.1.4

该问题的图片形状相同而颜色不同,不同点是一维的。该问题对象和序号的函数关系体现得较明显,但此时可不必关心它。教师启迪:自然数有偶数也有奇数,该组图形特点是第 1 个是灰三角形,第 2 个是黑三角形,……第 8 个图片是什么颜色?学生会在教师启迪下,联想奇数和偶数进行归纳,猜想到偶数序号的都为黑三角形。

问题 5 下图 3.1.5,第 8 个图片是什么图形?

图 3.1.5

该问题的图片形状不同而颜色相同,不同的特征是一维的。教学方法和问题4类似。

> **问题6** 1,3,1,3,1,3,1,3,…中,第9个数字是几?

这是不同的两数交替出现,教学方法和问题5类似。

4. 关注序号奇偶(简单函数现象),含二类特征区分点

> **问题7** 下图3.1.6,第12个图形是什么形状和颜色?(这里用文字说明颜色)

图 3.1.6

该问题不同特征为颜色有红、绿、蓝的区分,形状有三角形和圆的区分,维数多了。需要引导学生将问题分解,看出圆的序号为奇数,三角形序号为偶数,且红蓝交替。

5. 关注对象和序号间的函数关系

> **问题8** 2,4,6,8,…第101个数是多少?

这里要建立序号和数的对应关系,该关系是函数关系。虽然教学中不能出现函数概念,但问题自然蕴含了函数内容。该类问题教师导引方向是,让学生将各个数所在的序号标在数下面,启迪学生对比各数和所在序号的关系,找到共同遵循的规律:每个数都是所在序号的2倍。

6. 横向和纵向思考综合

> **问题9** 1,4,7,10,…第6个数是多少?

该题可引导学生,当纵向看不出规律时,可横向看,看出每后一个数比前一个数大3,求得第6个数是16(对能力强的学生,也可引导纵向建立和序号对应的函数关系,第 n 个数为 $3n-2$,求得第6个数是16)。

7. 周期性问题

> **问题 10** 自然数的平方被 4 除,余数可能是几?

该问题可引导学生亲自做除法,发现规律。

篇幅所限,以下的层面就不再继续一一列举了。上述各个层面分布到何年级?这个可结合教材和自己的学生灵活运用。

教学实践表明,依据教材,从宏观上对归纳推理数学思想方法培养进行分层构划,从微观上引导学生掌握归纳推理的步骤,对归纳思想方法进行循序渐进培养,这既能突破归纳推理教学难点,又有利于归纳推理从具体方法层面逐步上升到思想方法层面。长此下去,能更有效地完成各学段相关教学任务,真正实现归纳推理思想方法培养的课程目标。

黑龙江省七台河市教育研究院退休教师　王喜清

浅谈小学数学中归纳推理能力的培养策略

推理是数学基本的思维方式,也是人们在学习和生活中经常使用的思维方式。《标准(2011 版)》把推理能力作为十个核心概念之一,确立了推理能力的重要地位,指出推理能力的发展应贯穿在整个数学学习过程中。在小学数学推理中占有重要地位的归纳推理,是由小到大,从特殊到一般的推理方法。具体来说,归纳推理是依据一类事物中部分对象的相同性质推出该类事物都具有这种性质的一般性结论的推理方法。培养小学学生归纳推理能力是小学数学教育的主要任务之一。在日常教学中,我重视从各个方面着手,培养学生归纳推理能力,获得了一定的经验和策略,产生了一些思考,下面谈谈个人的教学体会。

一、 积累经验,激发想象,是培养归纳推理能力的必要前提

学生丰富的学习活动经验与合情合理的想象,是培养学生归纳能力的必要前提。有人认为,老师提供了较为丰富的素材,就能培养出学生的归纳推理能力,这种想法其实是不科学的。要想培养学生的归纳推理能力,由老师提供丰富的素材固然是有意义的,但这个素材更重要的来源是由教师指导学生通过相应的数学活动来获得。在日常教学中,我的观点是,依托教材,立足教材并进一步挖掘教材,指导学生充分获得必要的数学学习经验,为学生培养归纳推理能力打下良好的基础。

以苏教版小学数学四年级下册第 55 页"加法交换律"为例。教材通过学生解决"跳绳的有多少人?"这一问题列出两个算式:"27＋18＝45,18＋27＝45",并根据它们的得数相同写成等式"27＋18＝18＋27",接着照样子写一写这样的等式,从而归纳出加法交换律。我认为,教学中照本宣科去实施教学是远远不够的。教学中,我整合了加法交换律与乘法交换律,具体设计如下。

师:同学们,想玩个手指游戏吗?

生:想。

师:听口令,出手指,然后用算式表示手指的总根数,看谁反应快!

(用游戏来导入新课,充分激发学生的学习兴趣。)

师:我出 3,你出 2。

生 1:3＋2＝5。

生 2:2＋3＝5。

师:为什么都等于 5?

生:因为这两个算式都是算老师的和我的手指根数相加的总数。

师:既然都是算手指的总根数,那算式有什么不同?

生:两个加数的位置不一样。

师:虽然加数的位置不一样,可它们的和都等于 5,那么我们可以用等号把这两个算式连接起来,即 3＋2＝2＋3。

生齐读算式。

师:继续我们的手指游戏,你出 4,我出 1。你还能写出这样的等式吗?

生:4＋1＝5,1＋4＝5,4＋1＝1＋4。

(通过连续两个实践活动,使学生初步意识到两个加数交换位置,它们的和是相同的。)

师:这四个算式得数都是 5,那么比较如图 3.1.7 的三个算式,你又有什么发现呢?

```
3＋2＝2＋3
4＋1＝1＋4
3＋2＝4＋1
```

图 3.1.7

生 1:这里的算式得数都是 5,而且上面的两个算式中加数是一样的,只有位置不一样。

生 2:下面的算式中虽然得数都是 5,可是加数却各不一样。

(通过反例对比、比较、归纳,学生进一步明确符合加法交换律的要素——加法、加数交换位置、和不变。)

师:你们观察得真仔细,今天,我们重点来研究像上面一样的算式。继续出手指,你出 6,我出 9,等式是?

生:6＋9＝9＋6。

师:接下来,同桌合作,可以出手指写出类似这样的等式,也可以各报一个数写出类似的等式,当然,还可以自己独立来写一写类似的等式。

学生活动,教师巡视。

（学生由于学习经验与学习基础各不相同，所以教师提出了不同的要求，能力强的可以按自己心中的发现直接写算式，能力一般的可以同桌合作完成，让每位学生在数学活动中都有不同的发展。）

师：说一说你写的算式。

学生汇报。

师：像这样的算式你写得完吗？你有什么好办法来表示呢？

学生自由汇报。

师：不管我们是用图形、文字还是字母等不同的形式表示，我们都表达出了同一个意思——交换两个加数的位置，和不变。这就叫加法交换律。

师：加法有交换律，你猜猜，可能还有什么交换律呢？

生：减法交换律，乘法交换律，除法交换律。

师：那这些交换律是不是都存在呢？你能不能举个例子验证一下。

学生自由活动。

总结交流后发现：不存在减法交换律和除法交换律，交换两个因数的位置后积同样不变。

（依据已有的学习经验——加法有交换律，教师引导学生大胆猜测其他运算是不是也具有类似的交换律。通过引导学生自己举例来发现减法与除法中不存在交换律，而乘法交换律与加法交换律形式类似，它的发现过程完全可以由加法交换律进行迁移。）

数学猜想是在已有数学知识和数学事实的基础上，凭借自身对数学知识的领悟，在相关的数学学习经验中对未知量及其规律作出的似真判断，是科学假说在数学的体现，它一旦得到论证便上升为数学理论。因而，在日常教学中，教师必须有意识地引导学生积极地累积数学活动经验，促使学生思维发散，能举一反三，善于想象，敢于提出假设并勇于实践。这是培养学生归纳推理能力发展的重要前提。

二、 观察实验，比较综合，是培养归纳推理能力的重要方法

观察是人们认识客观世界的门户，没有观察就没有发现与认识。在日常教学中，教师应引导学生在观察、实验、猜想等活动中进行比较分析、综合归纳，找到事物之间的共性和差异，这是培养并发展归纳推理能力的重要方法。

现以苏教版小学数学一年级上册第89页练习中第5题为例，题目见下图3.1.8，谈一谈我的教学设计。

5. $9+1=$	$9+4=$	$9+7=$
$9+2=$	$9+5=$	$9+8=$
$9+3=$	$9+6=$	$9+9=$

图 3.1.8

师：小朋友学会9加几的计算方法了吗？那我们现在来个小小竞赛，这里的9道题你能做得又对又快吗？

学生活动，教师巡视。

师：现在一起来交流，汇报你的答案吧！

师：想读一读这些算式吗？你觉得按怎样的顺序来读比较合适？

生：竖着一排一排地读，从9＋1按着顺序读到9＋9。

师：你的想法很好。那能不能说说你为什么想这样读呢？

生：因为这些都是9加几的算式，第二个加数从1到9就非常有顺序。

（教材提供了可供学生观察的材料，但为引导学生有效观察，教师可提出清晰的问题顺序，从而引导学生在科学观察的基础上自主分析、比较，归纳出这些算式的共性——9加几的算式，又得出这些算式的差异之处——第二个加数各不相同，在观察的基础上有序整理，从而得到一串有序的观察材料。）

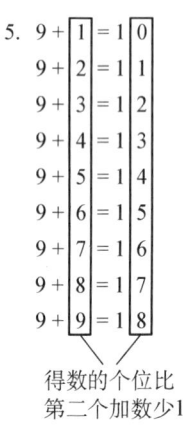

5.

图 3.1.9

师：按着如图3.1.9这样的顺序再来读一读、看一看、想一想，你能找到这串算式的得数有什么相同的地方，有什么不同的地方吗？

生1：得数的十位数都是1。

生2：得数的个位数也是按从小到大的顺序排列的，从第一个开始是从0到8。

师：再仔细观察每一个算式，得数个位上的数与加数相比，你又有什么发现呢？

生：得数的个位数比第二个加数少1。

（在这里，教师引导学生在观察的基础上对比分析上下算式之间的关系，对比分析得数的相同与相异，从而指引学生观察比较的方向。由于低年级学生观察能力不足，在学生不能自主发现"和的个位数与加数之间的关系"时，教师可进一步引导学生对比分析同一个算式中"和的个位数与第二个加数"之间的关系。正是有了这样的引导，学生才能在观察、比较的基础上综合得出这组算式的共性规律——得数的个位数比第二个加数少1，形成了这个一般性的结论。）

就方法而论，归纳推理涵盖了观察、实验、比较、分析、枚举、综合等方法。在小学数学内容中，法则、性质、公式、定律、规律等的学习都会体现归纳推理的思维过程。同样在这些知识的学习与运用过程中，往往运用了观察、实验、比较、分析、分类、综合等学习方法。因而，培养学生有序的观察习惯，能够同中见异，异中见同，系统中见联系，变化中见不变，透过现象看本质，是学生归纳推理能力发展的重要保证。

三、 探究成因，合理运用，是培养归纳推理能力的必要保障

波利亚指出，归纳推理过程的典型步骤是，先注意到了某些相似性，然后是一个推广的步骤，即把所说的相似性推广为一个明确表述的一般命题，最后我们又应对所得出的一般命题进行检验。这就告诉我们学生凭借已有的学习经验与现有的观察材料，归纳得出的结论可能是真也可能是假，因而需要进一步引导学生探究结论成因。用事实感受到成因中的道理，将促进形成激情猜想，进而促进归纳，这是培养学生归纳推理能力的必要保障。

继续以上题探索"9 加几算式中的规律"为例，我在教学中进一步引导学生探索规律成因，从而促使学生沟通"9 加几"计算过程的共通特质，进一步深化了学生归纳推理能力的培养。

师：为什么在 9 加几的算式中，得数的个位数非得一定比第二个加数少 1 呢？到底这个 1 去哪儿了呢？你能用自己的方法来说明原因吗？

生 1：比如例题 9＋4＝13，就是把 4 分成 1 和 3，9 和 1 凑成 10，10 只能加剩下的 3 得 13 了。

生 2：试一试中，9＋7＝16 也是这样，把 9 凑成 10 后，10 只能加剩下的 6 得 16 了。

教师随着学生的回答，板书出相应的凑十法计算过程，如图 3.1.10 所示。

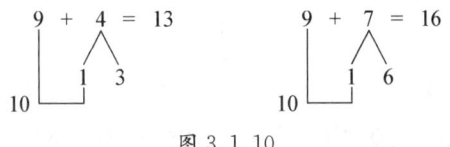

图 3.1.10

师：你能再挑一个 9 加几的算式来写出它用凑十法计算的过程吗？你能从中探究一下为什么得数的个位数一定比第二个加数少 1 的原因吗？

学生活动，交流汇报。

生：因为都是 9 加上一个数，9 需要 1 才能凑成 10，所以得数的个位数肯定比第二个加数少 1。

师：运用这样的规律，你能很快算出 9 加几算式的得数吗？9＋5 ＝？

生：5－1 ＝4，得数是 14。

师：8＋9 ＝？

生：8－1 ＝7，得数是 17。

这个规律是属于偶然还是必然的呢？这就有必要进行成因分析。通过教师提问："为什么在 9 加几的算式中，得数的个位数非得一定比第二个加数少 1 呢？到底这个 1 去哪儿了呢？你能用自己的方法来说明原因吗？"对于大部分学生来说，仅仅从算式上观察是不容易发现其中奥秘的。因此，我引导学生从已学过的例题、

习题等把抽象的算式直观化,借实物图展示凑十法的计算过程,并引导学生对凑十法的过程进行分析比较,使学生豁然开朗:原来那个"1"跑去跟 9 凑成 10 了。在真正理解规律的基础上,引导学生进一步运用规律解决问题,能有效地促使学生归纳推理能力的发展。

同样,在小学数学中,如四则混合运算时为什么要先算括号里面的,为什么要先乘除后加减等法则也应该让学生创设相应的生活情境探究并理解成因。在这样的探究过程中,能进一步促使学生深刻理解法则规律,促使学生构建知识体系,是培养学生归纳推理能力发展的有效保障。

如分析四则混合运算 $(3+2)\times 4$ 与 $3+2\times 4$ 的运算顺序,可创设以下情境:

1.桌子上每排有 3 个红苹果,2 个青苹果,摆了这样的 4 排。桌子上一共有多少个苹果?

2.桌子先摆了 3 个红苹果,又摆了 4 排青苹果,每排 2 个。桌子上一共有多少个苹果?

学生通过分析数量关系很容易得出以下如图 3.1.11 所示的结论。

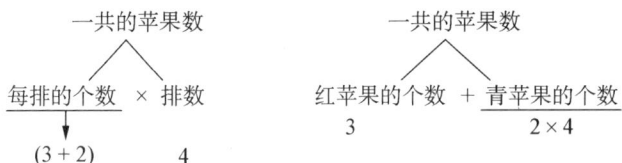

图 3.1.11

透过数量关系的分析,就很容易分析归纳出为什么要先括号、先乘除后加减的规则了。当然,也只有真正理解了、掌握了,才能更出色地解决实际问题。

要想培养学生的归纳推理能力,教师自身必须懂推理,能推理,会推理。教师要善于分析归纳推理在小学数学中主要应用点,积极进行归纳推理的教学实践研究。在日常教学中,有意识地引导学生经历归纳推理的一般过程,积累数学活动经验,培养学生发散思维与直觉思维,激发学生合理想象,归纳结论或猜想结论,并引导学生验证结论,运用正确结论来解决生活实际问题,将更有效提高学生归纳推理能力。教师只有站在了具有普遍意义的思想和方法高度上,钻研教材,寻找数学的四大板块中的可利用素材,将观察、分析、归纳、类比、猜测、实验等数学方法掌握自如,才能激发自己有意识地发现隐含于教学内容背后的数学归纳推理,从而适时将其融入到自己的教学实践中,这才能更有效地促进学生归纳推理能力的发展。

江苏省江阴市桐岐中心小学　刘红芳

第二节 类比推理

浅谈植树问题与类比推理教学

通过与"鲲鹏小数"群里的老师们共读《小学数学与数学思想方法》一书,我对数学思想的认识由原来的"雾里看花",达到了"破雾看到了花的美丽",看到了数学思想的独特魅力。在数学思想指导下,每引导学生解决一个数学问题,我都有意识地去想一想:这里面蕴含着什么数学思想? 我感觉到,在一个问题中很多数学思想都水乳交融地存在着。

类比推理是合情推理中的一种思想方法。类比是在比较基础上进行的推理,是从特殊到特殊的推理方法,即依据两类事物的相似性,用一类事物的性质去推测另一类事物也具有该性质,这是发现数学新问题和获得新知识的重要方法。下面我就冀教版小学数学四年级下册第九单元探索乐园中安排的"植树问题",谈一谈教学中运用类比思想启迪学生解答此类问题的方法。我分"建立基本模型"和"类比"两个层面谈该问题。

一、 归纳直线上植树棵数与间隔数关系的数学模型

【植树问题】学校计划在 40 米长的教学楼前种一排玉兰树,每隔 5 米种一棵,需要多少棵树苗?

1. 首先引导学生亲自模仿在直线上植树活动,对这一问题进行分类探究,总结出植树分为三种情况:只种一头、两头都种和两头都不种。

2. 采用扶放结合的方法引导学生借助直观图算出一共需要多少棵树苗,并探究植树棵数与间隔数之间的关系,归纳出下表 3.2.1。

表 3.2.1

	间隔距离	间隔数	植树棵数	我的发现
只种一头	5 米	8 个	8 棵	植树棵数 = 间隔数
两头都种	5 米	8 个	9 棵	植树棵数 = 间隔数 + 1
两头都不种	5 米	8 个	7 棵	植树棵数 = 间隔数 - 1

该表是学生自己得出的,其模型编入知识网络中,为以下类比推理解答相关问题提供了认知条件。

二、 与直线上植树问题模型类比,解决类似问题

与直线上植树问题类似的一些问题,可用数学思想方法中的转化、类比和模型等方法分析解答(此时的模型法成为类比的一个形式)。教学中发现,此类问题以类比思考为重点突破口,往往收到显著效果。

【锯木头问题】把一根木料锯成 4 段用时 12 分钟,以同样的速度锯另一根木料用了 24 分钟,另一根木料被锯成了几段?

可提醒学生回忆在直线上植树问题,从而发现该问题相当于植树问题中的两头都不种的情况。其中的段数相当于间隔数,锯木头的次数相当于植树的棵数,12分钟锯了 3 次,锯一次用了 $12 \div 3 = 4$(分钟),24 分钟锯了 $24 \div 4 = 6$(次),也即 7 段。这样与植树问题类比之后,再解决就容易多了。

【上楼走台阶问题】图图和同学壮壮住在同一幢楼,每层楼之间的楼梯数相同。图图家住在 4 楼,每天回家要走 48 级台阶。如果壮壮家住在 5 楼,他每天回家要走多少级台阶?

学生很容易初步感受这属于立起来的直线上植树问题中的两头都种的情况。教师此时类比法启迪:楼层数相当于植树棵数,每两层之间的楼梯数相当于间隔数。学生会知道图图家住 4 楼相当于间隔数为 3,根据 48 级台阶先算出每两层之间有多少个台阶,然后再根据壮壮回家所走楼梯的间隔数是 4,从而算出 $48 \div 3 \times 4$ $= 64$(级),解答出该问题。

【敲钟问题】大挂钟到 3 点时就立即开始敲 3 下,6 秒钟恰好敲完;10 点时要敲 10 下,那么多长时间敲完?

该问题可启迪学生:这类似直线上植树问题中的两头都种的情况,总时间长度好比植树问题中的总距离,而钟点数好比是植树问题中的棵数。学生自然会在类比思考中解答出本题。

【环形植树问题】王大爷计划在长 64 米、宽 40 米的长方形鱼塘四周栽上柳树。四个角都栽,其他地方每 8 米栽一棵。算一算需要多少棵树苗?

学生将该问题与直线上植树问题比较,感到有相似处,但这不是在直线上植树,而是在封闭的图形上植树。教师可引导学生回忆在直线上植树问题,学生则类比"直线上植树问题的解决方法"去思考该题。但学生发现有间隔、有树,但没端点,出现困惑。此时教师可结合转化思想,启迪学生选一个点把封闭图形拉直(如从长方形任意一个长宽相交的点断开),会发现该问题可归结为直线上植树问题中的只种一头的情况,问题解法则一目了然。

以上是我在《小学数学与数学思想方法》书中的足球比赛得分问题与鸡兔同笼问题进行类比的案例的启发下,结合植树问题教学实践,获得的经验的一个总结。事实上有了类比思想,我们会发现很多内容、很多问题都是相通的。数学思想方法是数学的灵魂,掌握了这些魂,教和学才会起到事半功倍的效果。

河北省沧州市高新区李庄子小学　李　静

类比推理在小学数学教学中的有效实施

我在数学教学中发现,学生有时会对某个知识点有"似曾相识"的感觉,如果我们能抓住学生的这种感觉,适时启迪学生进行比较和联想,往往能在相似思考中获得所需的方法或结果,从而轻松地解决问题。这里其实是在运用类比推理。

在具体教学中如何由旧知识迁移类比到新知识? 如何通过恰当的问题沟通新旧知识间的联系? 如何引导学生实现类比推理,感悟推理思想呢? 带着这些困惑,笔者翻阅了近几年的听课笔记,结合读书及平时的教学实践,从中窥探一些现象与问题,引发以下思考。

一、 怎样引导学生运用类比推理进行思考?

数学教育家波利亚说:"类比就是一种相似。"应用类比的思想方法,关键在于发现两类事物间相似的性质,因此观察、比较、联想是类比的基础。我们在运用类比法进行教学时,要从具体的问题情境出发,提供先行组织材料,引导学生寻找相似的类比问题,通过观察、比较、联想,沟通新旧知识间的联系,从而引起学生进行类比思考并大胆猜想,再通过举例验证,最后得出结论。在经历类比的过程中,感悟运用类比推理的价值。

1. 引导回顾旧知,搜索类比对象

在涉及运用类比推理教学时,我们首先要根据学生所学新知或所要解决问题

的具体特点和规律,寻找与它在特征或思考方法上相类似的对象。这样的对象须是学生已经学会的旧知识或经验。如在教学小数、分数的运算顺序及运算律时,我们可以将整数运算顺序、运算律作为类比对象;在教学正方形的周长或面积计算时,将刚学过的长方形的周长或面积计算作为类比对象。而在教学圆柱的体积公式推导时,在实验操作方法上可与圆的面积公式推导的操作方法进行类比,同时该问题还与长方体和正方体的体积计算有一些相似点,这些是启迪学生感悟圆柱体积计算的基础,特别是长方体和正方体的体积计算公式"底面积×高",对探索圆柱的体积计算起着重要作用,这样就找到了学习圆柱体积计算的合适类比对象。

寻找类比对象,可以通过创设一定的问题情境,在教师的启发下进行。随着学生学习经验的积累,以及他们对运用类比法解决问题价值的体会,学生会逐渐学会自觉寻找合适的类比对象。

教学中,可以通过提出以下问题引导学生寻找类比对象:

(1) 目前遇到的这个问题你见过吗? 你觉得解决这个问题需要用到我们以前学过的哪些知识?

(2) 你觉得这个问题与以前学过的哪些问题相似? 你觉得解决这个问题所用的方法与以前解决哪个问题所用的方法相似?

2. 观察比较,沟通联系

我们经常听到孩子说,这个问题与我们以前学过的某个问题很像,其实孩子正在进行类比联想。有了这样油然而生的联想,学生能比较深入地沟通新旧知识间的联系,在观察、比较中区分问题属性的异同,并找出它们类似的特征,从而使学生加深对新知识的理解。

平面图形和立体图形有很多的相似点。平面图形的边和立体图形的面可以进行类比,平面图形的面积和立体图形的体积也可进行类比。比如,在教学体积单位时,我们可以这样引导:为了便于比较不同物体表面或图形的大小,我们统一了面积单位。同样,为了比较不同物体或立体图形的大小,我们应该怎么办呢? 让学生在类比思考下明白同样需要对体积单位进行统一,这种共同的需要便是它们的联系点。再如,1平方厘米与1立方厘米,它们都是以长度单位1厘米为基础,这样就可以将面积单位和体积单位联系起来,进一步找到它们的联系点。在教学长方体的体积计算公式推导时,可以与长方形的面积计算公式进行类比。另外,在同一类图形中,也有很多相似点。如我们在教学正方体的认识时,就可以直接引导学生沟通正方体与长方体之间的联系,正方体是特殊的长方体,长方体在面、棱及顶点的数量及特征方面,正方体都同样具备,同时正方体还有一些自己独特的地方。通过这些联系点,就能很好地将两个问题联系起来,在观察、比较的基础上逐步弄清问题的实质。

教学时,我们一般可以提出以下问题:

你觉得要解决的问题与已解决的原问题在哪些方面相似? 它们的共同点是

什么?

3. 类比推理,形成猜想

有了以上对类比问题的确定及对两个问题间相似点的把握,我们便可引导学生在联想的基础上进行大胆猜想,实现知识的迁移,初步得出结论,这是类比推理过程中极为重要的一步。类比联想是引发类比推理的动力,尽管此时得出的结论不一定正确,但学生在这个过程中进一步沟通了新旧知识间的联系,促进了学生推理能力的发展和思维品质的提升。此时我们应鼓励学生大胆地将猜想的结果在组内或全班表达出来,不能因为有些学生的猜想结果与正确结论不一致而否定学生的思维方法。其实,在这个过程中,学生真正开动脑筋积极思考,在类比思考中提出猜想,这恰好反映了他们对解决问题所做的努力。因此,我们仍应对学生通过类比提出猜想而给予鼓励。

比如,在教学分数的基本性质时,可以直接引导学生回顾分数与除法的关系及除法中商不变的性质,让学生根据商不变的性质,直接类比猜想出分数的基本性质。由于分数的基本性质与商不变的性质在本质上是一致的,因此没有必要再花大量时间重新去探索其性质。

在进行这一步教学时,我们一般可以这样提问:

通过类比,你觉得今天所学的新问题有哪些特点(或性质)? 你觉得可以用怎样的方法来解决这个问题? 请你们大胆地猜想一下。

4. 举例验证,明确结论

我们在引导学生运用类比法猜想出结论后,无论是推理得到的结果还是推理的过程,都不一定正确。因此,在学生大胆猜想后我们要引导学生通过举例进行验证,从而进一步说明结论的正确与否,让学生明确通过类比推理所得出的结论是需要证明的,培养学生的质疑意识,进而让学生领会科学探究的精神实质。

如在教学小数、分数的运算顺序、运算律时,我们先直接引导学生猜想:整数运算顺序、运算律在小数、分数运算中能否直接应用? 不同意的同学,请举出反例;同意的同学,请验证。学生在这样的过程中逐渐明白整数运算顺序、运算律在小数、分数运算中也同样适用,从而验证了结论的正确性。

通过举例验证,还为学生创造了回顾与反思的机会,让他们重新审视学习过程。如果通过验证发现结论是错误的,恰好引导学生将所给问题引向新的思考,进一步修正猜想。这些过程都是学习中难能可贵的体验。

进行这一步教学时,一般可以通过提出如下问题引导学生思考:

(1) 为了验证我们的猜想是否正确,同学们能找出相反的例子吗? 如果找不到反例,请大家再验证一下。

(2) 我们刚才是如何解决这个问题的? 你是通过和什么进行类比的?

(3) 在刚才解决问题的过程中,你觉得我们要注意什么?

二、 怎样看待类比推理中的或然现象？

类比推理是一种合情推理,采用类比推理出的结论可能不一定正确。在小学数学教学中,有以下几个例子值得注意。

如平行四边形面积计算公式推导的教学,该部分教学是在学生掌握了长方形、正方形面积计算的基础上进行的。长方形的面积＝长×宽,因此学生在学习平行四边形面积计算时经常将此类比过来,认为平行四边形的面积等于底与其邻边相乘的积。在课堂上出现这种现象时,大多数老师往往是简单地对学生的猜想进行否定,甚至批评学生不应该这样猜想。我认为,猜想本来就是无所谓对错的,要允许学生在猜想的过程中出现与正确结论不一致的情况,我们要看到学生在这个过程中思维活动的闪光点,这正是让学生正确、全面认识类比推理的一个好机会。

教学中出现这样的现象时,我们可以尝试如下引导:同学们刚才猜想平行四边形的面积等于底与邻边相乘,大家能大胆地与长方形的面积计算公式进行类比,可是,这样猜想出的结论一定正确吗? 你能运用我们所学的知识进行验证吗? 这时有些同学会想起用数方格的方法进行验证,也可能会有同学用能活动的平行四边形学具通过改变平行四边形的高发现在变化的过程中其面积也在随着变化,从而发现刚才猜想的结论不正确。到这里,我们可以进一步引导,出示两个不规则的图形(如图 3.2.1 所示)。

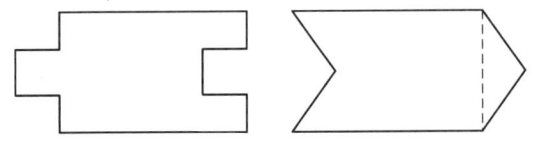

图 3.2.1

让学生思考如何通过测量求出这两个图形的面积,这时学生容易想到运用割补法将两个图形分别转化为长方形来计算面积。有了这样的铺垫,接着再引导学生思考:大家觉得平行四边形的面积计算能否运用类似的方法呢? 从而再次将学生引导到转化方法的类比上。学生就会容易想到通过割补转化的方法,进一步将平行四边形转化为长方形,并引导学生猜想是否所有的平行四边形都能运用割补法转化为长方形来计算其面积。最后引导学生通过动手操作进行验证,得到平行四边形的面积＝底×高,从而实现思考方法的正迁移。在这个过程中,学生逐渐明白为什么不能用底与邻边相乘来计算平行四边形的面积,并感受到运用类比推理要选择好类比对象,对运用类比法解决问题的一般过程有了比较清楚的认识。

又如"3 的倍数的特征"这部分内容教学,是在刚刚进行 2、5 的倍数的特征教学的基础上进行的。2、5 的倍数的特征都是通过看个位上数的特征得到的。因此,学生会很自然地通过类比进行猜想:3 的倍数的特征可通过看个位上的数是否为 3 的倍数得到。这里我们也要让孩子经过举例验证说明这个结论是不成立的,并进一步引导学生通过观察、归纳探索出 3 的倍数的特征。

再如,学生在学习乘法分配律后,当他们遇到 $a \div (b+c)$ 形式的问题时,往往也是通过类比采用 $a \div (b+c) = a \div b + a \div c$ 来解题。这里,我们要让学生通过举例说明这样计算是错误的。六年级学生还会经常练习这样的问题:100 增加 10% 再减少 10%,其结果与 100 比较有怎样的变化?学生往往会与 100 增加 10 再减少 10 结果不变进行比较,从而得到错误结论。

通过以上分析,我们发现,运用类比推理得到的结论是或然的,必须等待我们通过进一步举例或证明来进行验证。因此,我们有必要从整体上把握各年级教材的编排体系,熟悉教学内容的前后联系,清楚哪些内容可以引导学生运用类比推理进行进一步学习,正确看待类比推理中的或然现象,不能因为类比中存在或然现象而否定类比推理的思维培养价值。

类比推理是学生进行数学学习的一种良好的思维方式。引导学生进行类比推理时,重在沟通新旧知识间的联系,引导学生进行大胆猜想,在活动过程中提升学生的思维能力。类比推理是一种重要的数学思想,它能激发灵感,激起学生的学习兴趣,让学生体验到发现与创新的快乐。

江苏省沭阳县第二实验小学　杜建军

对类比推理的几点思考

类比推理是从特殊到特殊的推理方法,是依据两类事物的相似性,用一类事物的性质去推测另一类事物也具有该性质的推理方法,常被说成是类比法。读《小学数学与数学思想方法》第三章"与推理有关的数学思想"的第二节"类比推理"后,我对类比推理的内涵及其教学意义有了更进一步的认识。以下结合教学中的几点做法浅谈自己的思考。

一、类比与比较

比较是认识两类事物异同点的一种方法,而类比是在比较的基础上进行推理,得到一个新的结论的过程。对于有关类比思考解答的问题,常有教师在教学中,在学生运用比较区分出知识的异同点后,急于启发学生马上得出结论。此时学生因缺少类比推理的过程,更多只是关注知识层面,无法深入到方法和思想层面,而不能真正提高数学素养。下面以"探求 3 的倍数的特征"为例分两个案例来看两位老师的做法。

(一) 一位老师的做法

师:"上节课我们学了 2、5 的倍数的特征,主要是用一个数的个位来进行判断这个数是不是 2 或 5 的倍数。这节课我们来研究 3 的倍数的特征。首先我们来做个游戏。同学们任意报一个数,老师能很快猜它是否为 3 的倍数。"

接下来学生开始报数,老师猜数,按是否为 3 的倍数来分类板书这些数。学生兴趣盎然,纷纷猜测老师的方法。

然后老师问:"这其中有什么规律吗? 你们试着把这些数各个数位上的数字加起来,观察、分析一下看有什么发现?"

接着学生进行小组合作学习。他们计算、交流、讨论、汇总、代表发言,比较分析两类数各个数位数字和的特点,得出 3 的倍数的特征。

(二) 另一位老师的做法

1. 猜想

(1) 让学生回忆过去是怎样探讨 2、5 的倍数的特征的。(学生说是先从 2、5 的倍数开始研究的。)

(2) 让学生书写 3 的一些倍数,集体仔细观察、分析、比较,类比"探讨 2、5 的倍数的特征"的过程,大胆猜测什么样的数是 3 的倍数。(学生说法很多,教师将比较集中的猜想写到黑板上并编上号码,其中看个位是 3、6、9 的数是 3 的倍数为多数。个别几个同学提到了看各个数位上的数字和。)

2. 分组验证

(1) 将相同猜想的同学组成一组,都不赞成的自成一组。组内一起检验猜想是否正确,也可以验证认为正确的其他猜想,注意要有理有据。

(2) 小组汇报、分析类比。

小组间、师生间、生生间讨论,举例,类比推理得出结论。

3. 辨析特征的合理性

老师抛出一个问题:想想为什么判断一个数是不是 3 的倍数,只要看这个数的各个数位上的数字和是不是 3 的倍数就可以了? 以一个数为例,借助工具或其他方法来解释。学生根据 3 的倍数的特点,结合数的组合来解释这种规律存在的合理性。

4. 巩固运用

5. 反思收获

学生不仅有知识上的收获,有的学生还说出了研究数学问题可以通过先猜想,再验证,最后得出结论的过程。

老师总结:"同学们,让我们一起回顾这节课我们是怎样进行研究的。我们是先举例写出了一些 3 的倍数,然后仔细观察,大胆猜想,分析类比,反例验证,得出结论,最后我们还进行了合理的解释。这是我们研究数学问题常用的方法。"

两个案例中都有比较。案例(一)是在各数位数字和是不是 3 的倍数上进行比较,从而得出规律,比较是为特征的获得服务的。案例(二)是在学生类比猜想、验证中得出结论,其中也有比较,但这种比较是各种猜想间的类比,类比出了本质特征,并深化了对结论的正确性的验证,这是类比推理的具体体现。案例(二)中,学生学到的不仅仅是数学知识,还习得了类比法,感悟了类比思想。

在教学中,教师既要重视类比推理方法的应用,又要防止学生乱用类比造成错误。对类比推理得到的结论,教师要提醒学生养成检验的习惯,学会用实例进行检查,以提高类比推理的能力。

二、 类比与迁移

《小学数学与数学思想方法》这本书中写道:"如果把新知识和新问题与已有的相似的知识进行类比,进而找到解决问题的方法,这样就是知识和方法的正迁移。"在我们日常教学中迁移教学每天都在进行,我们常用迁移法给孩子们学习新知搭桥、降难度,而很少从类比思想的角度去考虑。事实上,很多迁移过程是类比过程,很多知识迁移是在类比思考中产生的。

下面再看一个案例:镜子中的数学。

教师先讲《猴子捞月》的寓言故事,引入新课。

猴子在路边散步,看到天空高挂一轮圆月,走到井边,发现井里也有一轮圆月。猴子以为天上的月亮掉到了井里,大声叫喊着:"月亮掉到井里了。"众猴子一起捞月亮,可怎么也捞不出"月亮"。

师:"这是什么原因? 在生活中,你们有没有发现过类似的现象?"

学生回答,见过这类现象,并举出一些类似例子。

师:"这些现象就是镜面反射现象。"

板书课题:镜子中的数学。

利用学生已有的生活经验来展开教学,这是我们常见的迁移形式。如果从渗透类比思想角度去考虑,在揭示课题前可以加上"说说你见过的镜子里外的现象有什么相同点和不同点",学生会自觉类比,发现镜面现象的一些特征,初步感受到镜面现象与对称有一定的联系。再通过实际操作,全体学生会经历探索镜面对称现象的特征的过程,从而在分析对称及类比思考中发展学生空间知觉和空间观念。

新版小学数学教材,在内容编排上也强化了类比迁移,类比思想体现得很充分。如果将类比与迁移有效结合起来教学,能起到事半功倍的效果。该法可以用在数学概念、法则教学上,可以用在算法和解决实际问题中,也可以用在让学生获得"再发现"的体验过程中。教师注意将同类的内容或相关的内容进行归类安排教学,会使学生对所学知识的本质属性更清楚。有计划、有步骤进行多样化的练习,加强类比思想方法的指导,将会更有效地提高学生数学学习能力。

三、 类比与联想

康德(I. Kant，1724—1804)说:"每当智力缺乏可靠论证思路时,相似思考往往能指引我们前进。"相似思考中,蕴含类比联想。数学中的联想是由一种数学内容想起相关的内容,而类比联想是由当前的内容联想类似的内容。我们常听孩子们说:"这种问题我们以前见过,这个问题和那个题有点像",其实孩子们此时正在进行联想。联想到其他类似的、较简单的问题,通过比较简单的问题的解法,而找出解决较难问题的解法,则是问题间的联想。

有时候学生靠直觉来解决问题,油然而生类比联想,发现新问题,获取新知识。但我们数学教学中往往缺少这种类比联想的引导,学生的类比联想常常处于潜意识状态。在我们的课堂上能不能多些如下这样的提醒。

(1) 想一想以往学过或解决过相似的问题吗?

(2) 能不能回忆一下类似结论,假设出一个看似有道理的结果,试着验证一下,也许对你有启发。

(3) 你还能不能再举出一个类似例子,也能用这种方法来解答?

(4) 从已知条件出发,你能联想出多少东西? 你能将这些内容进行类比吗?

类比不仅使数学学习变得自然和简洁,它更能激发学生的创造力。正如数学教育家波利亚所说:"我们应该讨论一般化、特殊化和类比的这些过程本身,它们是获得发现的伟大源泉"。在教学中有效地引领学生运用类比去发现、去创造,会使学生的数学学习充满创新与活力。

辽宁省鞍山市岫岩县岫光小学　史翠萍

数学中之类比

《标准(2011 版)》在总体目标中明确提出:"通过义务教育阶段的数学学习,学生能获得适应社会生活和进一步发展所必须的数学的基础知识、基本技能、基本思想、基本活动经验。"课程基本理念中强调:"课程内容不仅包括数学的结果,也包括数学结果的形成过程和数学思想方法。"这一总体目标贯穿于义务教育各个阶段,充分说明了数学思想方法的重要性。数学思想方法是数学的灵魂,在小学阶段,数学思想方法是数学课程的重要目的之一,是发展学生智力的关键所在,是培养学生数学创新意识的基础,也是一个人数学素养的重要组成部分。在以往的教学中,我更多的是关注解题的技能与技巧的层面。关于思想方法也相机渗透,但随意性较强,总觉得随教学内容自然渗透就行了,忽视知识背后的原理及蕴含的数学思想方法,这很难让学生体验到数学的本质,很难领会到数学的魅力。

通过读《小学数学与数学思想方法》,我获得了新的启迪,我着重开始反思小学数学教学中蕴含着哪些数学思想方法。特别读了书中关于类比思想的阐述后,使我有了新的收获,我开始注重审视数学教学和生活中蕴含的类比思想。前两天我看到一道公务员考试题目:

> 根据例子做出选择。
> 例   时钟:手表
> A. 电脑:鼠标   B. 火车:飞机   C. 电视机:遥控器   D. 录音机:收音

在解决这道题的时候我不知不觉用到了类比思想。回想书中已经清楚阐述的类比思想的内涵,感到类比是提出新问题和获得新发现的一条重要途径。类比作为一般的合情推理方法,在很多领域都有广泛的应用。

一、 类比思想的作用

北宋哲学家程颐(1033—1107)、程颢(1032—1085)兄弟明确地把类比作为一种重要的推理方法,他们认为"格物穷理,非是要穷尽天下之物,但于一事上穷尽,其他可以类推。"英国哲学家培根(F. Bacon,1561—1626)曾说,类比支配发明。科学上的发现与发明都离不开类比,如牛顿(I. Newton,1642—1727)把苹果与行星进行类比,发现了万有引力;鲁班(前507—前444)把树叶与木工的工具相类比,发明了锯子。此外,仿生学中运用类比思想的例子比比皆是,模仿昆虫翅膀发明了振动陀螺仪(用于飞机),模仿蜜蜂眼睛发明了偏光天文罗盘(用于航海)等,这些都给生活带来很多便利。同样,数学发展史上充满了类比的智慧,通过类比,人们把整数的加法法则、运算律推广到小数,把物体面积的概念类推到平面图形的面积,如长方形、正方形、三角形和曲边封闭图形等等,类比的成功激励着人们去发现。

应用类比的思想方法,关键在于发现两类事物相似的性质,因此观察、比较与联想是类比的基础。我认为类比推理的一般步骤是:观察、比较→联想、类推→猜想新结论。比如概念类比,通过异同的比较能使学生加深对概念内涵的理解。如教学"比的认识"一课,在除法的旧知识结构上寻找比的知识生长点,再通过与分数、除法之间的对比,从而在比、除法和分数之间建立起牢固的联系。又如,到了一个学期期末的阶段,在进行知识复习时,需要把学过的知识加以梳理,沟通知识之间的联系,帮助学生形成知识体系。此时我们就可以引导学生进行知识结构类比,把一些有内在联系的相似知识串联起来建构统一的知识网络,从而促进知识迁移和升华。如我们在进行复习时往往采用网络图、表格、知识树等多种形式引导学生将知识进行类比、归类,梳理成体系,使知识间的关系一目了然。

二、 类比思想在教学中的渗透

怎样在教学中渗透类比思想呢？寒假里，我在阅读北师大版小学数学三年级下册第一单元"除法"时就有了自己的思考。教材中，编排在"三位数除以一位数的除法"之前的知识是二年级上册的"表内乘除法"；二年级下册的"两位数除以一位数商是一位数的除法"；三年级上册的"整千、整百、整十数除以一位数的除法"、"两位数除以一位数商是两位数的除法"。它们是在四年级上册学习"三位数除以两位数的除法"的基础。如何温故知新，运用类比思想促进学生主动思考呢？读了王教授的书，我体会到首先要熟谙教材体系，用联系的观点审视教材，才能帮助学生搭建思维的桥梁。

1. 教师研读教材是前提

看到这一单元的内容我首先问自己："分桃子"、"分橘子"与三年级上册学习的"两位数除以一位数的除法"内容有什么区别？从而明确区别的关键点是三年级上册用口算得出结果，三年级下册"分橘子"、"分桃子"主要用竖式计算得出结果。

2. 让学生充分体验是关键

在进行"分桃子"一课的教学中，我引导学生借助小棒、点子图等多种载体，让学生多维度感悟用竖式计算两位数除以一位数的算理，我还根据学生的差异对学生给予了温馨提示：

（1）根据上学期学习的一位数除以一位数的方法，尝试用除法竖式记录刚才分的过程与结果。

（2）如果有困难可以问老师或看书上第 2 页的算式，想一想竖式计算过程中每一步的意义，先自己说说，同桌再交流。

3. 沟通联系是桥梁

在学生分一分、圈一圈、写一写等数学活动体验后，我提出挑战性思考题：
比一比除法竖式与口算方法有什么联系？

学生结合刚才的操作活动和已有知识经验进行类比思考，从而体会两种形式实质上分的方法基本是相同的。借助类比不仅能解决该问题，也能帮助学生深入理解两位数除以一位数竖式计算的道理，从而促进知识的同化，同时也利于培养学生思维的深刻性。

4. 适当拓展促提高

本节课为了鼓励有能力的学生活用类比思想，不同的学生在数学上得到不同的发展，我还设计了拓展题目：

（1）$36 \div 2 = ($　　$) \div 3 = ($　　$) \div 4 = ($　　$) \div 5 = ($　　$) \div ($　　$)$。
你还能想到哪些式子？你发现了什么？

（2）小华用 96 颗棋子摆不同形状的图形，可以摆成哪些不同的图形？分别可以摆多少个？

其中第(1)小题是挑战中级题,既让学生寻找规律,类推出其他除法算式,又渗透了正比例函数思想。第(2)小题是挑战高级题,题目答案不唯一,更具有开放性。

上题研究余味未尽,使我回顾起以往的教学实践,我常常通过类比思考将原题拓展。如下面练习题:

用31.4米篱笆围成一块圆形菜地,面积是多少?

该题自然有利于学生巩固知识,但从开放性功能着眼,学生解题时思路比较单一。读了书中的例子,受类比思想启迪,我在设计这道题的时候,稍作改动为:

用31.4米篱笆围成一块菜地,你能围成多少不同的图形? 各个形状的菜地的面积是多少,面积最大是多少?

学生想到的形状可能是圆、半圆、靠墙、靠墙角等多种情况,增加了思维的挑战性与开放性,从而满足不同学生的学习需要。

总之,运用类比让学生去发现、去创造,也让我体会教学充满创新与活力。在小学数学教学中,引导学生掌握类比的思想方法,有助于培养学生思维的深刻性、灵活性、独创性和敏捷性,我会不断探索、实践、反思与改进。

第三节　演 绎 推 理

培养学生演绎推理思想,促进形成正确演绎推理

《小学数学与数学思想方法》一书中用关键的语言阐述了演绎推理和演绎推理思想方法。我们知道,演绎推理是三大推理(演绎、归纳和类比)之一,它是从一般到特殊的推理,含两个前提,一个前提代表一般性原理,一个前提代表目前讨论的事实和一般原理的关系,然后根据前提推出结论。演绎推理,作为一种思想,是因为它是数学学习与研究中常见的思考途径,是认识和证明数学本质规律的过程,是数学逻辑性和严谨性的体现;作为一种方法,是因为它给出了数学推理的一种程序和格式。

小学数学阶段虽然不需要进行严格的演绎推理训练,但小学数学知识学习和演绎推理密不可分。《小学数学与数学思想方法》第51页中指出:“演绎推理思想作为数学的一种重要的证明方法,在小学数学中虽然没有类似于初中数学中证明等严密规范的演绎推理,但是在很多结论的推导过程中应用了演绎推理的省略形式。”可见,小学阶段是培养演绎推理及其思想的初始阶段。本人在这里想谈谈小学数学教学中,如何培养学生正确感悟演绎推理,形成演绎推理思想。

一、培养学生形成演绎推理思想

推理可分为合情推理和逻辑推理。合情推理又称似真推理,是不遵循严格的逻辑规则的推理,如借助直观、类比和不完全归纳等均属于合情推理。逻辑推理则是依据严格的逻辑规则的推理,如演绎、完全归纳等都属于逻辑推理。小学生数学学习中,由于小学数学知识的局限性,学生有时以合情推理形式发现一些结论(有些是错误结论)后,不经过验证也就都默认正确。该情况若处理不好,往往会弱化演绎推理,不利于学生演绎推理的发展。对此,笔者提出以下三点教学原则。

1. 出示直观与演绎恰当结合的问题

一些简单的数学模型或关系,学生往往可在直观中发现,这些固然可直接成为解题的"事实性"依据。

例 1　如图 3.3.1,正方形对角线长为 4 厘米,求正方形面积。

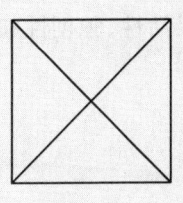

图 3.3.1

学生根据已经学过的正方形的特征和直观经验,会发现两条对角线相互垂直且相等,把这个发现作为演绎推理的依据,可把正方形分成两个全等的等腰直角三角形,每个三角形的高为 2,底为 4。再根据三角形的面积公式计算其面积,得到正方形的面积。这是一个把直观经验作为事实的演绎推理过程。

但有一些问题,所依据的"直观理由"与学生的经验距离太远,不宜作为演绎推理的依据,也不利于学生演绎推理能力的培养。

例 2　如图 3.3.2,AC 和 BC 长相等,AC 与 BC 垂直,AB 为 4 厘米,求阴影面积。

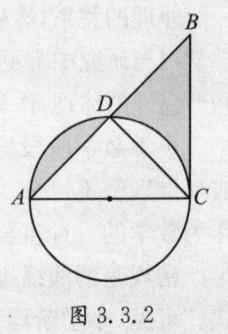

图 3.3.2

该问题解答涉及的一些知识超出小学数学范围,故一名教师是这样引导的:先让学生测量出 $AD = DB = 2$,而后直观或测量发现 CD 垂直 DB,$CD = DB = 2$,得到两个弓形面积相等,阴影面积转化为三角形面积,最后求出阴影面积为 $2 \times 2 \div 2 = 2$(平方厘米)。

上述解答中,"$AD = BD = DC$"、"AD 垂直 DB"等需要演绎推理得到的结论,在这里是靠直观或测量得到的。这些结论事实与学生经验距离太远,以直观或测量获得这些结论,其一,测量会有误差,在学生心目中,缺乏可信程度;其二,这一系列推理过程以直观和测量替代,会使学生感到推理是无所谓的,其结论可直观默认,这往往会形成一切以直观来解题,无视严格的逻辑推理的思想。调查表明,小学学生的该思想到中学会表现得更明显,一些小学学生初进入初中后,常常仅仅凭直观就下结论,在几何证明题解答时,常常忽视步步有据,略去不该略去的三段论推理过程等,不利于演绎推理思想的学习与发展。小学生几何学习固然突出直观几何和实验几何,意义其一是刻意训练学生观察力,其二是小学生数学知识有限,无法进行严格的演绎推理。但我们在教学中不能刻意弱化演绎推理,而过分依赖直观。该题的主要解题过程是演绎推理过程,而仅以直观和测量简单替代,学生解答该题的意义是不大的。可见,该题不太适合普通的小学学生,作为竞赛题还算可以。

2. 避免将一些教材没给出的固定结论让学生套用

教材中给出的命题(公式、法则等等)经历推导后,是可以在解题中直接运用的。但发现一些教师单纯从应试教育出发,为使学生考试获得高分而给学生增加一些教材中没给出的结论。如对例1,一些教师常常给出拓展性结论:对角线互相垂直的四边形面积是对角线乘积的一半,让学生见到此类问题就套这个公式。过多给出这样教材中没有的结论,倒是能利于快捷解答一大片此类问题,但此时却略去了演绎推理的过程,弱化了演绎推理能力的训练。事实上过多过细的题型结论的总结,是陷入题海的主要危险之一。当然,让学生用归纳推理归纳发现出该结论,从中训练学生归纳能力,而后得出结论并应用,则另当别论。总之在解题中,我们反对将一些学生应该经过的演绎推理过程以"直接套用结论"来替代。

3. 适时向学生解释合情推理的不可靠性和演绎推理的必要性

演绎推理有可靠性这个特有的性质。在小学学生数学学习中,常常不用演绎推理,而借助不完全归纳推理、类比推理、尝试和直观等方法来解题或得到新结论,而这样得到的结果有时是不可靠的。这个道理若不向学生说明,则学生会产生错误认识,在心目中弱化演绎推理这个特有的功能和意义。对此,对于学生以不完全归纳、类比和尝试法等得到的结果,若在小学知识范畴不适合用演绎推理证明或解释,则要适时向学生说明该结论的可靠性到中学会得出。适时出示一些以不完全归纳、类比等方法得到的错误结果的例子给学生看,使学生认识到演绎推理的可靠性和必要性,促进形成演绎思想。

二、 结合生活经验，培养学生正确感悟演绎推理

构成演绎推理的主要成分是相关的项和判断。判断是表达对事物肯定和否定的一种思维形式，表达判断的句子是命题，推理则是由已知判断推出新的判断的思维方法。从语言形式看，推理是由已知命题得出新的命题的思维形式。演绎推理的形式是以语言表达的，但人们生活中的语言，往往是在一定的情景中说出的，忽视严谨性和逻辑性，很多生活经验中的一些"推理"是不规范的，甚至存在错误。小学学生，常常将这些语言当成严格的逻辑语言来运用。如果在小学阶段忽视培养正确感悟演绎推理思想及其意义，往往会给今后的演绎推理发展及数学学习带来麻烦。我们教学中可强化正确的生活经验，纠正错误的经验，以此来培养学生正确感悟演绎推理。这里以直言三段论推理为例谈该问题。

> **例3** 所有的大于2的偶数都是合数，9是合数，所以9是大于2的偶数。

这是某学生的一个错误的三段论推理。我们先用逻辑来分析其错处。该错误违反三段论的第一格（三段论可划分为四个类别——四个格）。第一格的典型形式是：

$$所有的 M 都是 P，$$
$$S 是 M，$$
$$所以 S 是 P。$$

它含三个直言判断（大前提、小前提和结论），含三项（大项 P、小项 S、中项 M——两个前提共同含的项）。根据逻辑知识，在一个判断里，含主项和谓项，从项间的关系看，主项和谓项若其中的一项 A 的外延全部被另一项的外延包括（或排斥），则 A 是周延的，否则不是周延的。三段论的五个规则之一是：在前提里，中项应该至少周延一次。可是在例3中：

$$所有的大于2的偶数都是合数，$$
$$9 是合数，$$
$$所以 9 是大于2的偶数。$$

这个三段论推理里，中项"合数"一次也没周延，这就违反了三段论的规则。

当然，实际教学中，该规则小学学生是不好理解的，小学学生推理中可潜移默化蕴含三段论，但还不能掌握三段论的形式规则。我们要回到生活中来导引学生纠错。这里，从错误根源看，该学生错误可能受生活中一些错误推理影响导致，如生活中下面错误推理：

所有的优秀学生都是学习好的，李军学习好，所以李军是优秀学生。

其实"学习好的"不全是优秀学生,学习好但品行不好的学生是不能成为优秀学生的。将该观点迁移到上面数学问题中来:"合数"不全是"大于 2 的偶数",还含有奇数,以此不能确定 9 为偶数,9 虽然也是合数,但 9 是奇数。反复用正确的生活经验矫正错误的生活经验,这样的方法,可激发感悟错误的实质,有效矫正学生三段论推理的错误,促进形成正确的三段论推理。

三、 以数学思想方法引导学生进入演绎推理

想培养学生演绎推理,首先必须让学生思维进入演绎推理。但学生面对复杂演绎推理问题时,常常产生畏难心理,不能进入情境。数学思想方法是思维产生的一个重要窗口,以数学思想方法启迪,驱动推理思路产生,是引导学生进入演绎推理的一个重要策略。教师有必要从数学思想方法的程序出发,引导学生构造出演绎推理的思维程序来导引学生步入演绎推理,进而培养演绎推理思想。

> **例 4** 一人由 A 去 B,然后由 B 去 C。A 到 B 路程为 200 米,B 到 C 路程为 400 米,由 A 去 B 每分钟行 20 米,由 B 去 C 每分钟行 80 米。求这人由 A 到 C 的平均速度。

教学场景:

师:想求 A 到 C 的平均速度,可已知条件中没有,要知道相应的公式,求平均速度的公式是什么?(这是在用倒推法启迪思路)

生:A 到 C 的平均速度 = A 到 C 的路程÷A 到 C 的时间。(学生从宏观这个大前提考虑解答方法,进入演绎推理了)

师:该题已知信息中有具体数据代入这个公式吗?(这是用正推方法启迪)

生:A 到 C 的平均速度 = (200＋400)÷A 到 C 的时间。(回到原题将具体数据代入,这是演绎推理)

师:A 到 C 的平均速度 = (200＋400)÷A 到 C 的时间,这里"A 到 C 的时间"已知中没有,能类似用求平均速度的方法求吗?(这是在以倒推和类比思想启迪)

生:思考用 A 到 C 的时间 = A 到 C 的路程÷A 到 C 的速度求之(演绎推理),但回到已知发现这里速度不同。

在教师启迪下想到分解法:A 到 C 的平均速度 = (200＋400)÷(A 到 B 的时间＋B 到 C 的时间)。

师:A 到 B 的时间和 B 到 C 的时间已知条件中也没有,此时我们怎么办?

生在讨论中得到:A 到 C 的平均速度 = (200＋400)÷(A 到 B 的路程÷速度＋B 到 C 的路程÷速度)。

至此问题豁然开朗:A 到 C 的平均速度 = (200＋400)÷(200÷20＋400÷80)

＝40（米/分钟）。

教师此时可引导学生回顾该法经过的思考，对一类问题，总结出步入演绎推理的一个导引程序：

（1）用文字表达要求的量。

（2）正推回到原题，将量用数代入，若原题不能直接代入，则倒推回忆公式，用最邻近的与已知有关联的公式中转。

（3）反复上面，直到列出式子为止。

翻开小学数学教材，我们会看到，演绎推理事实分层蕴含在小学数学教学中各个环节。对于小学学生，虽然不能像中学生那样，要求严格遵循演绎推理格式进行演绎推理，但要培养学生正确感悟演绎推理，导引学生步入演绎推理，进而形成正确的演绎推理的经验和思想，为今后演绎推理的发展奠定良好的基础。

黑龙江省七台河市教育研究院退休教师　王喜清

"演绎"引领，水到渠成
——小学阶段演绎推理能力培养策略探析

英国哲学家培根曾经说过："读史使人明智，读诗使人灵秀，数学使人周密……"数学何以使人周密，这跟数学的思维特点密切相关。推理是数学的基本思维方式，它可以帮助人们有条理地思考，简捷地解决问题，因此人们在学习和生活中也经常使用。即使在当今信息化的社会中，计算机的众多功能还是依赖人的推理思维实现的，推理的作用和地位也就不言而喻。《标准（2011 版）》将"推理能力"作为"十大"核心词之一，并对"推理能力"做了一定的修改和定位，演绎推理是推理的重要方式，在"演绎"引领下，数学思路和结论往往水到渠成，这势必引起我们对演绎推理的思考和重视。

一、演绎推理定义解读

演绎推理是推理方法的一种，是从一般原理出发，推出特殊情况下结论的推理。《标准（2011 版）》如此定义演绎推理：演绎推理是从已有的事实（包括定义、公理、定理等）和确定的规则（包括运算的定义、法则、顺序等）出发，按照逻辑推理的法则证明和计算。稍微简洁化的定义为：演绎推理是从一般性的前提出发，通过推导即"演绎"，得出具体陈述或个别结论的过程。

二、 演绎推理意义追寻

(一)数学家和数学教育家眼中的演绎推理

著名数学家陈省身先生认为:数学是一门演绎的学问,从一组公设,经过逻辑的推理,获得结论。数学教育家波利亚曾说过:"一个认真想把数学作为他终身事业的学生必须学习论证的推理,这是他的专业也是他那门学科的特殊标志。"庞加莱(J. H. Poincare,1854—1912)等数学家认为:演绎推理始终应是数学推理能力的核心,是数学推理的根本特性。这些大家的真知灼见,道出了演绎推理的价值和地位。

(二)数学思考的能力目标

《标准(2011版)》在"数学思考"目标方面明确指出:在参与观察、实验、猜想、证明、综合实践等数学活动中,发展合情推理和演绎推理能力,清晰地表达自己的想法。同时《标准(2011版)》在课程性质中指出:数学课程能使学生掌握必备的基础知识和基本技能,培养学生的抽象思维和推理能力。可见,演绎推理需在小学阶段开始渗透和发展,培养学生的演绎推理能力是数学课程和教学的重要目标。

(三)演绎推理的教学意义

演绎推理,是从数和形的角度对事物进行判断、证明的过程,它是帮助学生理解数学抽象性的有效工具。在小学阶段,培养学生的演绎推理能力,有助于学生形成言必有据、一丝不苟的良好品质;有助于学生掌握科学的思维方法,促进已有知识、经验、技能的有效迁移,提高学生的学习效率;有助于提高学生提出和发现问题,分析和解决问题的能力,能促使学生积极思考,提高自主学习能力。

(四)研究表明其发展过程

国内外一些学者对演绎推理能力的发展做了相当多的研究,均认为演绎推理能力是随着年龄的发展而发展的,在小学阶段演绎推理能力就有所发展,并在小学高年级呈现加速的趋势。这些理论和实践研究都表明,小学阶段是培养学生演绎推理能力的好时期,必须抓住小学这个关键期来培养学生的演绎推理能力。

三、 演绎推理教学策略

演绎推理有多种不同的表现形式,比较常见的有"三段论"模式、选言推理、假言推理、关系推理。这几种形式小学阶段都有所涉及,下面结合具体教学案例,浅析培养学生演绎推理能力的策略。

(一)明确前提,渗透"三段论"推理

"三段论"是演绎推理的一般模式,它包括三个部分:

大前提——已知的一般原理,

小前提——所研究的特殊情况,

结论——据一般原理,对特殊情况作出的判断。

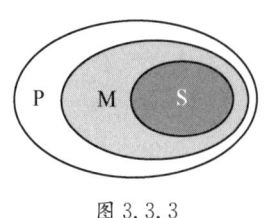

图 3.3.3

在小学阶段出现的"三段论"模式,一般可用如图 3.3.3 所示的 Venn 图来说明,即:

大前提:M 具有性质 P,

小前提:S 是 M 的一部分,

结　论:S 也具有性质 P。

如:所有的金属都能导电,铜是金属,所以铜能导电。有时候,大前提和小前提十分明显,就可以省略其中一个前提。如:一个图形是四边形,它的内角和是 360°。这里省略了大前提"四边形的内角和是 360°"。在小学阶段,为培养学生的演绎推理能力,应让学生找准大前提和小前提,不仅让学生知其然,更要知其所以然,以便有效渗透"三段论"模式。

1. 明概念前提,阐结论的合理性

小学生一开始对数学概念的理解,往往停留在概念的初始阶段,浮于表面。这时,教师需要设计有利于学生理解其本质内涵的"好题",让学生试着用"三段论"来阐述自己判断的合理性,以期达到深化概念的效果,而这时所用的大前提往往就是概念或定义。

如人教版小学数学六年级下册"认识负数"教学后,有这样一道填空题:

> 如果向东走 10 米记作(　　)米,那么向西走 14 米记作(　　)米。

环顾一周后,发现有两种填法,一种是向东走 10 米记作(+10)米,那么向西走 14 米记作(-14)米;另一种是向东走 10 米记作(-10)米,那么向西走 14 米记作(+14)米。请学生讨论判断这两种填法是否正确,并说明理由。学生们一开始议论纷纷,后来一致认同,理由是:负数表示的是相反意义的量,这里向东走和向西走就是一对意义相反的量,如果向东走用正数表示,那么向西走就用负数表示;如果向西走用正数表示,那么向东走就用负数表示。所以这两种填法都对。在解释过程中,学生自觉地运用了"三段论"推理来说明问题,而大前提就是负数的意义,小前提就是向东走和向西走就是一对意义相反的量,明确了大、小前提,阐述了结论的合理性,内化了负数意义。

2. 明公理前提,论归纳的科学性

由于小学阶段对"图形与几何"这一内容更多的是直观教学,没有要求严格的推理论证,学生有时候对结论感觉也是理所当然,没有深入思考其内在缘由。如果缘由是学生能够理解的公理,教师不妨在讲解时,追问一下为什么,明确其大前提,这样能在无形之间渗透"三段论"推理模式,培养学生的演绎推理能力。

如人教版小学数学六年级下册"数学思考"中的例 1。教师可以先出示两点,

问学生可以连几条线段？在学生异口同声回答一条后,不妨追问:"为什么只有一条?"这时势必引起学生的思考,沉思过后,学生会疑惑:"两点只能连一条线段呀?"是的,两点只能连一条线段,这是我们都知道的公理,但却被我们忽视了。在教师的及时肯定和解释后,出示第3个红点(前两点已经连成线段),问:"现在多加了一个点,可以新增加几条线段?"学生回答2条后,及时追问:"说说你的理由。"有第一次的追问铺垫,部分学生能够以三段论的模式来说明:"因为两点只能连一条线段,这个红点和其中一个蓝点组成两点,蓝点有2个,能组两次,所以能增加2条线段。"如此连续追问三、四次后,学生对增加的条数自然一清二楚,而且能够以"三段论"推理形式来解释缘由,论证了这样归纳得出结论的科学性。

(二)分析情形,意会选言推理

选言推理是以选言判断作为一个前提,并且根据选言判断的逻辑特性进行的演绎推理,也称为选言三段论。选言推理分为相容选言推理和不相容选言推理,因相容选言推理的正确推理形式比较复杂,小学阶段出现的都是不相容选言推理。例如:

> ① 在梯形 $ABCD$ 中,$AB \parallel CD$ 或 $AD \parallel BC$,这里 AB 与 CD 不平行,所以 $AD \parallel BC$。
>
> ② 在梯形 $ABCD$ 中,$AB \parallel CD$ 或 $AD \parallel BC$,这里 $AB \parallel CD$,所以 AD 与 BC 不平行。

这两个推理的前提是一致的,且前提的两个选言支是不相容的(不能同时成立),所以都是不相容选言推理。不相容选言推理有两种正确的推理形式,即如①推理的否定肯定式(先否定,再肯定)和如②推理的肯定否定式(先肯定,再否定)。在培养学生选言推理能力时,首先需让学生分析清楚各种可能的情形,再根据已知条件进行逻辑推理,在描述和分析过程中,意会选言推理。

1. 析题设条件,证结论的唯一性

小学生由于有"感知笼统"的认知结构特征,在对事物进行感知的时候,对一些事物的表象相对来说比较笼统,没有细化。在推理时,学生需要摆脱这种"感知笼统"的干扰,仔细分析题设条件,从而来论证结论的唯一性。

如人教版小学数学二年级下册练习二十一有如图 3.3.4 所示的习题。

> 5. 在右面的方格中,每行、每列都有 1～4 这四个数,并且每个数在每行、每列都只出现一次。B、C 各是几?

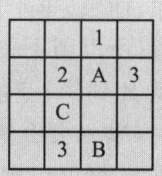

图 3.3.4

学生初读此题，往往是"笼统"考虑的，即把字母所在的行和列看成两个独立的条件，没有发现同一字母所在的行和列是需要综合起来考虑的。这时教师需要引导学生深入思考，仔细分析题设条件，否定不合题设条件的选言支。如字母 A 所在的第二行和第三列需要同时考虑，选言推理的整个过程为：在这个方格中，字母 A 可能是 1、2、3 或 4，这里 A 不能是 1、2、3，所以 A 是 4。接下来推理字母 B，整个过程为：在这个方格中，字母 B 可能是 1、2、3 或 4，这里 B 不能是 1、4、3，所以 B 是 2。但对于字母 C 还不能直接推理，因为 C 所在的第

E	1		
2	4	3	
C	D		
3	2		

图 3.3.5

二列只能否定其中两个选言支，还需再否定一个选言支，需推理出 D 或 E，见图 3.3.5。用选言推理易得 D 是 3，但推出 D 还是只能否定 C 的两个选言支，最后还需推理出 E。在这个方格中，字母 E 可能是 1、2、3 或 4，这里 E 不能是 1、2、3，所以 E 是 4。这样，马上推出字母 C 是 1。在此题的整个推理过程中，需要仔细分析题设条件，运用不相容选言推理的否定肯定式，论证结论的唯一性。

2. 析信息内涵，推方案的可行性

学生在阅读题目时，第一步是感知数学信息，一般题目中的数学信息往往集中在数字上。但很多选言推理题的主要信息并不是数字，这时学生就会大意，导致部分信息内涵被忽视。此时教师需要引导学生仔细分析文字条件下的信息，推断出所有可行的方案。

如人教版小学数学三年级下册练习二十的思考题。这个思考题中没有出现阿拉伯数字，是以文字形式描述的，关键信息是"一次只能带一样"和"狼要吃羊、羊会吃菜"这两条，仔细分析这两条信息，其内涵是一次能带一样或不带，主人不在时，狼、羊不能共处，羊、菜不能共处，狼、菜可以共处，或其中任何一样独处。如图 3.3.6 所示，将两岸分别记为 A、B，第 1 次从 A 到 B 时，推理过程为岸 A 要么留下狼、羊，要么留下羊、菜，要么留下狼、菜，而狼、羊不能共处，羊、菜不能共处，所以留下狼、菜，带走羊。第 2 次从 B 到 A，空船。第 3 次从 A 到 B 时，岸 A 要么留下狼，要么留下菜，这两样都可以独处，可以带走任何一样，以带走狼为例，作为方案一。第 4

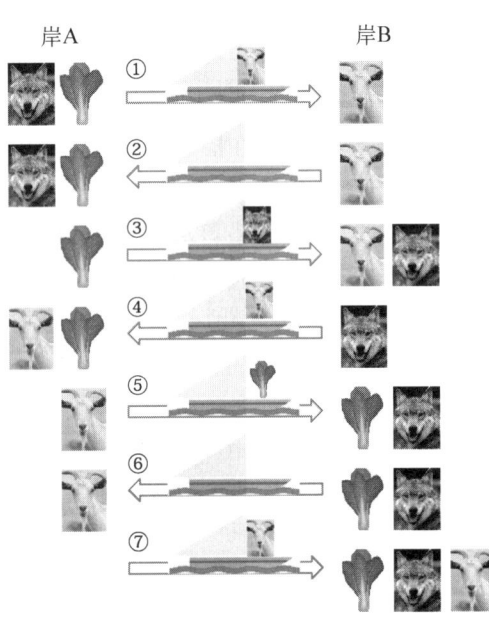

图 3.3.6

次从 B 到 A 时，由于狼、羊不能共处，岸 B 要么留下狼，要么留下羊，因为第 5 次将菜带到岸 B，只有狼、菜可以共处，所以带走羊。第 5 次从 A 到 B 时，带走菜。第 6 次从 B 到 A，空船。第 7 次从 A 到 B 时，带走羊。至此，已成功解决此问题，当然由于第 3 次从 A 到 B 时，也可以带走菜，作为方案二。这样，分析信息内涵，根据选言推理，可推出所有可行的方案。

(三) 言必有据，发展假言推理

假言推理是指前提中至少有一个假言判断，并且根据假言判断的逻辑特点来推出结论的演绎推理。假言推理有充分条件假言推理、必要条件假言推理和充分必要条件假言推理。小学里出现较多的是充分条件假言推理，例如：

---

① 如果一个数的末位是 0，那么这个数能被 5 整除。这个数的末位是 0，所以这个数能被 5 整除。

② 如果一个四边形是正方形，那么它的四边相等。这个四边形四边不都相等，所以它不是正方形。

这两个例子中的大前提都是一个充分条件假言判断，它有两种正确形式，如①的肯定前件就要肯定后件式，和如②的否定后件就要否定前件式。在实际解决问题过程中，需要学生说出判断的依据或理由，培养学生言必有据的良好品质，发展假言推理。

1. 言性质依据，判问题的正确性

根据统计发现，判断题学生的错误率往往要高于其他类型的题，原因在于很多学生依靠自己的直觉经验判断，并没有依据概念、性质、定理等去推断。在平时，教师要培养学生说出判断依据的习惯，使每一题的判断都言之有据，发展学生假言推理的能力。

如人教版小学数学四年级上册练习十七，有如图 3.3.7 所示的判断题。

---

4. 下面的说法对吗？对的在（ ）里画"✓"。

（1）一个除法算式，被除数乘 15，要使商不变，除数也要乘 15。（ ）

（2）两个数的商是 8，如果被除数不变，除数乘 4，商就变成 32。（ ）

（3）一个除法算式的被除数、除数都除以 3 以后，商是 20，那么原来的商是 60。（ ）

图 3.3.7

这种类型的判断题是比较典型的假言判断。教师可以先试着让学生说说判断依据,再归纳出比较规范的假言判断过程。如第(1)小题,推理过程为:如果被除数和除数都乘一个相同的数,那么商不变;这里被除数和除数都乘了15,所以商不变,判断出第(1)小题说法正确。同理,第(2)小题的推理过程为:如果被除数不变,除数乘几,那么商反而除以几;这里如果被除数不变,除数乘4,那么商反而除以4,变为2,从而判断出第(2)小题说法错误。第(3)小题也是如此的推理过程,经过多次训练后,学生会逐渐形成这样的推理思维,言必有据,假言推理能力得到一定的发展。

2. 言理论依据,悟倍数的特征性

学生在五年级时会学习2、5、3倍数的特征,而对于这几个数倍数的特征,教材一般采用归纳推理的方法得出。虽然学生知道了这几个数倍数的特征,但对于"为什么"学生却说不上来,这对于培养学生的演绎推理能力是不利的。实质上归纳推理是合情推理的一种,它的准确性需要演绎推理来证明。人教版小学数学五年级下册虽然没在例题中说明,但在思考题中却做了巧妙安排,供学生思考与感悟。

【安排一】在"2、3、5的倍数的特征"这一节内容前的练习二中,有如图3.3.8所示的思考题。

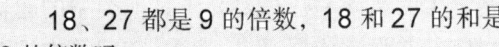

14、21 都是 7 的倍数,14 和 21 的和是 7 的倍数吗?

18、27 都是 9 的倍数,18 和 27 的和是 9 的倍数吗?

你有什么发现?

图 3.3.8

通过这一思考题学生归纳发现:如果两个自然数都能被 a 整除,那么他们的和也能被 a 整除。教师可把这一结论适当拓展,如果三个自然数都能被 a 整除,那么他们的和会怎么样?四个呢?至此,学生已经掌握一个很重要的数论原理:如果 n 个自然数都能被 a 整除,那么他们的和也能被 a 整除。

【安排二】在"2、3、5的倍数的特征"这一节内容后的练习三中安排了栏目"你知道吗",讨论了问题:为什么判断一个数是不是2或5的倍数,只要看个位数?为什么判断一个数是不是3的倍数,要看各位上数的和?并以24和2 485为例,对这一节内容作了补充说明(见图3.3.9)。

$$24 = 2 \times 10 + 4 = 2 \times (9+1) + 4 = \underline{2 \times 9} + (2) + (4)$$
$$2\,485 = 2 \times 1\,000 + 4 \times 100 + 8 \times 10 + 5$$
$$= 2 \times (999+1) + 4 \times (99+1) + 8 \times (9+1) + 5$$
$$= \underline{2 \times 999 + 4 \times 99 + 8 \times 9} + (\quad) + (\quad) + (\quad) + (\quad)$$

图 3.3.9

对 2 或 5 的倍数的特征推理如下：如果两个自然数都能被 a 整除,那么他们的和也能被 a 整除。$24 = 20 + (4)$,而 20 和 4 都能被 2 整除,所以 24 也能被 2 整除。$2\,485 = 2\,480 + (5)$,而 2 480 和 5 都能被 5 整除,所以 2 485 能被 5 整除。整十数总是能被 2 或 5 整除的,因此看一个数是不是 2 或 5 的倍数,只要看这个数的个位数。对于 3 的倍数特征的推理实际上也是"分解"自然数的过程,只是其中还运用了乘法分配律,并进行了归类整理。如 $24 = 2 \times 10 + 4 = 2 \times (9+1) + 4 = 2 \times 9 + (2) + (4)$,因为 2×9 能被 3 整除,所以判断 24 能否被 3 整除,只需看 $2+4$ 能否被 3 整除,即十位上和个位上的数字之和能否被 3 整除,然后又例举了 2 485 说明。这样一来,学生既知道了"2、3、5 的倍数的特征"是"什么",又知道了"为什么"。在这过程中,有理有据,充分运用了假言推理,感悟到了倍数的特征。

(四) 寻求关联,感知关系推理

关系推理是指以关系判断作为前提或结论的演绎推理。根据关系的逻辑特征,常见的有对称性关系推理、反对称性关系推理和传递性关系推理。例如:

① 对称性关系推理:1 升 = 1 000 毫升,所以 1 000 毫升 = 1 升。

② 反对称性关系推理:a 大于 b,所以 b 小于等于 a。

③ 传递性关系推理:$a > b$, $b > c$,所以 $a > c$。

关系推理在小学数学中比较常见,如把一些数按大小排列等。在解决问题时,我们有时需要寻求量与量之间的关联,然后依据关系推理解决问题,在这过程中,使学生感知关系推理。

1. 寻线线位置,知平行的传递性

平面中线线位置关系是学生在四年级时第一次接触的。平行概念看似简单,实则学生理解起来难度较大,而点子图能较好地帮助学生理解平行概念,寻求线线之间的位置关系,且平行的传递性也能在点子图上得以推理论证。

如人教版小学数学四年级上册练习十有这样一道习题,见图 3.3.10。

4. （1）画三条互相平行的直线。

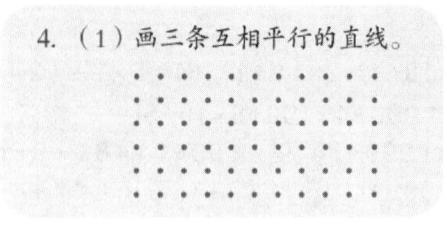

图 3.3.10

在这个点子图上，学生很容易画出三条互相平行的直线，学生画完之后，教师可以收集学生的代表作品，如图 3.3.11 所示的五种情况，并分析讲解进行关系推理的培养。

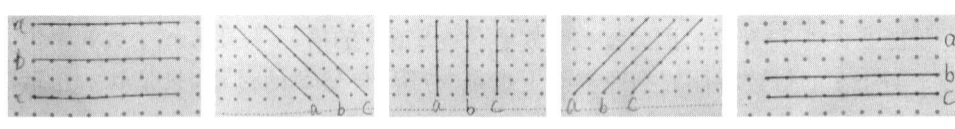

图 3.3.11

三条直线分别标记为 a、b、c，根据学生画直线的顺序，如先画直线 a，再画与直线 a 平行的直线 b，最后画与直线 b 平行的直线 c。在这过程中，$a /\!/ b, b /\!/ c$，随后我们发现 $a /\!/ c$，通过五种不同情况的演绎，学生能较好地感知平行的传递性。最后可以让学生脱离点子图，在白纸上画三条相互平行的直线，再次感知平行的传递性。这样通过寻找线线之间的关系，学生在操作过程中感知了传递性关系推理，为今后学习平面几何打下了一定的基础。

2. 寻等量代换，解多元的方程组

面对稍复杂的方程问题，如何从看似无绪的条件信息中厘清数量之间的联系，对于学生来说是比较困难的。所以，寻求等量关系，进行等量代换，是解决此类问题的关键。

图 3.3.12 是人教版小学数学六年级下册练习二十二的习题。

9. ○、□、△各代表一个数，根据下面的已知条件，求○、□、△的值。

（1）○ + □ = 91
　　△ + □ = 63
　　△ + ○ = 46

（2）□ − ○ = 8
　　□ + ○ = 12
　　△ = □ + □ + ○

图 3.3.12

根据等式性质 1，等式两边加上或减去一个相同的数，左右两边仍然相等。第 (1) 小题中，由于 ○ + □ = 91，等式两边都加上 △，变成 ○ + □ + △ = 91 + △，

由于第二个等式 $\triangle + \square = 63$，进行等量代换后变成 $\bigcirc + 63 = 91 + \triangle$，整理后 $\bigcirc = 28 + \triangle$，再左右两边加 $\bigcirc$，变为 $\bigcirc + \bigcirc = 28 + \triangle + \bigcirc$，根据 $\triangle + \bigcirc = 46$，再次进行等量代换，变为 $\bigcirc + \bigcirc = 28 + 46$，从而得到 $\bigcirc = 37$，再进行等量代换后可得 $\square = 54，\triangle = 9$。当然，如果学生可以接受的话，可以将 3 个式子直接相加，得 $\bigcirc + \square + \triangle + \square + \triangle + \bigcirc = 91 + 63 + 46$，整理得 $\bigcirc + \square + \triangle = 100$，再根据已知的式子，进行等量代换后，可得 $\bigcirc、\square、\triangle$ 的值。对于第(2)小题，也可以通过等量代换来解决问题。这里，通过多种关系推理，进行等量代换，解决了实质上的三元一次方程组，培养学生演绎思维的同时培养了学生的代数思维。

苏联数学教育家斯托利亚尔在《数学教育学》一书中指出："数学教育是数学活动的教育。"儿童演绎推理能力的形成和发展不同于一般知识与技能的获得，它是一个隐性的、缓慢的渐进过程，需要师生共同实践、运用。实际教学中，教师应让数学课堂充满符合学生思维发展的理性思考，关注学生演绎推理意识和能力的培养，使学生获得终身受益的数学思想方法。

浙江省慈溪市周巷镇潭北小学　韩素品

第四节　转 化 思 想

浅谈数学日记与转化思想学习

近年来我一直尝试数学日记的教学。数学日记本是我了解学生的一个重要窗口，也是我与学生交流的一个很好的通道。去年接手新班级后，我仍然引导学生写数学日记。一个学生在日记中写道："陈老师，一道题如果很简单我就会做，但难一点，我就头痛。解决问题，我都会做得一塌糊涂。"另一个学生也提到："我为什么简单的问题会，到复杂的问题就不会了呢？"

我在班里做了一个小调查，好多"潜能生"存在这种现象，还有的学生听老师或别人讲时好像会了，可自己一做题却不会。于是我思考了很多：是什么原因导致这样？学生更多的是模仿吗？都是看着老师的引导而没有自己去经历？知识没有理解？没有内化？缺乏系统性？不具备分析问题的能力？没有分清数量关系？不会举一反三？不能将复杂问题转化为简单问题？……

其实，不管是知识的理解不到位、技能的不熟练，还是没有形成举一反三的能力，最核心的原因主要是没有形成最基本的数学思想方法。在解决数学问题时，最基本的思想就是转化。如果学生学会把生活问题转化为数学问题,把生疏问题转化为熟悉问题,把抽象问题转化为直观问题,把复杂问题转化为简单问题,把一般问题转化为特殊问题,把高次问题转化为低次问题,把未知条件转化为已知条件,把一个综合问题转化为几个基本问题,这都有利于实现学习迁移,特别是原理和态度的迁移,从而能有效地提高学习质量和数学能力。

那么转化思想如何渗透呢?借助数学活动或是知识点的教学进行渗透是最好的方法。这些方法教师们的论述不少,我就不赘述,此处我重点介绍我自己通过引导学生写数学日记培养转化思想的方法。

借助数学日记,引导学生自己去观察记录与数学相关的生活,能促使学生进行数学化(提炼和抽象出数学知识模型)反思,把生活语言转化为自己理解的数学语言,把生活问题转化为数学问题。这样既联系了数学与生活,提高了学生数学学习的兴趣,又蕴含了转化思想的培养。

如某学生在一篇数学日记"去学校"中写道:"早上,我6点半起床,7点半去上学,7点7分到学校。"

"7点半就去学校了,为何7点7分到学校?"我让学生猜猜原因,再让作者说说情况。原来是该学生生活语言的不准确影响了数学表达,应该是"7时35分到学校"才对。学生在记录与纠错中学会了生活语言与数学语言的转化。

又如某学生在数学日记"周长"中写道:"今天,我们学了周长。我回家后量了我家的大床。我是用钢尺量的。长2米,宽1.8米。周长应该是两条长加两条宽的和,所以是7.6米。我又想知道我的枫叶书签的周长,可是不能用钢尺直接量。怎么办呢?后来我想了一个方法:先用绳子量,再量绳子的长度。呵呵,我的枫叶书签周长是62厘米。看来,只要肯动脑,总有好方法。"

从学生的记录中可以看出,当他遇到不能用尺子直接量时,他借助绳子进行了转化,化曲为直,顺利完成了测量。学生通过活动思考并写日记,这不仅实现了生活语言到数学语言的转化,还把数学知识转化为自己能理解的语言表述,有效促进了对知识的理解。

平时的解题过程,我也会鼓励学生记录在日记里,特别是错题分析。因为做错的题,除了粗心等原因外,还有一些是没有学会转化的方法或是转化不到位造成的。学生通过记录,印象会更深刻,模糊记忆现象会减少,这样出错的机会会减少。其实写日记的过程是知识反思的过程,这正是促进实现知识内化的有效手段。

关于数学思想方法的教学,王永春教授在读书会上的建议值得大家借鉴:"数学思想方法,它不是空中楼阁,它藏在知识当中。既然藏在知识当中,就不是你最后告诉学生几句'这就是演绎,这就是转化'他就会了的。一定要在整个知识形成的过程当中,让他主动地参与,主动地思考,融入到知识的形成过程中,他才会在感悟中形成思想方法。而不是说,你把新课都讲完了,然后告诉大家:'同学们,我们这节课用的是推理的思想、是转化的思想。'此时学生光记住了'转化'这个词,里面的内涵没有落实到个人,还在空中飘着呢。所以数学思想必须蕴含在学生知识的形成过程当中,在不断经历和不断思考中,最后才把这层面纱揭开。思想方法的掌握也是一个过程,它与知识的形成是分不开的,如果你把知识形成过程与数学思想分开了,那就麻烦了。"

听了专家这一段话,结合学生写数学日记促进转化思想学习的事实,此时我更深刻地体验到,写数学思想方法日记的过程,是学生自己在知识形成中学习数学思想方法的过程,是学生学习数学思想方法的有效途径,这就更坚定了我引导学生写数学日记的信心。

福建省诏安县金星中心小学　陈秀玉

 谈小学数学教学中的转化思想

一、 现实引发思考

崔永元在他的《不过如此》一书中写道:"对我来说,数学是疮疤,数学是泪痕,数学是老寒腿,数学是类风湿,数学是股骨头坏死,数学是心肌缺血,数学是中风……当数学是灾难时,它什么都是,就不是数学。"像崔永元这样的名主持人始终难以摆脱数学的恐怖阴影,其原因大多出在数学思想的掌握上,特别是转化的思想。

在我们身边有些害怕学习数学的孩子,他们遇到数学问题时常常束手无策,不知道从哪里开始思考,在被打击若干次后,变得消极、反应迟钝、焦虑,有的甚至放弃,其原因很多出在"不会转化"上。

日本著名教育家米山国藏结合社会现实指出:"学生所学的数学知识,在进入社会后几乎没有什么机会应用,因而这种作为知识的数学,通常在走出校门后不到一两年就忘掉了。然而不管他们从事什么工作,唯有深深铭刻于头脑中的数学思想和方法等随时随地发生作用,使他们终身受益。"我想,这里"终身受益的思想"中,转化思想占更大比例。

教学实践表明,转化思想能使学生利用已有的知识将现实问题转化为数学问题、将未知转化为已知、将繁琐的问题转化为简单的问题,进而解决问题。

众多现实引发我这样的思考:数学思想是导引数学学习和工作的灵魂,而转化思想是数学灵魂之重,要学好数学、用好数学,就要深入到数学的"灵魂深处"。

二、 我的教学感受

转化思想意义的重要性终归是外在信息,想让转化的思想变为教师自己的教学行为,还要经历教师自身内在的体验过程。下面我结合"异分母分数加减法"教学实例浅谈教学中运用转化思想的感受。

在教学人教版小学数学五年级下册"异分母分数加减法"一课时,我是这样设计的。

1. 在具体的生活情境中产生异分母分数加减法问题,引入新知的学习。

2. 观察算式,与以往学习的加法算式有什么不同? 思考:你能利用以前学过的知识进行计算吗?

3. 学生独立思考后小组内交流异分母分数加法的计算方法。

4. 按小组汇报并比较通过化成小数和化成同分母分数的不同方法,渗透转化思想:

(1)比较这两种方法,你有什么发现? (两种方法均是将异分母分数转化成已学过的知识,即将异分母分数转化成与其相等的小数或同分母分数之后再相加。)

(2)以图 3.4.1 演示转化成同分母分数相加的过程。

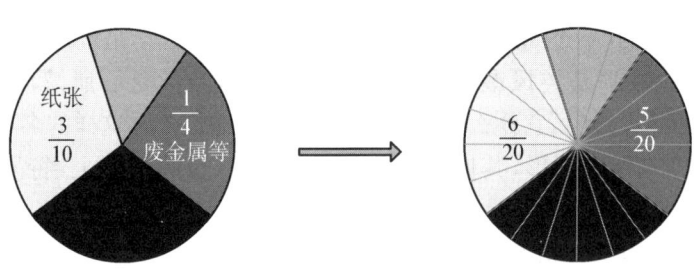

图 3.4.1

5. 回顾与反思,强化对转化思想进一步巩固与提升,从而进入思想的内核,再次深刻理解其思想。

以上教学设计虽然不是精彩的经典杰作,但确确实实收到了实际效果。在这一过程中,使学生懂得了"转化"其实就是将一个新问题,通过某种方式,把它变成与之相关的旧知进行解决的思想。很多老师在教学这一课时到此基本为止,这样就造成了只关注对知识的掌握,而忽略了以数学思想导引对知识本质的探索。例如,在引领学生探索出"异分母分数加减法"计算方法之后,我并没有就此停步,因为学完这一知识点,小学阶段学的所有数的加减法全部学习结束了。整数加减法有法则、小数加减法有法则、分数加减法也有法则,它们的算理都是一样的,它们之间的关系是以转化思想来链接的。当学习一段内容后,我就引导学生思考:这些知识间是什么关系呢？能否转化为一个事呢？教学中发现,学生如果不能用转化思想厘清算理关系,知识迁移的范围就极其有限,就无法适应千变万化的各种题型。完成该课教学后,我进行了各个方面的考试检测,检测中发现,通过这一个个知识点的转化可沟通知识间的联系,能有效促进学生相关数学知识网络的建构,再出示相关问题时,学生能很快将答案做出。对这个教学事实的深刻体验,更增强了我对数学思想方法教学的意识。

三、结语

欲穷千里目,更上一层楼。站得高,才能看得远。在小学数学教学中,我们应当从宏观数学思想和学生整体发展窥视数学教学,结合具体的教学内容适时渗透转化思想,通过精心设计的教学情境与教学过程,引导学生体会蕴含在其中的转化思想方法,以此揭示它们的本质与内在联系,从而帮助学生建立和完善知识体系。这无论对现实教学,还是对学生将来发展,都是有实际意义的。

吉林省松原市乾安县第一小学 张孝红

转化思想导引,冲破思维迷雾

读《小学数学与数学思想方法》一书后,使我对如何运用转化思想解决问题的策略有了更深的感悟。书中指出:人们面对数学问题,如果直接应用已有知识不能或不易解决该问题时,往往会将需要解决的问题不断转化形式,把它归结为能够解决或比较容易解决的问题,最终使原问题得到解决,这种思想方法称为转化(化归)思想。学生面对一道陌生的或复杂的问题时,常常感到迷茫而束手无策,而教师若运用未知化为已知、复杂化为简单、一般化为特殊、抽象化为具体、非常规化为常规等转化思想启迪,则学生会拨开思维的迷雾,让答案水落石出。

一、化抽象问题为直观问题

数学的特点之一是它具有很强的抽象性,这是每个想学好数学的人必须面对的问题。书中指出:如果能把比较抽象的问题转化为可操作或直观的问题,那么不但使得问题容易解决,而且经过不断地抽象→直观→抽象的训练,学生的抽象思维能力也会逐步提高。

例1 某校两次购买 3 种型号的教具,第一次购买 A 型号的教具 2 件,B 型号的教具 6 件,C 型号的教具 8 件,共用了 1 836 元。第二次购买 A 型号的教具 1 件,B 型号的教具 5 件,C 型号的教具 7 件,共用了 1 263 元。购买 A、B、C 三种型号教具各 10 件需要多少元?

这道题这样呈现出来是比较繁杂、抽象的,中等水平以下的学生不能很好理解题意,在迷茫中难以找到突破口。教师如果启迪学生把已知文字信息转换为下表呈现出来,那么这个问题就变得浅显易懂了。

某校两次购买 3 种型号的教具 A、B、C 的件数和所用的钱数如下表 3.4.1 所示。

表 3.4.1

	A	B	C	总钱数(元)
第一次(件)	2	6	8	1 836
第二次(件)	1	5	7	1 263

根据表中数据,购买 A、B、C 三种型号教具各 10 件需要( )元。

通过比较不难发现,A、B、C 三种型号的教具第一次比第二次各多买了一件,多用了(1 836－1 263)元,(1 836－1 263)元就是购买 A、B、C 三种型号教具各一件共用的钱数,再用(1836－1263)×10,就可以求出购买 A、B、C 三种型号教具各 10 件所需要的钱数。此题用直观的表格来呈现,把抽象的问题直观化,就更容易解决。

例2 水果店有一批水果,运出总数的 $\frac{3}{7}$ 后,又运进 500 千克,现在水果店里的水果正好是原来的 $\frac{3}{4}$。原来水果店的水果是多少千克?

该题由于关系隐蔽,很多同学在迷茫中错误列式为:$500 \div \left(\frac{3}{4} - \frac{3}{7} \right)$。教师此时可启迪学生画线段图,如图 3.4.2 所示。线段图能够帮助学生将文字与数字信息转化成了图形信息,使学生很清楚地看出 500 千克与 $\frac{3}{7}$ 和 $\frac{3}{4}$ 的相互重叠处是相对应的,直观地看到了具体数量与"1"之间的关系,拨开了学生思维的云雾,使"山穷水尽疑无路",变成"柳暗花明又一村",达到数形和谐完美结合的境地。

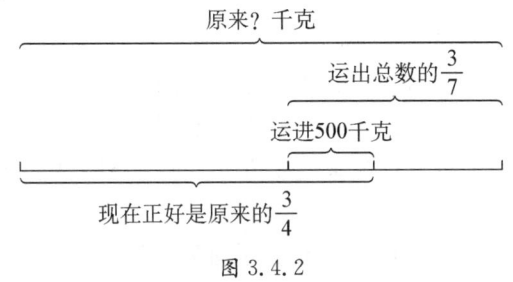

图 3.4.2

由此很容易得出以下几种列式方法：

$①\ 500 \div \left[\dfrac{3}{4} - \left(1 - \dfrac{3}{7}\right)\right]; ②\ 500 \div \left[\dfrac{3}{7} - \left(1 - \dfrac{3}{4}\right)\right]; ③\ 500 \div \left(\dfrac{3}{4} + \dfrac{3}{7} - 1\right).$

二、 化繁杂问题为简单问题

学生遇到一些数量关系复杂而难以解决的问题时，如果直接解答，往往过程比较繁琐。此时可启迪学生通过某种转化手段，归结为另一个相对容易的或者已经解决过的问题，从更加简单的问题入手，可以使复杂的问题简单化，通过转化开拓解题路径从而解决问题。

例3 一个书架有上下两层，上层书的本数是下层的 $\dfrac{3}{5}$，从下层取出 30 本放入上层后，上下层书的本数比为 3∶4。这个书架上共有多少本书？

该问题分率对应的不是同一个单位"1"，学生面对该题会束手无策。此时可点拨学生：因为这个书架上的书的总本数始终不变，可把已知条件"上层书的本数是下层的 $\dfrac{3}{5}$"转化为"上层书的本数占这个书架上的书的总本数的 $\dfrac{3}{8}$"，把"上下层书的本数比为 3∶4"转化为"上层书的本数占这个书架上的书的总本数的 $\dfrac{3}{7}$"。这里把书架上的书的总本数看作单位"1"，各个分率都变成了统一单位"1"基准下的分率，使原本复杂的问题转化为十分简单的问题，很容易求得这个书架上书的总本数：$30 \div \left(\dfrac{3}{7} - \dfrac{3}{8}\right) = 560$（本），同理，还可以列式为：$30 \div \left(\dfrac{5}{8} - \dfrac{4}{7}\right) = 560$（本）。

例4 鸡兔同笼，共有 12 个头和 42 条腿。问：鸡兔各有多少只？

学生在转化思想的启迪下，灵活地运用假设法使问题化难为易，并得出了如下各种方法。

方法 1：假设 12 只全部是鸡，那么共有腿 $2 \times 12 = 24$（条），比 42 条少了 18 条，每只兔子被假设成鸡时，少了 2 条腿，因此兔子一共是 $18 \div 2 = 9$（只），这样就可以求出鸡有 $12 - 9 = 3$（只）。如果先假设全部是兔子，则有腿 $12 \times 4 = 48$（条），比 42 条多了 6 条，因为每只鸡被假设成兔子多了 2 条腿，所以鸡有 $6 \div 2 = 3$（只），兔子有 $12 - 3 = 9$（只）。

方法 2：我们都知道鸡有两条腿，兔子有四条腿。现在，我们就开始假设：鸡只用一条腿站着，兔子只用两条腿站着，那么触地的腿就只剩 21 条了，用 21 减 12（12 个头就是 12 只）等于 9 只，这就是兔子的只数，再用 12 减 9 等于 3，就是鸡的只数。

方法 3：假设鸡和兔都训练有素，吹一声哨，每只鸡和兔子都抬起一条腿，$42 - 12 = 30$（条）。再吹哨，又抬起一条腿，$30 - 12 = 18$（条），这时鸡都一屁股坐地上了，从下面数已经没有鸡腿了。每只兔子还有 2 条腿立着，也就是从下面数的腿都是兔子的，而且每只兔子只剩 2 条腿了。所以，兔子有 $18 \div 2 = 9$（只），鸡有 $12 - 9 = 3$（只）。

转化思想不仅能将复杂的问题化为简单的问题解决，而且在把繁化简的思考中能启迪学生寻求一些解题方法，使思维产生飞跃。

三、 化实际问题为特殊数学问题

数学来源于生活，应用于生活。与小学数学有关的生活中的实际问题，多数可以用常规的数学思维模式解决，但有些生活中的实际问题常规思考很难解决，这时往往需要超越常规的思维模式，从特殊的独特的角度进行分析，通过转换来解决问题。

例 5 人教版小学数学六年级上册第 69 页的例 3，见下图 3.4.3。

中国建筑中经常能见到"外方内圆"和"外圆内方"的设计。上图中的两个圆半径都是 1 m，你能求出正方形和圆之间部分的面积吗？

图 3.4.3

该例题,第一个图可以按常规解法,用正方形的面积减去圆的面积即可。而第二个图,正方形的边长不知道,不能用边长的平方直接计算面积,学生思路阻塞。此时,可启迪学生转换思路,从特殊角度思考解法。直观看,正方形是特殊图形,对角线恰是垂直且相等的,可将正方形看成底是圆的直径、高是圆的半径的两个三角形合成(或四个小三角形合成),从而得到解法:$\left(\frac{1}{2} \times 2 \times 1\right) \times 2 = 2(\text{m}^2)$,$3.14 - 2 = 1.14(\text{m}^2)$。

第二个图形问题的解答,超越了常规方法,从正方形这个特殊图形出发,剖析正方形独特的性质,导致思维飞跃了,使问题豁然开朗。

四、 化未知问题为已知问题

书中指出,对于学生而言,学习的过程是一个不断面对新知识的过程,有些新知识通过某些载体直接呈现,而有些新知识可以利用已有知识通过探索,把新知识转化为旧知识进行学习。在数学习题中,已知条件是为求得未知服务的,有时需要通过化未知为已知,将未知和已知建立联系,求得问题的解答。

例6　如图 3.4.4,三角形 ABC 中,$AB = 3$ 厘米,$AC = 4$ 厘米,$\angle A$ 为直角,分别以 A、B、C 为圆心各画一个半径为 1 厘米的圆。图中阴影部分的面积是多少平方厘米?

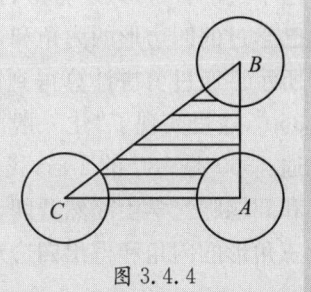

图 3.4.4

学生若按常规思路,求阴影部分的面积,会思考用三角形的面积减去三角形中三个空白扇形的面积的和。这需要找到三个扇形的半径长和圆心角的度数,求出每个扇形的面积,但题中学生无法分别找到其中两个扇形的圆心角的度数。此时我提醒学生:题中三角形内角和度数是已知的,三个扇形的圆心角和为 180度,我们能否将三个扇形面积转化成一个整体? 有了转化思想的导引,打通了学生思路,学生们把这三个扇形合并在一起凑成一个半径为 1 厘米的半圆,得出解法:

$$3 \times 4 \div 2 - 3.14 \times 1^2 \div 2$$
$$= 6 - 1.57$$
$$= 4.43(\text{平方厘米})。$$

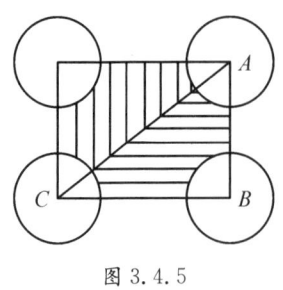

图 3.4.5

而有的同学受这种想法的启发,把原图补充成图 3.4.5,用长方形的面积减去半径为 1 厘米的圆的面积就等于阴影部分的面积的 2 倍,所以解法是:

$$(3 \times 4 - 3.14 \times 1^2) \div 2$$
$$= (12 - 3.14) \div 2$$
$$= 4.43(平方厘米)。$$

五、 化一般问题为特殊问题

书中写道:数学中的规律一般具有普遍性,但是对于小学生而言,普遍的规律往往比较抽象,较难理解和应用,如果举一些特殊的例子应用不完全归纳法加以猜测验证,也是可行的解决问题的策略。

> **例 7** 四边形的内角和是多少度?

我的学生解答该问题时,没有直接将四边形分割成三角形,而是将四边形分为已学过的长方形、正方形、梯形等图形,应用探索三角形的内角和的经验研讨这些已学过的四边形的内角和,即把一个四边形的 4 个角剪下来拼在一起,如图 3.4.6 所示。通过剪拼计算得到长方形、正方形等内角都能拼成一个周角,即内角和是 360°,这里实现了"化一般问题为特殊问题"。此时我因势利导,再用转化思想启迪:360°是 180°的 2 倍,我们能否将任何一个四边形内角和问题归结为三角形内角和问题呢?学生豁然开朗,很快把四边形分成 2 个三角形,如图 3.4.7 所示,借助三角形的内角和得出四边形的内角和是 360°,实现了由特殊到一般的抽象。

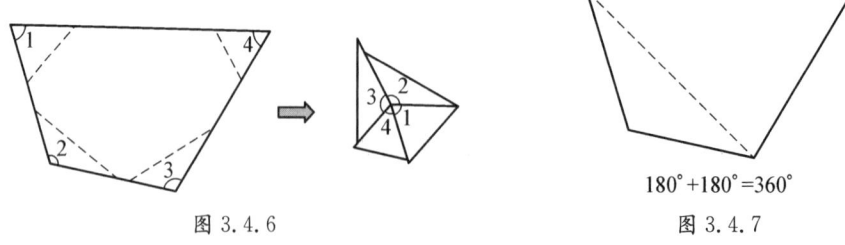

图 3.4.6   180°+180°=360°
                   图 3.4.7

有关由特殊到一般,特别是探究规律的问题,往往是学生最感到迷茫的问题。教学中,让学生经历由一般到特殊,再由特殊到一般的转化和抽象的思考和实验过程,有助于学生体验数学内容中一般和特殊之间的逻辑规律,在困惑中发现解题方向,进而形成归纳或猜想,从而培养学生解答此类问题的能力。

转化思想作为最重要的数学思想之一,在学习数学和解决数学问题的过程中无处不在。引导学生灵活运用转化思想解决各种复杂的问题,可以使学生的思考在迷茫中拨开云雾,在黑夜中见到破晓的曙光,"难"的数学也就不难了。

福建省平潭综合实验区城中小学　林龙凤

　数学思想导引,让"套公式"变成"长智慧"

偶然机遇使我得到《小学数学与数学思想方法》一书。当我读到第三章"与推理有关的数学思想"时,不禁想起我在教学"长方形面积"复习课中遇到的这样一道练习题。

> 如图 3.4.8 所示,6 个相同的小长方形围成了大小两个正方形,已知阴影部分的小正方形面积是 36 平方厘米。问:1 个小长方形的面积是多少?
>
>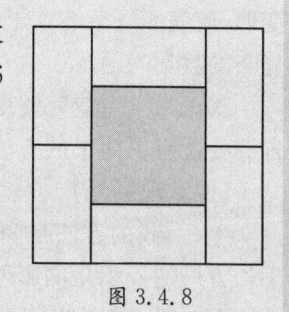
>
> 图 3.4.8

一、聚焦课堂

【课堂现场一】

当学生们读完题目、思考片刻后,立刻在纸上作答,迫不及待地想发表自己的见解。

师问生 1:你是怎么想的?

生 1:我先根据阴影部分小正方形的面积是 36 平方厘米,算出小正方形的边长是 6 厘米,由此知道小长方形的长是 6 厘米;再根据大正方形的边长是小长方形长的 2 倍,得到大正方形的边长是 12 厘米;接着算出小长方形的宽是 $(12-6)\div2$,即 3 厘米。这就能算出小长方形的面积是 $6\times3=18$(平方厘米)。

此时,我不得不佩服这位学生清晰的逻辑思维和解题思路。他灵活运用长方形和正方形面积公式,经历了两次转化和推理:一次是把大正方形的边长转化成两个小长方形的长;另一次是将大正方形的边长转化为一个小长方形的长加两个小长方形的宽。他凭借着一些数学技巧,机智地将这道复杂的面积问题转化为简单的典型面积问题,不失为一种解决问题的上策。

正当我们沉浸在生1精彩的回答时,生2迫不及待地想和大家来分享他的思考成果。

【课堂现场二】

生2:我的方法和生1差不多,但又有些不同。我先根据小正方形面积算出小正方形的边长是6厘米,所以小长方形的长是6厘米。接下去和他就不一样了,你看大正方形边长是相等的,就有小长方形的长+小长方形的长=小长方形的宽+小长方形的长+小长方形的宽,所以小长方形的长=小长方形的宽+小长方形的宽=小长方形的宽×2,因此小长方形的宽是小长方形长的一半,即3厘米。所以小长方形面积是$6×3=18$(平方厘米)。

生2刚说完自己的想法,教室里响起了掌声,全班同学不由自主地赞叹这种方法真神奇。于是,我进一步把他的想法提升到数学思想方法的高度:他无意识中的代换思想,有效地将大正方形的边长用两种长度相等的量去代替,随后进行等式变形,使表面复杂的式子简单化、模型化,从而找到解决问题的突破口,解决了这个复杂的数学问题。

我正为学生能完整地讲出我的预设而高兴时,又有一只小手胆怯怯地举起,他告诉我还有更简单的方法。

【课堂现场三】

生3:我的方法是$36÷2=18$(平方厘米),就是把阴影部分分成上下各一半,小长方形的面积是阴影部分面积的一半。

面对这意料之外的解答过程,我只能把问题抛给学生,问:"有谁也是这样想的?"另2只小手高高举起。

师:为什么小正方形的一半和小长方形的面积是一样大的呢?

生4:我眼睛看上去感觉它们的长和宽差不多。

生5:我用尺子量过了,它们确实是一样长的。

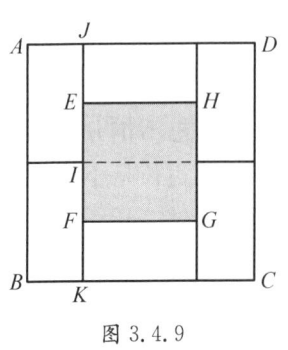

图 3.4.9

师:看来猜想确实是数学学习中的一种好方法,但是数学是严谨的,眼见不一定为实,还记得我们上次练习中的钟面时间是9:30时,时针和分针组成的角大家说是直角,最终量出来却是钝角吗?我们要进行验证推理后才能说小正方形的一半和小长方形的面积一样大。为了方便表达,我们给图形的顶点加上字母,如图3.4.9所示。

生3:要说明小正方形的一半和小长方形的面积一样大,由于阴影分成的这两部分都有相同的长EH,我们只要说明它们的宽JE和EI相等就可以了。

师:其实我们只要说明E是线段JI的中点就可以了。

生 3：线段 JI 和线段 IK 都是小长方形的长，线段 JE 和线段 FK 都是小长方形的宽，$JI - JE = IK - FK$，所以 $EI = IF$。

师：看来点 I"身兼数职"，既是线段 JK 的中点，又是线段 EF 的中点。

生 3：刚才×××（生 2）说了小长方形的长是宽的 2 倍。线段 JI 是小长方形的长，线段 JE 是小长方形的宽，$JI = JE + EI = 2 \times JE$，所以 $JE = EI$。

生欢呼：太厉害了，我们成功了！

师：大家真是火眼金睛，一眼看出了两条线段的长短关系。现在我们可以很肯定地用小正方形面积的一半来计算小长方形的面积了。

二、 教学思考

通过这道练习题，笔者深切地感受到了数学思想导引的独特魅力，也得到了以下的启发。

1. 在数学思维中，逻辑推理其实不是独立存在的，而是与其他数学思想紧密融合在一起。通过这道长方形的面积题，我们看到逻辑推理的数学思想方法一直贯穿始终，但是每种方法的背后还蕴藏着其他数学思想方法。如第一种方法经历了两次转化思想；第二种方法运用了代换思想；第三种方法将逻辑推理同几何变换思想以及用运动变化的观点来处理孤立静止的几何问题巧妙地结合，不仅正确地解出了这道题，还在潜移默化中渗透了数学思想方法。

2. 通过一题多解，有效激活了学生的数学思维，让学生从"套公式"向"长智慧"转变。单纯地套公式，只是根据题目的提示机械应用公式，这当然不违背演绎推理，但不能很好地使学生增长解题智慧，长期下去学生往往不会灵活思考；而将其和数学思想结合，利用一题多解的形式，让学生在观察、猜想、推理、验证的过程中，在得到不同的解答方法的过程中跳出定势思维，能有效提升数学思维含量，真正实现"长智慧"。

浙江省嵊州市逸夫小学　裘陆勤

 **转化思想在平面图形面积教学中的实践与思考**

在《小学数学与数学思想方法》的第三章第四节学习交流中，专门讨论了转化思想在小学数学教学中的运用，让我深有感触。书中说学生面对的各种数学问题，一类是根据已有知识可以直接解决的；还有一类是直接运用已有知识不能或不易解决的。把这类直接运用已有知识不能或不易解决的问题不断转化形式，最终解决，这就是转化思想。转化既是一般化的数学思想方法，也是攻克各种复杂问题的法宝之一，具有重要的意义和作用。我在具体的教学中也有所实践，下面就谈谈转

化思想在平面图形面积教学中的运用。

需要运用转化思想来解决的问题,往往比较复杂,或者已知条件并不明确,学生感觉无从下手,该怎么办呢?

一、 抽象文本转化为直观图形

数学具有很强的抽象性,随着年级的升高,学生面对纯文本描述的复杂问题,理解分析起来会有一定困难。如果把抽象问题转化为直观问题,很多时候就能迎刃而解。

> **例1** 若一个直角三角形的三条边长分别为 3 cm、4 cm、5 cm,这个三角形的面积是多少?

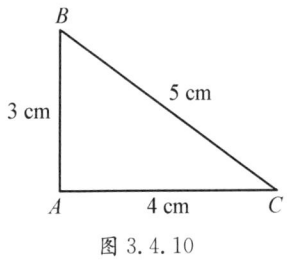

图 3.4.10

此题是求三角形的面积,只需要找到相应的底和高。可是三条边谁是底和高呢?不少同学面对抽象简洁的文本,存在理解困难。如果让他们尝试把这个直角三角形根据条件画出来,如图 3.4.10 所示,就能发现 3 cm、4 cm 的边,既是三角形的两条直角边,又是一组相应的底和高,5 cm 作为最长的边,就是斜边,对应的高未知,是一个干扰条件。从直观的图形,辨析已知条件,从而解决问题。

二、 将未知问题转化为已知问题

学生学习数学新知识,是一个循序渐进的螺旋式上升的过程。遇到变式多一些的复杂问题,常常无从下手。如从未知问题出发,寻找需要的条件,再找已知条件与需要条件的关系,就可变简单。

> **例2** 一个等腰梯形的周长是 94 厘米,它的腰是 22 厘米,高是 20 厘米,这个等腰梯形的面积是多少?

要求这个等腰梯形的面积,按照一般思路,需要知道梯形的上底、下底和高分别是多少。这些与它的周长和腰似乎没有什么关系。怎么办呢?很多孩子困在这里。如果把图画出来,如图 3.4.11 所示,再分析等腰梯形的周长与上底、下底、腰的关系。即:

梯形周长 = 上底 + 下底 + 腰 × 2,

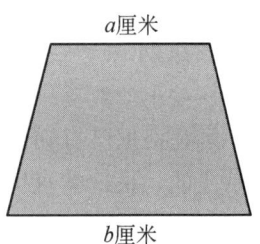

图 3.4.11

可以推算出 $a+b=94-22\times2=50$（厘米）。

从而求出梯形面积 $=50\times20\div2=500$（平方厘米）。

三、 将一般问题转化为特殊问题

面对一般问题,同学们会根据条件直接解决问题。可是有的条件与问题之间的关系,似乎蒙上了一层面纱,扑朔迷离。如果尝试把题目条件转化成特殊情况,一层层剥离迷障,就化难为易了。

> **例 3** 用一根铁丝围成一个直角梯形,测得其上、下底之和为 30 厘米,它的两条腰分别是 8 厘米和 10 厘米。这个梯形的面积是多少?

很多同学的常规思路是找上底、下底和高,可是此处不知道上、下底分别是多少,导致部分孩子束手无策。而又有一部分同学知道上、下底之和,却不知道高与两条腰的关系,又很无奈。如果把图形画出来,如图 3.4.12 所示,根据直角梯形的特殊情况,把一般

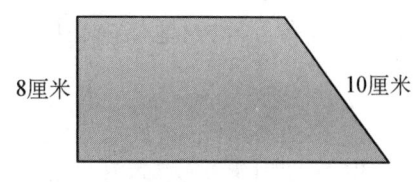

8厘米   10厘米

图 3.4.12

问题转化成特殊问题,直角梯形的一条腰即是高。从而把一个看似复杂的问题庖丁解牛,非常轻松地解决了,得出 $S=30\times8\div2$。

四、 将实际问题转化为特殊的数学问题

数学来源于生活,应用于生活。但是有一些生活中的实际问题,表面上看,用常规数学模型解决问题,真正深入分析数量关系,却因条件不全面而无法建立模型,就需要超越常规的思维模式,把特殊的数学问题转化,才能找得解决问题的方法。我以前没有深入思考学生为什么会有困难,虽然努力研究其形成原因,但也迟迟找不到解决的好策略。经过这次读书交流,我发现很多孩子因为没有实践经验,导致解题困难。

> **例 4** 如图 3.4.13,用 48 米长的篱笆围成一块梯形绿地,其中一边利用房屋的墙壁,求梯形的面积。

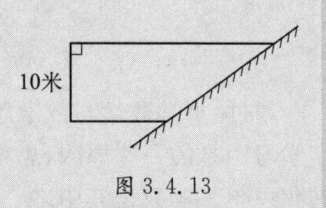

10米

图 3.4.13

此题求梯形面积,需要知道梯形的上、下底和高,而围成篱笆的长度与梯

形的上、下底,有什么关系呢? 很多孩子没有生活经验,觉得条件不够。篱笆的长度与梯形的周长有什么关系呢? 墙壁的长度也未知,种种不确定因素,让学生觉得困难重重,无从下手。我在课堂上,让学生利用一堵墙,用人做篱笆,围一块图形出来,才明白篱笆的长度与梯形的上、下底之间的关系,并完成解答:

$$篱笆的长 = 上底 + 下底 + 10,$$
$$上底 + 下底 = 48 - 10,$$
$$S = (48 - 10) \times 10 \div 2。$$

五、 把繁杂问题转化成简单问题

有些数学问题条件多,条件间的关系复杂,从而解答过程也相对繁杂,如果能拨开重重乌云,找到他们内在的关系,转化成简单类似的模型,解决问题就变得容易。

例5 如图 3.4.14,在三角形 ABE 中,CD 是 BC 的 2 倍,DE 是 BC 的 3 倍,三角形 ADE 的面积是 6 平方厘米,求三角形 ACD 的面积。

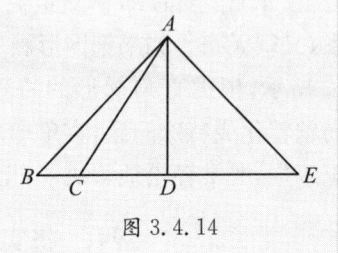

图 3.4.14

这道题目,三角形 ACD 的高未知,各个底边的长度也未知,只知道底边之间的关系,以及一个三角形的面积。有同学认为无法求出面积,因为高不知道;也有学生根据等量关系,以及底边的关系,先求出三角形 ABC 的面积,再求出三角形 ACD 的面积。可是如果深入思考,几个面积之间的关系因为同高不同底,其面积的倍数关系跟底的倍数关系相同。这样就可以化繁为简,轻松解答了:

$$S_{\triangle ADE} : S_{\triangle ACD} : S_{\triangle ABC} = 3 : 2 : 1,$$
$$S_{\triangle ACD} = 6 \div 3 \times 2 = 4(平方厘米)。$$

通过《小学数学与数学思想方法》的交流学习,结合教学实践,让我找到了学生学习困难的一些原因,思考如何解决的教学方法,真的受益匪浅。上面所述的转化思想其实只是其中之一,还有许多其他的经验,值得慢慢归纳和验证,使自己得到内化和拓展。例如我在平面几何教学的实践中,还有如下的一些思考和积累。

对于有些概念知识,学生混淆不清的地方,可以做一些针对性的辨析,一题多变,题组训练,也可以根据不同的学生,进行分层教学。

1. 一题多面,善辨析

有一些知识点,学生看似理解,但在具体运用时却并不能准确分析,因此可以用不同的方式来考查同一个知识点,训练检测学生的掌握程度。下面两题,考查同一个知识点,检测学生是否理解平行四边形的相应的底和高,垂线段最短,底边、邻边与高的关系。

例 6 如图 3.4.15,平行四边形的面积(　　)平方厘米。

(A) 等于 35　　　　(B) 大于 35

(C) 小于 35　　　　(D) 无法确定

例 7 如图 3.4.15,平行四边形以 5 厘米为底对应的高是 6 厘米,它的面积是(　　)平方厘米。

(A) 35　　　　(B) 42

(C) 30　　　　(D) 无法判断

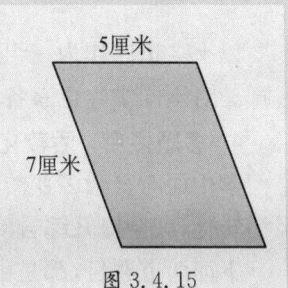

图 3.4.15

---

2. 一题多问,巧练习

为了在较短的时间里,做一些有效练习,可以尝试一题多问,对比练习。

例 8 如图 3.4.16,四边形 *ACED* 是一个长方形,四边形 *ABCD*、*AEFD* 分别是平行四边形,$AD = 5 \text{ cm}$,$AC = 6 \text{ cm}$。

  (1) 求长方形 *ACED* 的面积;

  (2) 求△*CDE* 的面积;

  (3) 求△*CDF* 的面积;

  (4) 求四边形 *ABCD* 的面积;

  (5) 求四边形 *ABFD* 的面积。

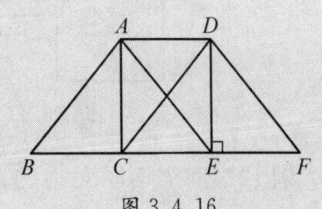

图 3.4.16

此题通过组合图形的不同面积计算,可以考查学生对不同平面图形面积的掌握情况,从对应条件的选择,检测出学生的各个知识点的运用情况。

3. 一题多变,妙分层

学生的差异是客观存在的,怎样让不同的学生得到相应的发展,可以将一道题多角度、多层次提问,满足不同学生的需要,进行分层练习。

例9 希望小学准备在校园内新建两个占地面积相同的花圃,每个花圃比10平方米大,比20平方米小,形状分别是平行四边形和三角形。你能在方格中设计出这两个花圃吗?

例10 希望小学准备在校园内新建三个占地面积都是16平方米,且高相同的花圃,三个花圃形状分别是平行四边形、梯形和三角形。你能在方格中设计出这三个花圃吗?

以上2道题作为一组题目,都是根据条件设计花圃,但难度不一样,要求也不一样。对不同学生也有各自相应的发展。

4. 多题多变,活转化

学生面对复杂多变的题目,只要抓住问题与条件之间的内在关系,常常变化,灵活转化,就会提升综合问题的分析能力。

下面两道题目,都是由两个图形组合成的,怎样求出阴影部分面积?

例11 下图3.4.17是两个同样的正方形错位摆放,请算出图中平行四边形的面积。

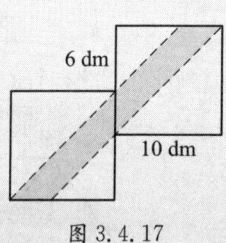

图 3.4.17

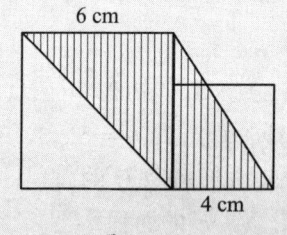

图 3.4.18

例12 两个不同大小的正方形如图3.4.18摆放,请算出图中四边形的面积。

通过对比练习,学生就可以根据图形的内在关系,进行转化。图3.4.17中平行四边形的底是10−6,高是10+6。图3.4.18中四边形的面积则是将大的梯形面积减去三角形面积即可,把不规则的图形面积转化成规则的图形面积,灵活转化。

下题考查学生是否了解梯形面积与两个已知三角形面积之间的关系,而三角形面积与已知条件的关系,与梯形面积的关系,都是要求比较高的。

例 13 如图 3.4.19，已知 $ah = 8$，$bh = 15$，这个梯形的面积是（　）平方厘米。

(A) 120

(B) 23

(C) 11.5

(D) 无法计算

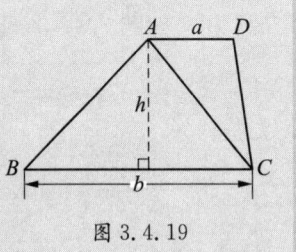

图 3.4.19

下题求三角形的面积，考查学生对图形之间的内在关系是否能洞察秋毫，如果知道同一个三角形的面积可以用不同的底与高来求，就可以得出小三角形面积是大三角形面积的六分之一。

例 14 如图 3.4.20，△ABC 的面积是 48 平方厘米，D 是 AC 的中点，DE 的长是 BE 的长的 2 倍，那么△ABE 的面积是多少平方厘米？

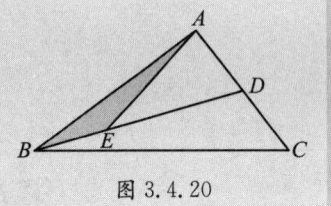

图 3.4.20

下面的对比练习，也非常有思考价值。都是将一张长方形纸折成不同形状，条件给出的不一样，再求不同部分的面积，方法各有异同。

例 15 把一张长方形的白纸折成如图 3.4.21 所示的形状，求阴影部分的面积。（单位：米）

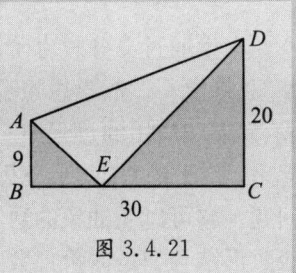

图 3.4.21

根据题意可知：$\angle AED$ 是直角，则

$$S_{阴} = S_{梯ABCD} - S_{\triangle AED}$$
$$= (9 + 20) \times 30 \div 2 - 30 \times (20 - 9) \div 2。$$

例 16 如图 3.4.22，求直角梯形的面积。

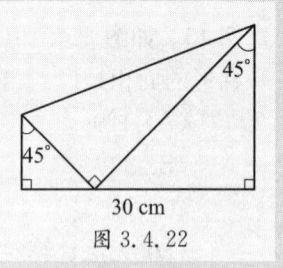

图 3.4.22

直角梯形面积 $= 30 \times 30 \div 2$。

以上例题及尝试并不成熟，只是抛砖引玉。把我平时实践与探索的点滴记录下来，通过各种学习、反思，将小学数学思想方法在具体教学中落实，更好地引导学生思考学习，让他们的数学思想方法得到发展，是我坚持下去的动力。在此，对于一起读书研讨，我的感受是：且读且思且行，共议共悟，转化，茅塞顿开，别有洞天。

上海大学附属中学实验学校　杨玲玲

第五节　数形结合思想

浅析"数形结合百般好"在小学数学中的体现

学生通过义务教育阶段的数学学习，能获得数学的基本思想，是新课标的"四基"目标之一。数学思想是对数学知识的本质认知、理性认识，蕴涵在数学知识形成、发展和应用的过程中。数形结合的数学思想将抽象数学语言与直观图形结合起来，使抽象思维与形象思维结合，通过"数"与"形"之间的对应和转换来解决数学问题。它可以使抽象的数学问题直观化，繁难的数学问题简洁化。数学家华罗庚谈数形结合如是评价："数无形时少直觉，形少数时难入微；数形结合百般好，隔离分家万事休。"小学生的思维正处于从形象思维向抽象思维过渡的阶段，此时用图形的形象直观帮助学生理解代数的抽象性，或以代数的数量关系来解释图形中所蕴含的数学本质，能起到画龙点睛的效果。下面浅析几点"数形结合百般好"在小学数学中的体现。

一、数形结合明内理

波利亚曾说过：抽象的道理是重要的，但要用一切办法使它们看得见，摸得着。如何使抽象的知识形象化,数形结合就是一个好办法。在教学过程中,学生对很多数学知识的认识往往是模棱两可的,不明白内在的道理,此时教师可以利用数形结合的思想因势利导地帮助学生明白这些内在的道理。

如平均数的概念。平均数是统计学中的一个重要概念,它是个虚拟的数,学生对此似懂非懂,一知半解。此时结合图像,对学生理解平均数的内涵能起到很好的辅助作用。在学生对图 3.5.1 的题进行判断解释后,展示如图 3.5.2 所示的统计表,并动态展示照片中平均身高的横线。学生会眼前一亮,豁然开朗,对平均数不是一个真实的数,而是一个虚拟的数,是我们对一组数据进行分析处理得到的这个数,有了一定的理解。

图 3.5.1

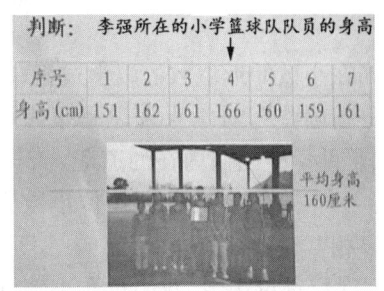
图 3.5.2

紧接着,对人教版小学数学四年级下册中的例 2 以统计图的形式展现给学生,并在统计图中动态添加平均数这条虚线,如图 3.5.3 和图 3.5.4 所示,借助统计图将其中的实际数量与平均数进行更为直观的比较,使学生明白求出的这个平均数一定在这组数据当中的最大数和最小数之间,而且比最大数会小一些,比最小数会大一些,体会平均数可以代表一组数据的平均水平。从这两幅条形统计图中,学生更加清晰地看出每个人实际踢毽的个数有的比平均数多,有的比平均数少,还有的与平均数相等。这样直观形象的展示,对学生理解平均数起到了非常鲜明的效果。

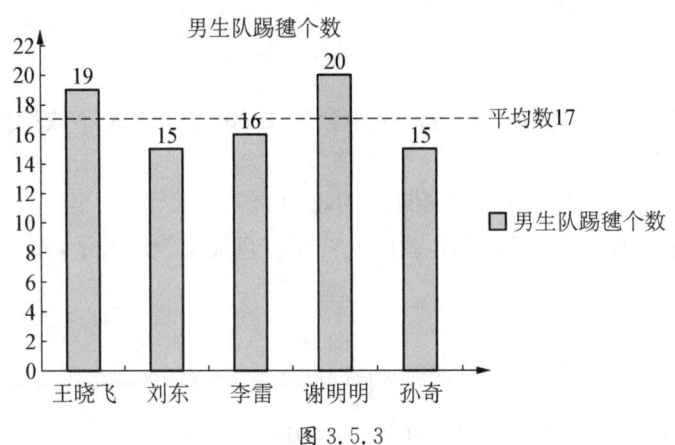
图 3.5.3

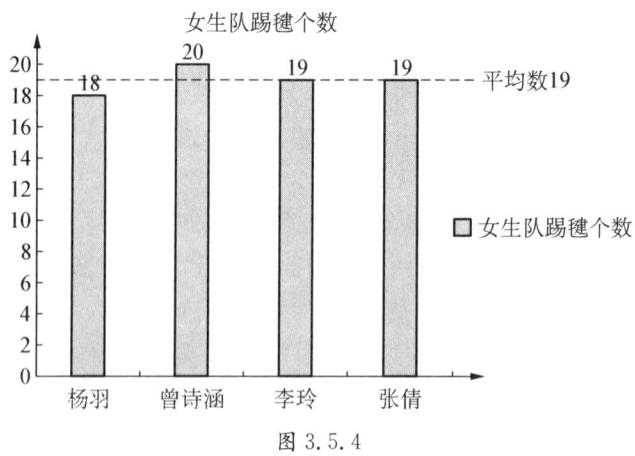

图 3.5.4

　　再如在小数的近似数的教学过程中,因为 1.50 = 1.5,如何让学生理解"1.50 比 1.5 更精确些",对学生来说是很难明白的。此时数形结合,借助图形的形象直观,可以帮助学生明白内在的道理。

　　师:一个三位小数,保留一位小数为 1.5,这个数最大是多少,最小又是多少?同桌可以相互讨论。

　　生:保留一位小数,我们只看小数点后面第一位,第二位上如果舍去,最大是 4 还能舍,要使它最大,千分位取最大的 9,所以最大是 1.549;第二位如果向前进"1" 的话,最小是 5 才可以进"1",要使它最小,千分位取最小的 0,所以最小是 1.450。

　　师:老师画了一条数轴,谁能上来指一指 1.450 和 1.549 分别在哪里?

　　学生指出取值范围后,教师用红色加粗线段表示,并用大括号标注出来,如图 3.5.5 所示。

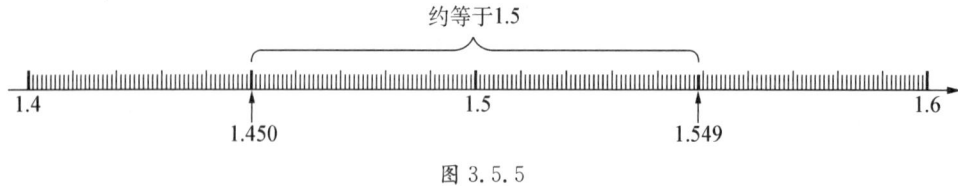

图 3.5.5

　　师:还有一个三位小数,保留两位小数为 1.50,这个三位小数最大是多少,最小是多少?

　　生:这个三位小数最大是 1.504,最小是 1.495。

　　请学生在数轴上指出范围后,教师同样用红色加粗线段表示,并用大括号标注出来,如图 3.5.6 所示。

　　约等于1.50

1.4　　　　　　　　　1.5　　　　　　　　　1.6

　　　　　　1.495　　1.504

图 3.5.6

当这两幅图同时呈现在学生面前时,对学生的视觉冲击力是很大的,非常形象直观,学生对"近似数 1.50 比 1.5 更精确些"的说法的内理就明确无比了。

二、数形结合寻关联

数学家希尔伯特(D. Hilbert, 1862—1943)曾说过:"在数学中,像在任何科学研究中那样,有两种倾向。一种是抽象的倾向……另一种是直观的倾向,即更直接地掌握所研究的对象,侧重它们之间关系的意义,也可以说领会它们生动的形象"。对于寻找实际问题中的各种量之间的关联,数形结合能起到很好的辅助作用。

在解决问题的时候经常碰到相遇问题,如下题:

> **例 1** 两辆汽车同时从 A、B 两城相向而行,在离 A 城 52 千米处相遇,到达对方城市后立即以原速沿原路返回,又在离 A 城 44 千米处相遇,两城相距多少千米?

拿到此题,很多学生感到无从下手,即没有关于速度的信息,也没有关于时间的信息,如何求路程呢?此时,借助线段图的几何直观性来阐明这些数据之间的关系,即"以形助数"能使问题形象化和简洁化。

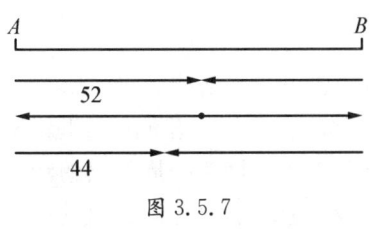

图 3.5.7

如图 3.5.7 所示,若在图形中用彩色线段表示就更加直观。A、B 两城间的距离用绿色线段表示,从 A 城出发的车走的路线用蓝色线路表示,从 B 城出发的车走的路线用红色线路表示,将两车简称为蓝车和红车。从线段图中,我们可以直观地看到当两车第二次相遇时它们一共合走了三个全程。在两车合走完第一个全程时(即第一次相遇)蓝车行驶了 52 千米,由于速度保持不变,那么合走完三个全程时蓝车共行驶 $52 \times 3 = 156$(千米),也就是图中三条蓝色线段总长度是 156 千米,这 156 千米再加上红车最后行驶的 44 千米的红色线段就是两个全程,如此问题迎刃而解,A、B 两城相距 $(52 \times 3 + 44) \div 2 = 100$(千米)。

当此题的第二次相遇改成离 B 城 44 千米时,仍可以借助线段图寻求关系,如图 3.5.8 所示。

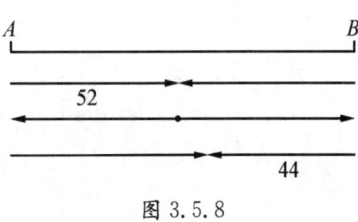

图 3.5.8

蓝车合走完三个全程时行驶的路程还是 $52 \times 3 = 156$(千米),即图中三条蓝色线段总长度还是 156 千米,但前两条蓝色线段合起来就是一个全程,所以一个全程就是 $52 \times 3 - 44 = 112$(千米)。

在这类型的相遇和行程问题中,线段图在寻求各种信息和数量的关联上往往起到事半功倍的效果,行程问题线段化是解决此类问题的一个好思路。

再如牛顿提出的"牛吃草问题"。

例 2 牧场上有一片青草,每天都生长得一样快。这片青草供给 27 头牛吃 6 周,或者供给 23 头牛吃 9 周,那么供给 21 头牛吃,可以吃多少周?

此题由于草的生长是动态的,学生往往抓不住关键点。实质上由于草的生长是匀速的,草可以看成两部分,一部分是草地上原有的草,另一部分是后来新长出来的草。把一头牛一周吃的草看成 1 份,则 27 头牛吃 6 周的量为 $27 \times 6 = 162$(份), 23 头牛 9 周吃的量是 $23 \times 9 = 207$(份),用线段图可表示如下,见图 3.5.9 所示。

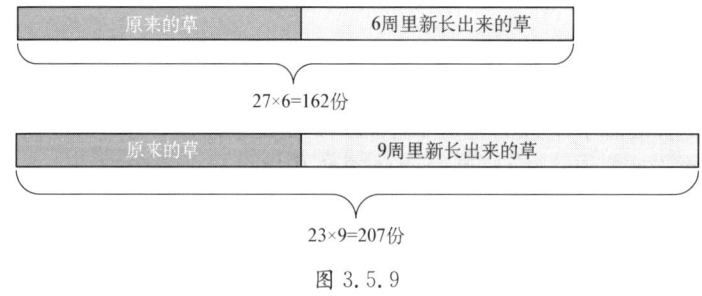

图 3.5.9

由上图可寻求出这样的关联:两个总数相差的量等于 3 周新草的量。即 3 周长新草 $207 - 162 = 45$(份),如此一周生长的草量是 $45 \div 3 = 15$(份),6 周里新长出来的草量是 $15 \times 6 = 90$(份),原有草量 $162 - 90 = 72$(份)。因为一周长出的新草是 15 份,所以可以想象,假设有 15 头牛就是专门吃这种新草的,这样新长出的草总是被这 15 头牛吃掉了,那么 21 头牛中就剩下 $21 - 15 = 6$(头)牛吃原来的那部分草,可吃 $72 \div 6 = 12$(周)。

数形结合,利用线段图,寻找到了各个量之间的关联,使问题变得简洁明了,这不失为解决问题的好办法。

当然此题也可变式,如下题。

例 3 由于秋天天气逐渐变冷,牧场的草每天以均匀的速度自然减少。经计算,牧场上的草可供 20 头牛吃 5 天,或可供 16 头牛吃 6 天。那么,可供 11 头牛吃几天?

同样,由于草是匀速减少的,可以看成两部分,一部分是牛吃掉的,另一部分是自然减少的。把一头牛一天吃的草看成 1 份,用线段图表示,如图 3.5.10 所示。

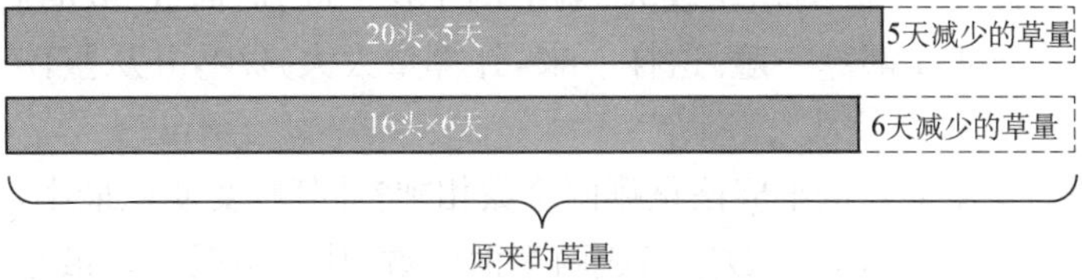

图 3.5.10

易知,20 头牛 5 天吃掉 $20 \times 5 = 100$(份),16 头牛 6 天吃掉 $16 \times 6 = 96$(份)。从上图可寻求出这样的关联量:两种吃法总量的差(阴影部分)等于 6 天减少的量与 5 天减少的量的差(非阴影部分)。从而得到草每天自然减少的量是 $(100 - 96) \div (6 - 5) = 4$(份),原有草量 $20 \times 5 + 4 \times 5 = 120$(份)。草地每天被 11 头牛吃掉 11 份,自然减少 4 份,可供 11 头牛吃 $120 \div (11 + 4) = 8$(天)。

有时我们将比较复杂的代数问题线段化,数形结合,寻求各个量之间的内在关联,使复杂问题变得简明、形象,有助于探索解决问题的思路和方法。

三、 数形结合破疑点

美国数学家克莱因(M. Kline,1908—1992)曾说:"数学不是依靠在逻辑上,而是依靠在正确的直观上"。直观的东西会给人留下深刻印象,如果利用数形结合将代数问题几何化,使之直观、形象,往往会突破问题的疑难点,提供简洁明快的解题途径。请不要小看这个转化,对于学生而言,其对学习的意义非凡。

如教学"三位数乘两位数的乘法"时,会碰到这样的习题:

> 用 1、2、3、4、5 这五个数字组成一个两位数和一个三位数,要使乘积最大应该是哪两个数相乘?

拿到此题,有些同学毫无章法地一个一个列式计算,数学素养好的同学按照一定的排列顺序一个一个列式计算。按照排列组合,这样的三位数乘两位数的列式共有 120 种之多,即使学生按照一定的顺序计算,也要费不少时间。如何突破这个疑难点呢?此时,初步分析,积最大,两个乘数的最高位应是较大的两个数,最末位应是较小的两数。先不看最小数 1,则就变成 2、3、4、5 这四个数字组成两个两位数,什么情况下积最大?学生知道两个两位数最高位应分别是 4 和 5,那么组成的两位数应是 43 和 52,或 42 和 53。那到底是 43×52 的积大还是 42×53 的积大呢?数形结合,把这个问题转化为一个图形的面积问题,就能创造性地解决此疑点。因为 $43 + 52 = 42 + 53 = 95$,在和一定的条件下,把两个数看成一个长方形的两边。和一定,意味着周长一定,在周长为定值的情况下,长方形越接近正方形,面积就越大,即两个数之间越靠近,乘积越大。$52 - 43 = 9,53 - 42 =$

11,于是就知道 $43×52$ 的积比较大。剩下的 1 在 43 的后面或 52 的后面,可以把 $43×521$ 和 $52×431$ 都算一遍。这样一来,计算量大大减少,并从整体上把握了此题的思路。

此题如问要使乘积最小应该是哪两个数相乘? 同理,要使积最小,先不看最大数 5,就变成 1、2、3、4 四个数字组成两个两位数,什么情况下积最小? 要使积最小,两个两位数最高位应分别是 1 和 2,那么组成的两个两位数一定是 13 和 24,或 14 和 23,哪个积小,同理把这个问题转化为长方形的面积问题。因为 $13+24=14+23=37$,把这两个数看成一个长方形的两边,和一定,周长一定,在周长为定值的情况下,长方形越扁越平,面积就越小,即两个数之间相差越大乘积就越小。$24-13=11,23-14=9$,于是 $24×13$ 的积较小。剩下的 5 在 24 的后面或 13 的后面,可以把 $24×135$ 和 $13×245$ 都算一遍,从而得到 $13×245$ 乘积最小。

把三位数乘两位数的问题先转化为两位数乘两位数的问题,再把它转化为周长一定的长方形的面积问题,非常有效地突破了此种题型的疑点,为题目的解决开辟了一条新路。

再如人教版小学数学六年级下册整理和复习章节"图形与几何"里有这样一道习题,如图 3.5.11 所示。

在长 12.4 cm、宽 7.2 cm 的长方形纸中,剪半径是 1 cm 的圆,能剪多少个?

图 3.5.11

此题的解决如要通过精确计算在小学阶段是没法解决的,笔者通过数形结合非常好地突破了学生的疑点,下面是课堂片段。

大部分学生一开始都是 $(12.4×7.2)÷(3.14×1^2)≈28$(个)。

师:大家想象一下,我们剪圆的时候纸有没有浪费呢?

师:那该如何剪才能使纸浪费最少呢?

生:把圆放在边长为 2 cm 的正方形内,能剪多少个正方形就能剪多少个圆。$12.4÷2=6.2$,$7.2÷2=3.6$,要取整数,所以能剪 $6×3=18$(个)圆。

师:想法很好!(师拿出 5 角的硬币,请学生上来摆好,学生摆成如图3.5.12所示)大家觉不觉得这样四个圆中间的纸有些浪费?

师:那怎么办呢?

生:把上面一行的圆往右移一点,再往下移一点。(生动手将硬币摆成如图 3.5.13所示的形状)

师:那如何确定各圆心的位置?(课件出示图 3.5.14)

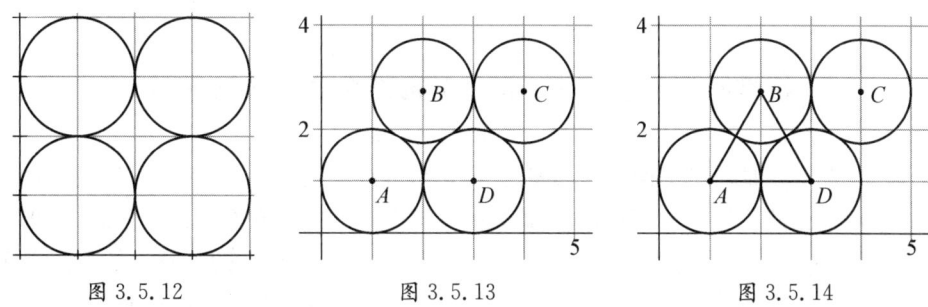

图 3.5.12　　　　　图 3.5.13　　　　　图 3.5.14

生：先确定 A 点和 D 点的位置，B 点在正方形的边上，$AB = 2\,cm$，$BD = 2\,cm$，$AD = 2\,cm$，然后一个一个圆画过去，第三行圆与第一行对齐，不知道能不能画下 4 行圆？

师：那大家动手试着画一下吧！

（师事先准备好印有网格的长 12.4 cm、宽 7.2 cm 的长方形图纸发给大家）

生：太神奇了，居然能画 22 个圆！（如图 3.5.15 所示）

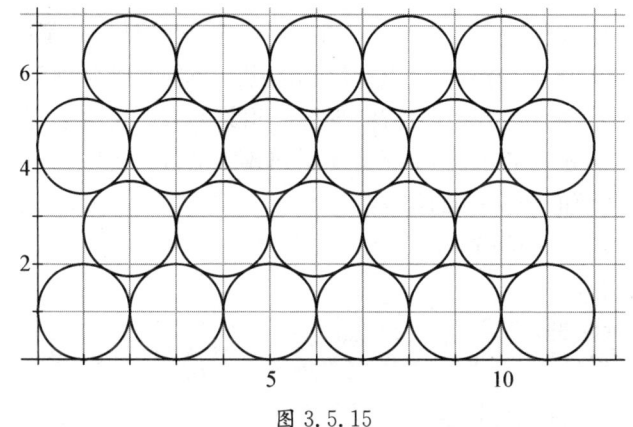

图 3.5.15

在这个教学活动中，教师不断提出知识疑点，将问题转化为一个个图形，学生虽然没有学过无理数、勾股定理、两圆外切等知识，不能通过很精确的计算得出是否能画下四行圆的结论，但教师利用数形结合，同时通过动手实践，突破了疑点。

数与形是数学中的两个最古老，也是最基本的对象，它们的相互结合所带来的作用远远不止明内理、寻关联、破疑点这几点，正如我国数学家华罗庚所说那样："数形结合百般好，隔离分家万事休"。在实际教学过程中，教师要有意识地示范通过数形结合构造图形或图解来表征问题、寻求解法的数学活动经验，并适时、适度地给学生提供参与这类解题活动的机会，以求逐渐增强学生运用数形结合的意识和能力。

浙江省慈溪市周巷镇潭北小学　韩素品

提炼数形结合思想，运用数形结合思想方法教学

"数"和"形"是数学的两个基本概念,数学是围绕这两个概念的提炼、演变而发展的。数形结合的思想,其实质就是将抽象的数与直观的图形联系起来,将抽象思维和形象思维结合起来,发挥直观和抽象之间的相互支撑。数和形的关系正如我国著名的数学家华罗庚所写的诗句一样,"数与形,本是相倚依,焉能分作两边飞;数无形时少直觉,形少数时难入微"。教学中,挖掘教材,提炼数形结合思想,恰当运用数形结合思想教新知,引导学生自主运用数形结合思想来解决问题,是实现小学数学有效教学的必经之路。以下做法和案例,是我在日常教学中积累起来的,有些案例似乎没什么新颖之处,然而我们若从数学思想方法的高度去理解,则我们的教学会更上一层楼。

一、 挖掘教材，提炼数形结合思想

数学思想方法往往隐含在数学知识中。小学数学教材虽未都以文字说明各个数学思想,但要求学生在一定程度上领悟和运用。我们教师必须深入钻研教材,分析教材各部分内容蕴含的方法和规律,提炼出相关的数形结合思想。比如,教材中下面一些内容的编排和展示,都明显将知识和数形结合思想融合在一起了:

1. 有关"前后"的知识的排队问题;
2. 谁比谁多几个的问题;
3. 乘法的引入;
4. 看图编乘法题;
5. 分一分;
6. 千以内数的认识与表达;
7. 面积单位和面积计算;
8. 几分之一和几分之几;
9. 正方形、长方形的周长;
10. 小数的意义、性质和大小比较;
11. 鸡兔同笼问题;
12. 三角形的概念、三角形内角和、三角形的特性;
13. 小数乘法的意义;
14. 分数除法、分数混合运算及解决问题;
15. 平行四边形、三角形、梯形和组合图形的面积;
16. 百分数的运算;
......

对上述内容的教学,教师要注意体会教材编写的意图,知识的展示中蕴含了哪

些方法和规律,体现了哪种数学思想,都要仔细推敲,认真揣摩。从宏观上规划教学计划,从低段到高段,由浅入深地培养学生的数形结合思想。教学中,要引导学生通过沟通数与形的联系,形象地展示形与数的对应关系来建立数学模型;要引导学生用数形结合思想解决实际问题。这样,能使学生从感悟数形结合思想,过渡到学会初步运用数形结合思想,进一步到自觉运用数形结合思想,最后能创造性地运用数形结合思想解决数学问题。

二、 引导学生运用数形结合思想方法活用知识

数学的性质、规律以及之间的内在联系,都相对抽象。大多数小学生的思维还停留在形象思维为主阶段,他们对抽象的数学知识的理解需要借助丰富的感性材料。而数形结合思想方法能使抽象转化为清晰和具体,便于学生理解和掌握。在教学中我们要引导学生养成画一画的习惯,把数学变得直观形象。

1. 以形理解数学概念

在引入"倍数"这一概念时,老师引导学生先画图,第一行画出 2 个圆,第二行画出 8 个圆(如图 3.5.16 所示)。

第一行摆:●●

第二行摆:☺☺ ☺☺ ☺☺ ☺☺

图 3.5.16

引导学生观察比较第一行和第二行的数量特征,使学生清晰地认识到:第一行是 2 个圆片,第二行是 4 个 2,把一行 2 个圆片当作 1 份,第二行就有 4 份。用数学语言表述就是:第二行与第一行比,把第一行当作 1 份,第二行的数量就是第一行的 4 倍。这样,以图为载体,从"个数"到"份数",再引出倍数,很快就触及了概念的本质,问题也就迎刃而解了。

2. 以形直观地理解问题中的数量关系

解决问题中,利用数形结合的方法进行教学,能将抽象的数学概念直观化,将形象思维和抽象思维结合,从而使表象清晰,计算中的算式形象化,并帮助学生在理解算理的基础上掌握算法,知其然又知其所以然。为促进学生理解数量关系,教师应放手让学生动手操作、猜想、画图,自觉地运用数形结合思想解决实际问题。

(1)借助长方形图理解算理。

案例 1 每小时能刷一面墙的 $\frac{1}{5}$,那么 $\frac{1}{4}$ 小时能刷这面墙的几分之几?

按分数乘法意义,学生能列式得出 $\frac{1}{5} \times \frac{1}{4} = \frac{1}{20}$,但由于"分数乘法"是个难点,教学该内容时,一些学生没能很好理解算理,机械记忆成分较多,理解不透这个

乘法式子的实际意义。教师可指导学生画如图3.5.17所示的长方形图表示出"$\frac{1}{5} \times \frac{1}{4}$"这个算式的意义。

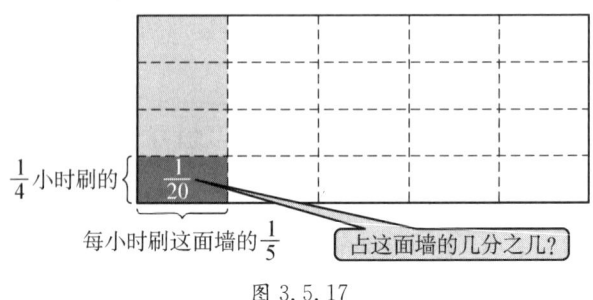

图 3.5.17

通过画图,学生亲身经历了数形结合的过程,就会"看到算式联想到图形,看到图形就联想到算式",验证了"$\frac{1}{5} \times \frac{1}{4} = \frac{1}{20}$"中算理的实际意义。

(2)借助线段图理解数量关系。

线段图是理解题意的工具,它能将问题精髓从背景中抽出,使抽象的数量关系形象化、直觉化。借助线段图能变"不见"为"看得见",化繁为简,不但能很好地帮助学生厘清数量间的关系,还能明确和拓宽解题思路。

案例2 张燕家养的 3 头奶牛上周的产奶量是 220.5 千克。平均每头牛一天产奶多少千克?

教学策略 1:引导学生以每头牛产奶量为基础分 3 段画线段图,如图 3.5.18 所示。

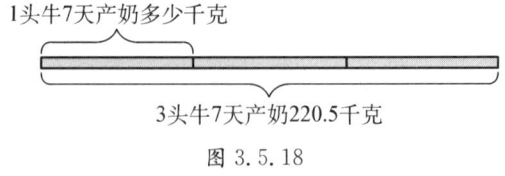

图 3.5.18

教学策略 2:引导学生以每天产奶量为基础分 7 段画线段图,如图 3.5.19 所示。

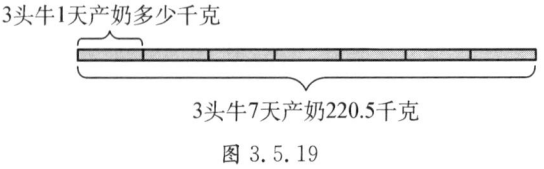

图 3.5.19

小学数学思想方法解读及教学案例

3. 数与形相互激活

在平时教学中,面对问题信息,教师可训练学生习惯用联系的观点把数形结合起来。如:看到 3 厘米就想到 3 厘米长的线段;看到 3×4,就想到一个长为 4 厘米,宽为 3 厘米的长方形的面积;看到"3、3、1"、"3、3、5"、"3、3、3"、"3、4、5"就想到把这三个数分别作为边长,能组成的是锐角三角形、钝角三角形、直角三角形或是等腰三角形(等边三角形)等情况。同理,看到"形",要联想到相关的"数"。这有利于培养学生在无意识中将数与形自动结合的能力,为数形结合思想的形成铺垫。

4. 实物操作,感知数形结合思想

实物能为数形结合提供原型。在教学中,教师可以利用实物进行强化训练,让学生在数学活动中感知数形结合思想,如圈一圈、画一画、剪一剪、折一折等。

人教版小学数学五年级上册第五单元的"用字母表示数"这节课,为更好让学生感悟用字母表示数量关系,在教学这节课时,我首先让学生准备一盒 250 毫升的牛奶,让学生喝一口,问学生:"喝的是多少毫升?"学生说不知道。我说:"不知道的数可以用 x 来表示。"再问:"盒子里还剩下多少?"学生很快地理解这时盒子里还剩下 $250-x$。再问:"如果喝同样数量的三口,盒子里还剩下多少?"学生通过实物这个形的感知,明白了式子"$250-3x$"的含义。这节课我还采取了这样的方法,首先提问大家:"你们的头上有多少根头发?"同学们说"数不清"。我接着说:"那数不清可以用什么符号来表示呢?"学生说可以用 x 来表示,我说:"你们拔下一根,头上还剩多少根头发?"学生自然而然就知道是 $x-1$。此时学生自主地将数与形融在一起了。

学习植树问题时,我先与学生们一起玩游戏,出示两个手指,让学生观察"两个手指之间有几个间隔",得到结论:两个手指有一个间隔。接着出示三个手指,问学生"有几个手指有几个间隔",从而使学生得出手指数和间隔数之间的关系是手指数 = 间隔数加 1。实物感知促进了数与形的结合,进而发现了数与形之间的关系。

三、 鼓励学生在解决问题中自主运用数形结合思想方法

教师通过挖掘教材,提炼数形结合思想,导引学生感悟运用数形结合思想方法,久而久之,学生会逐步感悟数形结合思想方法的意义,初步学会用数形结合思想方法解决数学问题。学生在解题中遇到新问题时,总想用熟悉的题型去"套",只是满足于把题目解出来,忽视在反思中提炼数学思想方法。此时要注意引导学生脱离教师这个拐棍,激励学生自主运用数形结合思想方法大胆思考。大量的数学例题和习题都蕴涵着数形结合思想方法,学生在解决问题中将其提炼出来,有助于对数形结合思想理解透彻及融会贯通,面对比较复杂的问题能得到解法,形成自己

独立自主解决问题的方法。此时的数形结合,是抽象与直观的结合、思维与感知的结合,数学不再是枯燥的、乏味的,而是美丽的、生动的、具体的。学生在学习中体会到数形结合的美妙,尝到数形结合的甜头,就会在解决问题时,自主地运用数形结合思想来解决问题。

案例3 医院包扎用的三角巾是底和高都为 9 分米的等腰三角形,现在有一块长 72 分米,宽 18 分米的长方形白布,最多可以做这样的三角巾多少个?

我鼓励学生联想实际场景,画图分析解答。有的学生根据题意画出了示意图,列出 $72 \div 9 \times (18 \div 9) \times 2$ 和 $72 \times 18 \div (9 \times 9) \times 2$ 等几种算式。在这个过程中数形结合很好地促进了学生联系实际、灵活解决数学问题的能力,而且还有效地防止了学生生搬硬套,打开了学生解决问题的思路。此后我让学生口述自己用的数学方法,学生通过语言表述提炼了数学思想,获得了经验。

案例4 把一根绳子对折三次,其中的一段占原来绳子总长的几分之几?

这道题对于大部分学生来说,单从字面上很难弄清现在绳子与原来绳子之间的关系。此时教师提醒学生亲自动手将绳子对折,以自己的能力来解答该问题。学生通过实际操作,明确了对折第一次后的一段长是对折第二次后一段长的 2 倍,对折第二次后一段长是对折第三次后一段长的 2 倍,学生的思路豁然开朗了,于是得出解法:$2 \times 2 \times 2 = 8$,$1 \div 8 = \frac{1}{8}$。在操作中获得了将实物和数结合的经验。

案例5 在一张边长 10 厘米的正方形纸片的四个角各减去一个边长 2 厘米的小正方形,剩下图形的周长是多少?

我将这道习题抛给学生,学生由于有了前面的训练基础,自觉地利用折一折、剪一剪的方法来解决该问题,如图 3.5.20 所示,通过平移发现剩下的图形周长 = 原来图形的周长,运用数形结合,将不规则图形转化成规则图形,得到周长计算的方法,学生体会到了变与不变的关系。

以往学生碰到这样的题经常无从下手,但通过自觉运用数形结合的思想方法,学生逐步做到:

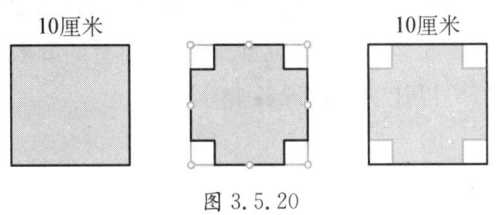

图 3.5.20

① 会看：能发现情境、材料中提供的可以利用的条件，看懂蕴含在材料中所提供的解决问题的思路、操作规则、方法。

② 会想：不是盲目地做，而是从已有经验中寻找解决问题的思路、方法。

③ 会做：按照已想出的办法，去动手操作，若行不通，还能另辟蹊径，找别的方法。

总而言之，对学生来说，从感悟数形结合思想方法，到教师导引下初步运用数形结合思想方法，再到自觉运用数形结合思想是一个长期积累、反复训练的过程。因此，在小学数学教学中，我们教师要有"有意渗透数形结合数学思想方法"的意识，在教学中挖掘教材中隐含的数形结合思想，潜移默化地引导学生领悟数形结合思想方法，使数形结合能为学生提供恰当的形象材料，使抽象的数量关系具体化，使无形的解题思路形象化，让培养学生数形结合思想方法的教学贯穿于学生数学学习的始终。进而使得学生的数学学习充满乐趣，由怕数学变成爱数学。我们小学数学教师要从全局着眼，从具体的教学过程着手，有目的、有计划地在教学中培养学生数形结合思想，使之成为学习数学、解决数学问题的工具。

山东省济南市槐荫区张庄小学　刘淑芹

应用数形结合思想，构建有效数学课堂

数形结合思想是重要的数学思想。小学数学学习很多时候是从"形"开始的，数形结合思想在小学数学教学中有重要的意义。下面我结合教学实践，浅谈如何在小学数学教学中应用数形结合思想，构建有效数学课堂。

一、 数形结合，使数学算理直观化

在小学数学教学中，利用数形结合的思想方法，引导学生理解算理，能使学生对算理理解更透彻，从而达到知其然又知其所以然的目的，并在理解算理的基础上掌握方法。

【片段一】 人教版小学数学六年级上册"分数乘分数"教学片段

1. 以课件出示图 3.5.21,逐步出示纵轴和横轴上的分数,如图 3.5.22 所示,边出示边与学生交流,可以让学生说说各个分数。

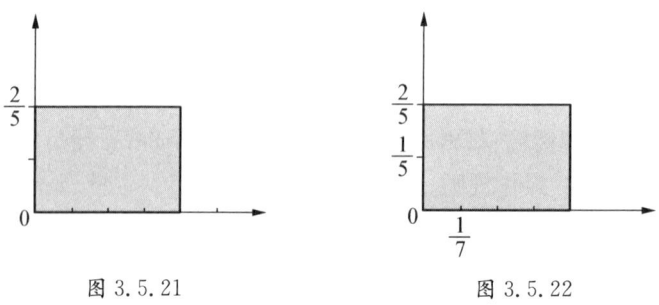

图 3.5.21　　　　　　　　图 3.5.22

2. 提问:怎么计算长方形的面积? 学生列式,教师依次出示在图 3.5.22 基础上的"网格化"图 3.5.23 与图 3.5.24。

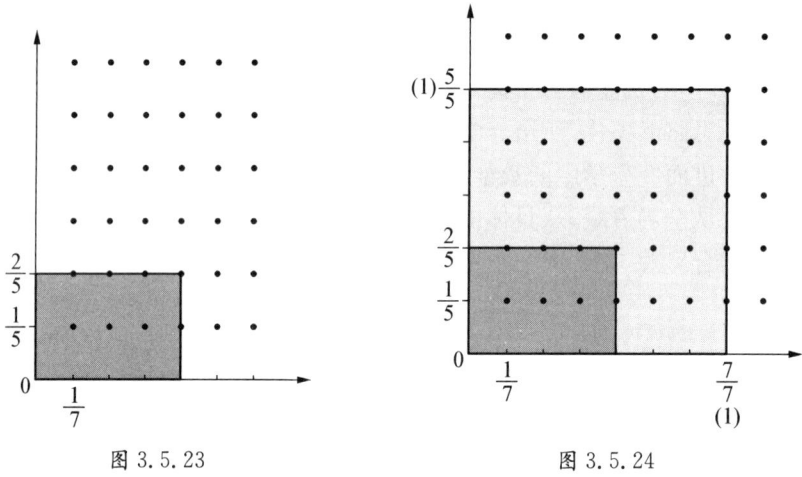

图 3.5.23　　　　　　　　图 3.5.24

3. 交流讨论:小长方形的面积是大长方形的几分之几?

从图中可以看出,小长方形含 8 个 $\frac{1}{35}$,大长方形含 35 个 $\frac{1}{35}$,小长方形面积是大长方形面积(面积是 1)的 $\frac{8}{35}$,所以 $\frac{2}{5} \times \frac{4}{7} = \frac{8}{35}$,这就帮助学生理解了分数乘法的意义。

4. 按上例方法教学 $\frac{3}{4} \times \frac{4}{5}$、$\frac{4}{7} \times \frac{5}{10}$、$\frac{6}{7} \times \frac{7}{10}$。

5. 比较分析、概括出分数乘分数的计算方法。

反思:由上述案例可知,当数的运算最需要支撑的时候,"形"要及时出现,依托数与形的巧妙结合,能使学生从图中很容易理解出"$\frac{2}{5} \times \frac{4}{7}$"就是求 $\frac{2}{5}$ 的 $\frac{4}{7}$ 是多少。通过观察网格图,借助数形结合的教学策略,使算理、算法相辅相成。"义"和"理"两相融合,问题就更加直观清晰了。

二、 数形结合,使数量关系清晰化

在解决问题的数学教学中,有些数量比较抽象,这时把"数"对应的"形"找出来,利用直观的线段图来分析、推理,能有效地帮助学生厘清数量关系,发现解决问题的策略。

【片段二】三年级"和倍、差倍问题"教学片段

老师出示问题:

> 乙储蓄 250 元,乙储蓄的钱数比甲的 4 倍少 50 元,甲储蓄多少钱?

学生汇报,出现两种错解:

(1) $250 \times 4 = 1\,000$(元), $1\,000 - 50 = 950$(元)。

(2) $250 - 50 = 200$(元), $200 \div 4 = 50$(元)。

此时,老师引导学生利用直观的线段图来解决问题。首先确定 1 份数是谁,再画出相应的线段图,如图 3.5.25 所示。

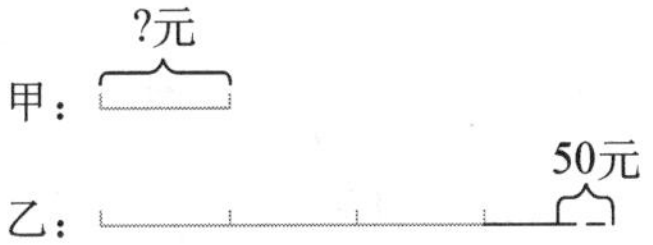

图 3.5.25

学生很快抓住其中的数量关系,得出正解: $250 + 50 = 300$(元), $300 \div 4 = 75$(元)。

反思:在上述案例中,数量关系抽象复杂,很多学生有困惑。借助直观的线段图,有效地帮助学生准确地厘清数量之间的关系,从而高效地解决了问题。

三、 数形结合,使几何问题形象化

在数学教学中,一些几何内容的推导和计算问题,常常以文字和数学语言叙述形式给出,而不给出图形。有些学生往往想不到画对应图形,而直接按问题语言描述进行思考,思维常常受阻。事实上该类问题虽然没给图形,但几何推理、计算问题和几何图形是融为一体而不能分离的。我们如果启迪学生先画出对应直观图形,将数和形结合起来思考,则能有效帮助学生理解图形的性质,巧妙化解教学难点。

【片段三】人教版小学数学五年级上册"平行四边形的面积"教学片段

老师出示问题:

> 羊羊种植了面积是 24 平方米的平行四边形草坪,猜一猜它的底和高可能是多少?

生独立试做。

引导学生有序汇报,并适时呈现面积为 24 平方米不同形状的草坪图,如图 3.5.26 所示。

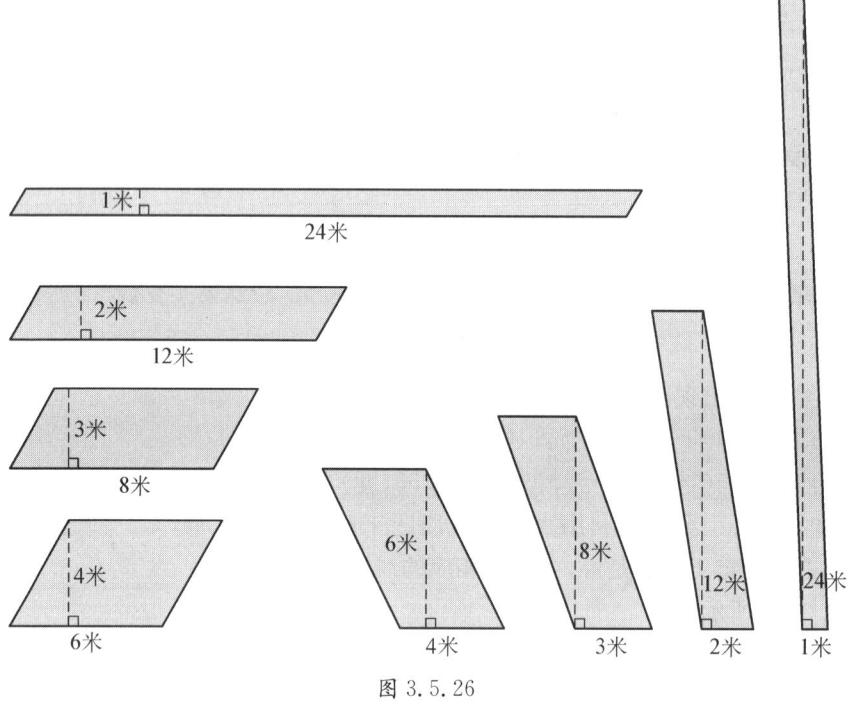

图 3.5.26

接着引导学生观察图,说说自己的发现。

生 1:它们的面积都是 24 平方米,但形状却不同。

生 2:面积相等的平行四边形形状不一定相同。

生 3:它们的底和高都是整数,还可以是小数。

师:如果它的底和高是小数的话,还有多少形状呢?

生:无数个。

反思:在上述案例中,借助数与形的结合,学生轻松发现"面积相等的平行四边形形状不一定相同"这一图形性质,而且体会到有序推理的意义。这样,通过巧用数形结合的方法,使几何问题推导形象化,拓展了学生的数学思维能力。

四、 数形结合,使复杂运算简单化

在数学教学中,经常会有一些复杂的计算问题。这时,如果能够借助图形,巧妙地将复杂的计算问题转化为学生熟悉的图形问题,可以收到事半功倍的教学效果。

【片段四】人教版小学数学六年级上册"数与形"教学片段

课件出示例题：

计算$\frac{1}{2}+\frac{1}{4}+\frac{1}{8}+\frac{1}{16}+\frac{1}{32}+\frac{1}{64}+\cdots$。

师：观察算式中加数的特点，你有什么发现？

生1：分子都是1，后一个分数的分母是前一个分数的分母的2倍。

生2：后一个分数正好是前一个分数的一半。

师：观察真细心！你准备用什么方法求和呢？（启思：分步试算）

$$\frac{1}{2}+\frac{1}{4}=\frac{3}{4},$$

$$\frac{3}{4}+\frac{1}{8}=\frac{7}{8},$$

$$\frac{7}{8}+\frac{1}{16}=\frac{15}{16},$$

$$\frac{15}{16}+\frac{1}{32}=\frac{31}{32},$$

$$\cdots$$

学生发现：加下去，等号右边的分数越来越接近于1。

接着启发学生结合图示理解、验证：

(1) 结合圆的面积验证。用一个圆的面积表示单位"1"，则原算式可用图3.5.27表示。

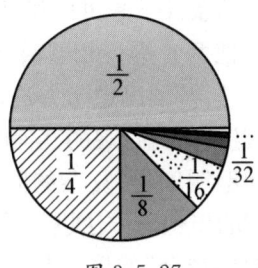

图 3.5.27

(2) 结合线段图验证。用一条线段表示单位"1"，则原算式可用图3.5.28表示。

图 3.5.28

明确结论：

$$\frac{1}{2}+\frac{1}{4}+\frac{1}{8}+\frac{1}{16}+\frac{1}{32}+\frac{1}{64}+\cdots=1,$$

并交流用数形结合方法解决问题的感悟。

反思：在上述案例中，用数形结合的方法，把繁难的计算转化成几何直观图来表示。这样处理，诱导学生发现了简洁解法，使复杂数学运算简单化，一方面使学生体会到数学的奇妙性和趣味性，另一方面也感受到数形结合的直观性与便捷性。

总之，数形结合思想在数学教学中无时不在、无处不在。我们要充分利用数形结合思想的优势，抓准有关数形结合思想方法的知识结合点，以数和形有机结合帮助学生在形象思维和抽象思维之间搭建桥梁。这有利于学生在学习数学过程中，有效化解难点，并逐步感悟数形结合思想方法，从而发展学生思维能力，提高学生的数学素养。

安徽省芜湖市芜湖县赵桥中心学校　骆月红

"数与形"教学研究报告

一、问题

数学是研究现实世界空间形式和数量关系的科学。数学的所有问题都是围绕数和形的提炼、演变、发展而展开的。可见，"数"与"形"是数学中两个最古老，也是最基本的研究对象，它们在一定的条件下是可以相互转化的。在数学上，我们把这种根据数与形之间的对应关系，把两者进行相互转化来进行分析与思考的数学思想方法叫做"数形结合"。"数形结合"的思想与方法兼有"数"的严谨与"形"的直观之长，能把抽象的数学语言、数量关系与直观的几何图形、位置关系结合起来，可以使抽象的问题具体化、模糊的问题明朗化、复杂的问题简单化，从而取得化难为易的效果。因此，运用"数形结合"的思想与方法进行数学教学，应该成为数学教师的一项教学基本功；同时，运用"数形结合"的思想与方法思考并解决问题，也应该成为学生学习数学的一种基本素养。

事实上，小学数学教材一直都很重视"数形结合"思想的渗透与运用，学生几乎从入学第一节课认识数字开始，就受到数形结合思想的熏陶，如三根小棒搭成的三角形用"3"表示，四根小棒搭成的正方形用"4"表示等等，到中高年级的认识图形的周长与面积、解决问题中数量关系的分析、概念教学中直观演示等等都会用到数形结合的思想与方法。但是对于数学知识中所蕴含的数形结合思想，教材并未明确指出,学生当然也就不易察觉。所以,学生尽管有过用数形结合方法解决问题的经验,但在这种经验没有得到提炼或明晰的时候,要让这种数形结合成为一种自觉的数学学习的方法还是有些难度的。好在人教版小学数学教材在六年级上册"数学广角"版块专门安排了"数与形"为主题的教学,这样,学生就有机会把这种解决问题的思想与方法进行清晰的感知,走近、理解并运用这种思想与方法。

(一) 教学实践中的问题

因为这是新教材里出现的新内容,可供参考的文献资料也不太多,这无形中给教学目标的定位和教学预案的设计陡增了不少难度,对一线数学教师的数学素养也是一个很大的挑战。实际教学中,我们的数学老师对数形结合的思想与方法了解多少呢? 在具体的操作中,又是如何落实这种思想与方法的呢? 为此,我们在全市抽取了 40 名小学数学教师和 40 名六年级上册的学生作为样本进行了下面的问卷调查。

教师调查问卷:

1. 您最早在什么时候接触到"数形结合"这个词,当时与之相关的数学内容是什么?

2. "数形结合"一词中,"数"代表的涵义是什么,"形"代表的涵义是什么,"结合"代表的涵义又是什么呢?

3. 请您列举与"数形结合"思想方法相关的数学知识至少 5 个。

4. 简述"数形结合"思想方法在数学教育中的作用。

5. 举例简述你在日常教学中如何进行"数形结合"思想方法的教学。

学生调查问卷:

1. 你听说过"数形结合"这个词吗? 如果听说过,是什么时候? 当时是学习什么知识接触到"数形结合"的?

2. 如果老师问你下面的问题:"两个边长是 3 厘米的正方形拼在一起变成一个长方形,周长减少了多少厘米?"你会想到画图来帮助自己理解题意吗? 如果老师告诉你这种通过画图理解或解决问题的方法就是数形结合的话,你还会举出类似的例子吗?(至少 3 个)

3. 请你尝试用"数形结合"的方法解决下面的问题:把一个棱长是 1 米的正方体等分成 8 个小正方体,表面积会增加多少平方厘米?

教师问卷调查显示:

1. 100％的调查对象接触过"数形结合"这个词。根据其自身回忆,15％的人最初在小学接触到该词,当时与之相关的数学内容主要集中在:统计图的认识,用线段图表示应用题中的数量关系,关于路程、行程的应用题等等。

2. 对"数"的涵义绝大多数人回答为"数字",有一部分人认为是数量关系或数字和代表数的字母、表达式及其之间的运算,也有一小部分的人认为是代数、数据、函数、图表等等。对"形"的涵义绝大多数人回答为"图形",有一部分人列举空间形式的外延来代替,例如图形、图象、实物或者指平面图形、立体图形等等,基本上没有太离谱的答案。对"结合"的涵义答案相当多,大多数人认为"结合"就是:相互转化(换)、相互反映、相互表达、建立对应关系等等。

3. 全部调查对象均能列举出与"数形结合"相关的数学知识,没有明显错误。

4. 对于"数形结合"的作用。4 人(占全体老师的 10%)直接引用或间接引用这句话:"数无形时少直觉,形少数时难入微";35 人(占全体老师的 87.5%)认为"数形结合"的主要作用在于将"数"转化为"形",化抽象为形象,使学习者建立直观的认识,或使解题者便于发现问题的隐含条件,即以"形"助"数";只有 1 人将以"形"辅"数"与借"数"解"形"作为答案,仅占总人数的 2.5%。

学生问卷调查显示:

1. 60% 的学生听说过"数形结合",50% 的学生能清楚地回忆自己什么时候知道"数形结合"并能说出相关的学习内容。

2. 37.5% 的学生能举出至少 3 个数形结合的例子。

3. 22.5% 的学生能用数形结合的方法解决这个问题。

综上所述,"数形结合"一词在小学数学界传播甚广。大多数老师了解"数形结合"的基本涵义,但对其理解多集中于一些具体现象,对功能性涵义关注不够。多数教师觉得数学思想方法在教学目标中不像知识目标那样明显,是隐性的,想渗透但不知怎样渗透、怎样培养。同时还可以发现对借"数"解"形"重视不足。部分学生听说过"数形结合"的思想与方法,对主动用数形结合的方法来解决问题的经验明显不足。由此可见,数形结合的思想方法还没有真正落实到小学数学课堂教学中,老师们普遍重视不够,数学思想方法的教学是不太到位的。

根据《标准(2011 版)》的要求,通过对教材的反复研读,我们从教与学两个维度进行了分析,以期通过研究这些问题,更好地进行教学。

教之困惑:

1. 如何合理定位目标? 在传统教材中,例 2 及后面的几道练习题都属于思考题甚至属于数学竞赛题,而新教材把这一内容正式编入主体教材,这部分内容在教学时究竟要达到怎样的要求呢?

2. 如何精选教学材料? 课后练习题里编入的习题哪些能让学生真正感悟"数形结合"思想? 需要补充与古代数学有关的问题让学生体会"数形结合"带来的好处吗?

3. 如何选择有效教学策略? 这部分内容学习材料难度较大且相对独立,那么如何设置"脚手架",既让学生够得着又不用老师"硬给"?

4. 教学例题 2 时,如何创设有效情境,让学生感悟极限思想?"极限思想"作为一种数学思想方法,在小学阶段比较抽象,教材试图借助"形"来直观形象地解释结果就是 1,学生对于结果 1 的理解是否有困难呢?

学之困难:

1. 学生常常把画线段图等借助几何图形简化代数思考的过程看成是老师加

在他们身上的负担,体会不到用形对数作出解释的精妙。

2. 数形结合大致可以分为以"形"助"数"、以"数"解"形"两大类,但由于小学生年龄、知识的局限,数形结合在小学阶段更多地表现为"以形助数",以降低思维难度。也因为小学阶段学生接触的大多是具体的数据,用字母表示数的内容较少,故往往难以满足"以数解形"的需要。

(二)对问题的分析

如果我们老师用心去琢磨,就会发现数形结合思想在数学教学中无时不在、无处不在。问题就是我们要用心、要深入,才能充分挖掘显性内容中隐含的数学思想方法,抓准数学思想方法与显性知识的结合点,才能利用"数形结合"思想帮助学生在形象思维和抽象思维之间搭建桥梁,让学生在学习数学、理解数学的过程中逐步感悟数学思想方法,从而发展学生的思维能力。对学生而言,如果能在活动中充分感受数形结合在数学学习中的价值,并能把这种思想与方法作为自己数学学习的一种自觉行为,还能把数形结合的思想迁移到解决其他一些实际问题上,那么对他们形成良好的思维素质与方法,提升数学能力是大有裨益的。所以,问题的关键在于教师如何把教学内容中"隐性"的数形结合的思想方法"显性"地传递给学生,也在于教师如何把学生潜在的关于数形结合的思想与方法的"经验""显性"地激活。

二、 实践

【片段一】通过对同一图形"算两次"感受数形结合思想之奇妙的教学设计

1. 教学目标

(1)使学生初步了解数与形之间的紧密联系,掌握数、形进行转换的方法。

(2)提升学生对数形结合思想应用的意识,训练灵活的思维方式。

(3)了解"算两次"的数学方法,感受数学知识间的奇妙联系。

2. 课堂实录

教师板书一串数:1,4,9,16,( )。

师:猜猜看,接下来的这个数会是什么呢? 说说你的想法。

生1:相邻两数之间的相差数依次递增:3,5,7,…是连续的奇数,接下来应该加9,所以这个数应该是25。

师:同学们听明白他的意思了吗?

生2:这位同学的意思是这列数的相差数是公差为2的等差数列。

师:哇,好专业啊! 谁还有不同的发现吗?

生3:这些都是平方数! 第一个数是1的平方,第二个数是2的平方,第三个数是3的平方,第四个数是4的平方,第五个数是5的平方,应该填25。

师:看到这些平方数,你能马上联想到我们熟悉的哪个图形呢?

生:正方形! 正方形的面积就是边长的平方。

师:棒极了! 难怪平方数又叫正方形数呢。看来,这个数还与形有着奇妙的

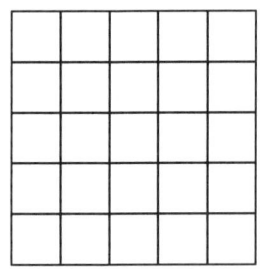

图 3.5.29

联系呢！这节课我们就一起来研究"数与形"（板书课题）。

师：研究就从这组数开始，刚才同学们从两个不同的角度找到了同一组数据的不同规律，为什么同一组数会有两个不同的规律呢？这两个规律之间是否存在联系呢？请同学们仔细观察图 3.5.29 的正方形，你能找到这两种规律吗？

生：我找到了！这是一个 5 行 5 列的正方形，一共有 5×5 个小方格。

生：我也找到了！我是拐着弯看的，第一层 1 个，第二层 3 个，第三层 5 个，第四层 7 个，第五层 9 个，总共 $1+3+5+7+9 = 25$（个）小方格。

师：（闪烁 PPT 中的涂色部分，如图 3.5.30 所示）咦，加一层不就是加一行一列吗？一行 2 个，一列 2 个，两个 2 不是 4 吗？为什么这里只加了 3 个？

生：（手指拐弯处的方格）看图就会发现，拐角上的这个方格在行里数到它，在列里又数到它，重复了一次，减去 1，就只有 3 个了！

师：噢，我明白了！数形结合就是这么奇妙！（动画演示：依次递加一层）

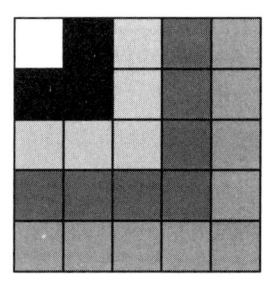

图 3.5.30

生：$3+3-1$ 加了 5 个，$4+4-1$ 加了 7 个，$5+5-1$ 加了 9 个。

师：每加一层正方形的边长就多 1，$1+3+5+7+9$ 构成了 5×5 的正方形！

师：数学真奇妙，换个角度看一看，竟然有了这么多的发现！同学们，如果你再换个角度观察观察，你还会有新的发现吗？

学生独立思考后同桌交流。

图 3.5.31

生：我们发现斜着看（如图 3.5.31 所示）也很有意思，即 $1+2+3+4+5+4+3+2+1$。

师：太棒了！斜着看，谁还有不同的发现？

生：斜着看，每次多了 1 个小方格，加到 5 以后，每次又少 1 个小方格，5 是最大数，5 的左右两边是对称的。

师：真好！正因为这种对称，才使得这些小方格拼成了一个 5×5 的正方形。同学们大胆地猜想一下，如果这个最大数是 6 呢？$1+2+3+4+5+6+5+4+3+2+1$ 又会是几行几列的正方形呢？

生：6 行 6 列，有 36 个小方格。

师：看样子，同学们在数与形中找到了规律了！老师再给一个更长的式子，你还能很快说出这个式子的结果吗？$1+2+3+4+5+6+\cdots+99+100+99+$

98＋…＋1？

生：$100 \times 100 = 10\ 000$！

师：数形结合就是妙！让我们如此轻松地完成了这么高难度的计算！

师：回顾刚才的研究历程，我们从两个不同的角度研究了同一个图形，发现 $1+3+5+7+9$ 和 $1+2+3+4+5+4+3+2+1$ 都可以表示 5 行 5 列的正方形，都等于 5×5。像这样，用两种不同的方法计算同一个量，在数学上就叫"算两次"，也叫富比尼（G. Fubini）原理，同学们可别小看这个算两次，我们数学上很多重要的发现、发明就从算两次开始的。算两次也是一种重要的数学方法，比如减法运算完后用加法运算检验其结果，除法运算完后用乘法运算检验其结果，都属于"算两次"。为了得到一个方程，我们必须把同一个量以两种不同的方法表示出来，这也是"算两次"。

师：怎么样？数学有意思吧？刚才这些有意思的发现都源于一个非常简单的图形——正方形，我们都要感谢它！难怪大数学家华罗庚也曾这般感叹（PPT 演示）："数无形时少直觉，形少数时难入微；数形结合百般好，隔离分家万事休"。

师："数形结合"的方法如此之好，不如老师给你一个问题，你也来体验体验"数形结合"的妙处。

师：$2 \times 3 + 4 \times 3 = (2+4) \times 3$，不陌生吧？

生：乘法分配律！

师：对，看到 2×3 你能想到的"形"是什么？

生：长方形！

师：不错！请你拿出笔和纸，设计一个图，让人一看就明白这个等式的意义。

学生动手操作后展示交流，如图 3.5.32 所示。

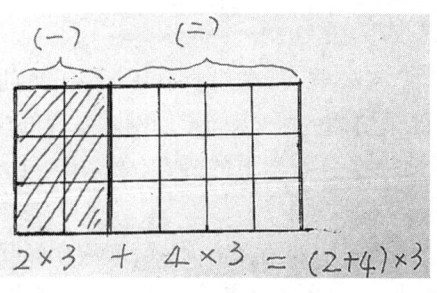

图 3.5.32

生：$2 \times 3 + 4 \times 3$ 表示 2 个 3（第一个长方形）和 4 个 3（第二个长方形）相加，和是 6 个 3（最大长方形）。

师：真不错，这个"形"生动地解释了乘法分配律这个"数"的道理。如果我们把"数"和"形"结合起来研究，会有许多重要的发现。同学们看图 3.5.33 中两个一样大的正方形，边长都是 $(a+b)$，面积都是 $(a+b)^2$，但是分割的方法不一样，你能根据分割方法的不同算两次，再用字母表示这个正方形的面积吗？

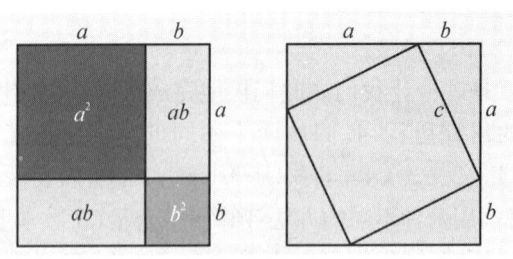

图 3.5.33

学生独立演算,然后交流。

生:我算了左边这个正方形的面积,它分成了两个大小不一样的正方形,一个是 a^2,一个是 b^2,还有两个大小一样的长方形,面积都是 ab。用字母表示这个大正方形的面积是 $a^2 + b^2 + 2ab$。

师在 $(a+b)^2$ 与 $a^2 + b^2 + 2ab$ 之间添上等号。

师:这个等式可重要了,等同学们上了初中,数学老师还会与同学们研究它。怎么样,同学们了不起吧,有了图形的帮忙,这么重要的数学公式也能被我们发现!右边的正方形有人研究吗?

生:右边的正方形是由 4 个一样大的直角三角形和中间的一个正方形组成的,4 个直角三角形的面积是 $ab \div 2 \times 4 = 2ab$,中间那个正方形面积是 c^2。

师在 $(a+b)^2 = a^2 + b^2 + 2ab$ 这个等式的后面添上 $= 2ab + c^2$,即:

$$a^2 + b^2 + 2ab = 2ab + c^2。$$

生:等号左右两边都有 $2ab$! 可以去掉 $2ab$!

师划去 $2ab$。

师:现在等式成了 $a^2 + b^2 = c^2$,在图上 $a^2 + b^2$ 表示的是一个直角三角形两直角边的平方和,c^2 表示的是斜边的平方,同学们刚才发现的这个等式就是世界有名的勾股定理!这个定理可称得上数学上的传奇!怎么样,了不起吧?有了图形的帮助,我们可以有这么多重要的发现!

设计意图:本片段精选了一组有规律的数、乘法分配律、平方和公式、勾股定理等难度较大的学习材料,但学生学习起来并不吃力。课堂上,教师给孩子注入了一些"数与形"的数学思想与数学文化,让孩子们真切地感受到数学的学习是"数"中有"形"、"形"中有"数",学生在学习的过程中体会数形结合的优越性,也见识了"算两次"的方法,并在此过程中,享受数学学习的乐趣。

【片段二】以"形"助"数",以"数"解"形",培养学生用"数形结合"的思想解决问题并体会极限思想

1. 教学目标

(1) 让学生经历观察、操作、归纳等活动,帮助学生借助"形"来直观感受与

"数"之间的关系,体会"形"与"数"能互相解释,并能借助"形"解决一些与"数"有关的问题。

(2) 培养学生通过数与形结合来分析思考问题,从而感悟数形结合的思想,提高解决问题的能力。

2. 课堂实录

师:今天这节课我们要研究一个很有意思的数学问题:

$$\frac{1}{2} + \frac{1}{4} + \frac{1}{8} + \frac{1}{16} + \frac{1}{32} + \frac{1}{64} + \frac{1}{128} = (\qquad)。$$

生:哇,这么多数啊!

生:分母有规律的,后一个分母总是前一个分母的 2 倍。

师:嗯,很重要的发现!

生:要通分吗?

师:不妨一试。

生:太难了! 肯定有简便算法的吧?

师:寻求简便算法是一条很好的思路。问题是,当你没有这类题的解题经验的时候,如何找到这个方法就显得特别重要了。华罗庚先生曾经说过这么一个思路,不知道对同学们寻求方法有没有帮助,"我们要善于退,足够地退,退到原始而不失重要性的地方,退到我们容易看清问题的地方"。

师:对于上面的问题,我们要退到什么地方比较合适呢?

生:两个数相加吧? 然后每次再加一个数看看。

师:对,摸着石头过河,大家试试看吧。

生独立计算、小组交流、展示。

生:我是一个一个加的,得数好像有点规律。

$$\frac{1}{2} + \frac{1}{4} = \frac{3}{4},$$

$$\frac{3}{4} + \frac{1}{8} = \frac{7}{8},$$

$$\frac{7}{8} + \frac{1}{16} = \frac{15}{16},$$

$$\cdots$$

生 1:得数的分子总是比分母少 1。

生 2:得数的分母和最后一个数的分母是一样的。

生 3:我知道了,这样加下去的话,结果的分母是最后一个加数的分母,分子总比分母少 1。

生 4:老师出的这个题的结果我也知道了,$\frac{1}{2} + \frac{1}{4} + \frac{1}{8} + \frac{1}{16} + \frac{1}{32} + \frac{1}{64} +$

$\dfrac{1}{128} = \dfrac{127}{128}$。

师：这是一个很有意思的结果！老师很欣赏同学们学习数学的方法！我们在大师的引领下，智慧地退，勇敢地进，解决了这个数学问题。当我们面临一个新的问题的时候，寻求解决问题的方法很重要。前面，我们学习了"数形结合"的方法，你能找到一个合适的"形"来表示这个加法算式的意思吗？

生 1：一个正方形可以吗？

师：可以的，(PPT 演示)这个正方形表示"1"，说说看！

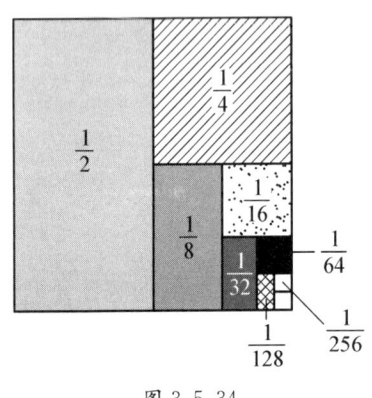

图 3.5.34

生 1：正方形的一半是 $\dfrac{1}{2}$，加 $\dfrac{1}{4}$，就是加这个正方形的一半的一半，再加 $\dfrac{1}{8}$，就加剩下的一半，我发现，加到几分之一，得数就比"1"少几分之一。

教师辅助演示 PPT，如图 3.5.34 所示。

师：这个"形"很生动地解释了这个有趣的结果！同学们可以大胆地想象，加的数越多，这个结果越接近"1"。除了正方形，你还能想到别的"形"吗？

生 2：长方形！

生 3：圆形！

生 4：线段！

师：有道理！

教师演示 PPT，如图 3.5.35 与图 3.5.36 所示。

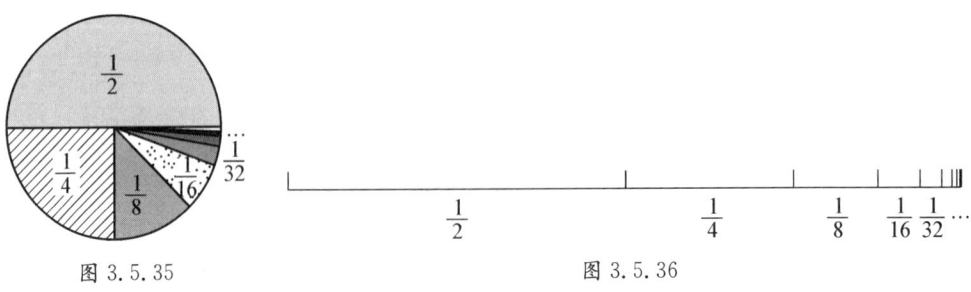

图 3.5.35　　　　　　　　　　图 3.5.36

师：虽然"形"各不相同，但说明的"数"的道理是一样的。而且，我们不难发现，像这样比较复杂的问题，画图的确是个好方法！

师：上面我们以"形"助"数"，下面我们研究一个更有意思的数学问题，用"数"解"形"。

如图 3.5.37 所示,长方形 *ABCD* 的面积是 20 平方厘米,△*ADE* 的面积是 5 平方厘米,△*ABF* 的面积是 4 平方厘米,求△*AEF* 的面积。

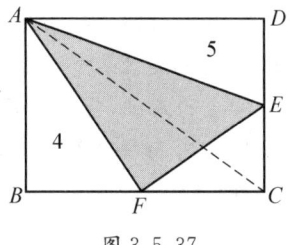

图 3.5.37

师:这道题已知长方形和其中的两个三角形的面积,怎样求涂色部分的面积呢?

生:要是知道△*FEC* 的面积就好了!

师:思路不错!对角线 *AC* 平分了这个长方形,△*ADC* 的面积是多少呢?

生 1:20 的一半,10 平方厘米。

生 2:10 减 5 等于 5,△*AEC* 的面积也是 5 平方厘米。

生 3:△*ADE* 和△*AEC* 的面积一样大!

师:真好!这两个三角形的底边在一条直线上,又有公共顶点 *A*,这两个三角形还有什么关系呢?

生 4:这两个面积相等的三角形的高一样!

生 5:面积相等,高相等,底也相等,所以 *E* 是 *DC* 边的中点。

师:再看看△*ABC*,你又有什么发现呢?

生 6:△*ABC* 的面积也是 10 平方厘米,减去 4 平方厘米,等于 6 平方厘米。

师:对!我们的目标三角形是△*EFC*,它和△*AFC* 有什么联系呢?

生 1:这两个三角形共底边 *FC*。

师:再看看它们的高,有什么发现吗?

生 2:因为 *E* 是 *DC* 边的中点,△*EFC* 的高是长方形宽的一半,而△*AFC* 的高就是长方形的宽。

生 3:△*AFC* 的面积是△*EFC* 的面积的 2 倍。

生 4:△*EFC* 的面积是 6 平方厘米的一半,就是 3 平方厘米。

生 5:涂色部分的面积就是 $20-5-4-3=8$(平方厘米)。

师:问题解决!回忆刚才这个解题过程,你觉得特别值得总结的方法是什么?

生 1:这条对角线很重要,没有它,我们找不到 *E* 这个中点。

生 2:这个中点很重要,没有它,目标三角形的面积没法找到。

师:还有一条很重要,那就是我们用"数"来描述"形"的大小,我们才有了上面的发现。可见,数形结合真是百般好啊!

设计意图:教学例 2,试图通过一道特殊的分数加法的计算,让学生进一步体会数与形之间的内在联系,借助"形"沟通加法与减法的关系及理解"无限接近 1"。"极限思想"作为一种数学思想方法,在小学阶段还比较抽象,通过语言的阐述是很难解释清楚的。教师借助"形"动态地演示算式 $\frac{1}{2}+\frac{1}{4}+\frac{1}{8}+\frac{1}{16}+\frac{1}{32}+\frac{1}{64}+\frac{1}{128}$,在不断加下去的过程中,让学生清楚地看到涂色部分和空白部分之和始终都是

"1"，且空白部分越来越小，更直观更形象地解释了这个算式的最终结果的确是无限接近1（这里，教师没有把结果就是"1"这个结论强加给学生），这样的教学更贴近学生的基础，巧妙地将抽象的数学结果形象化。教学补充例题，试图通过一道难度较大的面积计算题，让学生感受以"数"解"形"的策略，体会"数形结合"的优越性。

三、讨论

1. 对课堂的思考

两个片段都很注重数学思想与方法的形成，比如片段一中的"数形结合"、"算两次"、片段二中的"极限思想"等等都凸显了这一教育理念，这也符合"数学广角"这一版块的设计思想。片段一更关注"以形助数"，学生在老师对同一图形"算两次"发现数学奇妙联系的过程中，体会"数无形时少直觉"；片段二通过图形的直观演示让学生体会了"极限思想"，同时也感受到数学学习的无穷魅力。同时，拓展例题的补充也试图达到"以数解形"的目的，让学生真正体会到"形少数时难入微"。

2. 提出新问题

数形结合在小学阶段更多地表现为"以形助数"，小学生由于年龄、知识的局限，往往需要借助直观的几何图形来帮助理解抽象的数学知识，以达到降低思维难度的目的。而由于小学阶段学生接触的大多是具体的数据，用字母表示数的内容较少，故往往难以满足"以数解形"的需要。事实上，随着学生思维能力的发展和数学知识的积累，"以数解形"在中学阶段将大放光彩，尤其在学习了函数、解析几何等知识后，数学学习才真正进入"以数解形"的快车道。那么，如何让小学生体会到这一点，寻找以几何内容为出发点，因形寻数，将直观的图形与抽象的代数语言结合起来，并容易被小学生所接受的素材，将成为我们研究的新问题。

湖南省涟源市教研师资培训中心　王丽燕

湖南省涟源市育才实验学校　谢炤阳

赏读数形结合，解密试题检测

——从学生数学检测题说起

数学思想方法，是学生数学考试要检测的内容之一。分析考题中蕴含的数学思想方法及学生答题情况，是教学研究的一个别样通道。本文结合《小学数学与数学思想方法》一书第三章第五节"数形结合思想"的赏读，针对笔者学校的第一学段上学期数学期末检测题中，有关数与形内容学生答题情况，谈一下个人的感悟。

一、深挖 拓展 丰富

下图 3.5.38 是我校使用的苏教版一年级数学期末检测试卷中的第五题。

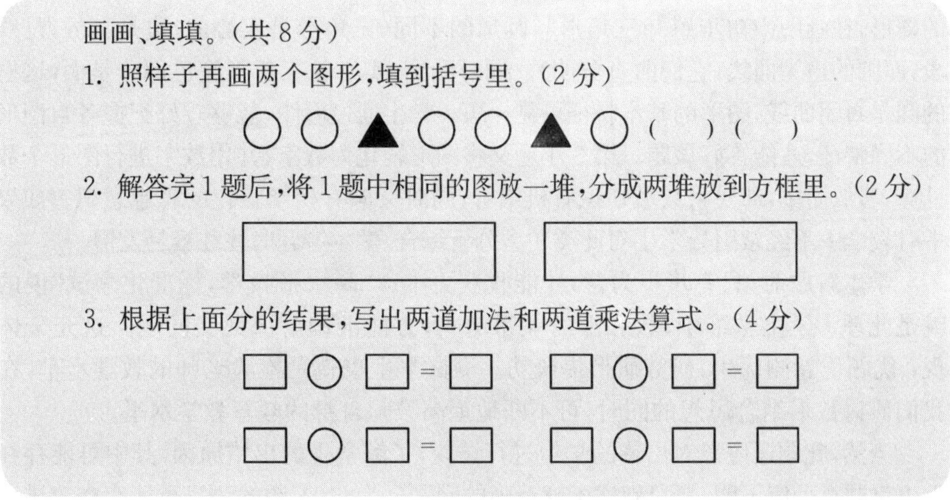

画画、填填。（共 8 分）

1. 照样子再画两个图形，填到括号里。（2 分）

　　○　○　▲　○　○　▲　○　（　　）（　　）

2. 解答完 1 题后，将 1 题中相同的图放一堆，分成两堆放到方框里。（2 分）

3. 根据上面分的结果，写出两道加法和两道乘法算式。（4 分）

$$\Box\ \bigcirc\ \Box = \Box \qquad \Box\ \bigcirc\ \Box = \Box$$

$$\Box\ \bigcirc\ \Box = \Box \qquad \Box\ \bigcirc\ \Box = \Box$$

图 3.5.38

在该考卷中，对于第 1 小题，照样子画 2 个图形，绝大多数学生都能做出来，少数学生三角形没有涂实，不够细心，但评卷时我们一般都给了满分。从这里可以看出，学生的有意注意，还有待进一步加强。

第 2 小题要求把 1 题的图形分成两堆放到长方形方框里，很多学生就填不全了，有以下几种情况：

(1) 3 个三角形，5 个圆；

(2) 2 个三角形，5 个圆；

(3) 2 个三角形，6 个圆。

正确答案为：3 个三角形，6 个圆。能做对的学生不是太多。学生往往将自己画的图形，不当成要分的图形，只是针对原题中的图形个数进行填空，个别学生连第 1 小题都答错，可想而知，后面的内容自然一错再错，大错特错了。学生只有始终保持对该题的图形和数的整体观察和有意注意，才能不会出错。

第 3 小题是根据分的结果写出两道加法与两道减法算式，要将第 2 小题的三角形与圆的图形信息转化成准确的数字信息，再进行列式。学生这里经历了画图形，将图形分类，用对应图形个数列式的过程，这就是书中所提及的数形结合思想的"雏形"。从学生的答题情况来看，能够将此题 8 分全部得到的人数不多。

对于这题，笔者认为体现了出卷老师对一年级教学内容在数结合形方面的考查。此题虽是简单的数形结合知识，可是学生不太容易能够完整解答出来。该题解答出错的学生较多,也提醒了低年级教师,教学中应注意帮助学生梳理知识,从数和形两个途径科学建构知识。

我们再从微观方面来分析学生答题情况。学生解答该类问题时,思维必须时刻处于数与形的变换中。尤其是第 2 小题,要先算出每种图形的个数,再画出对应个数的图形,在画图中初步感知三角形与圆形的不同(三角形是实心的,边是直的,是线段,而圆的边为曲线,它们曲直分明)。同时看到,实心的三角形涂色部分是面,这里的圆是封闭曲线,图形的基本特征可见一斑。学生通过看图,能够较好把握各自图形的不同特征,才能答好该题。第 3 小题又将图形转化为数字,并用数字进行图形个数计算,看似简单,却要将数形知识有机结合,同时又应有相互转化的思想意识。如果平时教学中不经常引导学生对此类题型分析综合,学生答题时往往容易发懵。

学生解题时,只有步步为营,才能收获更丰。"高水平教学,标准化测试"说的就是此理。学生思维中,数和形的关系清晰,方能准确解决此类问题。这充分体现:优题优卷测优生,研数研形提研功。测试学生也就是检验老师的教学水平,在我们研讨数形结合思想的同时,可不断地提高教师自身的教育教学水平。

当然,此题还应该对出错的学生进行访谈,了解学生的出错原因,其中可能存在学生对题意理解不明,题目叙述不够清晰的问题。为此,习题的语言可能存在改进空间,如第 1 题叙述时明确让学生根据规律接着画图形,第 2 题叙述时强调让学生把 1 题中所有的图形按形状分,相同的分一堆。这样可能会减少连环题测试出现的效度问题。

二、 有序审题 画图析理

下图 3.5.39 中的 11 题和 12 题是我校二年级数学期末检测试卷中,第一大题中的两道题。

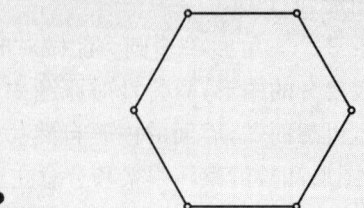

11. 如下左图,在 4 个点中,每两点之间画一条线段。数一数,一共可画( )条线段。

12. 如上右图是( )边形,用直线将它分割成各个三角形。最少能分出( )个三角形。

图 3.5.39

第 11 题给出了四个点,没有三点或三个以上的点在一条直线上的情况,每两点可连成一条线段。学生如果能准确地画出每条线段数一数,解答出该题倒也不难。但不少学生只将四个点首尾相连画出四边形,轻易地就填上 4 条线段,有些同学根本就没画线段,从而导致这题丢分较多。

还有些学生填成 10 条线段,为什么?原因是把两条对角线的交点作为端点,这样每条对角线的线段数都为 3 条,两短一长,两条对角线就看成了 6 条线段,再加上外面的 4 条边,学生就容易当成 10 条线段。学生忽视了"在 4 个点中,每两点之间画一条线段"这一条件。想要解决好此题,认真审题显得尤为重要。学生要突出记忆原题"在 4 个点中,每两点之间画一条线段",即必须是在题中给出的 4 个点中的两点间画,中间只能连成两条线段,即两条对角线。正确答案应为 $4+2=6$(条),如果不画图,学生就不好把握。

第 12 题第 2 个空难度较大,解答该问题需要做到有序画,不重复,不要画出交叉线,以符合题目中要求"最少"。学生如果仅从某一点出发,通过观察形,以"最少"这个数量描述为准则,顺次向不相邻的各点连线,然后按顺序一个一个数出三角形,题目就能轻松解决。这更验证了"数无形时少直觉,形少数时难入微"。如果不借助图形理解分析,低年级学生受空间想象能力低的影响,很难正确把握此题的解决方法,所画图形不用数字进行结果量化,学生也就不能发现相应的规律与特点。如果再出示七边形、八边形等类似问题,学生通过做这一类题,在画图过程中会归纳出同组题解题规律:从一顶点 A 出发,和此点相邻的两个顶点不连线,其他都与 A 连线,连一个则产生一个三角形,最少的三角形的个数等于 $(n-2)$,也就是多边形边长的条数减去 2 等于最少三角形的个数。

由试卷分析可知,此类问题我们在教学中要以数形结合思想为路径,引导学生抓住解题关键步骤。一是抓点(点是连线的起点);二是连线(顺次画线段);三是定数(对 n 边形,边 n 条,最少分出 $(n-2)$ 个三角形)。这样,学生的正确率会提高。

三、 用形助数　以数辨形

下图 3.5.40 是我校三年级数学期末检测试卷中,第四大题。

拼画并计算。(14 分)

1. 有两个长方形,长都是 4 厘米,宽都是 2 厘米。它们能拼成什么图形?请你画出来,并求出拼成图形的周长。(6 分)

2. 根据如下图形及所给的分数,分别给对应的图形涂上颜色。(8 分)

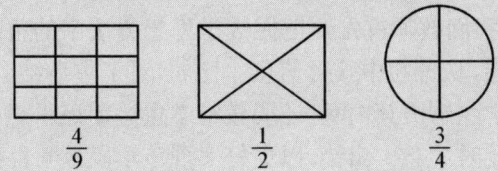

图 3.5.40

观察试题,此题注重考察"动手操作"和"以数解形",考查学生能否利用数形结合思想,实现对相关知识的有效迁移。

第1小题,很多同学只画出了一种方法,阅卷老师没有给其满分。学生们的不同拼法如图3.5.41所示。

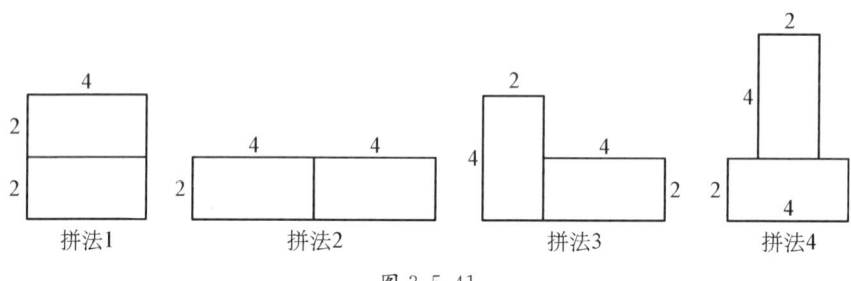

拼法1   拼法2   拼法3   拼法4

图3.5.41

学生各个拼法得出的图形周长依次为16(厘米)、20(厘米)、20(厘米)和20(厘米)。

此小题解答的关键是要观察画出的图形,然后才能算出对应的周长。一题多解,有效检测了学生的发散思维能力。这里的数形结合思想突出了从实际出发解决问题,强调了实践出真知。

第2小题的四个图形中第一、三、四这三个图形,都是平均分得到的,分得的个数就是分母,涂色的个数就是分子的个数。而第二个长方形虽然也平均分成了四份,可下面的分数给的是$\frac{1}{2}$,有些学生按照解决第一、三、四这三个图形的思路(分子是几就涂几个小图形),类比思考,出现了只涂一个三角形的错误。这里第二个图形其实是出题者故意设的"陷阱",考查我们教师在平时教学中的教学功底,看您是否引领学生切实地把握好了以图形解释分数的意义。我们教学时要着重把握以下三点:拼画——动手操作,形成表象;标数——收集信息,完善数据;计算——应用建构,算出得数。

四、感悟

虽然第一学段教材只是学习简单的数形知识,但是要想让学生们学得透,掌握得牢,教学上还是要抓住数形结合思想的渗透,引领学生以形解数,以数辨形。这样的教学才会师生共进步,效果更明显。结合分析考卷,回顾读《小学数学与数学思想方法》,给我的感悟是:我们教师首先要把握数学思想方法中的哲理与辩证思想,其次要经常分析学生考卷,从考卷中获得信息。比如,对于数形结合思想,从考卷中发现,我们不单单要让学生感悟其内涵,还要教给学生运用该思想的程序和方法,那么学生在解答该类问题时才会少出错,以更好实现该学段教学目标。

安徽省巢湖市柘皋镇三湾小学 赵兴军

第六节　几何变换思想

几何变换下的"柳暗花明"

初等几何变换是关于平面图形在一个平面内的变换,有合同变换、相似变换和反演变换。在小学阶段出现的有合同变换和相似变换,合同变换又分为平移变换、旋转变换及轴对称(反射)变换这三种。在图形与几何这一内容中,当题目给出的条件显得不够或者不明显、看似"山重水复疑无路"时,可将图形作一定的几何变换,如此有利于发现问题的隐含条件,抓住问题的关键和实质,不经意间会"柳暗花明又一村",使问题得以突破,找到解决问题的方案。图形的几何变换是一种重要的思想方法,它是一种以变化的、运动的观点来处理孤立的、离散的问题的思想,领会这种解题的思想实质,并准确合理地使用,在解题中往往会收到奇效,同时将有效地提高思维品质。

一、以"转"破题

"转"指旋转变换,是把平面内的某个图形绕定点(旋转中心),按一定的方向旋转一个角度(旋转角)的图形变换。旋转变换从动态的视角探索问题,将几何元素进行重组,构造出新的图形,利用旋转后的图形形状、大小都没有发生改变这一特征来探索或研究一些图形的性质,为解决问题找到突破口。

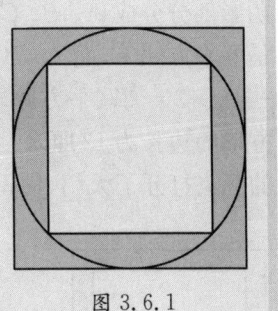

如图 3.6.1 所示,大小正方形中,阴影部分的面积是 50 平方厘米,求图中大正方形的面积。

图 3.6.1

如不对图进行变换,从此图中,学生很难找到两个正方形之间的关系,往往是一片茫然,无从下手。但若我们将小正方形围绕圆心顺时针(或逆时针)旋转 90°,如图 3.6.2 所示,旋转之后的图形将大小正方形之间的关系直观地呈现在了学生眼前,为此题的解决找到了突破口。学生会一下子冲破思维障碍,发现小正方形的对角线的长度就是大正方形的边长。连结小正方形的两条对角线,把小正方形看成 2 个大直角三角形或 4 个小直角三角形,可以推算出小正方形的面积计算公式是对角线 × 对角线 ÷ 2,即大正方形的边长 × 边长 ÷ 2,也就是大正方形面积的一半,那么可以推出阴影部分面积也是大正方形面积的一半,从而得到大正方形的面积为 100 平方厘米。旋转使得我们更容易发现此题所隐含的图形间的关系,为问题的解决提供了有效途径。

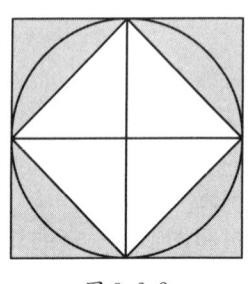

图 3.6.2

图 3.6.3

又如图 3.6.3,四个大小一样的直角三角形拼成中间空的正方形,两个正方形的周长之差是 12 厘米,面积之差是 63 平方厘米,求大正方形的面积。从条件中易知大小正方形边长之差是 3 厘米,从而可设大正方形(或小正方形)的边长为 x 厘米,利用面积之差列出方程。但问题来了,小学生没有学过多项式乘多项式,没办法求解此类方程,所以我们得另辟蹊径,寻找突破口,而旋转是解决此题的好方法。将小正方形绕中心点(大、小正方形对角线交点)旋转一定角度,使得小正方形和大正方形的边相互平行,如图 3.6.4 所示。再将小正方形向左、向上平移使小正方形的其中两条边和大正方形的对应两条边重合。旋转和平移并没有改变两个正方形的大小和形状,但经变换之后的图形"焕然一新",使得学生容易找到解决途径。把阴影部分分成 A、B、C 三部分,由于 C 是边长为 3 厘米的正方形,可得 C 的面积是 9 平方厘米,而 A、B 两部分的面积是一样的,根据条件,求出 A 的面积为 (63 − 9) ÷ 2 = 27(平方厘米),从而求出小正方形的边长是 27 ÷ 3 = 9(厘米),则大正方形的边长为 12 厘米,面积为 144 平方厘米。此题中,第一步的旋转是关键,为问题的解决打开了大门,使得图形关系逐步浮出水面,也为学生提供了解题思路。

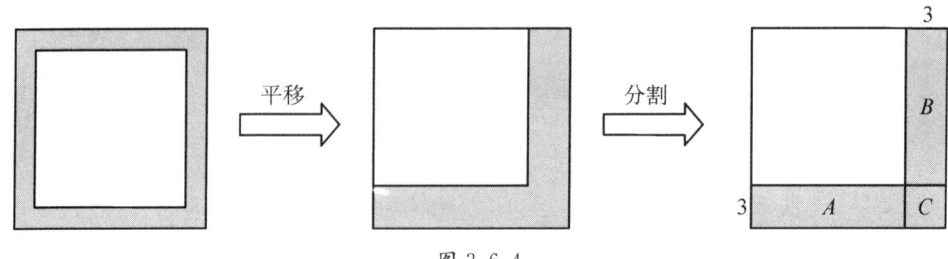

图 3.6.4

旋转变换在几何解题中有着不可替代的作用,这种数学思想体现了思维的多样性,也是我们学习图形和几何的一个可循的规律。旋转给解决疑难问题提供了突破口,给我们解题增添了智慧,简言之以"转"破题。

二、以"移"巧解

"移"指平移变换,是指在平面内,将一个图形上的所有点都按照某个方向作相同距离的移动,也就是把一个图形整体沿着某个方向移动一定距离的变换。平移变换同样不改变图形的形状和大小,通过平移,往往能为问题的解决带来新思路或更为巧妙的解法,起到事半功倍的效果。

如曾"红"遍网络的一道三年级数学题:

如图 3.6.5 所示,一个正方形被两条线段分成了四个长方形,这四个长方形的周长和是 18 分米,原正方形的周长是多少分米?

图 3.6.5

这个看似三年级学生束手无策的题,通过平移变换却能找到巧妙解决此题的方法。如图 3.6.6 所示,分别标记横、竖两条分割线,沿分割线将四个长方形剪开,然后平移,使得四个长方形分开,再平移将四个长方形拼回成正方形。在教学中配以动画演示四个长方形移开、移回的过程,学生的思维随着动态的平移变换豁然开朗,发现题目中隐蔽的边边关系。即在计算四个长方形的周长和时,中间横、竖分割线各自被重复计算了两次,而拼回成正方形时横、竖分割线的长度和正方形的边长是一样的,此时把横、竖分割线分别平移两次到正方形边长的位置,就是正方形的周长,另外正方形自身的四条边长也计算了一次。因此,四个长方形的周长和相当于 2 个正方形的周长和,得到正方形周长为 $18 \div 2 = 9$(分米)。在这里,利用平移,找到了图形之间内在的边边关系,使此题得到了巧解。

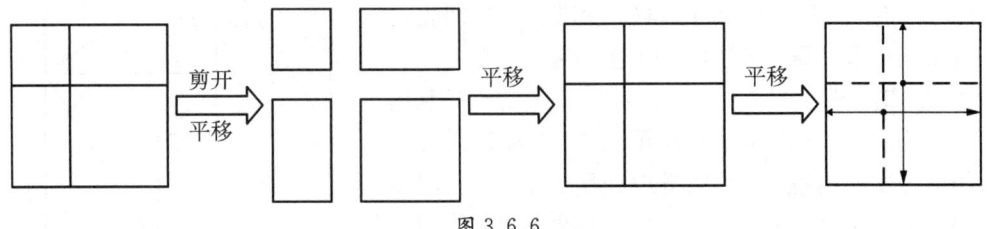

图 3.6.6

再如下一题:

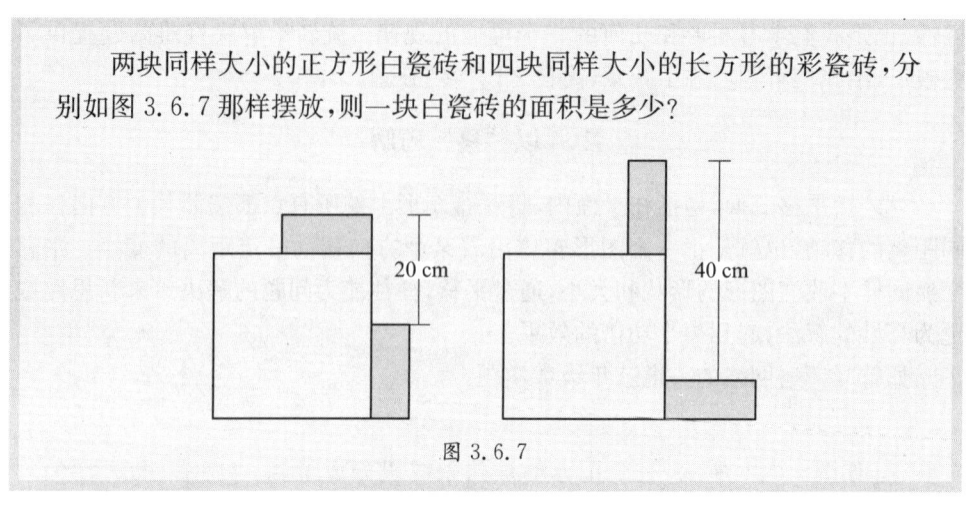

两块同样大小的正方形白瓷砖和四块同样大小的长方形的彩瓷砖,分别如图3.6.7那样摆放,则一块白瓷砖的面积是多少?

20 cm

40 cm

图 3.6.7

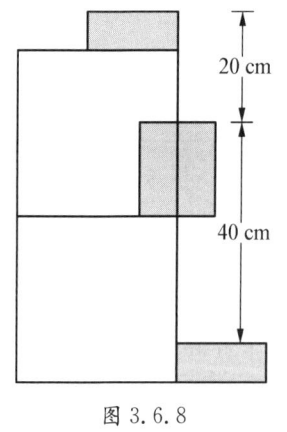

20 cm

40 cm

图 3.6.8

此题对中学生来说,没有难度,只需设元列方程组,用整体思想代入即可解决。而对小学生来说,条件过于简单分散,以致学生一筹莫展,但我们只需稍微一移,此题就能迎刃而解。将左边图形向右上方平移,直至白色瓷砖边缘重合,如图3.6.8所示,学生一看此图,茅塞顿开,得出正方形的边长为$(20+40)÷2=30$(厘米),求出白瓷砖的面积为900平方厘米。此题中,通过平移把部分图形搬到新的位置,使分散的条件相对集中,从而使条件与待求结论之间的关系明朗化,促使问题得以巧解。

平移变换在小学数学中有着广泛应用,它能优化图形结构,使图形变得更为规则或灵活,有利于发现图形之间的内在联系。用好平移变换,能优化解题思路,使得问题得以巧妙解决,真可说以"移"巧解。

三、以"弦"致胜

"弦"指我国古代数学家赵爽(3世纪)画的"弦图"。如图3.6.9所示,用勾(a)和股(b)分别表示直角三角形ABC的两条直角边,用弦(c)来表示斜边,易知:$4S_{\triangle ABC}+S_{正方形CFGH}=S_{正方形ABDE}$。正是利用这个关系式,将各部分的面积代入,再经过代数式的恒等变换,就能轻而易举地证明勾股定理。赵爽的这个证明可谓别具匠心,极富创新意识。他用几何图形的截、割、拼、移、补等各种几何变换来证明代数式之间的恒等关系,既具严密性,又具直观性。

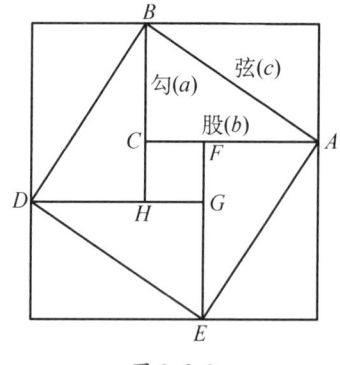

图 3.6.9

小学数学中有时也可借鉴赵爽的这个思路制成"弦图",使得看起来走投无路的题"柳暗花明",出奇制胜。

如图 3.6.10 所示,在直径为 10 cm 的半圆内剪下一个最大的正方形,余下阴影部分面积是多少?

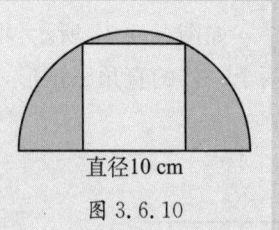

直径10 cm

图 3.6.10

拿到此题,学生往往会将圆心 O 和正方形的其中一个顶点连结(如图 3.6.11 所示),得到 $OB = 5$ cm,且知道 BC 的长度是 OC 的 2 倍,但由于学生没有学过勾股定理,接下去就毫无思路,不知如何是好? 此时,若利用几何变换,制出"弦图",就能发现隐含的关系,找到问题的实质。此题的难点就在于如何求出正方形的面积,因此我们把关注点放

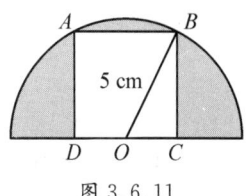

图 3.6.11

在正方形上。把正方形 $ABCD$ 平均分成如图 3.6.12 所示的 4 个直角三角形,将这 4 个直角三角形进行分割,之后通过旋转变换和平移变换拼成如图所示的弦图。根据直角三角形两直角边的关系,可设 OC 的长度为 a 厘米,那么 BC 的长度就是 $2a$ 厘米,容易得到弦图中大正方形的边长是 5 cm,通过观察发现小正方形的边长 $DE = AD - AE = 2a - a = a$,再由关系式:$4S_{直角三角形} + S_{小正方形} = S_{大正方形}$,得到 $4 \times (2a \times a \div 2) + a \times a = 5 \times 5$,化简得 $5a^2 = 25$,即 $a^2 = 5$,而正方形 $ABCD$ 的面积就是 $2a \times 2a = 4a^2 = 4 \times 5 = 20 (\text{cm}^2)$,从而问题得以解决。这样一个看似小学生毫无办法,只能利用勾股定理解决的题,通过几何变换转化成弦图,发现了题目隐藏的关系,找到了问题的关键点,轻松地解决了此问题。

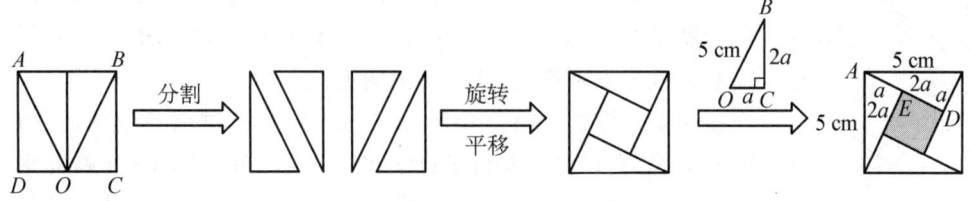

图 3.6.12

诸如此类看似要用勾股定理解决的题,其实都可以利用弦图来解决。例如此题:

> 一个长方形的长是宽的 4 倍,对角线长 17 厘米,求它的面积。

如图 3.6.13 所示,将长方形沿对角线分割成两个一样的直角三角形,再增加两个一样的直角三角形,利用几何变换拼成弦图。

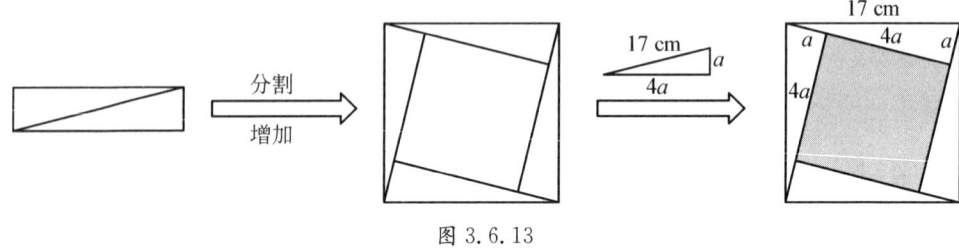

图 3.6.13

设长方形宽为 a 厘米,则长为 $4a$ 厘米,可推算出弦图中小正方形的边长为 $3a$ 厘米,易知大正方形的边长为 17 cm。根据面积关系,得到 $4\times(4a\times a\div 2)+3a\times 3a=17\times 17$,化简得 $a^2=17$,所以长方形的面积为 $4a\times a=4a^2=68(\text{cm}^2)$。

又如:

> 一个直角三角形两直角边长度的和是 7 厘米,斜边长 5 厘米,这个三角形的面积是多少平方厘米?

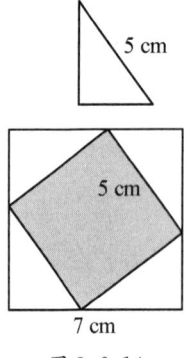

图 3.6.14

初看好像既要用到勾股定理,还要会解一元二次方程,但利用弦图却能出奇制胜。如图 3.6.14 所示,增加 3 个这样的直角三角形,拼出弦图,则大正方形的边长就是两直角边长度的和,小正方形的边长就是直角三角形的斜边长,所求直角三角形的面积就是 $(7^2-5^2)\div 4=6(\text{cm}^2)$。不仅直观、形象、简单,而且只需心算就能得到答案,让人拍案叫绝!

四个一样的直角三角形,通过平移、旋转拼出的弦图,看似简简单单,实则蕴含着很多数学知识。正因如此,2002 年在北京召开的国际数学家大会会标就是赵爽画的"弦图",可见"弦图"的不一般。对于小学生,往往可以用弦图解决需用勾股定理的问题,可谓以"弦"致胜。

将平面图形视作静止的图形,其优点是便于掌握几何图形本身的内在规律,最大缺陷就是难以发现不同几何事实之间的联系。事物的"隐蔽"联系形式需要动态分析方法去发现,而几何变换的运动和变化为图形与几何的学习提供了动态分析方法。用好几何变换,往往能化难为易、化繁为简,使得"山重水复疑无路"的题出现"柳暗花明又一村"的景象。在教学中,教师应让学生真切地感受几何变换的乐趣和价值,激发出学好变换、用好变换的积极性和创造性。

浙江省慈溪市周巷镇潭北小学　韩素品

几何变换思想在图形运动中的三部曲

《小学数学与数学思想方法》一书指出:在初等几何中,图形变换是一种重要的思想方法,初等几何变换是关于平面图形在同一个平面内的变换,在中小学教材中出现的相似变换、合同变换等都属于初等几何变换。合同变换也叫保距变换,分为平移变换、旋转变换和反射(轴对称)变换等,在图形的运动中体现了这三种变换思想。教材中图形的运动分为三个层次:1. 在二年级下册,结合实例,感受平移、旋转、轴对称现象;2. 在四年级下册,进一步认识轴对称,探索轴对称的特征和性质,能在方格纸上将一个轴对称图形补充完整,会在方格纸上画出一个简单图形沿水平方向、竖直方向平移后的图形;3. 在五年级下册,进一步认识图形的旋转,会在方格纸上将简单图形旋转90°,能运用所学知识设计图案和解决简单的问题,进一步增强空间观念。这三个层次的学习目标,呈螺旋上升式的递进。因此,教师必须注意把握教学目标的层次,准确把握教学重点。针对上述三个层次,我从本班学生的实际情况出发,对于几何变换思想,把教学目标归结为"图形运动三部曲",收到了良好效果。

一、 感受几何变换现象美

在二年级下册的图形运动(一)中,教材是从感知实际生活中的图形变换现象(包括对称、平移和旋转)开始的。为了让学生感受到平移、旋转、轴对称现象美,教学时,应创设情境从生活中选取较为典型的轴对称、平移与旋转现象,让学生进行观察、分析,找出这些图形有什么共同特点,初步感知轴对称、平移、旋转,使学生观察能力、想象力得到培养。同时让学生举例或正确判断生活中有哪些轴对称图形,生活中物体的运动哪些是平移现象、哪些是旋转现象,使学生获得有关图形以及图形运动的丰富的感性经验,进一步发展学生的空间观念,同时感受到几何变换现象美,为后续学习作图奠定基础。

一位教师在教学图形运动(一)中的例1前,刻意衣冠不整(衣服扣子扣得不整齐,头发梳得一高一低,裤脚卷得一高一低)进教室,引起学生哄堂大笑,而后按学生要求整理好服装,使学生在对比中深深感受到生活中的对称的美。课伊始,通过实物图让学生观察、分析轴对称图形共同的特征,再让学生找到周围的轴对称图形,提问学生确认的方法,而后教师适时小结:我们从生活中的对称现象中认识了轴对称图形,只要我们留心观察,在我们生活中处处可以看见轴对称图形,正是因为有了这些图形,我们的生活环境才会装扮得这么美丽。在教师引导下,让学生体会了图形变换在生活中的应用,用发现美的眼睛,去寻找在自然界和日常生活中具有轴对称性质的图形,从中领略了自然世界的美妙与几何变换的现象美,激发了学生的数学审美情趣。

二、 体验几何变换思想美

加强学生的操作活动,是图形运动教学的一条重要策略。俗话说:"眼过千遍,不如手过一遍"。操作实践是能力的源泉,思维的起点。在学生充分感受到几何变换现象美之后,可设计丰富多样的动手实践活动,如观察、折纸、制作、作图、拼摆等。通过活动,学生会直接感知图形的轴对称、平移、旋转,进而体验图形的运动、图形与图形之间的关系等。学生在这些充满童趣的操作或制作活动中,通过观察、猜测、操作、讨论和交流,感受几何变换的奇妙,体验到几何变换的思想美,激发了学习兴趣,并在美的体验中很好地发展了空间观念,更好地理解了图形的对称、平移、旋转等概念。

第二学段对平移、旋转、轴对称要求略有提高,主要是探索图形成轴对称的特征和性质,通过观察、操作等,在方格纸上认识图形的平移与旋转,能够在方格纸上按水平或垂直方向将简单图形平移,会在方格纸上将简单图形旋转90°。教学时,可设计看一看、画一画、摆一摆、拼一拼等操作活动,让学生在探究活动中体验几何变换思想美,培养学生的空间想象力和推理能力。

在教学图形的运动(二)中的例3之后,可设计如下操作题。

1. 在图3.6.15中分别画出将图形向上平移3格、向左平移8格后得到的图形。

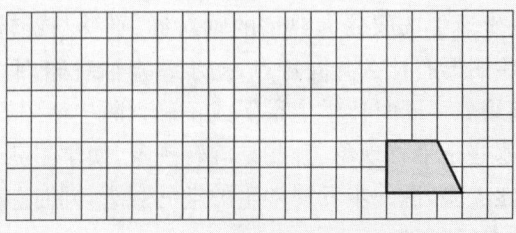

图 3.6.15

2. 在图 3.6.16 中画出小旗向右平移 5 格再向下平移 2 格后的图形。

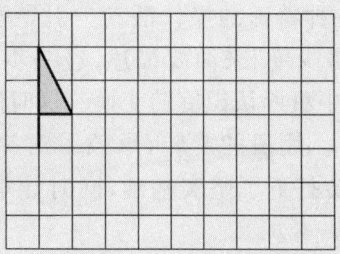

图 3.6.16

　　学生在新课中明确了平移变换的性质:图形移动前后,每一点与它对应点之间的连线互相平行(或者重合),并且长度相等。再让学生在画图中进一步体验平移运动的本质特征,画平移后的图形时,要明确一个图形向什么方向平移多少距离。重点掌握以下几个步骤:找出图形中关键的几个点;明确平移的方向和距离;画出平移后关键点的对应点;按照原图形的顺序连结各个点。上述程序其实是体验几何变换思想的程序,学生在操作活动中,体验到了几何变换思想美。

　　在教学图形的运动(三)中的例 1 之后,可设计如下操作题。

1. 在图 3.6.17 中画出线段 AB 绕点 A 顺时针旋转 $90°$ 后的线段。

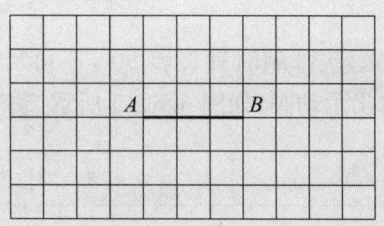

图 3.6.17

2. 在图 3.6.18 中画出线段 AB 绕点 B 逆时针旋转 $90°$ 后的线段。

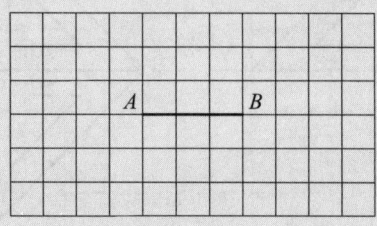

图 3.6.18

根据作图回答问题:(1)你是怎么画的? (2)观察旋转前后的线段,什么变了?什么没变?

在方格纸上画图,是一种特殊的操作活动。引导学生能用"绕一个点旋转""向什么方向旋转""转动多少度"来简要描述,进一步从旋转的三要素(旋转中心、旋转方向与旋转角度)中巩固认识旋转变换。这时的旋转已经由生活中的旋转现象上升到图形的旋转。线段的旋转,承载了对旋转要素的深化理解的作用,为后继学习图形的旋转打下了坚实基础,同时让学生体验了图形旋转美的思考。

教学图形的运动(三)中的例 2 时,可设计如下问题,注意操作活动与数学思考相结合。

(1) 观察旋转前后的三角尺,什么变了? 什么没变?

(2) 如果我们将三角尺每次都顺时针绕 O 点旋转 $90°$,要想重新回到原来位置需要旋转几次?

先让学生将三角尺放在方格纸上,按要求转一转。学生通过操作,看清楚了旋转后三角尺的位置,再来讨论"怎样旋转,三角尺的两条边转动到了哪里"。在第(1)题的探究中,学生通过观察图中旋转前后的三角尺位置变化,明确图形旋转的特征:旋转中心的位置不变,所有边旋转的方向相同,旋转的角度也都相同。汇报时引导学生进一步观察发现:旋转后的三角尺只是位置变了,三角尺的各条边都绕 O 点顺时针旋转了 $90°$,它的形状、大小都不变;旋转中心 O 点的位置不变,每个顶点旋转前后到 O 点的距离都没变,也就是三角尺的每条边的长度不变。这些发现为画图做好了铺垫。

第(2)题中,将三角尺每次都顺时针旋转 $90°$,三角尺共旋转了四次回到原位置。教师可借助信息技术出示动画,如图 3.6.19 所示,动态呈现旋转过程,形成一

旋转前的位置:

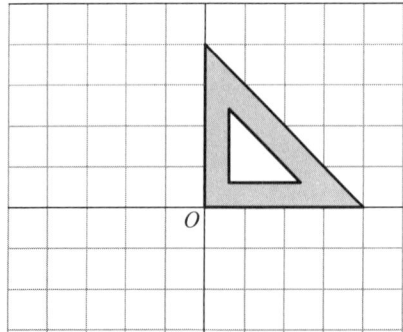

旋转后的位置:

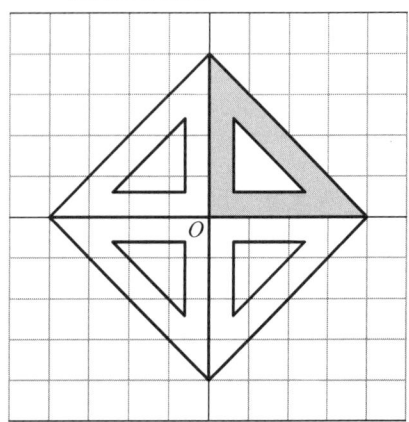

图 3.6.19

个漂亮的图案,使学生体验到三角尺旋转的美妙、价值和功能,进一步体验几何变换思想美。

三、 利用几何变换创造美

1. 欣赏美丽图案,感受几何变换的美

中国科学院院士王业宁说过:"要创新需要一定的灵感,这灵感不是天生的,而是来自长期的积累与全身心的投入。没有积累就不会有创新。"学习图形的运动的一个重要目的是使学生能够运用数学的眼光观察变化的生活,在捕捉生活中的数学变换现象中感受数学的美,能在生活中发现并欣赏图形的运动的应用,会运用图形的运动的知识分析有关的现象,进一步体会数学对人类社会的作用,体会数学的文化价值。这些都是在为创造美积淀。

在图形运动的每一个层次的教学中,我都设有欣赏课,如欣赏剪纸、建筑、数学与艺术。特别是在"图形的运动(三)"中的"数学与艺术"欣赏中,可引导学生综合运用所学的知识从对称、平移和旋转的角度来欣赏、分析艺术家们利用几何学中的平移、对称和旋转,设计出的许多美丽的图案,交流这些丰富多彩的镶嵌图案,看到其本质都是把可镶嵌的基本几何图形进行分割后再经过图形变换拼组而成的镶嵌图形,在欣赏中感悟用几何变换创造数学美的方法。

2. 利用几何变换创造美

生活中的美,客观上看,其一来自于大自然,其二来自于人类的创造。前面感受和体验了几何图形变换美层面的教学,为激发学生创造性思维和灵感奠定了基础,此时教学可进入到"动手为主,欣赏为辅"的层面来。核心目标是要让每一位学生亲自动手创造美的造型,使学生在动手创造美的过程中进行空间想象和美的想象。"图形的运动(三)"教学结束时可要求学生:初步学会运用对称、平移和旋转等变换方法在方格纸上设计图案。

在六年级上册学了圆的认识后,课本上只要求试着用圆规和直尺画一画课本上的图形,但有的学生因为有了前面图形变换训练和图形变换思想培养的基础,进行了丰富地创造,用自己喜欢的方式创作出了美丽的图案,如图 3.6.20 所示,达到了学习图形运动的最高境界。

图形变换作为几何领域的重要内容和思想方法之一,在几何的育人功能方面发挥着非常重要的作用。图形变换来源于生活中物体的平移、旋转和轴对称这些运动现象。形成图形变换思想,有利于我们发现、寻觅和认识生活中丰富多彩的生活空间。利用图形变换设计美丽的图案,有利于感受、发现和创造生活的美,在美的激发下,会加速认识图形之间美的关系,进而促进发展空间观念。

图 3.6.20

46 设计小学数学平移变换教学，与初中平移法作辅助线衔接

一、问题提出

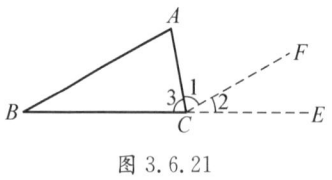

图 3.6.21

《小学数学与数学思想方法》一书第六章阐述的是数学思想方法在教材中的螺旋式呈现。其中我们看到，平移变换内容在教材中的分阶段编排，由此我联想平移变换思想方法和初中数学教学衔接问题。在初中数学中，证明三角形内角和定理时，最常见的证明方法是平移法。图 3.6.21 为平移法证明的一个思路：延长 BC 到 E，作 $CF \parallel AB$，将 $\angle B$ 平移到 $\angle 2$ 的位置，由平行线性质得到 $\angle 1 = \angle A$，推得 $\angle B + \angle A + \angle 3 = \angle 3 + \angle 1 + \angle 2 = 180°$，得到三角形内角和定理。

平移法作辅助线，是初中生学习作辅助线的初始阶段。作辅助线教学，是教师最感到头痛的问题。有时教师虽然反复讲解"平移使分散的图形聚集，从而构造出典型图形"，但学生在实际解题中却往往不善于用这个思想去作出辅助线，作辅助线时盲目,缺乏思想性导引,任你教师反复启发讲解和训练,有些学生都难以达到"面对新的问题自觉运用"的水平。上面问题的原因固然很多,但这里我只谈小学阶段的基础因素。中学教师启发初中学生用平移变换的思想作辅助线时,启发成功的因素之一是学生认知结构有如下各层面的小学数学知识水平作为铺垫:

第一层,在小学已经感受到垂直和水平平移变换的现象;

第二层,在小学已经感悟或领会平移变换前后图形的关系和规律,能辨认简单图形平移后的图形;

第三层,在小学已经能按水平或垂直方向将简单图形平移;

第四层,在小学能从平移角度分析和认识图形,对平移思想有所感悟;

第五层,在小学,在教师引导下能初步运用平移思想解决简单问题。

在小学阶段,学生如果这五个层面中最低层面都达不到,则会给中学阶段学习平移法作辅助线带来困难。如果学生在小学阶段平移变换知识学习达到的层面较高,则更有利于到初中时理解和运用平移变换思想解题。小学数学平移变换教学如何能和初中平移法作辅助线教学有效接轨呢? 我谈几点看法。

二、 例说从学习与发展出发,设计平移变换思想方法教学

在小学数学教学中,上述五个层面的实现,要经过较长的螺旋训练阶段,在具体教学中,有时各个层面目标往往是在相互融合中实现的。

第一层面到第三层面的教学是大家最为熟练的,这里略去不谈。我主要以前三层为能力基础,从第四层面和第五层面教学出发来谈"小学数学教学中如何培养学生平移变换思想,使之与初中数学的平移法作辅助线教学接轨"。下面我给出该层面实际教学的两个片段。教学面对的是小学五年级的学生,这些五年级学生在小学阶段对数学思想的感悟相对较弱。我先从第四层目标教学片段谈起。

需要注意的是,以下教师的启迪目标不仅仅是让学生知道如何去平移,更重要的是想办法使学生在情景中滋生出平移的数学思想方法,从而培养学生平移的思想解题意识。

例1 (第四层目标为主教学片段摘要)黑板或大屏幕展示图 3.6.22,每条线段长度为 6 cm。

师:四条线段长度都是 6 cm,它们本来是一个完美的图形,被拆散后成这个样子。大家猜一猜,它们可能是什么图形呢?(这是从数学美角度启发学生进行平移变换思考。)

生:原来可能是一个正方形。(这是在逆向思考,蕴含正逆推的思想,也蕴含平移的思考。)

图 3.6.22

师:一个和和美美的家庭被活生生拆散了,四分五裂,天各一方,互相之间都不能见面,我们能让它们破镜重圆吗?(这里蕴含了通过平移使图形完美的思想。)请大家在本子上操作。

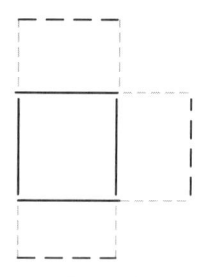

图 3.6.23

学生开始平移线段。(此时学生已经有了平移的想法,是平移思想萌生的前提。)

教师和学生一起探讨,最后由教师操作 PPT,如图 3.6.23 所示,将它们移动构成一个正方形。

师:平移前后的线段的方向和位置有变化吗?(此时教师启迪,旨在激活学生平移的思维。)

生:线段位置有变化,但方向没变,长短也没变……(这里蕴含了变中不变的思想,这是在回顾平移的一些规律;认识规律,是感悟思想的前提。)

师:平移使分散的图形变得完美,大家想一想,这个完美图形和什么公式有关?面对当前图形,我们还会得到什么?(启迪发现平移的价值,为感悟平移思想、生成平移意识积淀信息。)

生:可求出周长和面积。求得周长为 24 厘米,面积为 36 平方厘米。(此时体验了平移的价值。)

师:平移可使分散的图形合成一个整体,而这个整体往往能和数学公式联系。平移可使分散的图形聚集,化为和数学公式直接联系的典型图形。(教师点明了平移的数学思想,能激发学生感悟其思想。)

该层面教学的基本思路是:(1)让学生初步滋生平移的想法;(2)让学生在活动中体会平移的规律和价值,认识平移的意义,促进对平移思想意义的感悟;(3)用通俗的语言揭示平移的思想,启迪学生对平移的方法进行提炼,上升为思想层面认识。这些都是产生平移思想作辅助线的前提。

例 2 (第五层目标教学片段摘要,面对能力相对弱的学生)如图 3.6.24 所示,各个相邻线段为垂直关系,求这个图形的周长。

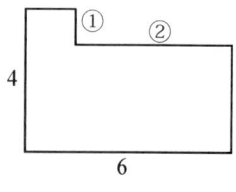

图 3.6.24

师:该图不是能用公式直接求周长的图形,我们目前没办法,怎么办呢?(该语言引起认知冲突,激发回忆典型知识。)

生:……(学生回忆旧知识模型,但面对陌生问题,缺少解题经验,迷茫。)

师:我们学过哪些能直接用公式求周长的图形呢?(这是在启迪学生回忆典型知识,为转化和平移思想的产生积淀信息。)

生:长方形,正方形。(学生此时将旧的典型知识和问题信息初步链接了。)

师:可这个图形不是长方形啊,假如是如图 3.6.25 所示的长方形,我们能不能求周长呢?(这是在直观展示结果,将图形结果状态和问题状态的表象拉近距离,降低分析难度,为产生平移思想铺垫。)

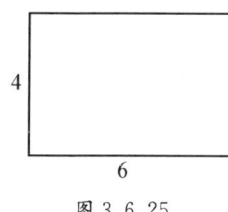

图 3.6.25

师(在屏幕上或实物操作,将原图线段①、②平移):我将原图的线段①和线段②移动,原图变成图3.6.26。可我移动后,将原图形拆散了。(这是以学生第四层水平经验为基础,让学生观察教师平移过程,进一步以相似的直观图提醒学生,激发类比和迁移,促进平移思考产生。)

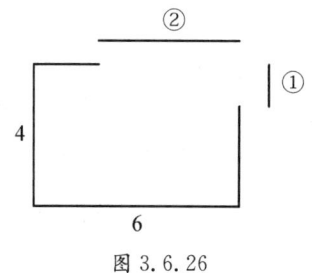

图 3.6.26

生:老师,你移过头了,再移回到长方形周边上。(学生在教师直观启迪下,结合第四层面平移的经验,发现平移方法,开始进行平移活动,见图3.6.27,最后用$(4+6)×2=20$求得原图形周长,此时已经体验了平移的思想和意义。)

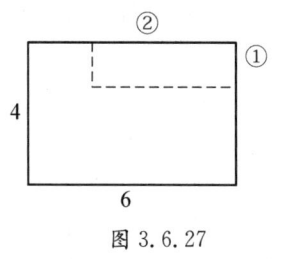

图 3.6.27

师:同学们讨论,该题我们为什么要平移线段①和线段②到长方形周边位置? 平移这两条线段的意义是什么?(学生先有意识地经历思考过程,有了数学思想潜在信息积淀后,教师再提出问题,会激励学生回忆解题思考过程,进而感悟其中的数学思想方法。)

学生周:不平移就不能构成长方形,我们就无法用周长公式。

学生蔡:线段①和线段②长度是未知的,不平移到长方形边上,我们就无法得到答案。

学生王:平移使被肢解的图形复原,成为学过的熟悉的图形,求周长了。

学生韩:平移使不好看的图形变得好看了(学生大笑)。

……

最后教师引导学生共同总结:平移能将线段①、线段②分布在长方形的边上,与长方形的关系拉近了,使分散的图形和条件都汇聚在同一个长方形中,使问题变为求长方形周长,我们有周长公式可用,问题就获得解答了。我们在解决不规则图形问题时,要善于通过平移法将图形变为完美的规则的图形,从而使和图形相关的一些公式能直接地得到运用,求得问题的解答。(在前面不断体验平移的思想条件下,再总结,则促进了学生对其思想的顺其自然的理解,增强了感受,容易形成经验。在总结的语言里,蕴含了"平移法使分散的条件和图形聚集,将问题归结为典型问题"的思想方法,同时也蕴含了数学美的思想,该讨论强化了平移思想,培养了学生在教师指导下运用平移思想的能力。)

该层面教学的基本思路是:(1)以第四层面平移经验为基础,启迪学生寻找典型图形和非典型图形的联系,为产生平移想法积淀信息;(2)以直观为中介,激发思考平移前后图形的关系;(3)教师以类似的平移现象点拨,促进学生类比思考,滋生平移的思想;(4)学生在活动中体验平移的思想和价值;(5)在解题后的反思中强化对平移思想的意义认识。这些都为学生自主产生平移思想作辅助线积淀信息和能力。

上面平移变换教学在宏观上螺旋式分层展示,在微观上以语言启迪,这使学生平移变换思想水平逐渐自然达到了第四或第五层面。此时学生不仅学到了平移变换方法,更体验了平移变换的价值,积淀了以平移变换思想解决问题的思想意识,这样,就能与初中学习平移法作辅助线有效接轨。

三、 再体验在小学平移法教学基础上的初中平移法作辅助线

学生到初中学习平移法作辅助线时,由于有以往小学阶段的平移思想意识和平移变换经验的积淀,就不感到陡了。此时一经教师启发,学生往往很快会感悟其思想,尽快自主运用平移法作出辅助线。我们回到前面提出的初中阶段的三角形内角和的证明场景,欣赏和体验小学阶段平移知识基础在其中的功能和魅力。

师:小学阶段我们是将 $\triangle ABC$ 三内角拼在一起,得到 $180°$,从而说明三角形内角和定理的。这个过程我们如何用中学知识解释呢?

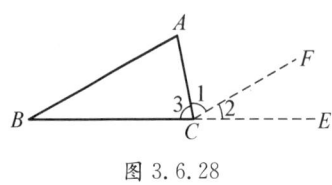

图 3.6.28

生回顾以往小学阶段将三角形三内角拼补成平角的过程,回想拼补使 $\angle A$ 搬到 $\angle 1$ 处,$\angle B$ 搬到 $\angle 2$ 处,小学阶段学习场景呈现,如图 3.6.28 所示。

师:这里 $\angle B$ 搬到了 $\angle 2$ 处,即 $\angle B = \angle 2$,而 $\angle A = \angle 1$,这些如何用初中几何知识解释呢?(小学阶段的水平平移变换场景基础促使学生直观感到 $\angle 2$ 是 $\angle B$ 平移得到的,即 $CF \parallel AB$。)

生:这里 $CF \parallel AB$,根据平行线性质知道 $\angle B = \angle 2$,而由 $CF \parallel AB$ 可推得 $\angle A = \angle 1$。

师:就是说,通过平移,将 $\triangle ABC$ 三内角移到一起,就化成一个平角,问题就解决了。(这是在以小学阶段学习的"通过平移将图形聚集"的思想启迪学生思路。)

生:只要 $CF \parallel AB$,就能得到我们需要的结果。

师:假如我将 CE 和 CF 都擦掉,如图 3.6.29 所示,那么我们如何通过平移法将 $\triangle ABC$ 三内角拼在一起呢?(这再次以现实推理过程和以往小学阶段对平移的价值的感悟,激发学生自然想出作辅助线。)

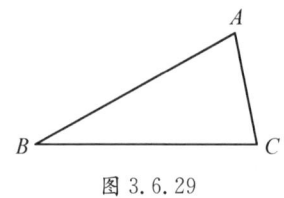

图 3.6.29

学生们经过讨论,得出思路:延长 BC 到 E,作 $CF \parallel AB$,将 $\angle B$ 平移到 $\angle 2$ 的位置,由平行线性质得到 $\angle 1 = \angle A$,推得 $\angle B + \angle A + \angle 3 = \angle 3 + \angle 1 + \angle 2 = 180°$,得到三角形内角和定理。

至此,该问题的辅助线在合情推理中生成了。在这里,我们看到了小学数学平移思想方法基础所呈现的精彩。

黑龙江省七台河市教育研究院退休教师　王喜清

第七节 极 限 思 想

再论极限思想

关于极限思想,笔者在以前的论文和专著中都曾有专题阐述,为什么还要再论述呢?源于笔者在 2014 年 12 月收到了一些老师和学生的来信,认为人教版小学数学六年级上册第 8 单元"数学广角——数与形"的例题 2(见下图 3.7.1)的答案是错误的,认为正确的答案是越来越接近 1,但不等于 1;甚至还有一位老师搬出微积分理论来说明自己的观点。这种错误认识说明这些教师对极限思想不理解,需要补上这一课,否则无法胜任该例题的教学任务。

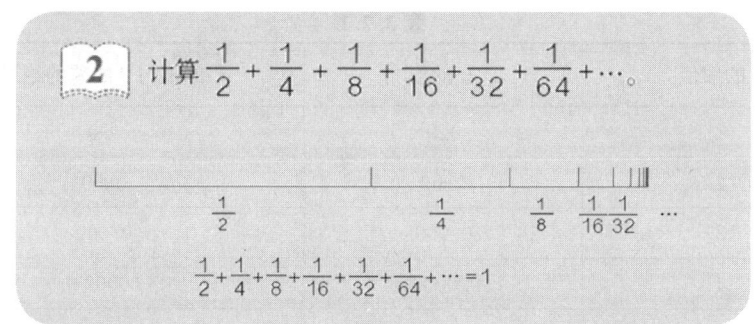

图 3.7.1

传统的小学数学计算是有限个数的计算,经过有限的运算次数可以得到一个确定的结果。小学几何图形的面积计算,一般都可以转化成长方形,如平行四边形是通过一次分割平移转化成长方形来推导面积公式的。

但是,当我们遇到更复杂的问题,如上面的例题是无限个数相加,结果是唯一确定的吗?如何计算?圆、椭圆等不是直线围成的图形,不能直接转化成长方形,如何精确计算周长和面积?这些问题不能用传统的初等数学解决,因而带来了有限与无限、圆与方、曲与直的矛盾,用传统的初等数学的形式逻辑方法无法解决这一矛盾。

我们已经知道,圆也是通过分割转化成长方形的,但是这种转化方法与其他直边图形转化成长方形的方法不同。一般的直边图形是通过有限的几次分割变换成长方形,而圆是通过无限次的分割、拼接、逼近并转化成长方形的,这样操作的依据便是极限思想。因此,极限思想在小学数学教材及教学中不但有,而且已经真正地应用了。

因此,极限是小学数学教材及课堂教学无法回避的数学思想。为了便于理解极限思想,本文不讨论函数的极限,只阐述数列的极限。数列是按照正整数 1,2,3,…,n,…编号依次排列的一列数,可写成如下形式

$$a_1,a_2,a_3,…,a_n,…$$

其中 a_n 称为数列的通项。其实,数列的通项 a_n 可以看成是自变量为正整数 n 的特殊的函数,写作 $a_n = f(n)$,其定义域为全体正整数。如

$$\frac{9}{10},\frac{9}{100},\frac{9}{1\,000},…,\frac{9}{10^n},…$$

可写作 $a_n = \dfrac{9}{10^n}$,当 n 无限增大,即越来越大时,该数列的通项 a_n 会越来越接近 0,即任意接近于 0,要多靠近 0 就有多靠近 0,见下表 3.7.1。

表 3.7.1

n 的取值	a_n 的值	a_n 的值与 0 的差的绝对值
1	0.9	0.9
2	0.09	0.09
3	0.009	0.009
4	0.000 9	0.000 9
5	0.000 09	0.000 09
10	0.000 000 000 9	0.000 000 000 9
…	…	…

从上表可以看出,当 n 取 10 的时候,a_n 的值已经很小了,可以想象,当 n 取到 30,40,50,…时,如果把 a_n 的值赋予一个具体的量,看成用米做单位的绳子,a_n 已经小到在任何显微镜下都看不见了,即 a_n 的值与 0 的差的绝对值要有多小就有多小。

虽然 n 越来越大,但是没有尽头(界限),数不完;虽然 a_n 的值越来越接近 0,但是有界限 0,即不会越过 0;a_n 的值与 0 的差的绝对值,要有多小就有多小。具备了这些条件,这时我们就说当 n 趋向于无穷大时,数列 a_n 以 0 为极限,或者说收敛到 0。

在数列中,由无穷多个项相加的式子 $a_1+a_2+a_3+…+a_n+…$ 叫做无穷级数,

其中前 n 项的和可记作 $S_n = a_1 + a_2 + a_3 + \cdots + a_n$,称为级数的部分和,这些部分和又可以构成一个新的数列。当 n 趋向于无穷大时,如果数列 S_n 的极限存在,可设极限为 S,这时极限 S 就是无穷级数 $a_1 + a_2 + a_3 + \cdots + a_n + \cdots$ 的和,记作 $S = a_1 + a_2 + a_3 + \cdots + a_n + \cdots$。

如

$$S_1 = a_1 = \frac{9}{10},$$

$$S_2 = a_1 + a_2 = \frac{99}{100},$$

$$S_3 = a_1 + a_2 + a_3 = \frac{999}{1\,000},$$

$$\cdots$$

$$S_n = \frac{10^n - 1}{10^n} = 1 - \frac{1}{10^n},$$

$$\cdots$$

当 n 趋向于无穷大时,数列 S_n 越来越接近 1,要多接近 1 有多接近 1,我们就说该数列的极限是 1,这时 1 就是无穷级数 $\frac{9}{10} + \frac{9}{100} + \frac{9}{1\,000} + \cdots + \frac{9}{10^n} + \cdots$ 的和,记作 $\frac{9}{10} + \frac{9}{100} + \frac{9}{1\,000} + \cdots + \frac{9}{10^n} + \cdots = 1$。

怎么描述要多接近 1 有多接近 1 的程度呢?可以用数列的通项 $1 - \frac{1}{10^n}$ 与极限 1 的距离 $\left| 1 - \frac{1}{10^n} - 1 \right| = \frac{1}{10^n}$ 来衡量。这个距离越来越小,可以任意小。

我们先取一个比较小的正数 $\frac{1}{100}$,要使 $\frac{1}{10^n} < \frac{1}{100}$,只需要 $n > 2$,即存在一个 N,$N = 2$,当 $n > N$ 时,数列 $\frac{1}{10^n}$ 的第 3 项及以后的所有项:$\frac{1}{1\,000}$,$\frac{1}{10\,000}$,$\cdots$ 都小于 $\frac{1}{100}$。

我们接着取一个更小的正数 $\frac{1}{10\,000}$,要使 $\frac{1}{10^n} < \frac{1}{10\,000}$,只需要 $n > 4$,即存在一个 N,$N = 4$,当 $n > N$ 时,数列 $\frac{1}{10^n}$ 的第 5 项及以后的所有项:$\frac{1}{10^5}$,$\frac{1}{10^6}$,$\cdots$ 都小于 $\frac{1}{10\,000}$。

可以继续取比上面还小的任意的正数,总能找到 N,N 以后的每一项都小于这个任意小的正数。见下表 3.7.2。

表 3.7.2

n 的取值	S_n 的值	S_n 的值与极限 1 的差的绝对值
1	0.9	0.1
2	0.99	0.01
3	0.999	0.001
4	0.999 9	0.000 1
5	0.999 99	0.000 01
10	0.999 999 999 9	0.000 000 000 1
⋯	⋯	⋯

从上表可以看出,当 n 取 10 的时候,S_n 的值已经很接近 1 了,S_n 的值与极限 1 的差的绝对值已经很接近 0 了。同样可以想象,当 n 取到 30,40,50,⋯时,S_n 的值与极限 1 的差的绝对值接近 0 的程度。

虽然 n 越来越大,但是没有尽头(界限),数不完;虽然 S_n 的值越来越接近 1,但是有界限 1,即不会越过 1;S_n 的值与极限 1 的差的绝对值,要多接近 0 有多接近 0,要有多小就有多小。具备了这些条件,这时我们就说当 n 趋向于无穷大时,数列 S_n 以 1 为极限,或者说收敛到 1。

通过上面的例子,我们可以对极限进行通俗的描述:

对任意给定的任意小的正数 ε,为了便于计算和描述,取 $\varepsilon = \dfrac{1}{10^m}$($m$ 可以是任意大的正整数),要使 $\left| 1 - \dfrac{1}{10^n} - 1 \right| = \dfrac{1}{10^n} < \varepsilon = \dfrac{1}{10^m}$,取 $N = m$,当 $n > N$ 时,数列 $1 - \dfrac{1}{10^n}$ 的第 $N+1$ 项及其后面的每一项都小于 ε,那么就说数列 $1 - \dfrac{1}{10^n}$ 的极限为 1。

一般地,对于任意给定一个不管多么小的正数 ε,总是存在一个正整数 N,使得 $n > N$ 的通项 a_n(第 $N+1$ 项及其后面的每一项 a_n,即 a_{N+1},a_{N+2},a_{N+3},⋯)与常数 A 的差的绝对值总小于 ε,即 $|a_n - A| < \varepsilon$ 总成立(在数轴上可以直观地理解为 a_{N+1},a_{N+2},a_{N+3},⋯ 这些点与 A 的距离总小于 ε),那么就说数列 a_n 的极限为 A(见下图 3.7.2)。

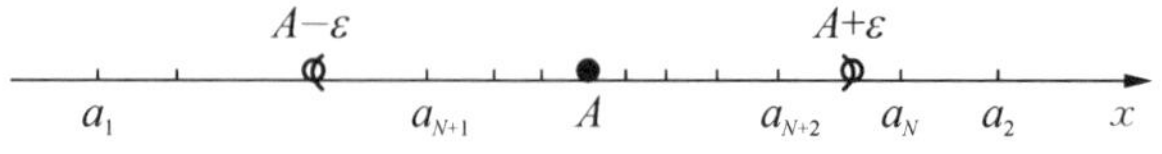

图 3.7.2

从小数的角度来看,上述无穷级数实际上是一个循环小数 0.999⋯,也就是说,它的小数部分的位数有无限多个。用数形结合的思想,如图 3.7.3 所示,将这个数用线段构造如下：把一条长度是 1 的线段，先平均分成 10 份，取其中的 9 份；然后把剩下的 1 份再平均分成 10 份，取其中的 9 份……

图 3.7.3

所有取走的线段的长度是 $0.9 + 0.09 + 0.009 + \cdots = 0.999\cdots$

如此无限地取下去，剩下的线段长度趋向于 0，取走的长度趋向于 1，根据极限思想，可得 $0.999\cdots = 1$。

也许有的老师会认为：无限循环小数的位数是无限的，和永远达不到 1，永远小于 1。这是一种片面的观念，是因为用有限的观点来看待无限造成的。这样的问题在数学上应该用极限的方法来解决，这是一个无穷递缩等比数列求和的问题，前 n 项的和（当 n 趋向于无穷大时）的极限为 1，所以上面数列的和是 1。这时有的老师可能又会认为：极限是 1，数列的和是 1，就是一定能取完。这种观点也只说对了一半，也就是说用极限 1 来作为数列的和是对的，但是原因说得不十分准确，如上所述，极限的概念里没有说变化的量最后是否一定达到 1，只需要当 n 足够大时，与 1 的距离要多小就有多少就足够了。通俗地说，在数轴上，你可以先任意取一个很小的正数 ε，针对这个 ε，只要找到一个正整数 N，$N+1$ 及以后的每一项都会落在区间 $(1-\varepsilon, 1+\varepsilon)$ 里，也许这里的每一项与 1 还有一点点距离，但是已经不重要了，已经不影响极限的数学游戏规则了，也就是不影响数列的和的取值了。

通过这个例子进一步说明：极限方法只关注一个无限的变化过程的确定趋势是什么，只要趋势确定并且符合极限的定义，那么这个无限变化的过程的结果就用极限来表示；它是一个解决问题的方法而已，只要符合极限的规则和逻辑，就可以用极限来表示无限变化的过程的结果；它并不关心这个无限变化的过程何时能到达极限，在本质上不同于有限个数的和。

由此我们知道，无限循环小数 $0.999\cdots$ 是 1 的另一种写法或表达形式，实现了有限与无限的对立统一。还可以进一步推出，任何一个有限小数，都可以写成循环节是 9 的循环小数形式，只需要把有限小数的最后一位数字减 1，然后在它后面加上无数个 9。如 $2.8763 = 2.8762999\cdots$

这样我们就可以理解本文开头提到的例 2 的计算结果是 1 了。

我国古代思想家庄子在其《庄子·天下篇》中说过："一尺之棰，日取其半，万世不竭。"这句话可用下面的数学语言来描述："长度为单位 1 的线段，第一天取走全长的一半，以后每天取走剩下的一半，永远有剩余。"这句话表达了一条有限长度的线段的无限可分性；但是这句话只说对了一半，只看到了无限，没有看到无限中蕴含着有限，无限与有限的对立统一关系。

我国古代数学家刘徽（3 世纪）为了计算圆的面积和圆周率，曾经创立了"割圆术"，具体作法是：先作圆的内接正六边形，再作圆的内接正十二边形……随着边数的不断增加,正多边形越来越接近于圆,那么它的面积和周长也越来越接近于圆的面积和周长。刘徽在描述这种作法时说"割之弥细,所失弥少,割之又割,以至不可割,则与圆周合体而无所失矣"。也就是说,随着正多边形的边数无限增加,圆就转化为边数无限的圆内接正多边形,即化圆为方。刘徽认为圆与方可以相互转化,看到了圆与方、有限与无限的对立统一关系,是第一个具有辩证的、对立统一的极限思想的人,尽管他还不会极限计算。刘徽比庄子的认识更全面,初步解决了圆周率的精确度问题。

综上所述,极限思想是微积分理论的基础,在本质上体现了辩证思维,即圆与方、曲与直、静与动、有限与无限的对立统一。把圆通过无数次的分割转化成长方形推导面积公式,以及刘徽的割圆术与上述例 2 的计算的理论依据和思想方法是一致的。

在撰写本文之际,学校刚完成上述例 2 的教学。笔者请人民教育出版社的实验基地学校——北京市和平里一小的老师对六年级 5 个班的学生进行了调查。希望通过此次调查为教师提供极限思想的学情分析及教学方法参考。六(2)、六(4)、六(5)三个班的学生做调研问卷 A,六(1)、六(3)两个班的学生做调研问卷 B。具体情况如下。

六年级学生关于极限思想的调研情况

A 卷　　　　班级：＿＿＿＿＿　　　　姓名：＿＿＿＿＿

选一选：

1.

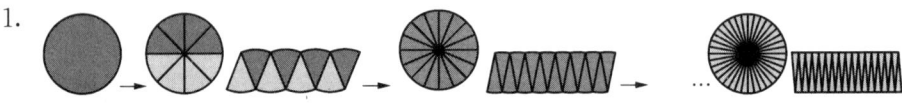

观察上图,圆切割的份数越多,所组成图形越接近长方形,如果继续切割下去,圆面积(　　)长方形面积。

① 小于　② 等于　③ 大于

2.

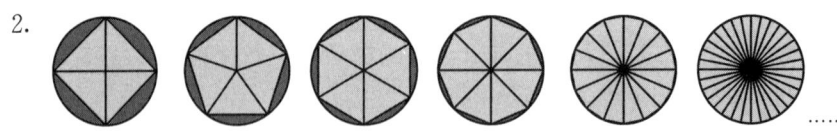

观察上图,圆内接正多边形的边数越来越多,就这样进行下去,最终圆的面积(　　)圆内接正多边形面积。

① 小于　② 等于　③ 大于

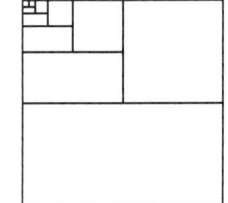

3. $\frac{1}{2}+\frac{1}{4}+\frac{1}{8}+\frac{1}{16}+\frac{1}{32}+\frac{1}{64}+\cdots$ 就这样一直加下去结果(　　)1。

① 小于　② 等于　③ 大于

A 卷测试情况统计如下表 3.7.3。

表 3.7.3

第1题	答对人数	答对人数比例	答错人数	答错人数比例	合计
六(2)	28	96.55%	1	3.45%	29
六(4)	19	73.08%	7	26.92%	26
六(5)	19	67.86%	9	32.14%	28
合计	66		17		83
第2题	答对人数	答对人数比例	答错人数	答错人数比例	合计
六(2)	23	79.31%	6	20.69%	29
六(4)	9	34.62%	17	65.38%	26
六(5)	10	35.71%	18	64.29%	28
合计	42		41		83
第3题	答对人数	答对人数比例	答错人数	答错人数比例	合计
六(2)	13	44.83%	16	55.17%	29
六(4)	5	19.23%	21	80.77%	26
六(5)	8	28.57%	20	71.43%	28
合计	26		57		83

六年级学生关于极限思想的调研情况

B 卷 　　班级：＿＿＿＿　　姓名：＿＿＿＿

选一选：

$\dfrac{1}{2}+\dfrac{1}{4}+\dfrac{1}{8}+\dfrac{1}{16}+\dfrac{1}{32}+\dfrac{1}{64}+\cdots$ 就这样一直加下去结果

（　　）1。

① 小于　② 等于　③ 大于

B 卷测试情况统计如下表 3.7.4。

表 3.7.4

	答对人数	答对人数比例	答错人数	答错人数比例	合计
六(1)	15	57.69%	11	42.31%	26
六(3)	8	30.77%	18	69.23%	26
合计	23		29		52

对以上数据分析如下。

1. A卷第1题，χ^2检验结果表明，(2)班与(4)班相比较，成绩差异显著（$\chi^2 = 4.34$，$P < 0.05$）；(2)班与(5)班相比较，成绩差异显著（$\chi^2 = 8.11$，$P < 0.05$）；(4)班与(5)班相比较，成绩差异不显著（$\chi^2 = 0.18$，$P > 0.05$）。说明(2)班在第1题上成绩优势明显，但是每个班的正确率都比较高。该校教师分析认为主要源于教师在课堂上对圆面积公式的详细推导过程和教学过程，使得大多数学生认可这一结论；当然，不排除部分学生只记住了"圆的面积经过转化后，就是长方形的面积"这个结论，但内心并不一定认可这一结论。

2. A卷第2题，χ^2检验结果表明，(2)班与(4)班相比较，成绩差异非常显著（$\chi^2 = 11.26$，$P < 0.05$）；(2)班与(5)班相比较，成绩差异非常显著（$\chi^2 = 11.11$，$P < 0.05$）；(4)班与(5)班相比较，成绩差异非常不显著（$\chi^2 = 0.007$，$P > 0.05$）。说明(2)班在第2题上成绩优势非常明显。3个班平均正确率50.6%，明显低于第1题，但也明显高于第3题。该校(2)班教师分析认为第2题做对的学生中，有一部分是因为对课上老师说过的一句话有印象，这句话大致是："正多边形的边数越多，每条边的长度就越短，最后就短成一个点，这时的正多边形就与圆重合在一起了。"

3. A卷第3题，与B卷题目相同。从(1)班到(5)班平均正确率分别为57.7%、44.8%、30.8%、19.2%、28.6%。χ^2检验结果表明，(2)班与(4)班相比较，成绩差异显著（$\chi^2 = 4.08$，$P < 0.05$）；(2)班与(5)班相比较，成绩差异不显著（$\chi^2 = 1.62$，$P > 0.05$）；(4)班与(5)班相比较，成绩差异不显著（$\chi^2 = 0.64$，$P > 0.05$）；(1)班与(3)班相比较，成绩差异不显著（$\chi^2 = 3.82$，$P = 0.050\,642 > 0.05$），但已经接近临界值；(1)班与(5)班相比较，成绩差异显著（$\chi^2 = 4.68$，$P < 0.05$）。该校教师分析认为学生选不对的主要原因是：不真正认识省略号"……"所表示的意思。学生想到一直加下去，总会有最后一个数，只要有最后的一个数，那么不管这个数怎么小，加得的总和总与1有那么一点点差距，就是达不到1。由此可知，在第3题上(1)、(2)、(3)班差异不显著，(1)班比(4)、(5)班及(2)班比(4)班显现出一定的成绩优势。

4. A卷第3题的平均正确率为31.3%，B卷的平均正确率为44.2%，但χ^2检验结果表明，二者差异不显著（$\chi^2 = 2.30$，$P > 0.05$）。由此推断前两题对于回答第3题没有明显的暗示作用。一方面说明多数小学生没有接受极限思想，类比联想能力和辩证思维能力还有待提高；另一方面说明教师在教学过程中极限思想的目标达成率较低，除了学生自身的原因外，是否与教师的教学有关，原因有待进一步调查。

5. B卷，(1)班的正确率虽然明显高于(3)班，但根据χ^2检验，二者差异不显著。两个班由同一个老师教数学，似乎说明差异产生的部分原因不是教师，据该班数学老师分析，两个班从低年级以来一直有成绩上的差异，可能与学生自身的智力、学习习惯、方法等因素有关，这可能是导致此次产生成绩差异的主要原因。

6. 综上所述,根据第 1 题的数据分析表明,学生容易接受和理解图形中的极限思想,不易接受和理解数的计算中的极限思想。如何通过数形结合方法提高学生接受和理解数的计算中的极限思想,有待教师进行教学实践探索。

人民教育出版社小学数学室　王永春

"圆的周长"教学研究报告

一、 问题

"圆的周长"无疑是小学数学教学的一个经典课例,这一内容曾被无数次地搬上观摩课教学的讲台。我们常常会看到这样的情景:教师提供给学生几个大小不同的圆,请学生测量出圆的周长和直径,并计算出两者之间的倍数,然后师生共同得出圆的周长是直径的 3 倍多一些,还常常把这样的实践称之为探究。但在实际教学中,随着对课标与教材解读的进一步深入,我们总觉得这种在教师设计下学生亦步亦趋的活动,学生更多是在动手操作。我们希望学生在操作中进行数学思考,实现由操作性认识向结构性认识的过渡,还希望通过这节课的教学能传递给学生一些数学思想与方法。

为了了解学生已有的知识和生活经验,找准认知起点,我们在五年级学生中随机选取 50 人进行了问卷调查。为了保证调查的有效性,一周前在该班执教了"圆的认识"。此次调查共 4 题,发放问卷 50 份,共收回有效问卷 50 份。答题情况如下表 3.7.5。

表 3.7.5

题次	内容	答题情况统计		
		1	2	3
1	试着描一描下面这个圆的周长。	不能描出的 8 人(占 16%)	能描出的 39 人(占 78%)	描出面积部分的 3 人(占 6%)
2	你知道什么是圆的周长吗? 说说看。	不能表述的 19 人(占 38%)	表述较为清楚、准确的 9 人(占 18%)	能说,但是意思表达不清楚、不准确的 22 人(占 44%)
3	你在生活中见过与圆周长有关的问题吗? 举例说一说。	没见过的 21 人(占 42%),3 人提到了圆周率(占 6%),7 人的表述不清楚、与圆的周长无关(占 14%)	举例正确的 4 人(占 8%)	见过,但举例有问题(比如举出了生活中的圆形物体,没有提及周长)的 15 人(占 30%)

题次	内容	答题情况统计		
		1	2	3
4	圆的周长的大小可能与哪些因素有关系？	没填的 13 人（占 26%）	认为与半径或直径有关的 18 人（占 36%）	认为与它的形状有关的 6 人（占 12%），与圆周率有关的 5 人（占 10%），与圆的面积有关的 8 人（占 16%）

调查结果显示，对于圆的周长这个概念，学生并不是一无所知。因为有正方形、长方形周长认识的经验，大多数学生能描出圆的周长，但不能用数学语言准确地进行表述。此外，学生几乎无法将圆的周长与现实生活中的实例建立联系。因此，如何让学生用数学语言将生活、学习中获得的各种相关经验进行更为准确的概括和表述，是个值得研究的问题。

1. 教学实践中的问题

教学此内容的教师一般都会面临这么一些问题：要不要花时间、要花多少时间在圆周率的探讨上？这一部分知识是以接受性学习为主要学习方式还是以探究性学习为主要学习方式？如何才能真正引导并促进学生的主动学习？如何才能将几何的学习不局限于"计算式几何"的内容中，而有效拓展学生的思维，建立他们的空间观念？如何在教学中渗透学生数学素养形成的基石——数学思想与方法？针对这些问题，我们将从教与学两个维度加以分析，以期通过研究这些问题，从理论的角度对我们的教学实践作出分析与思考，即努力做到教学实践的"理论性反思"。

教之困惑：

（1）学生通过这部分内容的学习，除了掌握圆周长、直径的测量方法，学会计算圆的周长等基础知识和基本技能之外，还能获得哪些基本思想与方法，积累哪些活动经验呢？怎样才能用数学的方法去教与学数学，让学生从教师的迁移、类比、归纳等教法中受到数学方法的熏陶？

（2）什么是数学文化？数学文化是否简单等同于"数学＋文化"？怎样呈现数学活动既能注重数学史料的外化点缀，又能重视数学史料的文化功能的挖掘？怎样设计数学活动，能实现无形的数学文化和有形的知识技能的完美结合？

学之困难：

通过观课、研课、与执教老师交流，以及学生的练习和检测题的反馈，我们发现学生对圆的周长这一内容的学习困难集中在以下几个方面。

（1）根据长方形和正方形周长的学习经验，学生能够想到圆的周长会与圆的某个部分有关系。但这个关系不像长方形、正方形那么直观，通过设计的活动让学生感受到圆的周长与直径有关，这是个有难度的问题。

（2）测量圆的周长与直径在理论上说不是太难，但是真正动手操作时学生会觉得有困难。

（3）小学数学教材中能让学生体会化曲为直、无限逼近等数学思想的素材不多，学生虽然对此感觉很神奇，但是理解起来有点吃力。

（4）学生对用一个近似数解决一个具体问题的经验也不多。因此，学生要学会圆的周长的计算方法，并利用这个方法解决生活中的数学问题也不是件容易的事。

2. 对问题的分析

（1）圆的周长这一概念较之于长方形和正方形的周长，由直到曲这是认识上的一大飞跃。这一概念的形成建立在对周长概念的理解之上，同样需要摸、描、画等操作活动，才能完成抽象的过程。

（2）当圆以一个运动轨迹独立留下来时，直径不需要画出来，因此圆的周长与直径大小有关就显得更为抽象。并且这个倍数关系不是一个整数倍，学生不能直观地作出猜想与判断。如何设计有效的问题情境考验着教师对这一问题思考的深度。

（3）并不是所有的问题都需要探究。有价值的接受性学习也是数学学习的重要方式之一。对于这一内容的教学，如何让学生在以接受性学习为主的情况下主动参与数学思考，更依赖于教师对教材解读的深度和问题设计的质量。

（4）教学这一内容，要实现学生自觉、积极地参与数学学习，重视数学思想和方法的感悟、数学活动经验的积累，培养学生的创造性思维这一目标，需要教师的智慧。

二、实践

有了上面的这些思考，我们研究会组织了一次活动——"重构经典，老课新上"，三位老师从不同的角度对这节课进行了思考与尝试。

【片段一】

1. 教学目标

（1）通过剪纸活动，化直为曲，学生发现圆周长与正多边形周长的关系。

（2）学生了解"割圆术"，体会极限思想，并探索发现圆周长的计算公式。

（3）感受数学文化的博大精深。

2. 课堂实录

师：请同学们一起玩一个剪纸游戏。用一张正方形纸和一把剪刀，你能剪出一个圆吗？试试看。

学生动手剪。师请学生展示作品，并说一说自己是怎么剪的。

生1：任意剪很难剪出一个圆。对折一次后剪一条弧线，打开有点像圆。

生2：我是对折两次后剪的。

生3：我对折3次后剪了一条弧线,打开有点像圆形花边。

师：比较这几个同学的方法,哪种方法剪得更圆?

生：多对折几次。

师：是吗? 老师也试一试。

老师对折,学生数对折的次数。随后老师展示作品,非常接近圆。

师：告诉大家一个秘密,我是直直地剪一刀的。你们相信吗?

学生疑惑。

师：那我们动手试试吧。

学生活动,并展示自己的作品。

师：对比一下谁的作品更接近圆,怎样做才更接近圆?

生：对折的次数越多,剪的作品越接近圆。

师：现在我们想象一下,如果对折10次、100次、1 000次甚至无数次后再剪,剪出的图形会是什么情况呢?

生4：非常接近圆。

生5：基本上就是圆了。

师：同学们想象力很丰富。我国魏晋时期的数学家刘徽就是运用这样的办法计算圆的周长。这就是著名的"割圆术"。我们一起感受一下古代数学家的计算方法。(出示课件,如图3.7.4所示)首先在圆内画出一条半径OA,再以这条半径为一条边画出一个$60°$的角,得到一条半径OB,连结AB,你看到了什么?

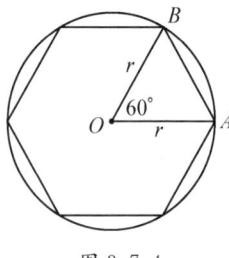

图 3.7.4

生：一个等边三角形。

师：那你知道线段AB的长度吗?

生：等于半径。

师：同学们思考一下,在这个圆内还能画出多少个这样的三角形?

生：6个。

师：这个正六边形的周长与圆的半径的长度有什么关系呢?

生：正六边形的周长是圆的半径的6倍。

师：是直径的几倍?

生：3倍。

师：这个正六边形的周长是直径的3倍,它很接近圆了。但是在刘徽看来,可以在圆内接正六边形把圆周等分为6条弧的基础上再继续等分,得到一个圆内接正十二边形,不是更接近圆吗? 那再等分成正二十四边形呢? 越是把圆周分割得细,误差就越少,其内接正多边形的周长就越接近圆周。如此不断地分割下去,一直到圆周无法再分割为止,也就是当圆内接正多边形的边数无限多时,它的周长就与圆周"合体"而完全一致了。(课件演示:刘徽描述他的"割圆术"说:割之弥细,所失弥少,割之又割,以至于不可割,则与圆合体而无所失矣。)

师:想想我们刚才的剪纸活动,和刘徽的"割圆术"有联系吗?

生:有的!对折后,每份同样多,直直地剪一刀,相当于做正多边形!

师:现在你能用直尺量出这个近似圆的周长吗?可以和你的同桌讨论完成。

学生活动。

生6:我的近似圆其实是一个正32边形,我量出一条边是1.3 cm,得出它的周长是41.6厘米。

生7:我的近似圆其实是一个正16边形,我量出一条边是2.1 cm,得出它的周长是33.6厘米。

师:非常好。我们在课前"甩球"游戏中说到圆的周长与它的直径有关,那么量量它的直径比较一下,看看这两者之间到底有什么关系。

学生活动。

师:请你说出你的近似圆的周长、直径,以及它们之间的关系。

生8:周长大约是直径的3.154 6倍。

生9:周长大约是直径的3.201 3倍。

生10:周长大约是直径的3.230 7倍。

教师板书学生的数据,并贴出这几个近似圆。

师:比较这三组数据,你们有什么想说的吗?

生:这些圆的周长、直径虽然各不相同,但它们的比值都是3倍多一些。(师板书)

师:这些近似圆有大有小,但是它们也有共同的地方,周长大约是直径的3倍多一些,是3倍多多少呢?不管圆的大小如何,周长与直径的倍数关系是不是不变的呢?对此,数学家们经历了漫长而深入的研究。他们把周长与直径的比值叫圆周率,用希腊字母 π 表示。(板书:周长是直径的 π 倍)

师:π 到底是多少呢?我们一起学习数学家们的研究成果。(课件出示)早在2 000多年前,我国古代数学经典《周髀算经》就指出"圆径一而周三",意思是圆的周长是它的直径的3倍。约1 500年前,我国数学家祖冲之(429—500)精密地计算出圆周率在3.141 592 6和3.141 592 7之间,他是世界上第一个把圆周率的值精确到7位小数的人,比欧洲数学家要早1 000年左右。现代的数学家们运用超级计算机算出了圆周率的小数点后10万亿位。数学家们认为圆周率是一个固定的数,一个无限不循环小数。在计算时,我们通常将 π 取两位小数。(板书:$\pi \approx 3.14$)

师:学习完这段文字,你认为圆周率是一个怎样的数?

生11:圆周率是周长与直径的比值。

生12:圆周率是一个固定的数,一个无限不循环小数。

生13:$\pi \approx 3.14$。

师:怎么理解"固定的数"?

生 14：是一个不变的数。

生 15：不管圆的大小如何，圆周率是不变的。

师：你能用一个算式表示出周长与直径之间的关系吗？

生 1：圆的周长÷直径 = 圆周率。

生 2：圆周率×直径 = 圆的周长。

设计意图：这个片段中，采用了朴素的剪纸活动，让学生初步感悟化直为曲和化曲为直的数学思想。随后，教师引导学生大胆想象，"对折的次数如果无限多，会出现什么情况？"这个问题把学生的思维从有限引向无限，让学生对极限思想有了真切的领悟。

在介绍有关圆周率的数学史的过程中，看似安静的课堂，学生却能随着老师的引领主动地进行观察、思考，用数学的思维方式去发现蕴藏的数学问题，用数学知识本身的魅力去吸引学生，感受数学思想和文化的美丽与力量。

【片段二】针对"怎样才能用数学的方法去教与学数学"的设计

1. 教学目标

（1）通过运用类比和迁移的方法，让学生知道什么是圆的周长，圆的周长和什么有关。

（2）通过运用不完全归纳法，抽象出圆的周长与直径的关系。

（3）让学生受到数学文化的熏陶，感受化曲为直、符号化等思想与方法。

2. 课堂实录

师：（动画演示）小朋友们，动物运动会开始了。现在参加跑步比赛的是"红袋鼠"和"跳跳蛙"，"红袋鼠"跑的是边长是 1 米的正方形的跑道，"跳跳蛙"跑的是直径是 1 米的圆形跑道，它们俩的跑道一样长吗？

生 1：看上去"跳跳蛙"的圆形跑道要长些。

生 2：不对吧，应该是"红袋鼠"的正方形跑道长些。

师：噢？能说说理由吗？

生 3：我也认为"红袋鼠"的正方形跑道长些，如果把"跳跳蛙"的圆形跑道移到"红袋鼠"的正方形跑道里面，我们就可以看出谁的跑道长了。

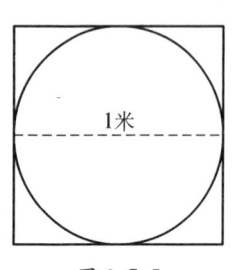

图 3.7.5

师动画演示，如图 3.7.5 所示。

师：真聪明！那正方形跑道比圆形跑道长多少米呢？

生："红袋鼠"的跑道的长度实际上就是这个正方形的周长，用边长 1 米乘 4 得 4 米，可"跳跳蛙"的圆形跑道的长我就不知道怎么算了。

师：是啊，围成正方形的四条边的总长叫做正方形的周长（板书：围成），正方形的周长与它的边长有 4 倍关系。那"跳跳蛙"的圆形跑道的长度，实际上是圆的什么呢？

生：周长。

师：那什么是圆的周长？圆的周长又与谁有关系呢？这节课我们就一起来研究有关"圆的周长"的知识(板书课题)。

师：同桌的小朋友拿学具袋里的圆形物体看一看、摸一摸、说一说，什么是圆的周长呢？

生：和正方形一样，圆的周长也是指围成圆形的这条线的总长，只是这根线是弯的。

师：我们把这根弯线叫做曲线。谁再说说什么是圆的周长？

生：围成圆的曲线的长叫做圆的周长。

师动画演示圆的周长部分，并板书圆的周长的概念。

师：(出示铁丝做的圆环)我想用直尺去量这个圆环的周长，方便吗？

生：不方便，因为这个圆环是曲线围成的，直尺量起来不方便的。

师：那有没有办法把这条曲线变直呢？

生：把铁丝剪断拉直再量就可以了。

师：主意不错，我们来试试看(实验操作)。(板书：拉直法)

师：还有不同想法吗？先独立思考，然后小组交流。

生：我们觉得可以让这个铁环在直尺上滚动一周就可以了。

师：(板书：滚动法)怎么知道圆正好滚动一周呢？

生：在圆上做个记号就可以了。

师演示动画，如图 3.7.6 所示。

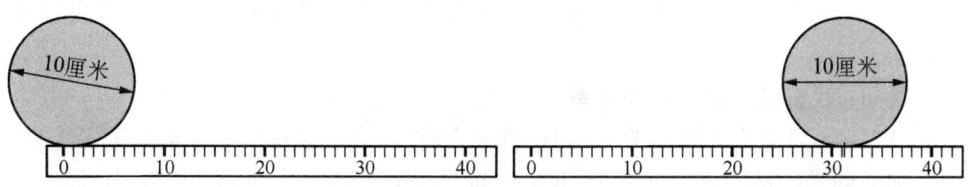

图 3.7.6

师：其他组呢？

生：我们组先用绳子把这个圆周绕一圈，再把绳子的长度量出来就可以了。

师：真好！(板书：绕绳法)

师演示动画，如图 3.7.7 所示。

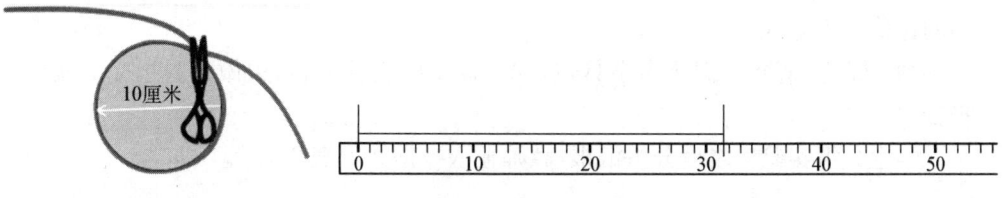

图 3.7.7

生：我有补充。直接用软尺会更简单，因为软尺可以直接读出曲线的长度，比刚才那个方法更好。

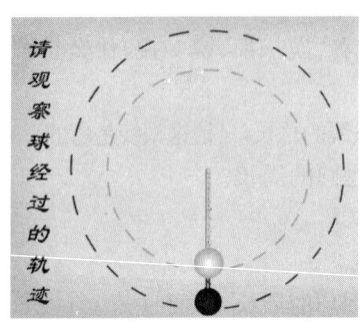

图 3.7.8

师：同学们真聪明！用自己的智慧化曲为直，量出了这些圆的周长。

师：（动画演示两个甩动的球，如图 3.7.8 所示）谁来量一量这两个圆的周长呢？

生：好像刚才的方法都不管用了！

师：怎么办呢？

生：得找新办法了。

师：是啊，不是所有的圆都可以用测量曲线的办法找到它的周长的。我们得找到所有圆适用的一种求圆周长的新方法。同学们想一想，圆的周长可能会与谁的长短有关系呢？

生：从刚才那两个甩动的球留下的圆来看，长绳系的球甩的圆明显比短绳系的球甩的圆周长要长些，我想，圆的周长应该与圆的半径有关吧。

师：真是个会思考的孩子！圆的周长与半径或直径有关（板书：圆的周长与它的半径或直径有关），那么，究竟它们之间有什么关系呢？大家猜猜看。

生 4：我猜，圆的周长会是直径的 2 倍。

生 5：我不同意，如果是 2 倍，好像太少了，我觉得圆的周长等于直径的 3 倍。

生 6：我看可能有 4 倍的关系。

生 7：不可能有 4 倍的关系，如果有 4 个直径，那可以拼成一个正方形了。

师：同学们都说得很好，但是我们的猜测要有依据。古代的数学家用"周三径一"表示圆的周长与直径的关系，跟同学们的猜测一样，他们也认为是 3 倍的关系，那究竟圆的周长与直径是不是 3 倍的关系呢？有办法吗？

生：我们来做实验吧。

师：这建议真好，那实验怎么做呢？需要老师给大家提供些什么呢？同桌讨论讨论。

生：给我们几个大小不一样的圆，我们测量每个圆的周长和直径，再算一算它们的比值是不是 3。

师：好的，请同学们拿出学具包，找到需要的实验材料，边做实验边完成实验报告单。

学生分组实验。之后分组汇报，教师输入数据如下表 3.7.6。

表 3.7.6

周长 C(厘米)	直径 d(厘米)	C 和 d 的比值
27.32	8.7	3.14
21.5	6	3.58
20.5	6.5	3.15
…	…	…

师：表中的数据是我们共同测量、计算出来的。观察我们实验的结果，你有什么发现？

生：我们发现这些圆的大小不一样，圆的周长与直径的比值都是 3 倍多。（板书：圆的周长与直径的比值都是 3 倍多）

师：大家测量的圆大小不一，但圆的周长与直径的比值却总是 3 倍多。如此看来，古人说的"周三径一"的说法准确吗？

生：不准确。

师：那对于我们所看到的结果，你们有什么疑惑吗？

生 8：为什么都是 3 倍多一点的关系，而没有一个确定的数呢？

生 9：为什么我们测量的方法相同，得到的结果却不相同呢？

师：谁能解答这些同学的疑问？

生 10：我想也许是因为圆的大小不一样。

生 11：我想是我们测量的时候数据有误差。

……

师：其实，早在几千年前，数学家在研究圆的周长时，也和我们一样，遇到了许多问题。一开始提出"周三径一"的说法，后来又提出了"周三径一有余"的说法，但究竟余多少，答案各不相同。那么，圆的周长到底是直径的多少倍呢？

（课件播放短片）古埃及记载圆周率为 3.16 → 古巴比伦记载圆周率为 3.125 → 古希腊阿基米德记载圆周率在 3.140 845 与 3.142 857 之间 → 刘徽的割圆术提出 $\pi = 3.141\ 6$ → 祖冲之算到 3.141 592 6 至 3.141 592 7 之间 → 现在借助计算机，人们已经计算出圆周率小数点后面 10 万亿位。

师：数学家们通过不懈努力，终于达成一个共识，圆的周长与直径的倍数是个固定不变的数，我们把它叫做圆周率，用字母 π 表示。经过精密计算，圆周率是一个无限不循环小数，$\pi = 3.141\ 592\ 653\cdots$，我们一般保留两位小数，为 3.14。那现在谁能说说如何计算圆的周长？

生：圆的周长 = 直径 × 圆周率。

师：真棒！那用字母怎样表示呢？

生：$C = \pi d$。

师：一个简单的公式浓缩了我们的老祖先们几千年的文明，当然也浓缩了我们班每个孩子的智慧！

师：那现在你们能算出"跳跳蛙"的圆形跑道的长度了吗？

生：用 π 乘 d，π 取 3.14，d 是 1 米，所以"跳跳蛙"的圆形跑道的长度就是 3.14 米。

师：符合同学们开始的猜想吗？

生：符合，的确比"红袋鼠"的跑道长度少一点。

师：数学就是这么好玩，又是这么有用！

设计意图：教学"圆的周长"时，我们一直在思考：怎样才能用数学的方法去教数学？要得出圆周长的计算公式，就必然思考：(1)什么是圆的周长？(2)圆的周长与什么有关？(3)圆的周长和直径有什么关系？(4)是否所有的圆的周长与直径的关系都这样？(5)公式怎样形成与表达？顺着这些思路，要解决前两个问题，我们想到了用类比和迁移的方法，来帮助学生认识和思考；第(3)(4)个问题，我们采用了不完全归纳法，从小组汇报的几组数据中抽象归纳出结论；解决第(5)个问题的方法是符号化，并在符号化的过程中让学生体验数学的简约美。

值得一提的是，在"测量圆的周长"部分，教师通过层层设疑，不断给学生造成思维冲突，从而激励学生去思考、发现方法。在"用直尺直接测量不方便→直接化曲为直有困难→间接化曲为直有局限性→需要找普遍规律"，一个个矛盾的设立和解决过程中，既帮助学生掌握了"化曲为直"的数学思想方法，又使学生主动探索和实践的精神得到了培养。

【片段三】针对"既注重数学史料的外化点缀，又重视数学史料的文化功能的挖掘"的设计

1. 教学目标

(1) 通过学习，学生知道什么是圆的周长，会计算圆的周长，并应用公式解决实际问题。

(2) 了解有关圆周率的发展史，经历测量、计算圆周率的过程。

(3) 经历操作、探究、猜想等学习活动，提升思维水平，感受数学文化，体验极限思想、化曲为直的思想。

2. 课堂实录

师：今天我们一起研究有关圆的周长的知识。关于圆的周长，古人对它做过很多的研究。在 $2\,000$ 多年以前，有一本著名的数学著作叫《周髀算经》，书中有这样一句话，"周三径一"（课件演示）。

师：请同学们猜猜看，这句话是什么意思？

生1：周是周长，径是直径。周长是直径的 3 倍。（板书）

师：那什么是圆的周长呢？

生2：和长方形、正方形的周长一样，指的是这个图形一周的长度。

师：用手摸一摸学具圆的周长，你怎么知道自己摸的刚好是一圈呢？

生 3：我用笔在上面做个记号，从这个记号开始，又到这个记号结束就是一周了。

师：和老师想到一块了，你们看！（课件演示圆的周长）现在谁能说说什么是圆的周长？

生 4：圆一周的长度。

生 5：圆是由一条封闭曲线围成的，围成圆的曲线的长度叫做圆的周长。

师：如果用字母 C 表示圆的周长，d 表示圆的直径，能把"周三径一"这句话写成一个等式吗？

生：$C = 3d$。（板书）

师：数学就是这么神奇！简单的一个算式就把 2 000 多年前的一个重要发现翻译出来了！问题是，无论圆的大小如何变化，它的周长都是直径的 3 倍，你们相信吗？

学生意见不一，有的说相信，有的则不相信。

师：怎么办呢？

生：我们试试！

师：对，动手试试，这是一种了不起的研究问题的态度。问题是，怎么试？

生 6：先测量出圆的周长和直径，再算一算它们的倍数关系。

师：有想法！你们桌上有一些实验需要的工具，各小组根据需要进行选用，结果可以用计算器计算，有了结果，就派代表把结果输入电脑。

学生活动。

师：看到这些我们亲自得来的数据，你们有什么想说的吗？

生 7：周长不是直径的 3 倍，而是 3 倍多一些。

师：是呀，你们的发现和数学家的发现是一样的。"圆径一而周三有余。"（课件出示）直径是 1 的时候，周长是它的 3 倍多一些。看样子，我们得改改这个算式了，提提修改意见吧？

生 8：把"＝"改成"≈"。

师：有道理！但是，我们就满足于这个"≈"吗？

生：不行！

师：的确，如果满足于这个"≈"，像卫星上天这样的高端技术就难以实现了！为了改写这个"≈"，很多数学家付出了毕生的精力！魏晋时期，一位数学家发现"周三径一"指的是圆内接正六边形的周长与直径的比值。（课件演示，如图 3.7.9 所示）

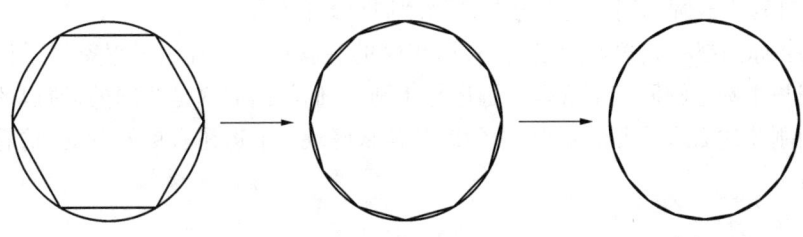

图 3.7.9

师：随着这个正多边形的边数不断增多，大家可以大胆想象，多边形的周长会无限逼近圆的周长。数学家们用这样的方法寻找这个神秘的比值！其中最典型的是大约 1 500 年以前，我国数学家祖冲之计算出圆的周长与直径的倍数在 3.141 592 6 至 3.141 592 7 之间，这在当时是一个非常了不起的成就！后来，数学家们逐渐发现，这个比值原来是一个无限不循环小数，也就是说它的小数部分既是无限的，又是无规律的，尽管人们现在已经能用计算机计算出它的小数点后面的 10 万亿位，但是这个数还是永远写不完，我们把这个写不完的倍数叫做圆周率，用字母 π 表示。

师：问题研究到这儿，同学们可以把这个"≈"改成"="了吗？

生 9：$C = \pi d$！

师：多么漂亮的等式！有了这个等式，我们能解决哪些问题呢？

生 10：知道了圆的直径就可以求出圆的周长了。

生 11：知道圆的周长也可以求出圆的直径或者半径。

师：有了它，我们就能准确地计算圆的周长了。在运用这个公式时，为了计算方便，π 一般情况下取 3.14。下面我们就来用公式解决问题。

学生分组计算并板演下面图 3.7.10 中几个圆的周长。

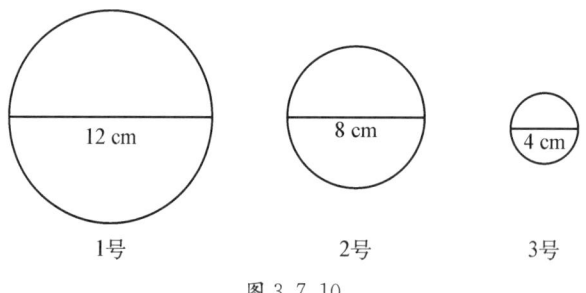

图 3.7.10

师：请同学们仔细观察这些数据，你有什么发现？

生 12：这三个算式当中都有一个 3.14。

生 13：1 号圆的周长是 3 号圆的 3 倍，2 号圆的周长是 3 号圆的 2 倍！

师：噢？怎么会这样啊？

生 14：1 号圆的周长是 12π，3 号圆的是 4π，当然是 3 倍啦！

生 15：1 号圆的周长是 2 号与 3 号圆周长的和！

师：你们都有数学家的眼光，有思想家的头脑！我国古代思想家墨子说："大圆之圆与小圆之圆同。"不管是大圆还是小圆，它们的圆周率是相同的，所以才有了同学们刚才这么多重要的发现，数学就是这么好玩！下边还有更好玩的，请看下图 3.7.11。

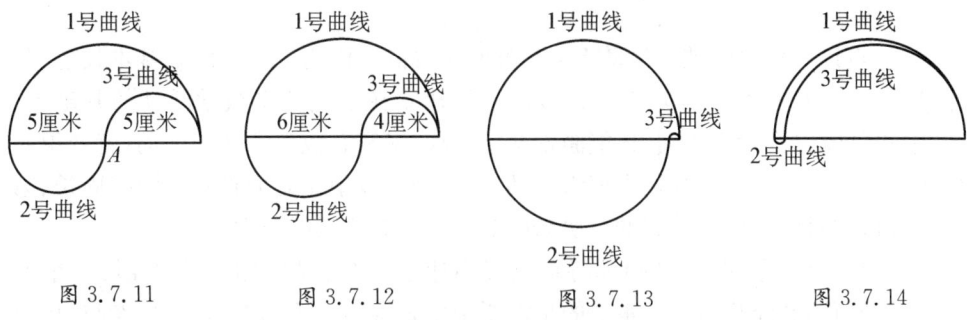

图 3.7.11　　　　　　图 3.7.12　　　　　　图 3.7.13　　　　　　图 3.7.14

师：算一算,想一想图 3.7.11 中 1 号曲线的长度与 2 号、3 号曲线的长度之和有什么关系?

学生计算后,发现 1 号曲线的长度 ＝ 2 号曲线的长度 ＋ 3 号曲线的长度。

师：如果移动点 A 的位置,如图 3.7.12 所示,结果又会怎样呢?

生：还是相等!

师：如果点 A 不断往右移动,如图 3.7.13 所示,最终会出现什么情况呢?

生 16：成一个圆了。

生 17：3 号曲线不见了。

生 18：1 号和 2 号曲线各占圆周长的一半了。

师：如果如图 3.7.14,点 A 不断左移呢?(演示课件)

生 19：和半圆重合了!

师：数学就是这么神奇,这么好玩!

设计意图："如何设计能既注重数学史料的外化点缀,又重视数学史料的文化功能的挖掘?"这是我们设计"圆的周长"教学时深入思考的一个问题。因为数学自身蕴藏着丰富的文化属性,我们要做的工作就是挖掘数学内在的文化价值,外化数学本身的文化功能。本设计从《周髀算经》中"周三径一"的数学史料导入,让数学课一开始就注入了厚重的历史意蕴与浓郁的文化气息。难能可贵的是,"周三是否一定径一"这个问题引发了学生的数学思考,让实验操作成为学生的自觉需要;接着,学生通过对"割圆术"的了解,在感叹中国数学文化博大精深的同时,也感受到数学极限思想的奇妙;同样地,学生在用公式解决问题时发现,"大圆之圆与小圆之圆同",老祖先的智慧再一次给了学生美的享受。

"数学知识与方法是数学文化的载体,是数学的文化价值赖以彰显、实现的母体和根系。"这个片段中,知识的学习伴随着丰富的数学思考,方法的渗透伴随着理性精神的培育,能力的提升伴随着数学美感的体验,数学文化是内在、相融于数学课堂教学中并与之共同发展的。

三、讨论

1. 对课堂的思考

纵观三位执教老师的三个片段,他们都很重视数学活动的设计。对于一线教师来说,设计有价值的数学活动无疑是非常重要的。因为,基础知识、基本技能、基本活动经验、基本思想与方法的获得都必须建立在学生从事数学活动的基础上。于是,设计既符合学生现实、还能激发学生兴趣,又富有数学意义的活动,就变得非常重要了。比如第一个片段中剪纸活动,第二个片段中化曲为直测量圆的周长、第三个片段中对圆的周长公式的三次修改等等都是高质量的数学活动。

值得一提的是,两位老师都特别重视不让学生在教师的指令下"经历",事实上,由"经历"到"经验",非常重要的是需要学生思维与情感的参与,这种参与,将使数学活动变成学生的自觉行为,使学生在活动中将知识、方法、思想等进行内化,引发真正的数学思考。

我们也比较了这三个片段的设计思路。第一个片段重视化曲为直、极限思想在具体活动中的落实。第二个片段非常重视知识的形成过程与学生认知过程的协调同步,相互交融。教学在准确把握学生认知起点的基础上,充分运用迁移的策略,环环紧扣,步步为营,引导学生拾级而上,把知识的形成过程充分地展示出来,并非常巧妙地突破了知识的重点、难点,顺利地完成教学任务。第三个片段则从数学史的角度引导学生经历了圆周率的产生和发展的过程,并在这个过程中不断丰富学生的认知,从等号到约等号再到等号这个修正的过程,也正是学生思维发展的过程。

当然,我们还愿意特别强调这样一点:对任何一堂数学课,我们都可从多个不同角度去进行评价,从而事实上就很难说有绝对的"好"与"不好"的区分,我们除了尊重每位执教老师不同的追求与思考,还可以客观地思考每个设计的亮点与不足。

2. 提出新问题

(1)"数学是思维的体操",教师如何设计好的教学活动促使学生养成研究问题的良好意识? 是否可以给学生一个问题模式,让学生"知道怎样思维",让学生掌握作为一种"非言语程序性知识"的思维?

(2)通过反复磨课,我们发现,每一节课学生体现的思维路线都有所不同。这就为教师研究学生带来了新的思考方向,即不仅要了解学生静态的学习状况(如学习起点和学习终点),还需要研究学生的思维路径。正如数学教育家波利亚所说:"教师在课堂上讲什么当然是最重要的,然而学生想的是什么却更是千百倍的重要";也正如孙晓天先生在《读懂学生》一文中所说:"如果我们能了解孩子们是如何实现数学化的,在这个过程里有哪些要素,这个过程大体遵循一个什么样的规律,这是一个非常有意义的研究,就是一个相当精彩的读懂"。如何基于学生的思维路径进行有效的教学设计也是我们面临的新问题。

湖南省涟源市教研师资培训中心　王丽燕

湖南省涟源市育才实验学校　谢炤阳

认识极限思想，在教学中有效渗透极限思想

极限思想是小学数学中有所渗透的思想之一，然而到底什么是极限思想？如何在小学数学教学中渗透极限思想？以往我还存在着一定的困惑。读了《小学数学与数学思想方法》一书后，思路渐渐清晰，以致豁然开朗。笔者结合自己的读书与思考，谈谈几点认识。

一、 对极限思想的认识

对极限及其思想的认识，我经历了从雾里看花到渐渐清晰的过程。最初对极限思想的认识只是用"无限"来思考的，如：数的无穷大、无穷小，说不完，数不清；数轴向两方无限延伸；数轴上两点之间可以表示出无数多个数；圆的直径有无数条等等，而对极限概念及思想的本质认识模糊不清。

读书后我对极限思想有了全新的认识，极限是用无限逼近的方式来刻画数量变化趋势的。这里要抓住两个关键语句：一个是变化的量是无穷多个；另一个是无限变化的量趋向于一个确定的常数。极限反映的是一个变量与另一个已知量的一种无限逼近，以致用这个已知量来反映这个变量的终极值。可见，极限思想是用无限逼近的方式来研究数量变化趋势的思想。

举个例子，圆的面积无法直接按照求长方形面积的方法来计算。我国古代数学家刘徽为了计算圆的面积和圆周率，曾经创立了"割圆术"，具体作法是：先作圆的内接正六边形，再作圆的内接正十二边形……随着边数的不断增加，正多边形越来越接近于圆，那么它的面积和周长也越来越接近于圆的面积和周长。刘徽在描述这种作法时说"割之弥细，所失弥少，割之又割，以至不可割，则与圆周合体而无所失矣"。也就是说，随着正多边形的边数无限增加，圆就转化为边数无限的圆内接正多边形，"化圆为方"这种思想就是极限思想，这是用无限逼近的方式来研究数量的变化趋势的思想。

在极限思想中，渗透着有限与无限、曲与直、变与不变及量变到质变的辩证关系。比如，对任何一个圆内接正多边形来说，当它边数加倍后，得到的还是圆内接正多边形，是量变，不是质变。但是，不断地让边数加倍，经过无限次之后，多边形产生质变，就"变"成圆，多边形面积便转化为圆面积。

极限思想方法是高等数学中的一种重要思想方法。极限的思想方法为建立微积分学提供了严格的理论基础，为数学的发展提供了有力的思想武器。高等数学之所以能解决许多初等数学无法解决的变量数学问题（例如求瞬时速度、曲线弧长、曲边形面积、曲面体体积等问题），很多是由于它采用了极限的思想方法。

有时我们要确定某一个量,首先确定的不是这个量的本身而是它的近似值,而且所确定的近似值也不仅仅是一个而是一连串越来越准确的近似值,然后通过考察这一连串近似值的趋向,把那个量的准确值确定下来。这里就运用了极限的思想方法。

二、 极限思想在小学数学中的应用和渗透

小学数学知识中蕴含着极限的思想。由于小学生受年龄特点的限制,他们对具体的、数量有限的事物容易理解,对抽象的、数量无限的事物难于把握。但着眼于学生的长远发展及终身发展,我们在小学数学教学中应针对小学生的特点,将极限思想方法进行适度的渗透。

1. 在数的计算中体会极限思想

我国古代思想家庄子曾说过一句话:"一尺之棰,日取其半,万世不竭。"这句话用数学语言描述为"一根长为一尺的木棒,每天截去一半,这样的过程可以无限制地进行下去。"那么第 1 天截去后剩下部分的长度占全长的 $\frac{1}{2}$,第 2 天截去后剩下的部分占全长的 $\frac{1}{4}$,第 3 天截去后剩下的部分占全长的 $\frac{1}{8}$……第 10 天截去后剩下的部分占全长的 $\frac{1}{1\,024}$……我们这样不断地截下去,木棒所剩部分的长度是(   )。

学生做过此题后,根据答案所呈现出的规律性,会感悟出木棒所剩部分的长度会趋向于 0,在解题的过程中可以体会到初步的极限思想。此时教师若适时点拨,将微观放大,有意向学生阐述量的变化过程,量变导致质变,其和无限逼近 1 的过程,学生能加深对极限思想的认识。

人教版小学数学六年级上册第 107 页的例 2,通过图形可以直观地看出,这些分数不断地加下去,其和不断地逼近 1。教师此时启迪学生猜想:当有无限多项相加时其结果会为多少? 学生会在猜想中体会极限含义和极限思想。

2. 在公式推导中体会极限思想

在圆的面积公式的推导中,通过课件演示把一个圆分割为完全相同的小扇形,并试图拼成长方形。问学生:从平均分成 4 个、8 个、16 个……你发现了什么?(分的份数越多,拼成的图形就越接近长方形)

课件继续演示把圆平均分成 32 个、64 个……完全相同的小扇形,教师适时说:如果一直这样分下去,拼出的结果会怎样?(拼成的图形就真的变成了长方形,因为边越来越直了)

这里从"分的份数越来越多"到"这样一直分下去"的过程就是"无限"的过程，"图形就真的变成了长方形"就是收敛的结果。在教师的有意启迪下，学生经历了从无限到极限的过程，感悟了极限思想的价值。

　　在圆柱体积公式的推导中，可提醒学生，由圆柱的底面"圆面积"推导方法类比联想"圆柱体积"的推导方法。圆可以转化为长方形，那么圆柱也可以转化为长方体。圆柱的底面平均分的份数越多，拼的立体图形就越接近长方体，当底面平均分的份数无限多时，拼的立体图形就成了长方体(这种化圆为方的转化思想也是极限思想的应用)。此时学生会在不断地感悟极限思想中进入思考。圆柱体积计算公式的推导过程，采用了"变曲为直"、"化圆为方"的极限分割思路，通过有限想象无限，根据图形分割拼合的变化趋势，想象它们的最终结果。学生在推导和掌握计算公式的同时，又体验了无限逼近的极限思想。

　　数学思想方法悄悄蕴含在数学教与学中，教师在教学中应有意挖掘，并抓住适当的时机，将这一思想和方法适度地渗透给学生。这样学生沉淀下来的就不只是数学知识，更主要的是一种数学思想的素养。这些素养会为他们以后建构新的数学知识体系，进一步拓宽数学的空间，为将来独立学习和探索更高深的科学知识夯实基础。

福建省龙溪师范学校附属小学　汪颜青

 极限变无为有，代换删繁就简

　　极限思想这一节的阅读让我眼界更开阔，但是在小学数学教学中，练习与作业往往不敢轻易出现这类问题，因为它不好分析，学生也不能列出一个实实在在的算式来表达，有时是只可意会难以言传。原因的关键还是受小学生的知识水平和认知能力所限。

　　比如书中第 80 页所提到的有限小数与分数的互化内容，文中说这样的分数的分母只含有 2 和 5 这两个质因数，这就需要大量的题目验证。而对于无限小数与分数的互相转化，就是极限思想的有效表现形式。

$$0.333\cdots = \frac{3}{10} + \frac{3}{100} + \frac{3}{1\,000} + \cdots = \frac{1}{3}。$$

　　可要想知道 $0.333\cdots$ 它为什么会等于 $\frac{1}{3}$，真的让我们很头痛。使学生理解其思路，让学生把握将无限小数化为分数的方法，的确不容易。像 $\frac{1}{3} = 0.333\cdots$ 化为小数,这只要分子除以分母即可,而问 $0.333\cdots$ 等于几分之几,就难了,因为小数的位数是无限的,按十分之几、百分之几、千分之几的十进制方法不好确定其分母。

循环小数化为分数,如何利用数形结合思想或是极限思想得出? 专家们有高见,举几个简单的实例,使我们能够轻松理解。

再如书中第82页,$0.9+0.09+0.009+\cdots=0.9\div(1-0.1)=1$ 的中间步骤 $0.9\div(1-0.1)$ 是怎么来的?推理过程我是云里雾里,不知各位老师是怎么想的。而听了读书交流活动中各位老师的思路讲解,我冲破迷雾分享了大家的智慧。

在读书过程中,我对于人龟赛跑这样的例题分析,无论是正解还是误思或者说谬论,都觉得挺有意思。芝诺(Zeno of Elea,约前490—前430)认为阿基琉斯与龟赛跑的时间可以分成无数份,这是对的,但是随着份数越分越多,所分时间无限接近0,再往后认为这里追击的时间是过不完的,从而得出神人永远追不上乌龟的谬论,很可笑的推理! 这里主要是没考虑到跑的空间的有限与追击时间的有限。细读后一比较再反思,往往就是享受,在轻松一笑之余,理解了极限与有限的界限的关系。我们如果实际让学生分配角色试着跑跑看,答案立见分晓。再有若按此种推理,我国的公路行车将不会出现追尾现象。这就是我在阅读第七节极限思想的一些小感悟,实质上这一节给我的感觉是最难啃的。

对于第八节代换思想,笔者曾在"鲲鹏小数"群中就算术解法与方程解法比较,和大家做过探讨。记得当时我对于算术方法更钟情,可能是由于个人经常与小学生打交道,属于井底之蛙。一般我们小学正常解决问题,大部分还是用算术解法,对于包含代换思想的方程解法不太认同。通过对《小学数学与数学思想方法》中代换思想的阅读,特别由此为上初中的侄女分析复杂问题的解法时,才真正感受到代换思想的优点,那种化繁为简,变难为易的解法,让人充分地感受到化腐朽为神奇的魔力,我开始慢慢地喜欢上代换思想了。

自从参加了读书分享活动,我静了心、明了智,每天不看看书总觉得有啥事没做的感觉,晚上不随手翻看几页往往会辗转反侧,觉都睡不香。春节回家过年都将这本书带在身边,随看随记,连词成句。平时利用空闲也将书捧在手中,回味回味,挺惬意的,感觉这个春节过得很充实。有时想想,连教授的书我都能评个一二三点,看我多厉害。

感谢鲲鹏教师研修群,感谢读书吧,感谢群中每一位与我们共享的朋友,和在背后默默关注的朋友们。在此更加感谢为我们提供营养又实用的小学数学教育教学著作的王永春教授,有了你,有了我们,才有大家的快乐喜相逢。这种交流分享,让我的数学教学前行之路更开阔、更平坦。读书感悟,可以静心、明智,读书小世界,欢乐大舞台。教研互动窗,群师交流忙;教学前行路,名家来导航。

安徽省巢湖市柘皋镇三湾小学　赵兴军

第八节　代换思想

 例说小学数学中的代换思想

代换思想即把一个量用与它相等的另一个量去代替,从而使问题简单化,进而解决问题。《小学数学与数学思想方法》一书,对小学数学教材中所涉及的所有数学思想几乎都有论述。书中有关代换思想一节虽篇幅较短,但仍从概念、应用及教学三个方面进行了较完整的论述,让我们这些一线教师,对代换思想有了系统的认识。我们从书中看到,代换思想在小学数学应用中常常是数、量、符号及数量关系的代换,而且往往与其他方法综合使用。受其启发,今结合教学实践,例谈教学中常见的各种代换的类型及教学意义,供教师们研讨。

一、典型代换例析

1. 长度代换

> **例1** 在一个长边为20厘米的长方形中剪去一个最大的正方形,余下的长方形的周长是多少?

本题学生初读题时往往会觉得缺少条件,因为长方形的周长计算一般是要已知长和宽的,可本题中只有一个条件,且看上去似乎与要求的长方形没什么关系。但如果我们分析长方形的周长公式:周长＝(长＋宽)×2,"整体思考"不难发现,只要知道(长＋宽)就可以求出周长,而没有必要知道长是多少、宽是多少。本题中,因为正方形边长相等,故正方形的纵边和横边可互相替代,所以余下的长方形的长＋宽＝正方形边长＋宽＝原长方形的长＝20厘米(如图3.8.1所示),余下的长方形的周长＝20×2＝40(厘米)。这里巧妙地应用了代换思想,把公式中的(长＋宽)代换为已知条件,从而解决了问题。这是代换思想的经典应用。

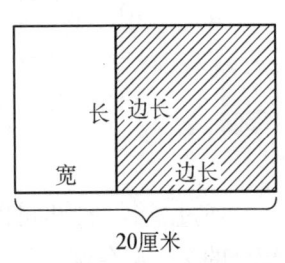

图3.8.1

2. 面积代换

> **例 2** 如图 3.8.2，大正方形的面积比小正方形大 20 平方厘米，求阴影部分的面积。
>
>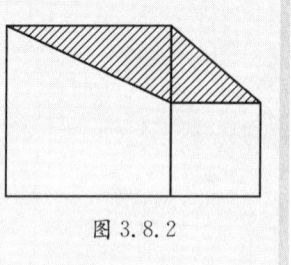
> 图 3.8.2

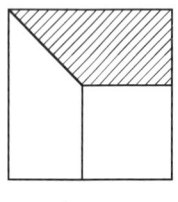

图 3.8.3

本题看似简单，但让学生几乎无从下手，因为题中的阴影部分，虽可以看成两个三角形，但所给条件太少了。仔细看题，我们可以通过如下变换，将阴影部分变成我们可求的图形。如图 3.8.3 所示，我们可以将小正方形移动到大正方形之内，图 3.8.3 中的阴影与图 3.8.2 中的阴影都是梯形，且上、下底对应相等，高也相等，所以面积相等。而在图 3.8.3 中很容易发现，两个梯形等底等高，大正方形比小正方多的面积正好是阴影面积的 2 倍。

直接便可以得到答案：$20 \div 2 = 10$（平方厘米）。本题中所求阴影部分，我们无法直接计算，于是运用代换思想，将其转换为求与其面积相等的其他图形的面积，解决了要求的问题。

3. 数量代换

新人教版小学数学一年级下册第 21 页的例 6，给出了如下问题：在套圈游戏中，小华套中了 12 个，小雪套中了 7 个，问小华比小雪多套中了几个？

这里是学生在学习了已知整体与其中一部分用减法之后，开始学习比较两个量相差多少的减法计算。这是对减法现实意义的一次扩展，对学生来说是有一定难度的。学生难以想象小华的数量中为什么可以减去小雪的数量，于是教材引导我们通过摆圆片（如图 3.8.4）来帮助孩子理解。

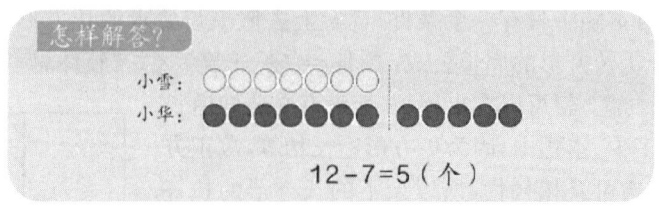

图 3.8.4

通过观察图学生可以发现，其实 12 个蓝圆里减去的 7 是小华与小雪数量相等部分的 7 个蓝色圆，而非原来的 7 个黄色圆。也就是说用 7 个蓝色圆代换了与之相等的 7 个黄色圆。这是小学教材中第一次使学生明确感受到了代换思想,学生从这个操作中会体会到相等的量在计算中是可以相互替代的。

4. 质量代换

新人教版小学数学二年级下册第 108 页中,以图 3.8.5 所示的形式明确给出了代换思想。从图中我们可以明确看出一只鹅等于两只鸭,三只鸡也等于两只鸭,从而得出一只鹅与三只鸡质量相等。本题中虽然可以通过先求鸭再求鸡的方法逐一求出鸡鸭的质量,但教师在教学中也要注意引导学生通过实物图发现鹅与鸡的关系,从而形成对等量代换的直观认识,为未来学习等式的传递性打下基础。

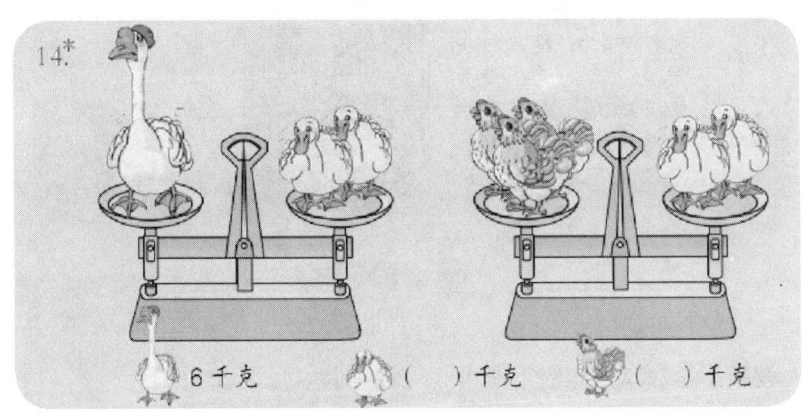

图 3.8.5

5. 体积代换

新人教版小学数学五年级下册第 41 页中展示的一个问题,如图 3.8.6 所示。

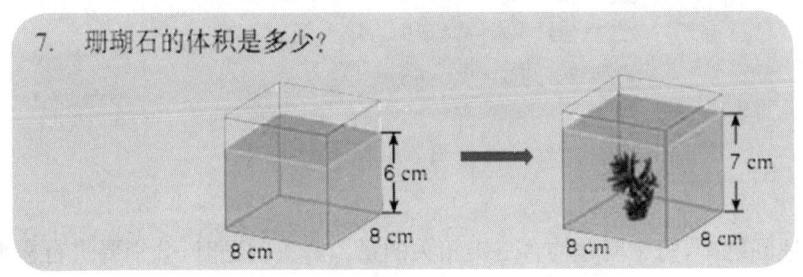

图 3.8.6

本题是一个不规则形体的体积,无法通过计算得出,所以通过代换成体积相等的长方体便可计算了。人教版教材中这种不规则形体的计算还有很多,也都应用了代换的思想。

二、 较复杂的代换例析

以上的例子都是简单的一对一的代换,是代换思想的最简单最直接的应用,除了以上几个例子外,还有复杂的代换。这些复杂的代换思想的运用,需要以典型的代换为基础。

1. 多个量的代换

新人教版小学数学三年级上册第 114 页,给出了该类问题(见图 3.8.7)。

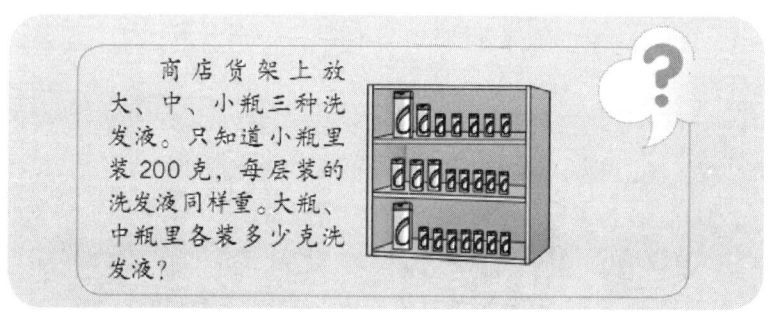

图 3.8.7

新人教版小学数学四年级下册第 31 页的问题(见图 3.8.8)。

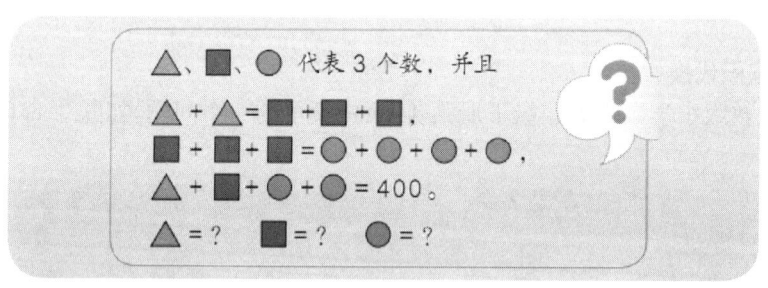

图 3.8.8

上述问题中,每个问题均含三类相关的量。解决问题时,分别要进行模型代换和符号代换。教学中,首先需要引导学生将问题分解,进行简单代换,利用简单代换的结果将问题链接,在推理过程中综合完成多个量的代换,通过代换找出单个量的解,从而解决问题。

2. 组合体体积的代换

下面是新人教版小学数学五年级下册第 41 页的一个问题(见图 3.8.9)。

13* 求下图中大圆球的体积。

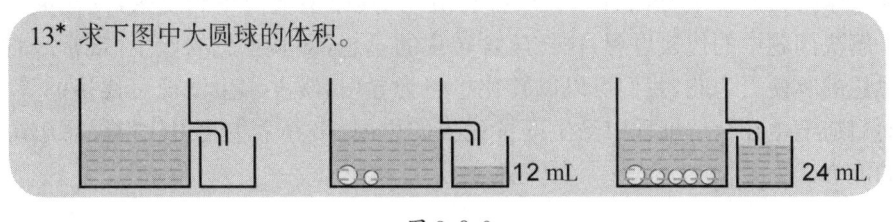

图 3.8.9

该例是几个有关体积的量组合在一起构成的问题。解答该问题时,既要考虑体积关系,又要考虑量的代换关系,必要时可化为符号问题展示,使学生清晰看到量之间的相等关系。

以上三个例题是代换思想的全面应用,它们通常是几个量几组量组合在一起进行代换。这三题在王教授的《小学数学与数学思想方法》一书中都有介绍,在这里就不过多赘述了。

3. 算式代换

例 3　如图 3.8.10,已知长方形面积是 30 平方厘米,求图中圆的面积。

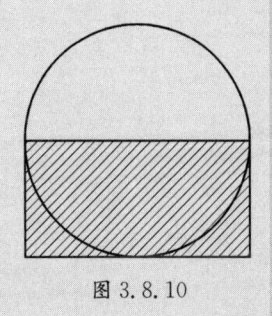

图 3.8.10

这是学习圆面积时的一道习题。根据圆面积公式 $S = \pi r^2$,可以看出要求圆面积就要知道圆的半径。可在小学阶段已知长方形面积及长是宽的 2 倍这两个条件,学生是求不出边长的,尤其本题中 30 不是由整数边相乘得到的,学生无法通过分解质因数的方法开平方求出得数,所以学生就更无从下手了。但仔细观察本题中的图,可以发现,虽然我们没办法求出 r,但我们却可以轻而易举地求出 r^2。如图 3.8.11 所示,巧妙用正方形的面积代换了 r^2,于是轻松得到答案 $(30 \div 2)\pi$,从而解决了问题。本例与长度代换中求余下长方形的周长有异曲同工之妙,两题都是无法算出具体的量,但却可以将公式中的一部分进行代换,将代换思想运用到了极致,可以算得上小学中的巧解的经典了。

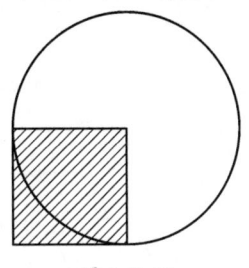

图 3.8.11

从以上这些案例中我们可以看出,代换思想是小学阶段的一个重要数学思想,它在小学阶段的各个方面各个领域都有应用,其原型从简单到复杂,变化灵活多样。解决问题中的代换思想,往往蕴含转化的思想,即其思想的产生,常常来自转化思想的驱使。为此,我们可以以转化思想为导引,激发学生发现可代换的等量,进而启迪学生在合情推理中滋生等量代换的思想,培养学生运用代换思想解决问题的能力。

黑龙江省哈尔滨市南岗区红旗乡中心小学校　关志成

第四章　与模型有关的数学思想

第 一 节　模 型 思 想

把握数学本质，构建数学模型
——"分数与除法"的教学实践与评析

一、教学内容

人教版小学数学五年级下册第 49 页例 1 和例 2。

二、教学内容分析

本节课的学习内容在学生初步掌握分数的意义（从部分与整体）的基础上探究分数与除法的关系，是对分数的意义的扩充，从分数可以表示两个数（除数不为 0）的商揭示分数的另一意义。本节内容不但扩充了对分数意义的认识，而且为后面学习假分数、带分数、分数的基本性质以及比、百分数打下基础。

三、学情分析

五年级学生已掌握了分数的意义，了解了分数的产生等知识，具有动手操作、小组探究的学习能力。本课的教学以学生为主体，坚持教师启发与讲解相结合的教学方法，以动手实践、自主探究与合作交流的学习方式，让学生经历知识发生与形成的过程，在体验、交流中构建分数与除法的关系这一数学模型结构。

四、教学目标

（1）理解并掌握分数与除法的关系，能用分数表示出除法算式的商，扩充对分数可以表示两个数相除的商的意义的理解，让学生体会类比推理思想、数形结合思想和模型思想。

（2）经历探究分数与除法的关系的过程,有效构建数学模型。

（3）培养学生的动手操作、合作交流、总结归纳以及应用数学知识解决实际问题的能力,感受模型思想的应用价值。

五、 重点难点

（1）理解、归纳分数与除法的关系,会用分数表示两个数相除的商。

（2）用除法的意义理解分数的意义。

六、 教学过程

（一）课前热身,导入新课

师:请同学们跟老师一起看大屏幕。怎样解决这个问题呢?

（课件出示)把 16 个蛋糕平均分给 4 个同学,每人几个?

生:$16 \div 4 = 4$(个)。(师板书)

师:把 4 个蛋糕平均分给 4 个同学,每人几个?

生:$4 \div 4 = 1$(个)。(师板书)

师:解决这两个问题,为什么用除法呢?

生:把一个数平均分成几份,求每一份是多少,用除法。

师:如果把 1 个蛋糕平均分给 4 个人,每人分得多少个? 解决这个问题该如何列式呢?

评析:课前热身,复习整数除法,激活学生已有的知识经验,为新知的学习搭建阶梯,渗透合情推理的思想方法。在此基础上顺势提出"1 个蛋糕平均分给 4 个同学"的问题,引发学生的认知冲突,为分数与除法模型的构建提供载体。

（二）操作探究,构建模型

1. 沟通除法与分数的联系

课件出示:

例1 把 1 个蛋糕平均分给 4 个人,每人分得多少个?

（1）学生列式并说明其含义。(师适时板书:$1 \div 4 =$)

师:观察这个算式,与前面的除法算式有什么不同呢? 商是多少?(让学生充分发言)

生:这个商得不到整数。

师:得不到整数,商可以怎样表示呢?

生:我知道 $1 \div 4 = 0.25$,商可以用小数 0.25 表示。

生：我还知道这个算式不能整除，商也可以用分数表示。

师：说得不错！这种情况下，每人分得多少个，请你用手中的圆形卡片代表蛋糕分一分，看看每人到底能分到多大的蛋糕。

（2）学生动手操作。

（3）汇报展示。

生：把1个蛋糕看作单位"1"，把单位"1"平均分成4份，表示这样一份的数，可以用 $\frac{1}{4}$ 表示，一个蛋糕的 $\frac{1}{4}$ 就是 $\frac{1}{4}$ 个，所以每人得到 $\frac{1}{4}$ 个蛋糕。

师：说得对极了！在这里，把1个蛋糕平均分给4个人，求每人分的个数，可以用除法计算。根据分数的意义我们知道，把1个蛋糕平均分成4份，表示这样一份的数，可以用分数 $\frac{1}{4}$ 来表示，因此 $1 \div 4$ 与 $\frac{1}{4}$ 相等，我们可以用等号连接。（师适时板书）

师：请你想一想，如果取了其中的2份，是多少个？3份呢？

生：取了其中的2份就是 $\frac{2}{4}$，3份就是 $\frac{3}{4}$。

师：如果把一个蛋糕平均分给5个人、6个人、7个人呢？每人分得又分别是多少呢？

生：分别是 $\frac{1}{5}$、$\frac{1}{6}$、$\frac{1}{7}$。

师：观察上面算式的结果得出，两个数相除，如果不能得到整数的商时，商可以用小数或分数来表示，那如何用分数来表示呢？今天我们就来研究"分数与除法"的关系。（板书课题）

评析：教师创造性地使用教材，把教材中例1的"平均分给3个人"改编成"平均分给4个人"，其目的是便于学生动手操作，对 $\frac{1}{4}$ 个蛋糕有感性上的认识。同时，通过"分蛋糕"的情境，计算方法上从除法的意义出发，结果的呈现从分数的意义的角度解释，使学生初步认识到分数可以表示"两个整数相除（除数不为0）的商"的意义，为重点的落实、难点的突破铺路搭桥，从而初步感受分数与除法是有关系的，为模型的构建夯实基础。

2. 探究分数与除法的关系

课件出示：

例2 如果把3块月饼平均分给4个人，每人分得多少块？

（1）学生列式并说明其含义。（师适时板书：$3 \div 4 =$）

师：小组合作，用手中的圆形卡片代表月饼来分一分、拼一拼，看看每人到底能分到多少月饼。然后在小组内说一说，你是怎样得到结果的，还有不同的分法吗？（课件出示要求，见图4.1.1）

把3块月饼，平均分给4个人，每人分得多少块？

温馨提示：请你用三张圆形卡片代表月饼，分一分，在小组内说一说你是怎样得到结果的。（有没有不同的分法？）

图 4.1.1

（2）学生动手操作，教师巡视指导、点拨。

（3）汇报交流：学生边操作演示，边解释说明。

师：每个小组展示一下你是怎样得到结果的？

生：我们小组是一块一块分的，先把每个圆形纸片平均分成 4 份，每人每次分得 $\frac{1}{4}$ 块，分了 3 次，每人共分得了 3 个 $\frac{1}{4}$ 块，也就是 $\frac{3}{4}$ 块。

生：我们小组是把每个圆形纸片平均分成 4 份，3 个圆形纸片共平均分成 12 份。再把 12 小块平均分成 4 份，每份是 3 个 $\frac{1}{4}$ 块，把 3 个 $\frac{1}{4}$ 块拼在一起，每人分得的也是 $\frac{3}{4}$ 块。

生：我们小组是把 3 个圆形纸片叠在一起分的，平均分成 4 份，每份是 3 块的 $\frac{1}{4}$，再把每份的 3 个 $\frac{1}{4}$ 块拼在一起，每人分得的也是 $\frac{3}{4}$ 块。

师：大家真了不起，用不同的方法分别得到了相同的结果。（多媒体动画演示不同的分法，如图4.1.2所示）

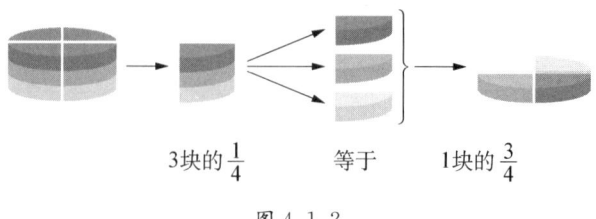

3块的 $\frac{1}{4}$ 等于   1块的 $\frac{3}{4}$

图 4.1.2

师：由此我们发现"3 块月饼的 $\frac{1}{4}$ 与 1 块月饼的 $\frac{3}{4}$ 相等，都是 $\frac{3}{4}$ 块。"（板书补充

完整：$3 \div 4 = \dfrac{3}{4}$（块））

（4）点拨提炼。

师：通过刚才的操作和演示，你能说说你对"$\dfrac{3}{4}$"的理解吗？

学生交流，教师适时总结概括，完善分数的两种含义，明确：$\dfrac{3}{4}$ 可以理解为 3 块月饼平均分成 4 份，表示其中的一份，也可以理解成把一块月饼平均分成 4 份，表示其中的 3 份。（课件出示，如图 4.1.3 所示）

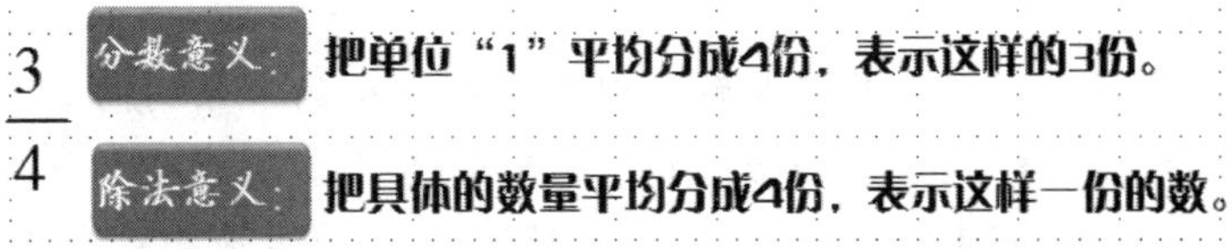

$\dfrac{3}{4}$ **分数意义**：把单位"1"平均分成4份，表示这样的3份。

除法意义：把具体的数量平均分成4份，表示这样一份的数。

图 4.1.3

评析：动手操作与汇报交流让学生直观感知知识产生和发展的过程，两种分法都强调了平均分，把握了数学本质，实现了对分数可以表示两个数相除的商的意义的扩充，感受模型思想。让学生初步感受分数的两种含义，一是从分数的意义角度上理解，二是从除法意义的角度理解，即表示具体的数量。

（5）构建模型。

师：你想把（　　）块月饼平均分给（　　）个人，每人分得（　　）块月饼的 $\dfrac{（\quad）}{（\quad）}$，是（　　）块月饼。（要求学生先说出算式及结果，再验证。）

师：刚才大家都是拿学具亲自操作的，如果不借助学具，通过刚才的研究分析，你能想出 7 块月饼平均分给 9 个人，每人分多少块？你是怎么想的？

师：观察算式，你发现了什么？

全班集体交流。

师：当两个数相除得不到整数商的情况下，商可以用分数来表示，你能发现除法与分数之间有什么关系吗？

生：被除数 $\div$ 除数 $= \dfrac{被除数}{除数}$，$a \div b = \dfrac{a}{b}(b \neq 0)$。

（6）深化理解。

师：根据你对分数与除法关系的理解，请完成表 4.1.1。（分数与除法的联系与区别）

全班集体交流。

表 4.1.1

分数与除法的联系与区别

	联系				区别
除法	被除数	除号	除数	商	除法是一种运算
分数					

师(总结概括)：分数是一种数,除法是一种运算,这个运算的结果可以用分数表示,因而在这种运算和数之间,我们发现了分数与除法的关系,这是对分数的意义的一种扩充。

评析：整个教学过程借助问题解决以及由此引出的一系列问题,通过动手操作、合作交流等多种学习方式,经历了知识的形成过程,同时多媒体辅助教学,课件的动态演示等教学手段的综合运用,突破了教学难点,有效地构建出分数与除法的关系这一数学模型。

(三) 巩固提升

1. 填一填。

(1) 如图 4.1.4,把一根 1 米长的彩带平均分成 3 份,每份长 $\dfrac{(\quad)}{(\quad)}$ 米。

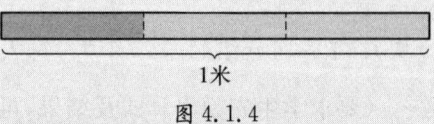

1米

图 4.1.4

(2) 如图 4.1.5,把 2 根 1 米长的彩带平均分成 3 份,每份有 2 个 $\dfrac{(\quad)}{(\quad)}$ 米,是 $\dfrac{(\quad)}{(\quad)}$ 米。

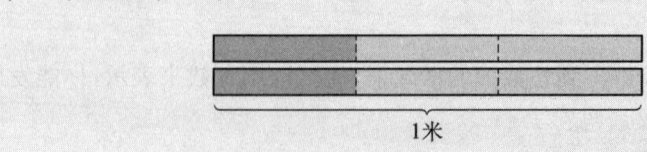

1米

图 4.1.5

2. 在(　　)里填上正确的数。

$7 \div 13 = \dfrac{(\quad)}{(\quad)}$, $\dfrac{5}{8} = (\quad) \div (\quad)$, $(\quad) \div 7 = \dfrac{4}{7}$, $n \div m = \dfrac{(\quad)}{(\quad)}(m \neq 0)$。

3. 把 1 千克的葡萄干平均装在 2 个袋子里,每袋重多少千克? 平均装在 3 个袋子里呢?

4. 小明用 45 分钟走了 3 千米路。请自己提出问题并解答出来。

5. 邢薇和秋燃两位同学用彩带包装礼品盒,根据图 4.1.6 所示的信息,请你比较一下她们用的彩带的长短情况。

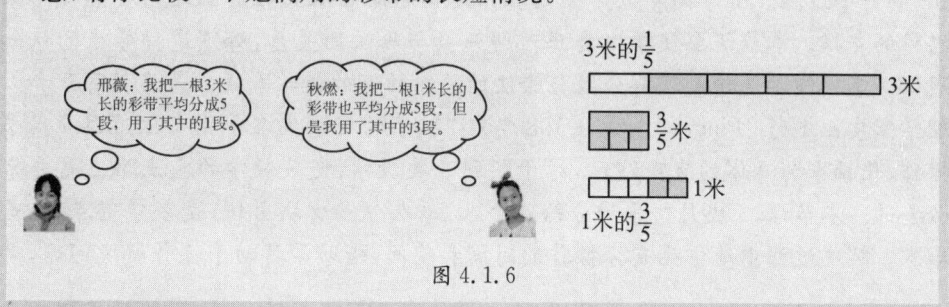

图 4.1.6

评析:巩固训练环节,设计内容基础与提高并重,体现了层次性与多样化。其中第 2 题,让学生充分感受到两个整数相除,商可以用分数表示,反过来,分数也能看作两个整数相除,是对数学模型的进一步巩固。第 4 题引导学生自己提出问题,既巩固本节课所学内容,又培养了学生的问题意识。同时,结合生活实际创设问题情境,解决实际问题,体现了模型的应用。第 5 题进一步提升对分数意义的理解,感受到数学的学习与应用价值。

(四) 全课总结

通过今天的学习,你有什么新的收获? 还有哪些疑问?

点评:

数学模型是对实际问题的一种数学表述,它采用形式化的数学语言或符号,概括地或近似地表达系统规律的数学结构。广义而言,一切概念、公式、方程式、函数及相应的运算系统等数学知识都可称为数学模型。由此断言,"分数与除法的关系"的教学内容也显属数学模型。学生在教师的组织、引导、帮助下,理解、掌握并应用分数与除法的关系的过程,也自然是数学建模的过程。数学建模,包括对实际问题进行提炼、抽象、简化、确立、求解、验证、解释、应用和拓展数学模型的过程。基于这样的理解和思考,我认为武老师的教学,致力于创设平等、和谐、自主、合作的学习环境,以激发学生学习的积极性和主动性为教学基点,对学生如何"主动地"和"有意义地"建模开展了有益探索和尝试,取得了良好的教学效果。

本节课围绕"分蛋糕和分月饼"数学活动展开教学,以生活情境和问题情境贯穿始终,借助直观的学具操作,以感知、发现、归纳、应用为主线,引导学生在动手操作、合作交流的学习过程中进行观察、比较、发现,理解掌握分数与除法的关系,构建分数与除法的关系这一数学模型。本节课教学主要体现了以下特点:

1. 动手操作,化抽象为具体,为模型的构建做好铺垫。

学生认识事物要经历由易到难、由直观到抽象、由"感性认识"上升到"理性认识"的一个过程。小学高年级学生的抽象逻辑思维在很大程度上还需要直观形象思维的支撑。本节课要使学生真正理解分数与除法的关系,必须遵循学生的认知规律。直观演示是学生理解分数与除法的关系的有效教学手段。著名教育家和心理学家皮亚杰(J. Piaget,1896—1980)说:"孩子的智慧生在手指尖上。"因此动手操作、化抽象为具体的直观演示,对于顺利开展教学、突破教学的重点难点是非常必要的。本节课,3块月饼平均分给4个人,每人分多少块月饼,是教学重点,也是难点。解决过程中给学生充分操作的时间和空间,借助学具动手操作解决问题,着重理解3块月饼的 $\frac{1}{4}$ 就是1块月饼的 $\frac{3}{4}$,学生经历了思和做的过程,为学生概括分数与除法的关系提供了足够的操作经验,进而扩充对分数意义的理解。然后抛开学具,由直观到抽象,提升了学生学习数学的逻辑思维能力。这一系列的过程让学生充分感受到每一个商的由来,进而整理提炼,将分数的意义进一步扩充。

2. 把握数学本质,使数学模型有效构建。

数学教育家波利亚说:学习任何知识的最佳途径都是由自己发现的。武老师在组织和实施教学活动的过程中,能敏锐洞察学生学习过程与结果,引导学生对自己的学习策略、理解状况以及建立的数学模型的合理性与局限性进行反思,采取各种增进理解和帮助思考的措施,调节自己的学习进程,促进学习目标的达成。如,让学生在观察、对比中感悟,加深对于分数意义的理解,发现了分数与除法的关系;针对学习内容,设计具有思考价值的、有意义的现实问题,引发学生思考"观察这个算式,与前面的除法算式有什么不同?"、"如果不借助学具,通过刚才的研究分析,你能想出7块月饼平均分给9个人,每人分多少块,你是怎么想的?"以及"观察算式,你发现了什么?"等等,无一不在引导学生观察、思考,发现其中的规律,把握数学本质,有效构建分数与除法关系的数学模型。

3. 重视模型的解释与应用,促进学生数学思维的发展。

数学模型的解释、应用,不是将模型看作确定的算法或思维程序进行机械的记忆、复述与应用,而应该将数学模型作为学生向更高点跳跃的平台,为发展学生的数学思维提供更大的可能。武老师在巩固提升环节设计的五道练习题,体现了"分数与除法关系"的数学模型的本质,能引导学生运用新建构的数学模型解决面临的实际问题,促进学生对知识的更深刻的理解,灵活地整合与运用数学模型解释新现象、解决新问题,使学生学会"数学地思考",对促进学生数学思维的发展有很大的帮助。

总之，整个教学过程结构严谨、层次分明、逻辑性强，教师注重发挥学生的主体地位，借助直观教学手段，多种教学方式的综合运用，引领学生一步一步有序进行思考，让学生在操作、观察、对比中自主发现、理解并掌握分数与除法的关系，经历数学模型构建的整个过程，学生的思维得以发展，数学思想逐步深入，教学目标得以有效落实，数学素养得以提升。

执教：河北省唐山市汉沽管理区皂甸小学　武国芬
点评：安徽省绩溪县瀛州镇思诚希望小学　汪东兴

动手操作，稳步构建模型的有效手段
——"三角形边的关系"教学实践与评析

一、 教学内容

人教版小学数学四年级下册第 66 页"三角形边的关系"。

二、 教学目标

（1）通过观察、操作和实验探索等活动，经历三角形三边之间关系的探究过程，理解三角形三边的关系，并能应用三角形三边关系的模型解决生活中的实际问题。

（2）培养学生推理、抽象概括和动手操作的能力，增强运用数学模型解决实际问题的能力。

（3）体会推理思想、数形结合思想、数学模型思想，在数学探究活动中获得成功的体验，感受数学的价值。

三、 教学准备

多媒体课件、实验记录单及三组不同长度的小棒。

四、 教学重点和难点

1. 教学重点
理解三角形任意两边的和大于第三条边。

2. 教学难点
三角形三边关系的探究和归纳，以及对"任意"的理解。

五、 教学过程

(一) 猜谜热身,情趣导入

师:谜语是第二批国家级非物质文化遗产之一。同学们知道什么是谜语? 你猜过谜语吗? 下面老师出一个谜语,小朋友们认真开动脑筋,好好想一想,谜底是什么?(课件出示)

> 猜猜我是谁:
>
> 形状似座山,稳定性能坚;
> 三竿首尾连,学问不简单!
> (打一几何图形)

师:经过思考,同学们有答案了吗? 谁愿意把自己的谜底说出来,和大家分享?

生:我知道,谜底是"三角形"。

师:为什么是三角形,而不是别的几何图形,如长方形、正方形呢? 请给出一个令人信服的理由。

生:我这样想,在我们认识的图形中只有三角形"形状似座山",同时也只有三角形符合"三竿首尾连"中的"三",所以我明确认定这个几何图形就是三角形。

师:说得真棒! 谜底确实是三角形。谜语中的"稳定性能坚"又是指什么呢?"三竿首尾连,学问不简单"为什么不简单呢? 具备什么条件的三条线段能围成三角形? 三角形的三条边之间究竟藏着什么学问,这节课我们就一起来揭开这个秘密。

教师板书课题:三角形边的关系。

点评:借助猜谜语的形式激发学生的学习兴趣,唤起学生对三角形的知识储备,帮助学生重现三角形的直观表象。在此基础上展开有效质疑,"具备什么条件的三条线段能围成三角形? 三角形的三条边之间究竟藏着什么学问?"引发对三角形三边关系本质属性的思考,引发学生探究新知的欲望,为构建三角形三边之间关系的数学模型奠定较为稳固的认知基础。

(二) 提出问题,引发猜想

师:关于三角形的知识,在我们生活中有着非常广泛的应用。请同学们先看一幅小明上学的示意图。(课件出示例3,如图4.1.7所示)

师:观察这幅示意图,你能确定小明上学有几条路可以走? 这几条路中,走哪条路最近呢?

生:我以为小明上学有三条路可以走。

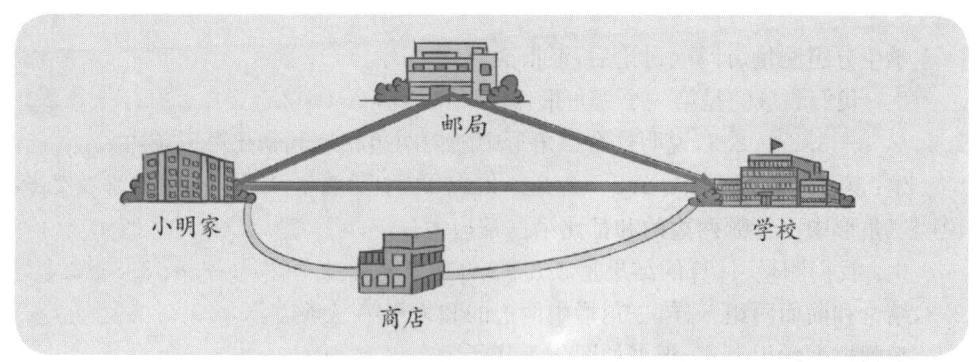

图 4.1.7

生：我观察到中间的这条路是直的，中间这条线路最短，所以走中间的红色的路最近。

师：同学们，如果把图中的这三段直的路看作是三条线段，每相邻两条线段的端点相连，这样就围成了一个三角形。走其中的这一段路比另一条两段路的和近，这说明了这个三角形中两边的和比第三条边大，那是不是所有的三角形都具备这样的关系呢？下面我们来验证一下。

点评：模型准备环节问题设计的好坏对模型的假设起着决定作用。在数学建模的模型准备阶段，教师要注意找准学生的最近发展区，尽可能为学生提供完整、真实的问题背景，通过呈现问题引发学生的思考，产生学习的需要。受儿童年龄和思维的局限，由学生自主意识到"用任意两边之和同第三边比较"是一个难点。为突破这个难点，借助学生已有的生活经验和熟悉的生活情境，引导学生对三条路的远近进行比较，由生活经验过渡到数学思维，提出问题，引发猜想。学生对三角形边的关系的进一步思考，为数学模型的假设与验证提供了有效铺垫。

（三）自主探究，构建模型

1. 测量验证，初步探究

师：测量是验证猜想正确与否的重要方法之一。下面我们就来量一量。

测量下图 4.1.8 中每个三角形三条边的长度，将其中任意两条边的长度相加，与第三条边的长度比较，你有什么发现？

2.4厘米　2.3厘米
3.2厘米

1.5厘米　2.6厘米
2.2厘米

3.8厘米　2.3厘米
2.1厘米

图 4.1.8

学生分组测量、计算、讨论后,汇报交流。

生:我们测量的是第一个三角形,计算后发现,2.4+2.3>3.2、2.3+3.2>2.4、2.4+3.2>2.3,说明这个三角形中随便两边相加起来比第三条边大。

生:第二个三角形中,1.5+2.6>2.2、2.6+2.2>1.5、1.5+2.2>2.6,说明三角形中不管哪两边的和都比第三条边大。

生:我们测量、计算的结果是3.8+2.3>2.1、2.3+2.1>3.8、3.8+2.1>2.3,结论和前面两组一样,三角形中两边的和大于第三条边。

教师根据学生发言,板书如图4.1.9所示。

2.4+2.3>3.2	1.5+2.6>2.2	3.8+2.3>2.1
2.3+3.2>2.4	2.6+2.2>1.5	2.3+2.1>3.8
2.4+3.2>2.3	1.5+2.2>2.6	3.8+2.1>2.3

图 4.1.9

师:同学们通过测量和计算,都得出了相同的结论。我还注意到同学们在表述自己的发现时用了"随便"、"不管"的词语,这表明你们注意到了这个结论的普遍性。在数学上我们用一个比较规范的词"任意"来表示。同学们可以把发现的结论完整复述一遍吗?

生(全体):三角形的任意两边之和大于第三条边。

点评:数学模型的验证环节,教师提供三角形素材,学生通过测量、计算围成的三角形,比较任意两边之和与第三边之间的数值关系,初步感悟提出的猜想是正确的。此时教师不是就事论事,过早地对学生的验证过程和结果进行评判,而是引导学生在操作、交流、质疑中用事实验证自己的假设。这样做,能加深学生对三角形三边之间关系的数学模型的理解和把握。

2. 操作验证,深入探究

师:除了动手测量,数学家们还常常通过实验的方法来揭示数学规律、发现或验证数学结论。小朋友们,让我们也一起来做一回小小数学家吧。

(1)明确实验要求和方法。

小组合作,用准备好的小棒围三角形,一个同学动手操作,一个同学在下表4.1.2中做好记录。课件出示:用小棒围三角形,边实验边记录。

表 4.1.2

边的长度(cm)	能否围成	任意两边之和与第三边比较		我的发现	结论
3、6、10					
4、5、9					
6、7、8					
8、11、11					

（2）学生分组实验，教师巡视指导与点拨。

点评：数学实验是学生积累活动经验的基本方法之一，不仅有助于培养学生的创新意识，也有助于数学思想方法和解决问题策略的学习。教师通过分组合作的形式，引导学生通过实验操作和观察、记录、分析等手段验证数学结论的真伪。这样做，可使新知识具体化，消减由于结论的抽象性和推理的复杂性而造成学生对新知识的接受上的心理障碍，促使新知识很好地、快速地内化到学生已有的知识结构中去，增进学生对新知识的认可和理解。动手操作，通过围一围、算一算、比一比的活动，学生再次感悟并深入理解三角形三边的关系，对数学模型的真实可靠性、普遍适用性有了更加清晰的认识。如此组织和开展教学，既让学生亲身经历知识的形成过程，数学模型的构建过程，也培养了学生严谨的学习数学的态度，帮助学生掌握较为科学的数学学习方法。

（3）交流共享，构建模型。

（学生用小棒代替线段，汇报交流每组线段能不能围成三角形，并说明理由。）

生：我们发现，第一组不能围成三角形，两根合起来还不如第三根长（如图 4.1.10 所示），用算式 $3+6<10$ 表示。所以，两条线段的和小于第三条线段，不能围成三角形。

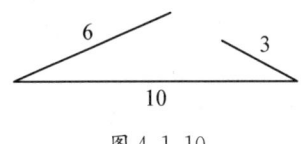

图 4.1.10

师：对于这位同学的说法，大家有什么不同意见？

生（齐声）：没有不同意见。

师：哪位同学还有新的发现？

生：第二组也不能围成三角形。因为算式 $4+5=9$，所以，两条线段的和等于第三条线段，不能围成三角形。

师：同学有不同意见吗？

生：我觉得 4 cm、5 cm、9 cm 的三根小棒能围成三角形。

生：我用这三根小棒拼了拼，好像勉勉强强能围成三角形。

师：现在出现了两种不同的说法，到底谁的说法正确呢？同学们细心观察屏幕上的演示过程（如图 4.1.11 所示），相信你会作出自己的正确判断。

（课件演示。）

师：现在，大家能作出判断了吗？

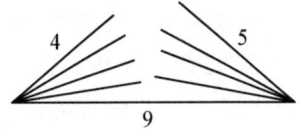

图 4.1.11

生：是我错了，原来 4 cm、5 cm、9 cm 的三根小棒真的不能围成三角形。

生：两条线段的和等于第三条线段，两条边正好和第三条边重合，所以不能围成三角形。

师：完全正确，学习数学就需要"知其然"，更"知其所以然"的精神，只有这样，学的知识才能真正理解。哪位同学还想发表自己的见解？请继续。

生：第三组和第四组能围成三角形。由算式 $6+7>8$、$6+8>7$、$7+8>$

6(如图 4.1.12 所示)；8＋11＞11、8＋11＞11、11＋11＞8(如图 4.1.13 所示)，所以两条线段的和都大于第三条线段,能围成三角形。

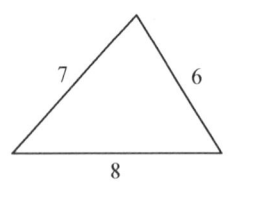

图 4.1.12

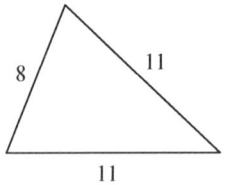

图 4.1.13

师:"都"是什么意思?

生:"都"就是一个三角形中所有的、任意的两边之和大于第三条边。

师:说得真好。接下来,我们再分析不能围成三角形的两条线段的和与第三条线段比较的情况,你又发现了什么?

生:不能围成三角形的三条线段,我发现第一组出现了两条线段之和小于第三条线段,第二组出现了两条线段之和等于第三条线段的情况。

师:可是第一组和第二组中也有两边之和大于第三边啊?（如 6＋10＞3、9＋5＞4 等算式）怎么就不能围成三角形呢?

生:必须得是任意两边之和都大于第三边,有一组不大于的就不能围成三角形。

师:这位同学说得太好了,用了一个新词语"不大于"。大家说说看,不大于包括哪几种可能?

生:我以为"不大于"可以是"小于",也可以是"等于"。

师:正确。同学们现在能说一说三条线段围成三角形的条件是什么吗?

生(齐声):要想围成三角形,两条线段的和必须都大于第三条线段。

教师板书:三角形的任意两边的和大于第三边。

点评:学习是学习者以自身已有的知识和基本经验为基础的主动建构过程。数学建模的目的不仅仅是获得数学结论,更重要的是在建模的过程中促进知识的内化、思想的升华发展。教学过程中,教师引导学生交流、分享、分析、比较、质疑实验现象中的各种情况(能围成三角形与不能围成三角形),促使学生思维碰撞、灵感迸发,增强对三角形三边关系的本质属性的深度思考,起到了画龙点睛的作用。同时,此环节教学也是不同层次的学生基本思想与活动经验提升的过程,使数学模型得以有效构建。

(四) 解释应用,巩固提升

1. 解释现象

师:通过实验,我们探究出了三角形三条边的关系,你能利用这个关系来解释一下小明家到学校走中间的这条路最近的原因吗?

生：把小明家、邮局、学校看作三个点，它们正好可以围成三角形，小明家到邮局的路、邮局到学校的路、小明家到学校的路分别是三角形的边，根据三角形任意两边之和大于第三边，可以确定从小明家笔直到学校的路近一些。

生：我发现，从小明家经过商店再到学校这条路是弯曲的，肯定比小明家笔直到学校的路远一些。

师：根据同学们的分析，我们现在可以确定"小明家到学校走中间的这条路最近"。

2. 揭示概念

师：两点间所有连线中线段最短，这条线段的长度叫做两点间的距离。

点评：通过一系列的测量、操作后，让学生感知"两点之间，线段最短"，这样的设计更具严谨性。首尾呼应，解决课前提出的问题，利用构建的数学模型解释生活现象，既让学生感受数学与生活的密切联系，又让学生进一步感受到数学的学习与应用价值。

3. 巩固提升

（1）小试身手。

师：利用三角形三边的关系，能够帮助我们准确地判断一些线段能否围成三角形。（课件出示题目，见图 4.1.14）

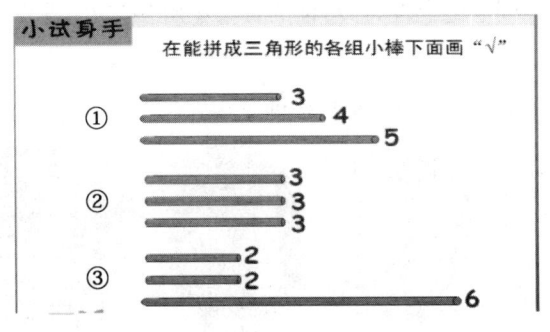

图 4.1.14

生：因为 $3+4>5$、$3+5>4$、$4+5>3$，所以第①组的三根小棒能围成三角形。

生：第②组的三根小棒都相同，因为 $3+3>3$，所以三根小棒能围成三角形。

生：因为 $2+2<6$，所以第③组的三根小棒不能围成三角形。

师：哎，你的想法比较特别，为什么只比较 $2+2<6$，就能得出结论呢？

生：我是这样想的，如果较小的两条线段相加的和都大于最长的线段，那么用一条较短的线段与最长的一条线段相加，就一定大于另一条线段。

师：说得太好了。看来啊，确定三条线段能否围成三角形，不需要把三条线段中每两条线段都相加后才能作出判断，只要用较小的两条线段的和与第三条线段比较就够了。

（2）生活放大镜。

师："三角形三边的关系"可以帮助我们解决生活中许多有意义的问题，让我们一起走进生活共同去领略一番吧！

① 观察图片你都看到了什么现象？你能用三角形的知识解释这一现象吗？（课件出示，如图4.1.15所示）

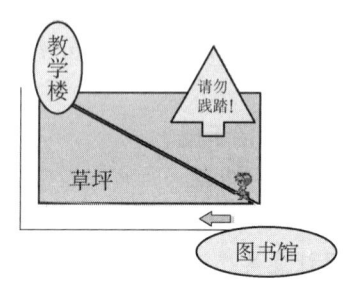

图 4.1.15

生：图片中的小朋友不走大路，偏偏要抄近路，这样的行为，我也曾经有过。

师：为什么这个小朋友会抄近路呢？这其中是不是有一定的数学道理呢？

生：我觉得可以用这节课学习的"三角形三边的关系"来解释。草坪的长、宽、小朋友抄的近路，正好可以围成三角形，三角形任意两边之和大于第三边，也就是说沿着草坪的长和宽行走的距离要比抄近路远，所以人们往往会抄近路。

师：原来如此，虽然这样的行为不文明，但其中却包含数学的道理。抄近路会践踏草坪，这是一种不文明的行为，以后小朋友们要加以改正。

② 姚明是许多同学的偶像，你对他的资料了解多少？（课件出示，如图4.1.16所示）

图 4.1.16

生：我觉得姚明一步能迈 2 米，因为他的腿长 1.31 米，$1.31 + 1.31 = 2.62$（米）。根据三角形三边的关系，姚明一步迈出的距离小于 2.62 米，所以我认为姚明一步可能迈出 2 米。

生：我认为姚明一步不可能迈出 3 米。因为 3 米大于了 2.62 米，根据三角形三边的关系，姚明一步不可能迈出 3 米。

师：生活中存在着很多值得我们去研究的数学现象，需要我们用心去发现，用脑去思考。

（3）拓展提升。

师：要用三根小棒围成三角形，其中有两根长度分别为5厘米和2厘米，第三根可能是多少厘米？（取整厘米数）

生：因为三角形两边的和大于第三边，$5+2=7$，所以第三根小棒只要比7厘米短就可以了。

生：我有不同看法，如果5厘米的小棒是最长的，那么2厘米的小棒和第三根小棒的和要大于5厘米，第三根小棒最短是4厘米。

生：我觉得他们的说法都有道理，但都不全面。我综合两人的想法，第三根小棒最短是4厘米，最长是6厘米，中间还有可能是5厘米。

师：看来，我们只考虑一个方面是不行的。解决数学问题时，同学们要学会全面思考，才能得出准确结果。

（4）挑战自我。

师：同学们真聪明，用这节课学的知识解决了这么多数学问题。下面老师再给大家出一道难题，希望同学们认真思考，下节课我们继续讨论和交流。

比比赛赛，看谁能做到既不重复，也不遗漏。

下面图4.1.17中有4根小棒，请你任意选三根，可以围成几个三角形？

5 cm   6 cm

8 cm   12 cm

图4.1.17

点评：引导学生利用抽象出的数学模型解决生活、生产中的实际问题是数学建模的目的，也是学以致用在数学教学中的表现。通过数学模型解释与应用，既能巩固所学知识，又将所学知识应用于生活实际。练习安排，基础性、层次性、思维性、开放性、拓展性兼备，既饱含生活情趣，又不失数学的严谨和严密，很好地实现了练习的教学价值。"小试身手"意在帮助学生应用三角形三边的关系进行合理判断，在寻找更快捷方法的过程中达到对这一问题的深化认识，渗透优化思想；"生活放大镜"通过生活中的一些现象，解决不同层次的数学问题，培养数学应用意识，提升学生解决问题的能力。同时借助对"抄近路践踏草坪"这一不文明生活现象的否定性道德评价，能培养学生的社会公德意识，体现了数学教学的育人功能。

（五）反思回顾，全课总结

师：今天你学会了什么？有什么收获？

生：三角形任意两边之和大于第三边。

生：我的收获很多，最重要的是会用三角形三边的关系来分析和解释一些生活现象。

师：同学们，三角形中还蕴含着很多的奥秘等待我们去探寻。在今后的学习中,我们将有机会获取更多的知识,解决更多生活中有意义的问题。

点评:

《标准(2011版)》强调从学生已有的生活经验出发,让学生亲身经历将实际问题抽象成数学模型并进行解释与应用的过程,使学生在理解数学的同时,在思维能力、情感态度与价值观等多方面得到发展。数学建模作为一种研究性学习方式,能密切数学与现实生活的联系,让学生体会数学的应用价值,帮助学生学会数学地思考,激发学生主动学习的积极性。数学建模对学生问题意识、应用能力和创造能力的培养具有积极的意义。

本课教学按照模型准备(从生活情境中抽象出一个比较清晰的数学问题)→模型假设与验证(针对问题特点和建模目的作出假设,并予以验证)→模型确立(运用适当的数学工具,进行数学抽象,确定数学结构)→模型解释与应用(用数学模型解决实际问题,用数学语言刻画实际问题)→模型拓展(适度生成、派生新模型)的环节有序展开,学生较为完整且真实地经历了"问题情境(提出问题)—自主探究—得出结论—应用提升"的学习过程,使得学生有效积累数学活动经验,感悟数学思想方法,增进对数学本质的理解。

1. 创设情境,引发模型猜想。

结合学生的生活经验,创设"走路线"的问题情境,引导学生在情境中发现问题,寻找教学切入点和生长点,从直观形象的角度抽象出数学问题,引发学生思考,从而提出猜想,经历从"境"到"型"的转化,凸显数学本质意义。

2. 反复验证,稳步构建模型。

第一次验证,教师提供素材(已围成的三角形),供学生验证,通过测量、计算、作比较等一系列活动,学生初步感悟提出的猜想是正确的。

第二次验证,用小棒摆三角形,体现动手操作的价值。第一,操作是探索图形性质的有效手段;第二,操作可以对通过观察等得到的猜想进行验证;第三,操作可以加深对图形性质的理解。有效的动手操作能给学生最直观、最直接的感知,能很好地搭建形象与抽象的平台。同时在操作中也体现了推理的价值,缺乏思考的盲目的操作会造成操作的无效性。比如在出现两边之和等于第三边时,学生拼出了三角形,此时最好的解决办法就是借助推理,合乎逻辑的推理能够帮助学生解决操作中的误差。(如4+5=9时,两条短的线段长度和与最长边相等,三条线段变成了两条重合的线段,无法拼成三角形。)学生正是通过四组小棒一系列的操作、推理、总结与归纳,有效构建数学模型,同时通过对比分析等手段,使数学模型结构化、简约化。

3. 回归生活,感悟模型价值。

训练是巩固新知、拓展认知、发展思维、运用知识和方法的有效手段。基于此,本节课根据教学目标由浅入深,精心设计典型性、思考性的题目,有助于学生理解数学对象的本质特征以及建立新旧知识之间的内在联系。

总之,本节课以动手操作活动为载体,让学生亲身经历将实际问题抽象成数学模型的过程,获得学习数学必需的基础知识、基本技能、基本思想、基本活动经验,再将模型演绎到各种生活现象和问题情境中,促进模型的进一步内化,使学生领悟数学建模的价值,学生的思维能力、数学素养等多方面得到进步和发展。

执教:河北省唐山市汉沽管理区皂甸小学　武国芬
点评:河北省黄骅市教师进修学校　吕维智

例谈如何在低年级教学中渗透数学模型思想

数学模型是数学知识的核心内容。在小学阶段,数学模型的表现形式是一系列的概念系统、算法系统、关系、定律、公理系统等。在小学数学教学过程中,将数学模型思想渗透到课堂中去,可以帮助学生发展数感、符号意识、空间观念、应用意识和推理能力。作为一名低年级的数学老师,谈谈如何采取有效措施,渗透数学模型思想,培养低年级学生运用数学思想分析和解决问题的能力。

一、巧设生活情境,感知数学模型

低年级的学生在现实生活中已积累一定的数学经验,依据"生活处处皆数学"的理念及每个数学模型都离不开"生活原型"的思想,在教学过程中,笔者根据教学内容,从学生的已有经验出发,巧妙地设计生活情境,引导学生用数学模型来解决问题。

如图 4.1.18 所示,人教版小学数学一年级上册第 62 页的第 1 题,在数轴上填数,笔者设计了数字宝宝捉迷藏的游戏情境。

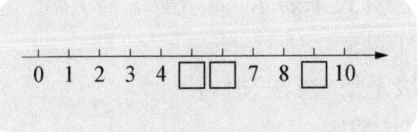

图 4.1.18

师:小朋友,目前为止,我们认识了哪些数?
生:我们认识了 0、1、2、3、4、5、6、7、8、9、10 这些数。
师:说得真好!现在数字宝宝躲起来玩捉迷藏的游戏了,它们躲在哪里呢?哇!有个好地方,数学上我们把这个地方叫做数轴,数轴上有一条横线,并有一个箭头,表示越往右边数就越大,线上还有一些竖线,每条竖线下只能躲一个数宝宝。大家看看,有些数已经找到了,但有些数还没有找到,你们能把它们都找出来吗?

这是第一次出现数轴,它比写在直尺上的数更抽象,为了帮助学生了解数轴,并进一步巩固 10 以内数的顺序,我创设了数字宝宝捉迷藏的游戏,把原本抽象的题目变得形象而生动,很好地帮助学生理解了离散型数量的数学模型。

又如,在教学二年级下册"除法的初步认识"中的"平均分"这一概念时,笔者设计了春游的情境来吸引学生的兴趣。

师:陈老师准备了很多奖品,想分给大家,你们会分吗?老师这里有 6 颗糖果,分给 2 个人,有哪几种分法?

师:小朋友们真棒!想出了这么多种分法,在这些分法中,哪种分法最公平?

生:每人 3 颗糖,这种分法最公平。因为他们两个人分到的同样多。

师:是的,像这种分法,每份分得同样多,在数学上我们把它叫做平均分。

师:谁再来说说什么叫平均分。

根据学生的回答板书:每份分得同样多,叫平均分。

我们要将数学模型思想渗透在教学中,就要准确把握从现实"生活原型"到抽象数学模型的转化过程,巧设生动具体的生活情境,不仅给学生提供模型构建的素材,也帮助学生完成从具体事物到抽象模型的构建。

二、 参与探究学习,构建数学模型

在教学中,教师要创造各种机会,引导学生通过探索发现、合作交流,对学习过程以及书本上的一些结论主动归纳、提升,努力构建数学模型。

在教学二年级上册"表内乘法"时,笔者充分利用游乐园和便利店的情境图,让学生在感兴趣的生活情境中,通过观察、操作、计算、实践、对比、归纳、总结,得出几个相同加数的加法,还可以用乘法表示,即:

$$\underbrace{a + a + a + \cdots + a}_{n个a相加} = a \times n 或 n \times a。$$

像这样的加法算式用乘法算式来表示,简洁明了,初步渗透了乘法的模型思想,为后面学习乘法口诀奠定了基础。

又如,在教学一年级上册"减法"时,出示如图 4.1.19 所示的小丑情境图。

师:谁来说一说从这两幅图中,你看到了什么?

生:从图中我看到了小丑的手上原来有 4 个气球,但不小心飞走了一个气球。

师:你观察得很仔细!你们能根据这两幅图的意思提一个数学问题吗?

生:原来有 4 个气球,飞走了 1 个,还剩几个?

图 4.1.19

师：说得真好，那怎么解决这个问题呢？大家能不能用圆片代替气球，将这一过程摆一摆呢？

教师根据学生的摆法再说明：原来有 4 个气球，飞走了 1 个，还剩 3 个气球，也就是从 4 个圆片中拿走 1 个，还剩 3 个圆片，都可以用什么算式来表示？

生：$4-1=3$。（师板书：$4-1=3$）

师：请同学们把这个算式再读一遍。

生：4 减 1 等于 3。（师板书：4 减 1 等于 3）

师：谁来说一说这里的 4 表示什么？1 和 3 又表示什么？

……

师：在生活中，还有许多这样的数学问题，请看看这两幅图（第一幅图：4 把铲子，拿走一把；第二幅图：树上有 4 只小鸟，正飞走一只），$4-1=3$ 还可以表示什么？请同桌互相说说。

生 1：有 4 把铲子，拿走了 1 把，还剩 3 把。

生 2：树上原来有 4 只鸟，飞走了 1 只，还剩 3 只。

师：说得真好！你们可以仿照这样的例子再举例说说吗？

生 3：有 4 个苹果，我吃掉了 1 个，还剩 3 个。

生 4：有 4 支铅笔，用了 1 支，还剩 3 支。

……

这样的教学是从具体、形象的实例开始，借助摆圆片的操作来强化"$4-1=3$"这一数学模型，再用两幅图及让学生通过联想，赋予了"$4-1=3$"更多的意义，这符合了低年级学生学习数学的特点，同时也训练了学生抽象、概括、举一反三的学习能力。

学生学习数学知识的过程就是建立数学模型的过程，这就要求教师在教学中要引导学生建立数学模型，关注学生自主建立模型的过程，让学生在探究性学习中，有效地构建数学模型。

三、解决实际问题，拓展数学模型

构建数学模型的目的是让学生运用数学模型思想解决实际问题，让学生体会到数学模型的应用价值，体验数学的实际应用带来的乐趣。

二年级的学生在掌握了简单排列的图形规律及有余数的除法后，人教版小学数学二年级下册第 68 页出示了这样一道例题，如图 4.1.20 所示。

按照下面的规律摆小旗。这样摆下去，第16面小旗应该是什么颜色？

图 4.1.20

解决这道题有两种思路和方法:一是用按小旗排列的规律继续画的方式解决问题;二是利用有余数除法算式解决问题。第二种思路是教学的重点,先按排列的规律,3 面 3 面地圈,再让学生列除法算式,理解用除法解答的道理。这样的设计,在得到商的基础上,加深了学生对余数的印象,特别地,帮助学生更好地理解了余数 1 的具体含义。接着再让学生求出第 20 面小旗应该是什么颜色,第 27 面呢?进而让学生理解:余数是 2 时,对应着的是一组小旗中第 2 面旗的颜色;没有余数时,对应着的是一组小旗中第 3 面旗的颜色。讲解时要结合具体的小旗图来理解,进而建立解决此类问题的模型:先找规律,看每几个为一组;再列除法算式,关注余数是几;最后根据排列规律,对照余数,确定答案。解决此类问题的模型如下图 4.1.21 所示。

$$要求个数 \div 每组个数(找规律) = 组数 \cdots\cdots 余数 \begin{cases} 余数是 1,每组第 1 个 \\ 余数是 2,每组第 2 个 \\ \cdots\cdots \\ 余数是 0,每组最后一个 \end{cases}$$

图 4.1.21

这个内容的学习体现了"问题情境—建立模型—求解验证"的过程,有助于学生形成模型思想,提高学习数学的兴趣和应用意识。有了以上模型,学生在解决这类题目时,就能如鱼得水、应付自如了。教师再进行相关的练习就轻松得多,如下图 4.1.22 与图 4.1.23 所示。

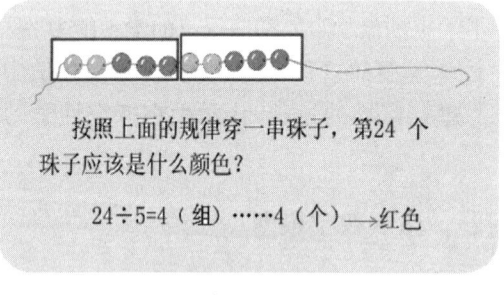

图 4.1.22

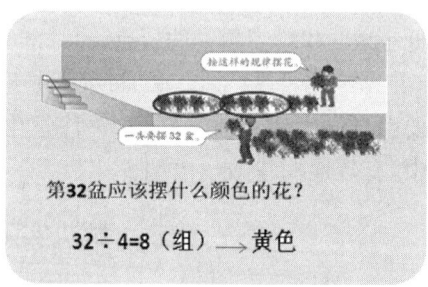

图 4.1.23

总之,在教学中渗透数学模型思想是一个长期的过程,我们要从低年级抓起,常抓不懈。这就需要老师提供大量的感性素材,创设生活情境,并在探究学习中积累经验,构建模型思想,并运用模型思想解决问题,提高学生学习数学的兴趣。

广东省中山市三乡镇大布小学　陈玉坚

有思想的知识留得住
——以乘法分配律的教学为例

我在学生时代对数学简便运算情有独钟。因为注意观察,根据一些定律或性质,运用转化策略,可以迅速而正确地得出答案。虽有挑战性,但只要方法得当,便能轻松解决问题。

但在实际教学中,笔者接手的五年级学生却在简便运算上频繁出错,尤其是对乘法分配律的灵活运用,学生掌握得不到位。这个用来减轻学生计算量的定律却成了学生出错的"罪魁祸首"。

一次推门听课活动,笔者正好听四年级一位教师教学乘法分配律,一堂课安排满满,但听下来却觉得似乎缺少了什么。他从例题入手,理解题意后就把数从情境中抽出,通过计算,得出相等,总结出规律。熟悉后应用规律进行计算,题型梯度设计合理,从简单到复杂。学生依样画葫芦,模仿得有模有样,到课末小测时,绝大部分学生做得较好,准确率极高,感觉教学效果不错。但笔者总觉得这样的教学效果难以保持,事实也印证了笔者的想法。两周后的月考抽检,笔者特意出了几道乘法分配律及其变式的简便运算。与当时的课堂检测结果不同,这次全对的学生并不多。当那位教师看到测试卷后,在抱怨学生爱玩、忘得快的同时,笔者让他再想想还有没有其他原因,那位教师陷入了沉思。

同时,笔者也在反思这个知识点的教学。"乘法分配律"是四年级的教学内容,从学生的知识水平与思维水平来看,不至于这样难。四年级学生的思维水平正从具体形象思维为主要形式过渡到以抽象逻辑思维为主要形式。通过教师的正确引导,学生有能力归纳出乘法分配律。而且,四年级学生对乘法分配律的雏形并不陌生,乘法竖式和长方形周长的计算都用到过,当然这些只是无意识的知识应用。此时我们可以唤醒这些零碎的、模糊的知识记忆,并在此基础上增加一些特例,让学生在活动体验中逐步抽象、归纳出清晰且正确的乘法分配律,再让学生应用定律解决实际问题。甚至还可以利用一些类似的语言表述模式来突出乘法分配律的形式特点。这样想着,笔者便决定尝试上这节课。

笔者创设了买衣服的情境。

"老师为我们买演出服,在 A 商场买了 8 件上衣,每件上衣 65 元;又在 B 商场买了 8 条裤子,每条裤子 35 元。她一共花了多少钱?"

学生列出两种算式:$65×8+35×8$ 和 $(65+35)×8$。第一种算式的学生这样分析:先算上衣的钱,也就是在 A 商场付的钱;再算裤子的钱,也就是在 B 商场付的钱;最后再将两边付的钱加起来。第二种算式的学生这样解释:一件上衣配一条裤子正好是一套,先算出每套的价钱,再乘以 8,就是全部付的钱。

笔者引导学生观察这两个算式的特点，根据得数相等，两算式可用等号连接。随后出示计算体操方队人数的问题，学生同样给出了两种不同的算式，且发现了这两个算式和上面两个算式的共同点，自然而然地用等号连接了这两个算式。

笔者让学生分小组列举类似的例子，并计算检验结果是否也相等。从大量的例子中师生一同归纳出乘法分配律的模型：两个数的和与一个数相乘，可以先把它们分别与这个数相乘，再相加，结果不变。

随后笔者又让学生运用这个运算定律解决具体问题。通过从一般题型到特殊题型的演绎，加深了学生对这一运算定律的理解。

鉴于部分学生到了五、六年级甚至到中学后，仍分不清楚乘法分配律与乘法结合律，甚至把它们的规律内容完全颠倒，出现 $(a \times b) \times c = (a \times c) \times (b \times c)$ 这样的错误。笔者特意设计了一个取名的环节："这个规律，同学们给它取个简单的名称吧？"学生发挥想象力取了很多好玩的名字，比如"牵手、粘人、乘加大变换"，也有几个同学说到分配律。笔者肯定了同学们的想法，并简单分析：$(a+b) \times c = ac+bc$，这个 c 同 $(a+b)$ 乘，结果是 $ac+bc$，也就是 c 既分配给了 a，同时 c 又分配给了 b。这里面的关键词是什么？分配。对，所以人们把这个运算规律，称为"乘法分配律"。学生在取名时观察了定律的特点，加深了印象，同时也记住了正确的名称。

为了使学生较快地掌握 $(a+b) \times c = ac+bc$ 这个公式，笔者还跟同学们做了一个文字游戏。

师："其实语文中也有这样分配的例子。今天我们就照着乘法分配律的样子来说一说，老师先来一句。"

听说数学老师要上"语文课"，学生们觉得很新鲜，一下子精神抖擞起来，眼巴巴地等着老师开口，于是老师先出了一句。

"我爱吃苹果和香蕉。把它分开来怎样说？"

"我爱吃苹果，我也爱吃香蕉。"嘴快的孩子脱口而出。

"我爱爷爷和奶奶。把它分开来呢？"老师又出一句。

"我爱爷爷，我也爱奶奶。"回答还是那样快。

"反过来，把两句合一句你会吗？你们自己举个例子。"

"我爱吃荔枝，我也爱吃龙眼。可以合起来说：我爱吃荔枝和龙眼。"

"我爱爸爸，我也爱妈妈。可以合起来说：我爱爸爸和妈妈。"

……

随后笔者布置了课后作业："这样的例子有很多，有兴趣的同学下课后可以把自己想到的写在数学日记本里，也可以写写今天的收获。"

从学生的数学日记反馈中，笔者发现学生对这节课印象深刻，对乘法分配律的理解很深入。过后的几次检测结果也令人欣慰，知识点的保持率与运用都比较理想。

笔者一直很喜欢数学教育家米山国藏说的一段话："在学校学的数学知识，毕业后若没什么机会去用，一两年后，很快就忘掉了。然而，不管他们从事什么工作，唯有深深铭刻在心中的数学的精神、数学的思维方法、研究方法、推理方法和看问题的着眼点等,却随时随地发生作用,使他们终身受益。"其实,在教学中有意识地渗透数学情感、数学思想方法,对知识点的学习与记忆能起到事倍功半的效果。就如上面的例子,笔者有意识地渗透了归纳、演绎与模型思想,关注学生学习数学的情感,效果非常显著。

数学思想方法和数学情感在数学的学习过程中具有举足轻重的作用,但这两者都蕴含在知识的发生、拓展与应用过程中,因此教师要借助数学课堂教学活动,有意识地渗透数学思想方法和数学情感,以期达到提高学生数学素养的目的。

福建省诏安县金星中心小学　陈秀玉

在植树问题中渗透数学模型思想

人类所生活的纷繁世界一直处于变化之中,但总有一些规律可循,若是将这些规律数学化,便可建立成数学模型,人类便可利用所建立的这些数学模型来指导具体的生产与生活。在这个过程中,数学模型思想便由此而生。

其实,小学数学的学习从一开始就没离开过模型思想。从自然数的认识、减法的运算,到数学中的概念、性质、法则、定律,再到面积、体积公式推导及数量关系式的建立等等都蕴含着数学模型思想。数学模型思想不仅有利于学生提高归纳总结的能力、形成举一反三的思想意识,而且对于提高学生分析问题、解决问题的能力也有着巨大的作用。

一、 感知数学模型

数学来源于生活,又服务于生活,因此,要将现实生活中发生的与数学学习有关的素材及时引入课堂,要将教材上的内容通过生活中熟悉的事例,以情境的方式在课堂上展示给学生,描述数学问题产生的背景。

在教学人教版小学数学五年级上册第七单元的"数学广角"中植树问题时,新课伊始,笔者这样导入。

师:同学们,我们每个人都有一双灵巧的手,它不但会写字、画画、做手工、干活,在它的身上还藏着有趣的数学知识呢!同学们快观察一下大屏幕上的这只手,你发现了哪些数字?

生:5 根手指,4 个手指缝。

师:你可真善于观察!像图中手指之间的这种空隙,在数学上我们把它叫做间隔,把间隔的多少叫做间隔数。相邻的两根手指之间的距离叫做间距。

师:谁能用自己的话说一说,什么是间隔,什么是间隔数,什么是间距?

生：像手指之间的这种空就是间隔,这种空的数量就是间隔数,相邻的两根手指之间的距离就是间距。

师：4 根手指有几个间隔呢? 3 根呢?

……(略)

师：手指的根数与间隔数之间有怎样的关系呢?

生：间隔数比手指的根数少 1。

师：你说得真具体。你们记住了吗?

师：生活中不止是手指之间有间隔,树与树之间也有间隔,这节课我们就一起来研究与植树有关的数学问题。

这样的导入让学生感到真实、新奇、有趣、可操作,满足学生好奇好动的心理需求,这样很容易激发学生的兴趣,并在学生的头脑中激活已有的生活经验,也容易使学生用积累的经验来感受其中隐含的数学问题,为学生的进一步学习奠定一定的基础,促使学生将生活问题抽象成数学问题,感知数学模型的存在。

二、 建构数学模型

小学阶段进行数学模型思想的渗透有着极为深远的意义。在教学时,我们要从学生熟悉的生活和已有经验出发,引导学生通过自主探索、合作交流,经历将实际问题初步抽象成数学模型并进行解释与运用的过程,力求建构出人人都能理解的数学模型,而不是让学生拘泥于模型的套用。

例 1 同学们在全长 100 m 的小路一边植树,每隔 5 m 栽一棵树(两端要栽)。一共要栽多少棵树?

在进行例 1 的教学时,例题中给的数比较大,学生难以想象出全种完后会出现棵数与间隔数不对应的情况。所以笔者先引导学生将例 1 中的数据改成简单数,把"100 m"先后改为"10 m、15 m、20 m",再分别画成线段图,如图 4.1.24、图 4.1.25、图 4.1.26 所示,表示两端都栽的情况。

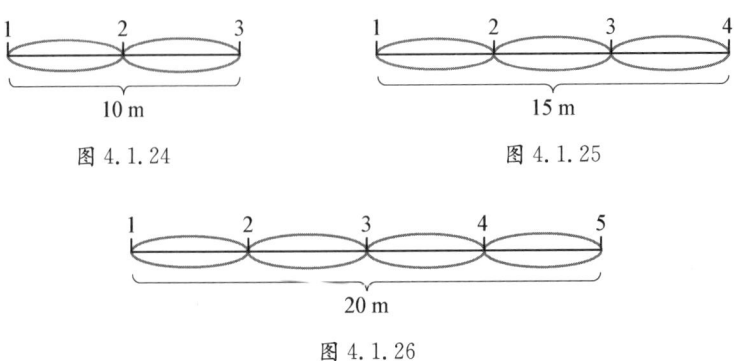

图 4.1.24   图 4.1.25

图 4.1.26

让学生借助示意图或线段图进行分析,根据下面的表 4.1.3 探索棵数与间隔数之间存在的关系。

表 4.1.3

总长(米)	间距(米)	间隔数(个)	植树(棵)
10	5	2	3
15	5	3	4
20	5	4	5
…	…	…	…

在直观理解的基础上找到规律,得出"植树棵数=间隔数+1"后,教师引导学生讨论。

师:如果小路总长 100 米,每隔 4 米种 1 棵树。共有多少个间隔? 可植树多少棵?

生:$100 \div 4 = 25$(个),$25 + 1 = 26$(棵)。

师:如果间隔数是 50 个,要栽树多少棵? 如果间隔数是 n 个,可以植树多少棵?

生:$50 + 1 = 51$(棵),$(n + 1)$ 棵。

师:如果学校的这段小路长度改变了,其他条件不变,"棵数=间隔数+1"的规律还能成立吗?

生:成立。

师:为什么棵数不是等于间隔数而是等于"间隔数+1"呢?

生:从第一棵树开始,每棵树都有一个间隔与之对应,而最后一棵树没有间隔与之对应。从后往前看也是如此。

教师这样引导学生解释模型,能促进学生进一步理解模型"植树棵数=间隔数+1"。这样在建模的过程中又促进了数学模型思想的内化和学生思维能力的发展。

三、 应用数学模型

学习的目的是为了应用,让学生用所建立的数学模型来解答生活实际中的问题,让学生能体会到数学服务于生活的功能。解决问题具体表现在两个方面:一是解决数学题作业,如基本题、变式题、拓展题等;二是解决生活题作业,让学生在实际生活中应用数学。

植树问题是现实生活中一类相似问题的总称,并非仅仅适用于植树一种情况。在建立"棵数=间隔数+1"的模型后,可让学生完成类似的练习:"广场上的大钟 5

时敲响 5 下,8 秒钟敲完。12 时敲响 12 下,需要多长时间?""5 路公共汽车行驶路线全长 12 千米,相邻两站之间的距离都是 1 千米,一共有几个车站?"从实际问题入手,引导学生在解决问题的过程中逐步发现隐含于不同情形之中的"植树问题",体验数学模型思想方法在解决实际问题中的应用,从而达到举一反三的效果,真正使学生通过"植树问题"的解决,促进数学思维的发展和解题能力的提高,积累数学学习经验。

四、 拓展数学模型

为了让学生对数学模型思想及其应用获得更加深刻的理解,还可适当地拓展延伸,让学生体会数学模型一般化的思想方法。但要切记在应用模型的过程中,不能让学生简单地套用模型,而应引导学生展示解决问题的思维程序,并对程序的各个部分进行剖析,加深学生对数学模型的理解,尝试运用建立的模型解决生活中的实际问题,促进学生分析、解决问题能力的发展与提高。

在深入理解模型的基础上,引导学生通过知识的迁移,探索例 2 以及做一做第 2 题。

> **例 2** 大象馆和猴山相距 60 m。绿化队要在两馆之间的小路两旁栽树(两端不栽),相邻两棵树之间的距离是 3 m。一共要栽多少棵树?

> **第 2 题** 小明家门前有一条 35 m 的小路,绿化队要在路旁栽一排树。每隔 5 m 栽一棵(一端栽,一端不栽)。一共要栽多少棵?

针对这两种情况,由"两端都栽"的模型"植树棵数 = 间隔数+1",依据前面的学习方法自主合作探究推导出"两端都不栽"的模型"植树棵数 = 间隔数-1"和"只栽一端"的模型"植树棵数 = 间隔数"。

进一步引导学生学习例 3。

> **例 3** 张伯伯准备在圆形池塘周围栽树。池塘的周长是 120 m,如果每隔 10 m 栽一棵,一共要栽多少棵树?

通过引导学生将只栽一端的线段两个端点重合,理解封闭曲线上植树和只栽一端两种情况的联系。帮助学生直观理解不同情况下植树棵数、分割点和间隔数之间的关系,由此真正理解和建立"植树问题"所有情况的数学模型。使学生不仅仅获得了数学结论,更重要的是在建模的过程中将知识内化、模型内化和思想升华。

在上述教学过程中,教师提供丰富的实验材料,学生需要从中挑选出解决问题必须的材料进行研究。学生的学习不是一步到位的,通过从简单逐步过渡到复杂的、更一般的情境,学生在主动探索尝试的过程中,进行了再创造学习。学习过程中学生有时独立思考,有时小组合作学习,有时是独立探索和合作学习相结合,学生在新知探索中充分体验了数学模型的形成过程。

相对于数学思想方法,数学知识的有效性是短暂的,而数学思想方法的有效性却是长期的,能够使人受益终身。正如王永春教授所说:数学思想是数学的灵魂,要想学好数学、用好数学,就必须深入到数学的灵魂深处。模型思想是小学阶段的数学学习中非常重要的一种数学思想。数学模型思想的贯彻,将有利于学生对数学规律的认识,形成举一反三的推理能力,更有利于学生分析、解决数学问题能力的提高。

黑龙江省绥芬河市第三小学　姜　锋

第二节　方程思想

破茧而出,化茧成蝶
——关于方程思想的思考

方程是解决实际问题的重要工具,它可以用来描述现实世界中的各种数量关系。方程以及与方程有关的函数,是义务教育阶段乃至整个基础教育阶段数学教学最为核心的内容。众所周知,"方程"是小学生接触到的最为抽象的概念。

针对这部分内容,笔者曾经选取五、六年级学生中优等生、中等生、潜能生各 5 人,共计 30 人进行过抽样调查。考虑到不同年级的计算水平,调查问卷中的解方程这题有所差异,其他内容一致,图 4.2.1 所示为六年级的调查问卷。第 1 题是考查等号的含义,第 3 题是了解学生用方程解决问题的习惯和偏好,第 4 题检验解方程的能力,第 2 题和第 5 题是考查学生主动列方程解决问题的意识和能力。从问卷调查中笔者发现了存在的问题,引发了个人的三个思考。

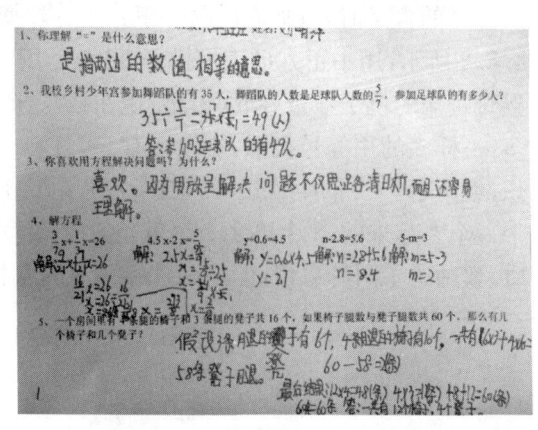

图 4.2.1

思考一：是否能用对应的方法来解释加法算式中"="的本质含义？人教版教科书关于方程的定义如下：含有未知数的等式。但这仅仅只是形式上的描述，并不是方程的本质含义。史宁中在《基本概念与运算法则》一书中提出方程的本质是描述现实世界中的等量关系，追根溯源，要从"="的本质含义——两边的量相等说起。调查问卷的第1题"你理解'='是什么意思？"意在调查学生对"="本质含义的理解，调查结果统计如下表4.2.1。

表 4.2.1

答卷情况	优等生(5人)		中等生(5人)		潜能生(5人)		
	得数或结果	两边的量相等	得数或结果	两边的量相等	得数或结果	两边的量相等	未作答
五年级	1	4	2	3	3	0	2
六年级	2	3	5	0	5	0	0

结果表明大约有33.3％的学生对于"="的含义有所理解，约66.7％的学生对于"="的含义并没有真正理解，这对于理解方程的本质含义是一个障碍。笔者认为，学生认为"="是结果等于多少的根本原因在于低年级一开始认识自然数的加法时是基于定义的方法认识的，没有涉及到"="是两边量相等的本质含义。纵观各版本教材，虽然方法和思维方式有所不同，但还是源于定义的方法较为抽象地认识自然数的加法。如人教版、西师版教材用数数方法，利用"后继"的概念计算加法；再如北师版、苏教版教材是用数的组成求和。

这些加法的解释过程没让学生经历"="的生成过程，对"="的对称性及两边量相等的含义就没有深入体会和感悟。笔者认为在最初教学加法时用对应的思想讲解有助于学生理解方程的本质。如在教学 3＋1＝4 时，理解为什么 3＋1 等于 4 和等号的含义时，教师先讲两件事：猴妹妹摘了 3 个桃，猴哥哥摘了 4 个桃，如图 4.2.2 所示，用小正方形表示桃子，让孩子用贴小正方形的方法分别表示猴妹妹和猴哥哥摘的桃子数量，问哪边多？现在猴妹妹又摘了一个桃，该如何表示，现在哪边多？一样多的用等号表示，所以才有 3＋1＝4。孩子在操作过程中体会了对应的思想，经历了"="的生成过程，也感受到了等号的两个作用：一是递推作用，数是一个一个多起来的，3 个再多 1 个就是 4 个；更为重要的作用是初步渗透了方程的本质。教师讲了两件事情，但这两件事最后的量相等，帮助学生理解等号的含义。

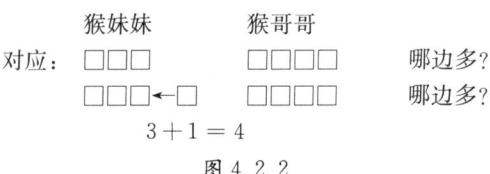

图 4.2.2

思考二：能否抓住数量间的相等关系是列方程的突破口。针对问卷第 3 题"你喜欢用方程解决问题吗？为什么？"27 人喜欢用方程解决问题,但这 27 人在笔者考查的第 5 题应用题中有些并没有用方程方法解答,其原因在于找不到等量关系。调查表明:九成孩子认为列方程解决问题更容易思考,但对于能否找到等量关系缺乏自信心,导致应用方程的主动性下降。

思考三：能否熟练应用等式的性质是解方程的关键。如学生解方程的情况如下图 4.2.3 所示。

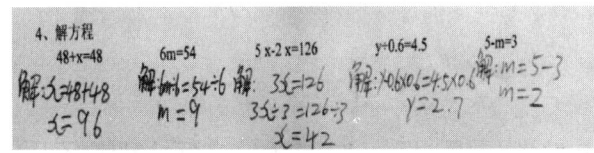

图 4.2.3

错误较多的是第(1)题和第(5)题。第(1)题笔者故意把一个加数与和设计为相同的数 48,5 个学生运用加法各部分之间的关系受到数字干扰出现错误,但如果运用等式性质就可能减少错误;第(5)题,3 人运用减法各部分之间的关系、3 人运用等式性质均出现错误。

六年级解方程正确率稍高,但多数学生习惯借助四则运算各部分之间的关系解决。笔者认为利用等式的性质解方程是关键,因为它是通性通法,会帮助学生更好地把握方程的本质。比如第(1)题解方程 $48+x=48$,利用等式的性质两边同样减去 48,就能很轻松算出方程的解是 0。不必根据四则运算的关系每道题有不同的解方程的方法。因此,王永春教授建议我们培养学生利用等式的性质解方程,这有利于培养代数思维能力及中小学数学学习的衔接。

通过问卷调查与阅读王永春教授的书,笔者不断反思:学生从一年级就开始借助运算意义及各部分之间的关系解决问题,根深蒂固习惯于算术方法,因此在比较简单的情况下,学生有时也不愿寻找等量关系,会觉得步骤繁琐,这使得代数思想和新的思维方式突破需要破茧而出。化茧成蝶需要一个比较漫长的过程,教师要为学生多创造契机,帮助他们搭建起思维的桥梁。笔者面对学生出现的两大困难,一是主动运用方程解决问题的意识,二是找准等量关系,结合自身的教学实际找到了如下四个策略。

策略一：提早蕴伏——悟等价。代数思想的渗透与蕴伏应该源于第一学段起,如 $\diamondsuit+3=5$, $3\times\bigstar=24$, $\triangle+\triangle+\triangle=12$, $7+5=\blacktriangle+8$, $8\times5=8\times3+8\times\square$ 等等,既渗透了符号化思想,又关注算式间的关系,找到相互等价的两件事情,潜移默化地渗透方程的含义。

策略二：寻找等量——抓关键。针对小学数学涉及的实际问题中的数量关系比较简单,突出等量关系训练,采用题干分析法,只给出信息,让学生发现信息中的等量关系,或者让学生根据问题联想等量关系,针对学习有困难的学生也可以借助图形或进行模拟情境让他们找等量关系,多角度、多方式训练,学生熟练掌握找等量关系的方法,有一定的经验积累,自然就愿意用方程解决问题。

策略三:舍末逐本——巧化简。我们要注重列方程解决问题的关键步骤,简化格式要求,化难为易、化繁为简,如口头练习设未知数,像下面图 4.2.4 的例子,在问题下面画出横线直接用字母设未知数,省时高效,想方设法打消学生的顾虑,把精力用在找准等量关系上,体会方程的本质。

游泳池宽多少米?
x 米

图 4.2.4

策略四:精心设问——重体验。《标准(2011 版)》倡导,不同的人在数学上得到不同的发展。教材上的资源是有限的,我们要为学生多创造机会,设计一些数量关系稍复杂、需要逆向思考的实际问题,如"一箱苹果的 80% 比它的 $\frac{1}{2}$ 多 12 千克,这箱苹果重多少千克?"这样较复杂的题目用算术方法解答就很不方便。在实践中,使学生体会到用方程解决问题的优越性,从而感染他们主动选择用方程解决问题,为学生未来的学习和发展奠定基础。尤其要关注不同层次学生的差异,针对学有余力的学生设置弹性练习,提出更高的要求,鼓励他们向灵活题、较难题挑战,促进不同的学生在数学上有不同的发展。

好书犹如一盏明灯带领我们前行。王永春教授的《小学数学与数学思想方法》正如一盏明灯,带领着笔者不断反思,从而不断提高自身的理论素养,不断深入去思考数学教学中最本质的东西。每一本好书都使我们从另一个角度学会思考,丰富自身的思想,从而可以更好地拓宽学生的视野,打开学生思维的闸门,支撑学生的可持续发展,这正是笔者不断读书、实践、反思的动力与源泉。

辽宁省鞍山经济开发区宁远镇小学中心校　李　静

58 转变思维策略,架构起等量关系式与方程式的对应关系

一、发现问题

一日批改孩子们用方程解决问题的作业,奇怪了,好多个孩子列出的等量关系式与方程不对应。从图 4.2.5 和图 4.2.6 所示的这些作业来看,孩子会列方程,也会列等量关系式,但为什么会不同步呢?

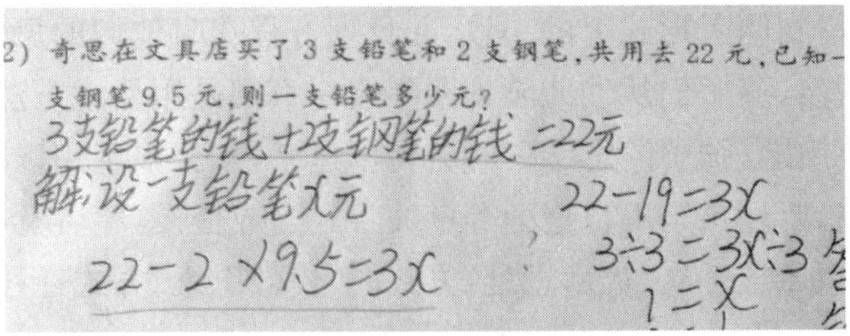

图 4.2.5

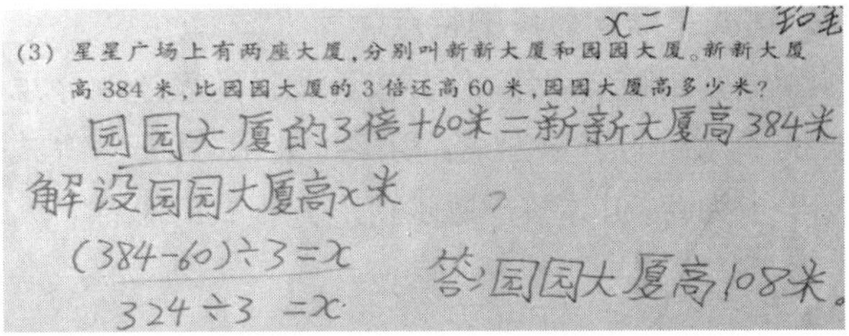

图 4.2.6

笔者与孩子进行了如下谈话。

师：你们列等量关系时是怎么想的？

生：找有关系的句子就列出来了。

师：那这道题你找了哪句？是怎样想的？

生："买了 3 支铅笔和 2 支钢笔，共用去 22 元"，就是 3 支铅笔的钱＋2 支钢笔的钱 ＝ 22 元。

师：列方程时你们是怎么想的？

生：看最后的问题，也要找有关系的句子。

师：那这里你是找了哪句有关系的句子？又是怎样想的？

生：也是那句，列方程时我先算 2 支钢笔的钱，再从 22 元里减去钢笔的钱，就是 3 支铅笔的钱，所以我列出方程 $22 - 2 \times 9.5 = 3x$。

……

二、 分析原因

一直以来，我们理所当然地认为，只要找到等量关系，学生肯定会按找到的等量关系式来列出相对应的方程式。似乎从来没有站在学生的角度考虑过，等量关系式和方程式该如何统一。对于学生而言，方程是个"新生事物"，以前从来没有接触过，学生很陌生，而且方程与原来的知识并没有直接联系，学生自然会把等量关系和方程当成两个毫不相干的问题，犹如两条平行线，没有体会到两者之间的内在关联。从上面孩子的作业以及他们的回答来看，孩子们找到了等量关系，只是列方程时，他们的思维没有与上面的等量关系同步，把等量关系和方程看成了两个孤立的问题,没有感悟到两者形式上的一致,并且列方程式时他们的思维方式更多倾向于算术方式。诚然,孩子们从幼儿园到四年级一直都是用算术方法解决问题,现在突然用方程解决问题,孩子的思维一时会转不过来,常会出现用以前的算术思维来思考方程。所以,要让孩子不再把列等量关系式当成摆设,笔者觉得就要从转变孩子的思维入手,引导孩子从"算术思维"方式向"代数思维"方式迁移。

三、 转变思维的策略

1. 领会方程表达式是顺向思考的特点

方程的一个优点,就是顺向思维,只要按着题目的表述顺序思考列式就成。实际教学中,笔者尝试了这样的引导方式:用字母表示"式子—等式—等量关系式—方程",层层推进,步步为营,引导孩子逐步适应方程式的思维。

如下表 4.2.2。

表 4.2.2

述题	关系	式子
小明年龄(a 岁)的 4 倍	小明的年龄×4	$a×4$
爸爸的年龄(40 岁)是小明年龄(a 岁)的 4 倍	爸爸的年龄 = 小明的年龄×4 或 小明的年龄×4 = 爸爸的年龄	$40 = a×4$ $a×4 = 40$(一般习惯未知数在左)
爸爸的年龄(40 岁)比小明的年龄(a 岁)的 4 倍多 2 岁	爸爸的年龄 = 小明的年龄×4+2 或 小明的年龄×4+2 = 爸爸的年龄	$a×4+2 = 40$(一般习惯未知数在左)
爸爸的年龄(40 岁)比小明年龄(a 岁)的 4 倍少 2 岁	小明的年龄×4-2 = 爸爸的年龄	$a×4-2 = 40$

在题目出示,列关系式和式子过程中,教师都让孩子自己边说唱边写"小明年龄的 4 倍就是小明的年龄×4,即 $a×4$""爸爸 40 岁是小明年龄(a 岁)的 4 倍,'是'就是'=',爸爸的年龄 = 小明的年龄×4……"。要求怎么说唱的,就怎么写,最后按照习惯进行调整,把含有未知数的式子写在左边。当孩子能顺着思维列出关系式或等式时,再把前面的述题改成问题"爸爸今年 40 岁,比小明年龄的 4 倍少 2 岁,小明今年几岁?"仍延用说唱的方式,找到等量关系"小明的年龄×4-2 = 爸爸的年龄",设小明 a 岁,从而列出方程。通过这样说唱一步一步地接近方程式的训练方式,让孩子逐渐领悟到方程的顺向思维思考的特点。

2. 构建等量关系式与方程的一一对应

同一问题的等量关系,有几种不同的表示形式,对应不同的方程表达式。应让孩子明白,要根据自己所寻找到的等量关系式来列方程,这两者之间是一一对应的。

（1）等量关系式到方程的对应。

等量关系式是列方程的依据,所以在用方程解决问题的过程中,孩子们要先找到隐含等量关系的题干或句子,再写出文字形式的等量关系式,最后依据关系式列方程式。为了让孩子理解、明晰这个对应,在建立对应的过程中,笔者让孩子边叙说内容,边用箭头描出,其对应关系就清楚地展现出来,一目了然!

如作业中的一题:

> 奇思在文具店买了 3 支铅笔和 2 支钢笔,共用去 22 元,已知一支钢笔 9.5 元,则一支铅笔多少元?

设一支铅笔为 x 元。

找出等量关系式:3 支铅笔的钱+2 支钢笔的钱=22 元

列方程式: $3x + 2 \times 9.5 = 22$

学生明确这个对应关系之后,还可着手进行数量关系式的变形训练,比如上道题,学生通过思考和讨论,又准确地写出了另外两种数量关系式及其相对应的方程式:

22 元－2 支钢笔的钱=3 支铅笔的钱　　22 元－3 支铅笔的钱=2 支钢笔的钱

$$22 - 2 \times 9.5 = 3x \qquad 22 - 3x = 2 \times 9.5$$

这种方式的思维训练,有助于学生建立等量关系式为方程服务的意识,可以较好地培养孩子的代数思维!

（2）方程到等量关系式的对应。

根据等量关系列出对应方程是用方程解决问题的基本目标,较高层次的目标是根据给出的方程表述其所对应的等量关系。笔者认为,当学生能把等量关系和方程一一对应,即理解等量关系式是方程的等量关系式,方程是等量关系式的方程,且能做到等量关系式和方程的互逆表述时,才可说初步建立起了"代数思维"。为了实现这一目标,笔者做了这样的思维训练,出示题干和方程,让孩子根据方程式叙述其所对应的等量关系式。一开始进行这样的逆向思维训练,部分孩子感到很困难,特别口头表达能力欠佳的孩子,不知道如何表述。为此,笔者采用小组合作的形式,让优等生帮扶学困生,在这样互帮互助的环境下,孩子们基本上把握了表述的方法。

爸爸 40 岁,小明 x 岁。

方程式: $4x = 40$

学生表述等量关系式:小明年龄的 4 倍＝爸爸的年龄 40 岁

四(1)班图书角有科技书 x 本,故事书 65 本。

方程式: $\qquad 3x \qquad - \quad 10 \quad = \qquad 65$

$\qquad\qquad\qquad\quad \downarrow \qquad\qquad \downarrow \qquad\qquad \downarrow$

学生表述等量关系式:科技书的 3 倍－10 本＝故事书 65 本

通过这样的互逆对应思维训练后,本文一开始呈现的那种不对应大大降低,事实证明这样的思维训练是切实可行,且是行之有效的,能较好地帮助学生建立起等量关系式和方程式之间的一一对应,使学生逐步学会用代数的思维来思考方程!

通过此次反思教学,笔者发现孩子的代数思维可以在有针对性的练习中得以培养,还能促进用方程解决问题的模型的建立!

浙江省江山市天余小学　周玉琴

第三节　函 数 思 想

59

于 "变" 中把握 "不变"
——关于函数思想的点滴思考

德国天文学家开普勒(J. Kepler, 1571—1630)曾说:"数学就是研究千变万化中不变的规律。"函数思想的核心就是"把握并刻画变化中的不变,其中变化的是'过程',不变的是'规律(关系)'"。

一、 函数知识在生活中的广泛应用

函数概念产生于近代,距今只有三百多年的历史,但在生活和生产中,函数作为数学模型却发挥着重要的、不可替代的作用。如利润问题、人口增长率问题、出租车计价问题……再如以下两个比较生活化的问题。

问题 1:何时橘子总产量最大?

> 南丰某橘园有 100 棵橘子树,每棵树平均结 600 个橘子。现准备多种一些橘子树以提高产量,但是如果多种树,那么树之间的距离和每一棵树所接受的阳光就会减少。根据经验估计,每多种一棵树,平均每棵树就会少结 5 个橘子。问增种多少棵橘子树时,总产量最大?

解：设果园增种 x 棵橘子树，总产量为 y 个，则

$$y=(100+x)(600-5x)=-5x^2+100x+60\,000=-5(x-10)^2+60\,500。$$

问题 2：关于学生注意力的问题。

通过研究学生的学习行为，专家发现，学生的注意力随着老师讲课时间的变化而变化，讲课开始时，学生的兴趣激增，中间有一段时间，学生的兴趣保持较理想的状态，随后学生的注意力开始分散。设 $f(t)$ 表示学生注意力随时间 t（分钟）的变化规律（$f(t)$ 越大，表明学生注意力越集中），经过实验分析得知：

$$f(t)=\begin{cases} -t^2+24t+100, & 0<t\leqslant 10, \\ 240, & 10<t\leqslant 20, \\ -7t+380, & 20<t\leqslant 40。 \end{cases}$$

（1）讲课开始后多少分钟，学生的注意力最集中？能持续多少分钟？

（2）讲课开始后 5 分钟与讲课开始后 25 分钟比较，何时学生的注意力更集中？

（3）一道数学难题，需要讲解 24 分钟，并且要求学生的注意力至少达到 180，那么经过适当安排，教师能否在学生达到所需的状态下讲授完这道题目？

解：（1）当 $0<t\leqslant 10$ 时，$f(t)=-t^2+24t+100=-(t-12)^2+244$ 是增函数，且 $f(10)=240$；

当 $10<t\leqslant 20$ 时，$f(t)=240$；

当 $20<t\leqslant 40$ 时，$f(t)=-7t+380$ 是减函数，$f(t)<f(20)$，即 $f(t)<240$。

所以，讲课开始 10 分钟，学生的注意力最集中，能持续 10 分钟。

（2）$f(5)=195$，$f(25)=205$，故讲课开始 25 分钟时，学生的注意力比讲课开始后 5 分钟更集中。

（3）当 $0<t\leqslant 10$ 时，$f(t)=-t^2+24t+100=180$，则 $t=4$；

当 $10<t\leqslant 20$ 时，$f(t)=240>180$；

当 $20<t\leqslant 40$ 时，令 $f(t)=-7t+380=180$，则 $t\approx 28.57$。

由于学生注意力在 180 以上所持续的时间为 $28.57-4=24.57>24$，所以，经过适当安排，老师可以在学生达到所需要的状态下讲授完这道题。

这样的例子举不胜举，用运动和变化的观点去分析问题的数量关系，借助函数的图像和性质，使问题获得解决。运用函数思想往往可以解决其他方法不能解决的问题，它可以有效地帮助我们做出正确决策，但函数是一个很抽象的概念，如何

在教学中渗透呢？为此,笔者查阅了我国和其他一些国家的做法,从中得到了很多启示。

二、 国内外教学中关于函数思想的渗透

笔者了解到很多国家从小学数学课程开始渗透函数思想,其中美国尤其突出。美国的《学校数学的原则与标准(2000)》中提出了明确要求:在早期数学的学习阶段通过观察事物的变化,探索模式,合理引入函数。如这个标准,在 k～2 年级中要求学生"描述定性的变化,如学生长高了","描述定量的变化,如某学生一年内长了2英寸";在3～5 年级中要求学生"表示并研究一个变量的变化如何引起相关的第二个变量的改变","辨认并描述存在恒定变化比率和波动变化比率的情境,并对二者进行比较"。日本的数学课程让学生从小学四年级开始接触函数关系的初步概念,对两个相依变化的数量关系进行研究并用图表表示,用式子简洁地表示数量关系。

从我国的数学课程发展历史看,我国真正意义上的函数学习始于 1941 年。在该年颁布的《修正初级小学数学课程标准》的"教学目标"中较为明确地规定要"培养学生分析能力、归纳方法、渗透函数思想"。目前,我国的小学数学课程中还未提出函数的一般概念,我国课程中函数概念是在初中阶段引入的,小学阶段普遍都在着力渗透。现行的《标准(2011 版)》把"探索数量关系和变化规律"作为渗透函数思想的一个重要内容。《标准(2011 版)》中第一学段要求:探究简单情境下的变化规律;第二学段要求:通过具体情境,认识成正比例的量和成反比例的量,会根据给出的有正比例关系的数据在方格纸上画图,并会根据其中一个量的值估计另一个量的值,能找出生活中成正比例和成反比例关系的实例,并进行交流。通过一些具体实例,让学生感受数量的变化过程,以及变化过程中变量之间的对应关系,探索其中的变化规律,获得函数的感性认识。

阅读《小学数学与数学思想方法》一书后,笔者感悟到:函数思想的本质在于建立并研究变量之间的对应关系,在小学阶段,学生愿意去发现规律,并具备将规律表述出来的意识和能力,就是函数思想在教学中的渗透。刘加霞教授也曾谈到,函数思想体现在:(1)认识到这个世界是普遍联系的,各个量之间总是相互依存的,即"普遍联系"的思想;(2)于"变化"中寻求"规律"(关系式),即"模式化"思想;(3)于"规律"中追求"有序"、"结构化"、"对称"等思想;(4)感悟"变化"有快有慢,有时变化的速度是固定的,有时是变化的;(5)根据"规律"判断发展趋势,预测未来,并把握未来。其中第(5)方面是笔者平时教学中着力渗透的一个维度。

三、 在教学中渗透函数思想的调研与尝试

国内外对函数思想教学的重视,也让笔者不断深思:究竟小学生在接触函数时会遇到哪些困难,在教学中又应如何渗透函数思想呢？

为了了解学生的学情,在教学正、反比例函数前,笔者对我校六年级学生进行了抽样问卷调查,问卷题目如下:

1. 一个超市买进"爆米花"的包数和总价记录在下表4.3.1,请把表格填完整。

表 4.3.1

购买的数量(包)	3	6	9	12	15	18
付出的总价(元)	1.5	3.0	4.5			

从表中可以看出,购买的数量(包数)(　　),所付出的总价钱也(　　);购买的数量(包数)(　　),所付出的总价钱也相应(　　),而且付出的总价钱和购买的数量(包)的(　　)是一定的,所以付出的总价和数量(包数)成(　　)比例。

2. 你还知道生活中有哪些变化的量?

3. 你喜欢用(　　)解决下面的问题。　　A. 算术法　　B. 方程

一件工程,由甲乙两队完成,若甲队单独干5小时方可完成;若乙队单独干2.5小时就能干完。如果甲乙两队合作,多长时间干完这件工程?

4. 你听说过生活中成比例的量吗? 能举一个例子吗?

调研结果如图4.3.1、图4.3.2及图4.3.3所示。

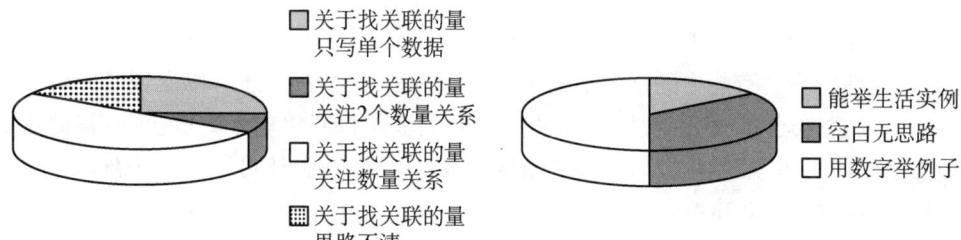

关于找关联的量统计图

- 关于找关联的量只写单个数据
- 关于找关联的量关注2个数量关系
- 关于找关联的量关注数量关系
- 关于找关联的量思路不清

图 4.3.1

关于正比例生活经验统计图

- 能举生活实例
- 空白无思路
- 用数字举例子

图 4.3.2

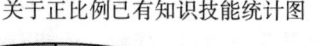

关于正比例已有知识技能统计图

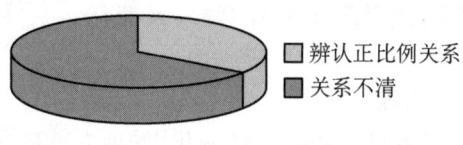

- 辨认正比例关系
- 关系不清

图 4.3.3

从问卷中,笔者了解到学生缺乏关于正比例函数的生活经验,尤其是学习有困难的学生,第1题只填出某一组的数据,也找不出生活中相关联的量,这些孩子只关注单个的数量,他们不能用运动、变化、联系的观点看待问题,这将成为正、反比

例学习的障碍,怎样帮助他们真正理解正、反比例的意义,为中学学习做好准备呢?王永春老师建议我们对于学困生要帮助他们真正建立函数模型,抽象到用字母表示模型的高度,多方沟通各种形式上的联系,多角度融会贯通地应用,真正帮助他们把握正、反比例函数的本质,并提醒我们,小学数学教学要从特殊上升到一般的高度。

针对学生的现状,为切实把函数思想渗透到课堂教学,笔者也做了一些尝试。

(一) 于"变化"中寻求规律

探索规律实际上就是培养学生的"模式化"思想,发现规律就是发现一个"模式"。如一年级下册"百数表中的规律",在"百数表"中除了可以探索数的排列规律(横着、竖着、斜着)外,还可以进一步探索每一行中相邻的两个数的规律、每一列中相邻两个数的规律,甚至每两行与每两列相邻四个数之间的规律,这些规律中蕴含着多种变化的模式。教学中需要引导学生多角度发现规律,有能力的学生可能发现多个规律,这样,不同的学生在数学上得到了不同的发展。

(二) 变静为动,活用教材

创设"变化"的过程,拓宽学生思考空间。例如关于"体积的问题"的一道练习:"一块长 25 cm、宽 20 cm 的长方形铁皮,从四个角各切掉一个边长是 5 cm 的正方形,然后做成盒子。这个盒子用了多少铁皮,它的容积是多少?"这个问题是一道简单的关于长方体表面积和容积的实际问题,当然问题解决过程中也发展了学生的空间观念。如果将原题中的问题"切掉边长是 5 cm 的正方形"加以改变,就会拓宽学生的思维空间。笔者改为猜想和验证"切掉边长是多少厘米正方形时,铁盒的容积最大(正方形边长为整厘米数)? 你有什么新发现?"问题就由静止变得动态起来,开放性更强。有能力的学生不仅可以找到多种切割方法,还可以发现其中的奥妙。借助这样运动、变化的过程,为学生提供更多寻找变化规律的机会,潜移默化地渗透了函数思想,学生思考问题的角度不仅多样化,而且还可以比较、辨析,寻找规律,思维向纵深角度推进。

(三) 走进生活,实践应用

教学中,为了让学生体会函数思想的价值,我们可以引导学生去思考函数的应用问题,特别是思考函数在日常生活和其他学科的应用。生活中的例子既利于激发学生"探究"的欲望,满足学生的好奇心,又能让学生感受函数思想的应用价值。

(四) 提早蕴伏,丰富体验

我们生活在永恒运动的世界,凡是有"变化"的地方就蕴含着函数思想。为了能帮助学生顺利达成第二学段感悟正反比例含义的要求,我们要提早蕴伏,反复审视我们的教材,挖掘其中的函数思想。从第一学段起我们就要有意识地渗透函数思想,丰富学生对变量及变量关系的直观体验,促进学生的思维螺旋上升。例如在进行三年级上册第四单元"乘与除"的教学时,35 页有如图 4.3.4 所示的一道题。

教学中笔者不仅让学生再次经历分物的过程,体验除法的实际意义,说清楚口算方法,寻找其中的规律,而且让学生联想生活中还有哪些类似的问题,学生联想到路程、总价问题等等,为今后学习反比例做好铺垫,让学生体会到变化无时不在,并用发展的眼光看待问题。

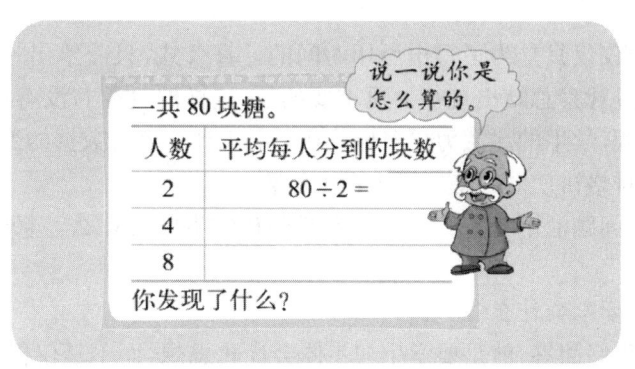

说一说你是怎么算的。

一共 80 块糖。

人数	平均每人分到的块数
2	$80 \div 2 =$
4	
8	

你发现了什么?

图 4.3.4

因为茫然所以才好奇,因为困顿所以才沉思,因为读书所以才改变。读了《小学数学与数学思想方法》一书,笔者感到函数思想内涵丰富,渗透函数思想非一朝一夕之所及,我们一线教师将继续走在思考与探索的路上……

辽宁省鞍山经济开发区宁远镇小学中心校　　李　静

第四节　优　化　思　想

思想为先,深度体验
——"烙饼问题"教学思考与实践

一、课前思考

数学课程标准把"数学思想"提到了前所未有的高度,这就需要我们在实际教学过程中创造条件,让学生充分地体会数学思想,让数学思想在学生的头脑中生根发芽,直至长成参天大树。

"烙饼问题"是人教版小学数学四年级上册数学广角中的教学内容,教材的编写意图是通过烙饼这一简单事例让学生体会优化思想,让学生经历从多种方案中寻找最优化方案的过程,体会优化思想在生活中的应用。但是在实际教学过程中,教师往往把探索出"烙饼所用的时间 = 饼的张数×3(张数＞1)"这一规律作为重点,这样教学的缺点显而易见。

首先,一旦这个锅里不是一次最多烙 2 张饼,而是 3 张饼、4 张饼……那么此规律就不能用了。

其次,如果仅仅只是为了得出所用时间的计算公式,只需给出一组数据,学生就能很容易通过观察总结出规律。更重要的是,这样的过程并没有让学生真正经历"优化"的过程,学生的注意力更多地放在了对于计算公式数据的变化规律上了,对如何优化安排烙饼使时间最短没有深刻体会。

于是,几个问题涌上心头:这节课究竟要让学生学会什么? 怎样学? 学到什么程度?

第一,学生要学会什么?

这个问题很好回答,就是要学生初步体会优化思想,而不是仅仅知道"烙饼所用的时间 = 饼的张数×3(张数＞1)"这个有局限性的规律。

第二,怎样学?

学生是有着一定的数学活动和生活经验的,所以一定要让学生亲身经历方法的多样化,并通过比较形成最佳方案,感受优化的过程和实质。

第三,学到什么程度?

借助"烙饼问题"使学生初步体会了优化思想,但是我们不能浅尝辄止,而是应更进一步建立模型,促进学生形成优化意识,服务于自己的学习和生活。

基于以上思考,笔者把本节课定位于"思想为先,深度体验",经过教学实践,教学效果突出。

二、 教学实践

(一) 出示问题,解读信息

出示主题图:妈妈烙饼,每次最多只能烙 2 张饼,两面都要烙,每面 3 分钟。

师:对于"每次只能烙 2 张饼"这句话你是怎样理解的?

生:就是一次最多能烙 2 张,烙 1 张可以,但烙 3 张就不行了。

师:那"两面都要烙,每面 3 分钟"这句话呢?

生:一张饼有 2 个面,2 个面都要烙一次(边说边用手比划),烙熟一面 3 分钟,烙熟另一面也要 3 分钟。

师:非常好,同学们的理解非常到位。

(二) 尝试探索,比较优化

出示问题:烙 2 张饼,可以怎样烙? 需要多长时间?

(生自我尝试后汇报,根据学生的汇报出示课件,如图 4.4.1 所示)

2张饼

方案一

方案二

4次　时间：4×3=12分钟　　　　　　2次　时间：2×3=6分钟

图 4.4.1

师：请同学们观察两种方案，哪种节省时间？为什么呢？

生：第二种，因为这个锅里可以放 2 张饼，第一种方案锅里只放了 1 张饼，而第二种方案锅里始终都是 2 张饼。

师：非常好，相比较而言，方案二更节省时间！下面我们继续来研究。

出示问题：烙 4 张饼，可以怎样烙？需要多长时间？

（生合作探索，汇报）

生（结合圆片边演示边讲解）：可以 2 张 2 张地一起烙。第 1、2 张一起烙，需要 6 分钟，第 3、4 张一起烙，也需要 6 分钟，一共需要 12 分钟。

师：是这样吗？（课件出示，如图 4.4.2 所示）

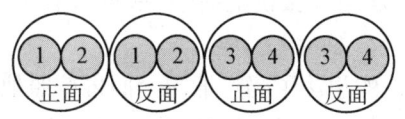

4次　时间：4×3=12分钟

图 4.4.2

师：请问同学们为什么不这样烙？（课件出示，如图 4.4.3 所示）

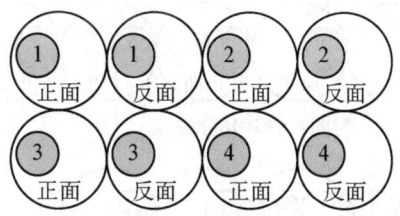

8次　时间：8×3=24分钟

图 4.4.3

生：这样烙锅里每次只有 1 张饼，浪费了锅的空间，肯定用的时间多，要想用的时间少，就需要让锅发挥最大的用处，每次都放 2 张饼。

师：非常棒，看来大家抓住了时间最短的关键点，找到了节省时间的最佳方法，就是要充分利用锅的空间，每次能放几张饼就放几张饼。

那如果是烙 3 张饼呢，有几种方案，哪种方案最节省时间？

（生利用手中的圆片合作探究后汇报）

生：可以一张张地烙，也可以前两张一起烙，然后再烙最后一张。（课件出示，如图 4.4.4 所示）

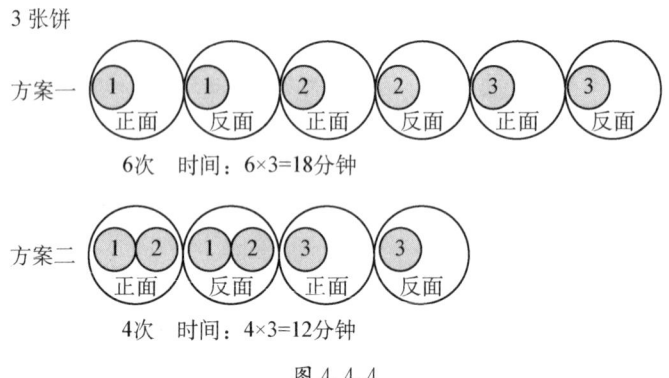

3 张饼

方案一 6 次 时间：6×3=18 分钟

方案二 4 次 时间：4×3=12 分钟

图 4.4.4

生：老师，我觉得还应该有第三种方案。

师：说说你的想法。

生：大家看，方案二烙第 3 张饼的时候，锅里只有 1 张饼，要是每次都能同时烙 2 张饼就好了。

师：同学们听明白他的想法了吗？请同学们再按照他的思路试试。

生：老师，我知道了。（边演示边讲解）第一次烙 1 和 2 的正面，第二次烙 1 的反面和 3 的正面，第三次烙 2 和 3 的反面，这样 3 次就可以了，一共用 9 分钟。（课件出示，如图 4.4.5 所示）

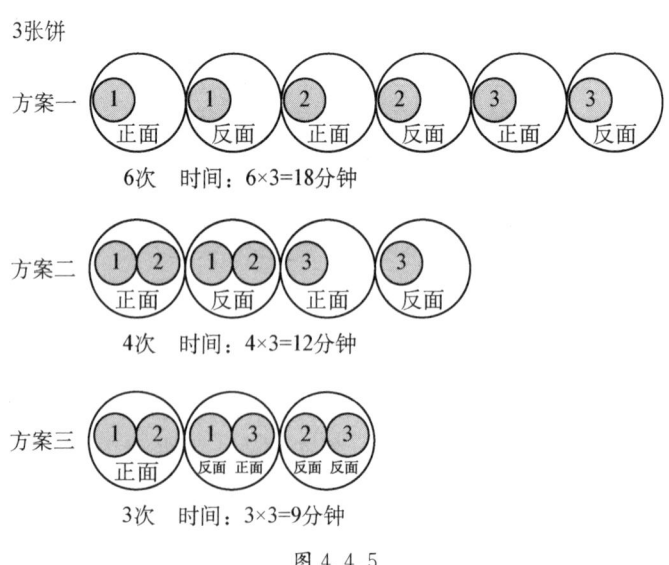

3 张饼

方案一 6 次 时间：6×3=18 分钟

方案二 4 次 时间：4×3=12 分钟

方案三 3 次 时间：3×3=9 分钟

图 4.4.5

师：现在共有几种方案？方案几最省时间？

生:共有三种方案,其中方案三最节省时间。

师:为什么?

生:因为它充分利用了锅的空间,每次能放 2 张饼就放 2 张饼。

(三) 回顾过程,揭示思想

课件出示下图 4.4.6。

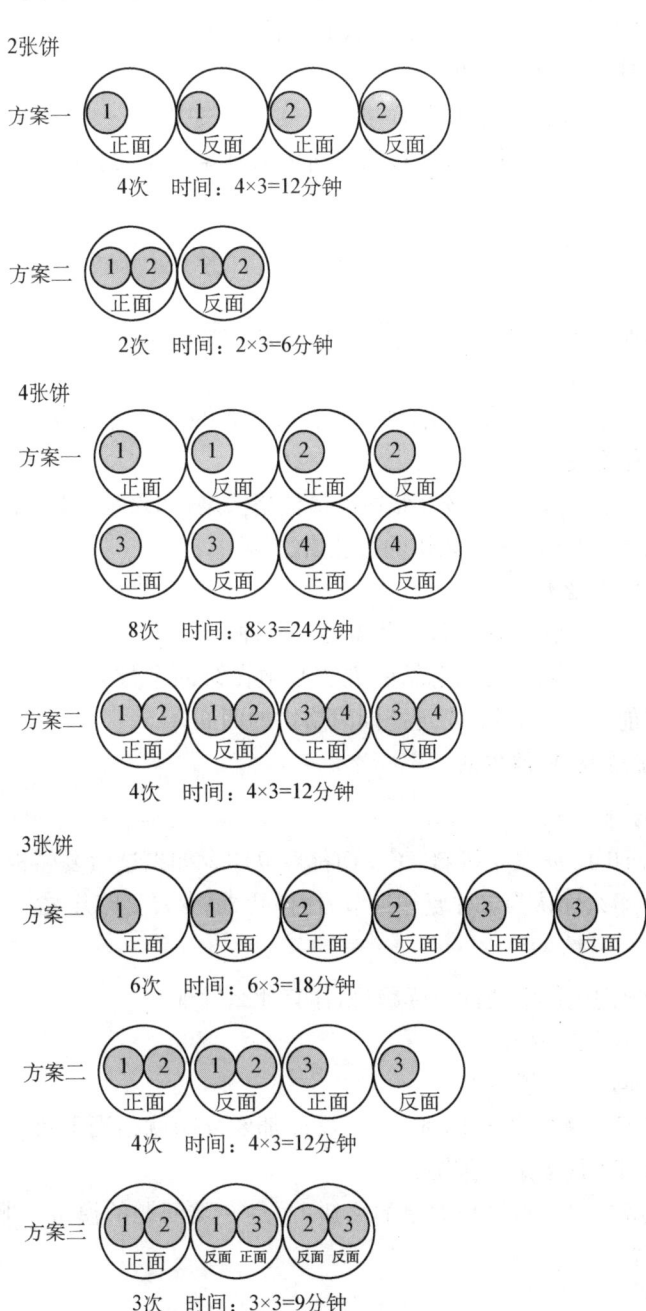

图 4.4.6

师：刚才面对烙 2、4、3 张饼的问题,咱们先是为了解决问题设计了不同的方案,然后通过比较我们找到了最佳的方案,这样的一个过程就是"优化"。请同学们再观察一下这些最佳方案,它们有什么共同的特点?

生：它们每次锅里都有 2 张饼。

师：你的眼光很独到,一下子看到了本质。当锅里每次最多能放 2 张饼的时候,只要我们充分利用已有条件,就能找到最佳方案。

(四) 继续探索,深化思想

师：如果我们要烙 5 张饼,怎样烙才是最佳方案呢?

(讨论后得出结论：其中 2 张按 2 张饼的最佳烙法烙,另外 3 张按 3 张饼的最佳烙法烙。)

师：那 6 张饼呢?

生：2 张 2 张地烙或者是 3 张 3 张地烙。

生：这两种方法用的时间虽然都一样,2 张 2 张地烙更简单。

师：那 7 张饼呢?

生：其中 4 张,2 张 2 张地烙,那 3 张就按 3 张的最佳烙法烙。

师：你有什么发现?

生：如果饼数是双数,就按 2 张饼的最佳烙法烙,如果是单数,先拿出 3 张按 3 张的最佳烙法烙,剩下的按 2 张饼的最佳烙法烙。

师：1 张饼,怎么烙?

生：先烙一面,再烙另一面,一共需要 6 分钟。

师生共同小结：刚才我们总结的方法必须在饼的个数大于 1 的时候才能用,因为 1 张饼只能一面一面烙,不可能同时烙饼的两面。

(五) 构建模型,延伸生活

> **问题 1**　复印 13 张文字资料,正反面都要复印。如果这台复印机一次最多放 2 张纸,那么你认为怎样复印最节省时间? 最少要复印几次?

师：请同学们先仔细地读一读题目,你有什么发现?

生：和烙饼问题一样。

师：能具体地说一说吗?

生：13 张资料就相当于 13 张饼,正反面都要复印就相当于两面都要烙,最多放两张纸就相当于最多烙 2 张饼。

师：看来烙饼问题不只是简单的烙饼,而是一类问题的模型。那么现在同学们能解决了吗?

(生解决)

问题 2　一个锅一次能同时煎 3 条鱼,两面各需要煎 5 分钟,煎熟 6 条鱼最少需要多少时间?

生:一共需要 20 分钟。

师:你是怎样想的?

生:一次煎 3 条鱼,一面需要 5 分钟,两面就要 10 分钟。另外那 3 条也是这样煎,还需要 10 分钟,一共 20 分钟。

师:为什么这样就是用时间最少的呢?

生:这样充分利用了锅的空间,每次能放 3 条鱼就放 3 条鱼。一次能同时煎 3 条鱼,那么就让锅里始终保持 3 条鱼。

师:说得太好了,看来优化思想已经在大家的头脑里生根发芽了。数据会变,但是只要有了优化的思想,掌握了优化的方法,就可以"以不变应万变"!

出示图 4.4.7 所示的电饼铛图片。

师:它的出现改变了我们的生活,你知道它的好处在哪儿吗?

图 4.4.7

271

生:电饼铛可以一次同时烙两个面,还能省时省电。

师:是呀,我们不但可以通过充分利用已有条件进行优化,还可以通过改造"锅"进行优化,这样的例子在我们生活中广泛地存在。看来"优化"不但可以节省时间,节约资源,还促进了社会的进步,改变了我们的生活! 希望"优化"的思想在同学们的头脑中长成参天大树,更希望同学们用它来创造我们更加美好的生活!

山东省临沂第四实验小学　刘士锋
山东省临沂第一实验小学　李士娟

61

优化思想,优化生活
——感受数学优化思想的魅力

一、 对优化思想的认识

最早接触优化思想,是上学时学过的一篇课文,课文中介绍华罗庚的优选法,并且举了沏茶问题的例子,从那时起,记住了华罗庚,也记住了优选法和运筹学。其实优化思想就是在多种可行方案(决策)中挑选最优的方案(决策)的思想,它是一种很重要的数学思想。它的作用是：在时间、空间、人力、物力、财力等方面，以最少的投入，获得最大的收益。

二、 优化思想在小学数学中的应用

从古至今，优化思想的应用例子不胜枚举，有军事上的田忌赛马、建筑上的丁渭修宫等。《小学数学与数学思想方法》一书中所例举的各种现代生活中的例子，充分说明了优化思想在实际生活中的应用价值。据笔者统计发现，优化思想在小学数学中高段每个年级都有所渗透，具体见下表 4.4.1。

表 4.4.1

优化思想在人教版小学数学教材中的主要分布	
册别	内容
三上	35 页 7 题：乘船问题。
三下	28 页 12 题：买票问题； 75 页 11 题：优化问题。
四上	运筹问题：沏茶、烙饼等； 对策论：田忌赛马。
五下	打电话：给 15 位同学打电话，怎么打最省时间？ 找次品：5 件、9 件物品中找次品。
六下	74 页 16 题。

小学数学优化思想的渗透是由浅入深的。低年级的优化思想最早体现在计算教学中，即通过多样化的算法，比较出不同方法的优劣，从而择优使用，比如一年级下册十几减 9 的算法策略的逐步优化。三年级逐渐发展到解决问题教学中的策略优化上，主要体现在解决类似于最省钱、最省时等的实际问题，例如三年级的乘船问题、买票问题等。从计算教学中的"算法优化"逐步过渡到解决问题教学中的"策略优化"，通过这些题目的练习，让学生在体验不同方法的同时，体会到方法有优劣之分，根据实际选择最优方法可以帮助我们更有效地解决问题。

到了四年级，优化思想被直接提出来，在四年级上册专门安排了一个单元进行学习。其实，小学很多数学思想是渗透在新知和练习中的，像这样直接作为单元主题提出来的很少见，凸显了优化思想的重要性。通过这一单元以及五年级"打电话"、"找次品"的深入教学，学生在选择多样化的方法与掌握解决问题最佳策略的过程中，逐步形成优化思想。

由此可见，小学阶段对优化思想的渗透是有层次性的，低年级重在体会、体验，中高年级重在经历、形成。

三、 优化思想的教学策略

结合四年级上册第八单元的"数学广角——优化"中的"合理安排时间",谈谈优化思想的教学策略。

教材中创设了小明家来了客人,妈妈让小明为客人沏茶的生活情境,小明怎样安排才能让客人尽快地喝上茶。一个"尽快"决定了要进行最省时的安排,也就是要选取最优的方案。

1. 自主探索,体现方法多样化

多样化是优化的基础,没有多样化也就无所谓优化。那么如何才能使学生生成多种问题解决的方法和策略呢? 笔者认为一定要充分给予学生自主探索的空间,并以此为前提,体现方法的多样化。

例如,设计这样的学生探究活动指南,如图 4.4.8 所示。

> **探究指南(一)**
> (1) 想一想:应该先做什么,再做什么,才能让客人尽快喝到茶。
> (2) 摆一摆:用手中的图片摆一摆自己的安排方案。
> (3) 算一算:计算自己的安排方案所用的时间。

图 4.4.8

请孩子拿出事先发的探究记录,在想一想、摆一摆、算一算中,记录不同的安排方法。学生只要主动参与到数学学习活动中,自主探索,就会有自己的体验和发现。

2. 有效交流,凸显优化重要性

这个环节,可以设计这样的讨论活动,如图 4.4.9 所示。

> **探究指南(二)**
> 小组学习提示:
> (1) 组长组织成员轮流说一说自己的想法。
> (2) 其他同学认真倾听,思考同学的方法与自己的方法有哪些异同点?
> (3) 组长组织讨论,比较得出最优的方案并粘贴到学习记录中。
> (4) 各小组派代表向全班汇报。

图 4.4.9

通过生生和师生之间的充分交流,对各种不同方案进行比较,引出最优方案。

认真分析,学生会发现,要安排好工序,必须抓住"特殊"环节。这道题中,"烧开水"这一环节就是特殊的,因为这一环节所用的时间最长且中间过程不用人动手参与,这样人就可以腾出双手来干别的,有些环节可以在等待水开的时间段内来做。但要注意,把不能和烧开水同时做的,按先后顺序排好,能同时做的同时做,这样就能达到节省时间的目的。

以"沏茶问题"为例,我们得到两个重要的优化策略,一是工序安排的合理性,要分清哪些事情先做,哪些事情后做;二是要提高功效,必须抓住"特殊"环节,可以同时做的同时来做。为了便于学生理解和记忆策略要点,现用儿歌总结:"沏茶问题并不难,弄清顺序是关键,同时干的同时干,加快速度省时间。"在实际运用中,不仅是沏茶问题,还有很多其他合理安排时间方面的问题也可以用这种策略来考虑。

3. 解决问题,体会优化的生活性

数学植根于生活,生活离不开数学。学习数学的重要目的在于用所学到的数学知识解决日常生活和工作中的实际问题,因此,应该从学生熟知、感兴趣的生活事例出发,以生活实践为依托,让学生体会优化思想的应用价值。

教学时,教师应选择合理安排时间的题目让学生练习。比如书上的量体温、做家务、做饭等问题。以"做饭"这道题为例,见下表 4.4.2,教师设计的时候,应增加一点难度。

炒菜	8 分钟
用高压锅煲汤	15 分钟
洗米	2 分钟
用电饭锅煮饭	30 分钟

妈妈要用最短的时间让客人吃上饭,怎么安排合理?

这道题的安排方案不是唯一的,需要根据实际来合理选择。比如,在高压锅用煤气的情况下,家里还只有一个灶,怎么安排最合理,有两个灶呢? 如果是电压力锅,又会是什么情况呢? 这样的练习题比较开放,既巩固了本课所学的优化的策略,同时也给学生一种暗示,优化方案一定要结合生活实际。不同情况下,优化方案一般是不相同的。

在生活中,为了让学生体会优化的合理性,可以出示这样一组图片,如图 4.4.10所示。

为了提高学习成绩,强强在乘车时认真看书。　为了节省时间,强强的爸爸一边骑车一边接电话。　为了节省时间,亮亮边吃饭边看电视。

图 4.4.10

让学生判断这些做法的对错,从而体会有些事情可以同时做,有些却不可以或不适合同时做,所以我们在合理安排时间的同时,一定要结合生活实际。事情的合理安排,不但要考虑节省时间,还要考虑人身健康和安全,注重科学性。

四、 我的实践反思

1. 从优化思想体会数学学习的应用价值

一提到"数学"这个词,很多人就会觉得只是"题",学生学数学只是为了会做题而已。实际上,小学数学课程标准中指出数学学习的目标是:通过义务教育阶段的数学学习,让学生体会到"数学与生活之间的联系,运用数学的思维方式进行思考,增强发现和提出问题的能力、分析和解决问题的能力。"通过学习《小学数学与数学思想方法》,笔者深刻地体会到,数学本身不只是"数字符号",它还有着更丰富的内涵,数学来源于生活,又应用于生活。数学是一种文化,作为教师,我们不能只让学生会做各种各样的"习题",还要让他们体会到数学的社会价值,并从生活中体会数学思想。以"优化思想"为例,教师应引导学生广纳方法,从众多的解决方案中寻求最优方案,使学生们感受到数学的应用价值,从而充分调动学生学习数学的积极性。

2. 优化思想为优化生活提供方向性指导

在实际教学中,我们可能都会产生这样的疑问:数学中的最优方法是否一定也是生活中的最优方法? 数学中的最优方法在生活中一定能得以实施吗? 如何将数学中的最优方法更恰当地应用到现实生活中?

例如有这样一道题:

> *A*、*B* 两超市正在进行促销活动,见图 4.4.11,你认为到哪个超市购买比较合理,为什么?

图 4.4.11

这是很开放的一道题。因为单纯算单价，A 超市 100 ÷ 2 = 50(元)，B 超市 106 ÷ 2 = 53(元)，A 超市便宜。但在生活中，我们要考虑实际需求，如果有买两条的必要，当然可以选择 A 超市，但是若只想买一条围巾，就不应该参加 A 超市的促销活动，虽然 B 超市贵了 3 元，还是要选择 B 超市的。记得课堂上孩子们还考虑到了更多的生活因素。比如，考虑到这两个超市距离自己家的远近，虽然 A 超市单价便宜，但是如果距离远，打车费超过 6 元钱，即使买两条也没有必要舍近求远。还有的学生提出，既然 A 超市比较便宜，就算自己只想买一条，也可以和其他人合买，这样大家都受益，何乐而不为呢？

由此可见，数学问题不能简单地等同于生活问题，生活问题往往比较复杂，优化时考虑的因素较多。但是数学中的最优方法一般在生活中是可以实施的，只是在不同的情境中最优的方案是不同的，我们要根据生活实际灵活加以选择和应用。

优化思想为解决生活问题提供了方向上的指导，能更好地帮助我们思考和解决许多实际问题。因此对于渗透"优化思想"的教学，教师还要注重情境创设的现实性，考虑数学中的最优方案在实际生活中可能遇到的困难，同时要尽量给学生的自主探索消除不必要的顾虑，毕竟学生的数学学习是建立在自身的生活经验之上的。

吉林省舒兰市实验小学　李春梅

第五节　统　计　思　想

浅谈我理解的统计思想

什么是统计？网上广为流传的公式是"统计 ＝ 计算 ＋ 制图制表"，难道真有这么简单吗？以往注重统计知识和技能的教学方式使得学生，甚至部分老师的头脑里多多少少有这样的肤浅认识。那究竟什么是统计思想呢？小学生为什么要学习统计思想？怎么才能让我们的认识不停留在公式的表面现象上呢？读了《小学数学与数学思想方法》一书中的"统计思想"后，笔者对统计思想有了新的认识和理解，有种豁然开朗的感觉。结合以上三个问题，笔者粗浅地谈谈对统计思想的理解。

书中对统计思想进行了详尽阐述：现实生活中有大量的数据需要分析和研

究,如人口数量、物价指数、商品合格率、种子发芽率等等。有时需要对所有的数据进行全面调查,如我国为了掌握人口的真实情况,曾经进行过全国人口普查。一般情况下不可能也不需要考察所有对象,如物价指数、商品合格率等,只需要采取抽样调查的方法收集和分析数据,用样本来估计总体,从而进行合理的推断和决策,这就是统计的思想方法,数据分析观念是统计思想的核心。

统计思想是如此的深奥,统计过程又是如此的繁琐、单调,那为什么小学生要学习统计呢?

在如今这样一个信息爆炸的时代,学会运用数据说话,作出科学的推断和决策,是每一个公民必须具备的数学素养和思维方式。如果一个孩子去买钢笔,他仅仅从价格便宜或者颜色、造型上考虑,那么他就不具备统计思想。然而如果他在购买之前,能先到其他商店去看看同类钢笔的价格,或者不同价格钢笔的质量,将这些数据收集起来,进行比较分析,就可以帮助他买到一支质量好价格又合适的钢笔,这说明他已经具备了一定的统计思想。所以培养统计思想,对学生未来的生活、工作和学习能提出极其有用的指导意见,学生将终身受益。

小学数学中的统计知识虽是统计中的基础,但也是孩子们必须要掌握的,不过更重要的是学以致用,也就是说孩子们要能够运用学到的统计知识,在具体情况下,根据数据的特点和解决问题的需要选择合适的统计图表,再根据统计图表给出合理的分析,进而作出预测或决策。

经过自身实践,笔者对统计教学有了一定体会和感悟。

1. 联系生活,学习统计

王永春老师说:要把统计与生活密切联系起来,让学生学习活生生的统计,而不是仅仅回答枯燥乏味的纯数学问题。

就绝大多数小学生而言,统计是一个陌生的知识领域,仿佛离孩子们很远,特别是农村的孩子。因此课堂上怎样引领孩子们能怀着一颗颗期盼、好奇的心走进统计的知识世界,用一双双探求的眼睛发现其中的奥秘并获得成功的体验,对于我们老师来说至关重要。笔者认为让孩子们从熟悉的生活走进数学不失为一个好办法。

对于一年级的孩子来说,动物的世界永远是孩子们最亲切的世界,关于动物的话题也是孩子们最喜欢讨论的。

调查森林小学的开学情况。"森林小学开学了。你知道哪种小动物来得最多吗?"话题一打开,孩子们就兴趣盎然地纷纷动起来。有的直接用数的方法,有的先把小动物卡片分类,再排成一排一排的或一竖一竖的,然后再进行比较分析。在合作交流的学习过程中孩子们初步体会到形象统计图表的直观、简洁、清晰。

此外,调查同学们最喜欢的运动项目,了解同学们的年龄……这些话题孩子们也很感兴趣,学起来不觉得枯燥。尽管这时候孩子们会机械地数数,但是他们数得心甘情愿,乐在其中。他们在这些数学活动中逐渐培养起从统计的角度出发思考问题的意识。当然对于中高年级的孩子来说,可以研究的范围更广泛一些。如调查全校各年级的学生最喜欢的学习科目,常用的上学方式等等,这些资源也是来自生活的,他们比较熟悉,也感兴趣。

2. 体验过程,学习方法

笔者认为我们老师不能仅仅满足于学生具备从统计的角度思考问题的意识,还应创设各种不同的数学活动,让学生亲身体验统计的过程,从而习得统计的方法。对小学生来说,统计过程一般有数据的收集、整理、分析、决策,包括设计合适的调查表、选择合适的统计图表、科学地分析数据并作出合理的决策等。

例如,笔者曾经执教过这样的内容,如图 4.5.1 所示。

统计全班同学每天的睡眠时间。

三(　　)班同学睡眠时间统计表

睡眠时间	9 小时以下	9～10 小时	10 小时以上	合计
人数(人)				

图 4.5.1

师:孩子们,现在我们要来统计我班同学每天的睡眠时间,并完成统计表。在完成统计表之前,我们必须先知道什么?

生:必须知道每个同学的睡眠时间。

生:必须知道每种睡眠时间分别有几人?

师:想一想,怎么才能统计出每种睡眠时间的人数呢?

生:可以让每个同学依次说出自己的睡眠时间,然后请一个同学数 9 小时以下的总人数,一个同学数 9～10 小时的,一个同学数 10 小时以上的。之后我们再填书上的统计表。

生:同意这个同学的方法,不过也可以先用画"√"来记录,再数出每个时间段的总人数。

生:还可以用画"正"字的方法来记录。每个同学在汇报的时候,我们同时记录。提醒汇报的同学自己也要记录哦。

生:还可以用举手数数的方法来统计。先请睡 9 小时以下的举手,我们每个人都数数人数并记下来,然后以此类推。

生:可以分组调查,再把每个组的数据合在一起就是全班的啦。

最后孩子们采取了第四个同学的方法调查出了全班同学每天的睡眠时间,完成了统计表。

师:孩子们,我们已经统计出了全班同学每天的睡眠时间,那你知道每天睡几小时的人最多,每天睡几小时的人最少吗?再说说睡眠时间太少的害处。

孩子们很容易回答出每天睡眠时间最少的和最多的有几人,并纷纷指出睡眠时间太少会影响长高,会影响第二天的学习,会没有精神,做什么事情都没有兴趣等等,所以我们要按时睡觉,保证每天有充足的睡眠时间。

在这个数学活动中,孩子们完整地体验了数据的收集、整理、分析过程,并根据数据能提出一些合理化的建议,统计方法逐渐掌握。

随着孩子们的年龄增长,不同的年级要求掌握的统计知识也有所不同,一般要求低年级的孩子能对数据进行简单的分析和决策,而对于高年级的孩子就可以要求更多。例如除了要求他们能掌握条形统计图外,还要求掌握折线统计图;要求孩子们能正确读懂折线统计图,并知道其特征;还要能从折线统计图中根据数据变化的情况进行简单的分析,对事物发展的整体趋势作出合理的判断和预测。

以下是笔者曾在五年级执教过的教学片段。

如图4.5.2所示。

② 亮亮一家今年计划去九寨沟旅游,了解到去年该景区的月平均气温变化情况如下表。

×年九寨沟月平均气温统计表

月份(月)	1	2	3	4	5	6	7	8	9	10	11	12
平均气温(℃)	0	2.5	4	8.7	11	14	17	16	12	8.3	2.4	2.3

图4.5.2

师:孩子们,除了用统计表来表现这些数据外,还能用哪个统计图来描述这些数据?

生:条形统计图。

(课件出示条形统计图)

师:从条形统计图中你能获得什么信息?

生:九寨沟1月的平均气温是0℃,2月是2.5℃。

生:最低平均气温是0℃,最高是17℃。

……

师:从条形统计图中能清楚地看出九寨沟每个月的平均气温,这也是条形统计图的特点。那从图中你能很清楚地看出每个月气温变化情况吗?

孩子们觉得不太容易能看出来。

这时我适时引出折线统计图,然后引导孩子们重点探究折线统计图中"点"和"线"的含义。

"折线统计图中的点表示什么?点与点之间的线又表示什么?"

孩子们先分小组围绕学习任务合作学习、自主探究,然后全班交流分享。

生：折线统计图中的点表示的是数量。

生：点的位置高那么数量就大。例如7月的温度最高，点的位置就最高，1月的温度最低，它的位置就最低。

师：说得好。点表示的是数量的多少，点的位置决定了数量的多少。那么点与点之间的线又表示什么呢？

生：4月到5月的线段上升说明气温升高，9月到10月的线段下降说明气温降低。

生：11月到12月的线段最平最短说明气温变化很小。

师：从几月到几月的气温变化最大呢？你是怎么知道的？

生：10月到11月的气温变化最大，因为这条线段最陡最长。

师：也就是说，通过看折线统计图中的线段上升或者下降就可以知道数量的增减变化情况。线段越长越陡说明数量变化越大，反之说明数量变化很小。

师：折线统计图与我们以前学习的条形统计图有什么不同呢？

生：条形统计图能看出数量的多少，折线统计图不但能看出数量的多少，还可以看出数量的增减变化情况。

孩子们在比较中明确了折线统计图的特点，也学会了观察折线统计图，分析数据的变化趋势，并根据这种趋势能进行简单的预测。

总之，在进行统计教学时，我们不仅要注重数学知识生活化，给孩子们提供现实生活中有意义的学习素材，让他们感受统计与生活的紧密联系，体会统计在生活中的意义和作用，还要让孩子们体验统计的过程，学习统计的方法，培养统计的意识，关键是要培养他们有数据分析的意识和数据分析的能力。

重庆市北碚区东阳小学　唐　为

第六节　随机思想

摸球抛物，感知随机

在一定的条件下，有可能发生也可能不发生的事件，我们称之为随机事件。概率是对随机事件发生的可能性大小的一个度量。"统计与概率"的教学，关键就是使学生感知随机思想这个核心观念。

关于数学教学，约翰·D·布兰思福特认为："教学要围绕'大概念'或'大观点'来联系和组织有效的学习,因此,就要求教师必须了解他们所教学科的结构,并以此作为认知路标来指导学生的作业,来评价学生的进步。"把这句话用在数学思想方法的教学上,就是教学中教师必须始终抓住数学思想的发展脉络,并围绕这一脉络来内化数学知识,具体到小学"统计与概率"的教学时,应在着重理解并渗透随机思想的基础上展开教学。

《小学数学与数学思想方法》一书指出:生活中的很多现象都是随机现象,如气候变化、物价变化、体育比赛、汽车流量、彩票中奖等等。这些随机事件,如果能够比较准确地预测它发生的可能性的大小,就会为我们的工作和生活带来很多方便、解决很多问题。随机思想是后续进一步学习统计和概率的基础,也是人们在生活和工作中必须理解的思想。

在小学阶段的数与代数、图形与几何、统计与概率、综合与实践这四大板块中,随机思想的应用主要体现在统计与概率这一板块。《标准(2011 版)》在第二学段安排了概率的相关学习,根据学生的数学思维发展特点,称之为"随机现象发生的可能性"。具体给出两个方面的要求:其一,在具体情境中,感受简单随机现象的事例,能列出简单的随机现象中所有可能发生的结果;其二,通过实验、游戏等活动,感受随机现象结果发生的可能性是有大有小的,能对一些简单的随机现象发生的可能性大小作出定性描述,并能进行交流。

概率论正是研究随机现象的规律性的数学分支。"可能性"是学生学习概率知识的开始,在概率知识的学习中起着基础的作用。第二学段五年级上册"可能性"这个单元就是教学随机事件发生的不确定性和可能性,使学生初步体验在现实生活中,严格确定性的现象十分有限,不确定现象却是大量存在的,并知道事件发生的可能性是有大有小的。结合小学生的年龄特点,这些体会感悟必定是要通过活动、游戏环节,让学生在玩中学,在玩中体会,在玩中感悟,在玩中收获。

1. 摸球活动——体会事件发生可能性的大小

摸球,是教学这一章节时经常出现的课堂活动。在各小组的盒子中装有红、黄两种颜色的球,且每种颜色的球的数量是一样的。为保证活动的随机性,教师在活动之前提出如下要求:(1)每次摸球前应将盒中的球摇匀;(2)摸球时不能偷看;(3)摸出一个球,在记录表中以画"正"字的方式记录下它的颜色,然后放回摇匀,重复 20 次;(4)统计记录表中的摸球次数。整个活动过程一定要引导学生交流,感受并体验随机现象的不确定性。

先让每个小组展示记录结果,再将各小组的结果进行汇总,也就是既要让学生关注本小组的统计结果,又要让学生分析全班的统计结果,从中发现它们的共性:虽然每次摸球的结果不确定,但当大量重复试验时,试验结果就呈现出了一种规律性,就是摸出红球次数多,黄球次数少。之后,再根据试验的统计结果进行推测"哪种颜色的球多",提问"为什么每个小组摸到的都是红球多黄球少?""盒子里红球和黄球数量相等吗？"使学生逐步体会到，在这个摸球的随机试验中，每一个球被摸到的可能性是相等的，而摸到的红球与黄球的次数不等，是因为盒子里的红球与黄球的数量不同导致的——红球的数量多，摸出红球的可能性就大。最后再摸一次球，让学生根据试验的统计结果猜测，摸出哪种颜色的球可能性大呢？

整个活动使学生认识到，虽然知道了摸出红球的次数多，说明红球的数量多，但在下一次试验中并不能确定会摸出哪个颜色的球，进一步感受不确定现象的特点，体会概率虽然能够帮助我们了解这些随机现象的规律，但概率并不提供确定无误的结论，这是由随机现象的本质造成的。

2. 抛硬币实验——体会事件发生的等可能性

抛硬币实验是让学生初步感受事件发生的等可能性。关于这个环节，日常教学中我们经常这样处理：先让学生推测出硬币正面向上或反面向上的可能性是 $\frac{1}{2}$，再让学生通过反复抛硬币去验证这个结果。可实验的结果往往得不到 $\frac{1}{2}$，有时甚至还会出现很大的偏差，这个实验的数据没有得到验证反而让学生很迷茫。

针对这种现象，史宁中教授在《"数据分析观念"的内涵及教学建议》一文中这样说："这里有两个问题。第一，一个硬币，先假定它出现正面和反面的可能性是 $\frac{1}{2}$，这是数学（或者称为概率）。这个 $\frac{1}{2}$ 是通过概率的定义得到的，不是依靠抛硬币验证出来的。""第二，运用定义的方式教学随机，不能很好地培养学生的随机观念。需要指出的是，我们赞成做实验，赞成运用统计的思想来做实验。统计是通过数据来获取一些信息，来帮助人们作出一些判断。"为了让学生理解抛硬币正面朝上的概率是 $\frac{1}{2}$，可以这样设计实验：先让每组学生抛硬币，每组抛 10 次就统计一次全班出现正面朝上的频率，会发现随着抛硬币次数的增加（全班最后总数不少于 2 000 次），正面朝上的频率会在 $\frac{1}{2}$ 附近摆动，有时比 $\frac{1}{2}$ 大，有时比 $\frac{1}{2}$ 小，但不管怎么样，这个频率总是在 $\frac{1}{2}$ 周围，且总的来看，频率与 $\frac{1}{2}$ 的差距是越来越小的，这时我们就说出现正面朝上的概率是 $\frac{1}{2}$。

在教学中，由于实验结果与理论概率存在着差异，往往得不到预期的结果，但随着试验总次数的增多，实验结果将越来越接近理论概率。同时出示历史上一些著名数学家抛硬币试验的数据，如下表 4.6.1 所示，引导学生讨论出现正面朝上的次数与抛硬币总次数之间的比例。根据试验的结果，使学生初步感受到假如硬币是均匀的，出现正面朝上和反面朝上的可能性是相等的。

表 4.6.1

试验者	抛硬币的总次数	出现正面的次数	出现反面的次数	抛硬币次数的一半
德·摩根	4 092	2 048	2 044	2 046
蒲丰	4 040	2 048	1 992	2 020
费勒	10 000	4 979	5 021	5 000
皮尔逊	24 000	1 2012	11 988	12 000
罗曼诺夫斯基	80 640	39 699	40 941	40 320

特级教师华应龙老师的"游戏公平"一课,有如下片段。

情境:父亲和儿子决定谁去看奥运会男篮决赛。但是,与过去教学不同,使用决定是否去的工具并不是硬币,而是啤酒瓶盖。

师:举世瞩目的北京奥运会圆满地、无与伦比地结束了。去过北京,现场看奥运会的请举手。没有人,的确,就是北京当地的人也买不到奥运会的门票。我有一位朋友,知道我当年是学校篮球队的队长,就专门帮我找了一张男子篮球决赛的门票。(出示篮球票)只有一张。我儿子也是个篮球迷。怎么办呢? 饭桌上,我和儿子商量。我儿子看到桌子上有一个啤酒瓶盖,就说:"爸爸,我们抛啤酒瓶盖吧。如果正面朝上就我去,如果反面朝上就您去。"我说:"儿子,什么是正面朝上? 什么是反面朝上?"(出示瓶盖正、反面图片,并标注"正——儿子、反——爸爸")你们想一想,(板书:问题)这个办法好不好? 认为好的举手。(学生纷纷举手表示认可)

师:为什么好? 谁能说一下,你是怎么想的?

生 1:我觉得是靠命运决定的,所以公平。

生 2:我认为是公平的,因为儿子的机遇是二分之一,爸爸的机遇也是二分之一。

师:二分之一,就是这个瓶盖抛起来的时候,可能是正面朝上,也可能是反面朝上,只有两种可能,(板书:可能性)并且抛一次的话,一定会有一面朝上,所以说这是公平的。有没有不同的想法?

生 3:我认为在现实生活中会有所争议,因为啤酒瓶盖打开过,会有一定的折痕,会影响最终的公平性。

师:你想得很好! 不过我们选的啤酒瓶盖如果就是平的,好像就没问题了。用抛啤酒瓶盖的办法,刚才大家都说好的。现在在他的启发下,有没有人认为不好?

生 4:我认为瓶子盖的反面那一圈是折起来的,这一面的重量会比正面的重量大,所以爸爸胜的可能性比较大。

师:能用"可能性"这个词很好。同意这个观点的人请举手。(部分同学同意)

师:看来现在有两种意见了。

生3(一直坚持举手,最终获得发言机会):我认为,瓶盖上的锯齿也会影响最终的结果。

师:经过刚才的讨论,我们发现问题(指板书:问题),用抛啤酒瓶盖的办法来决定谁去看比赛,究竟公平不公平呢?答案不一致。怎么办呢?

生4:做个实验呗,看一下到底有没有问题。

师:非常好!做个实验来看一看到底公平不公平。(板书:实验)有这样的想法非常好。实践是检验真理的唯一标准。

在这个例子当中,当华老师问这个方法行不行时,因为孩子没有这方面的经验,所以很多孩子认为公平,但有一个孩子认为不公平,他觉得既然是儿子决定的,肯定对儿子有利,所以这个正面朝上的可能性大。那到底公平不公平呢,如果不公平,哪种朝上的可能性大呢?显然这个时候做实验就显得非常重要。通过试验,学生发现,其实反面朝上的可能性大。这里华老师巧妙地渗透了德育教育,儿子看起来是想自己去,实际上他知道爸爸是个球迷,为了让爸爸去得心安理得,故意选择抛酒瓶盖来决定胜负。这里,学生体会到频率与概率是密切相关的,随着试验的大量重复,频率会逐渐稳定在概率附近,此时可以用频率去估计概率。这也就是著名的贝努利大数定律:当实验重复的次数足够多时,出现的频率就会越趋向于它本身的可能性。

小学阶段的随机思想主要体现在统计与概率的内容中,这一内容的作用就是要让学生学会用随机的思想,辩证的眼光去观察大千世界,目的在于引导学生观察分析生活中的现象,初步体验现实世界中存在着随机现象,认识事件发生的确定性和不确定性,让学生不断体会随机现象的特点,感知简单随机事件发生可能性的情况,为后面学习奠定基础。作为教师,在数学教育教学的过程中,必须重视数学思想方法的挖掘和提炼,有意识地把数学教学过程转变为数学思维活动的过程,在这一过程中让学生不断感知、体会数学的思想,从根本上提升学生的数学思维品质,使数学的学习真正成为积淀学生素质的过程。

海南省海口市第九小学　贾　艳

284

小学数学思想方法解读及教学案例

第五章　其他数学思想方法

第一节　数 学 美 思 想

赏析数学之美

数学在人们印象中是抽象的、理性的、严密的、逻辑的,她的美却鲜为人知。其实,数学起源于建筑,正是对美的追求,才产生了数学,可以说数学美是自然美的客观反映。从古至今,懂得欣赏数学美的人从不吝啬赞扬她。早在二千多年前,古希腊哲学家、数学家毕达哥拉斯(Pythagoras,约前 580—约前 500)就极度赞赏整数的和谐美、圆和球体的对称美,称宇宙是数的和谐体系。近代德国天文学家开普勒认为"数学是这个世界之美的原型"。意大利科学家伽利略(G. Galilei,1564—1642)则宣称:"数学总是美的,数学是美的科学。"我国著名数学家华罗庚教授说过:"就数学本身而言,是壮丽多彩、千姿百态、引人入胜的……认为数学枯燥乏味的人,只是看到了数学的严谨性,而没有体会出数学的内在美。"

由此可见,数学中到处闪烁着美的光辉,她需要我们用心去体会和欣赏。数学美是数学科学的本质力量的感性和理性的呈现,它不是什么虚无飘渺、不可捉摸的东西,而是有其确定客观内容的。数学美就是数学中奇妙的、有规律的、让人愉悦的美的东西,笔者从数之美、形之美、合之美几个角度来赏析数学之美。

一、 数之美

数学是研究数量关系和空间形式的科学。数之美是数量之美、代数之美,不管从数本身的角度出发还是从数的各种知识点之间的联系去看,都蕴含着数无穷无尽的美。人类对数学的认识最早是从自然数开始的,这简单的自然数里面,其实蕴藏着许多令人惊奇的数之美。当数学家们把他们所发现的一部分呈现于我们面前时,我们已经为这数之美震撼了。

1. 规律美

从某种意义上说,数学本来就是研究规律的科学,规律是数学的固有性质,但这里所说的规律美是狭义的,是指数中各种有规律的并让人赏心悦目的东西。例如自然数通过不同的组合,可使得题目形式与得数有着令人惊叹的巧妙排列和规律,例举图 5.1.1~图 5.1.4 几个例子。

规律美(二)

$$(987654321-9)÷8 = 123456789$$
$$(98765432-8)÷8 = 12345678$$
$$(9876543-7)÷8 = 1234567$$
$$(987654-6)÷8 = 123456$$
$$(98765-5)÷8 = 12345$$
$$(9876-4)÷8 = 1234$$
$$(987-3)÷8 = 123$$
$$(98-2)÷8 = 12$$
$$(9-1)÷8 = 1$$
$$1×8+1 = 9$$
$$12×8+2 = 98$$
$$123×8+3 = 987$$
$$1234×8+4 = 9876$$
$$12345×8+5 = 98765$$
$$123456×8+6 = 987654$$
$$1234567×8+7 = 9876543$$
$$12345678×8+8 = 98765432$$
$$123456789×8+9 = 987654321$$

图 5.1.2

规律美(一)

$$9×9+7 = 88$$
$$98×9+6 = 888$$
$$987×9+5 = 8888$$
$$9876×9+4 = 88888$$
$$98765×9+3 = 888888$$
$$987654×9+2 = 8888888$$
$$9876543×9+1 = 88888888$$
$$98765432×9+0 = 888888888$$

图 5.1.1

规律美(三)

$$9×6 = 54 \qquad 9×5 = 45$$
$$99×56 = 5544 \qquad 99×45 = 4455$$
$$999×556 = 555444 \qquad 999×445 = 444555$$
$$9999×5556 = 55554444 \qquad 9999×4445 = 44445555$$
$$99999×55556 = 5555544444 \qquad 99999×44445 = 4444455555$$
$$…… = …… \qquad …… = ……$$

图 5.1.3

规律美(四)

$$1×7+1 = 8 \qquad 0×11+1 = 1$$
$$12×7+2 = 86 \qquad 1×11+2 = 13$$
$$123×7+3 = 864 \qquad 12×11+3 = 135$$
$$1234×7+4 = 8642 \qquad 123×11+4 = 1357$$
$$12345×7+5 = 86420 \qquad 1234×11+5 = 13579$$

图 5.1.4

当我们看到这类规律时,怎能不为她的美折服,怎能不惊叹!当孩子根据前面几个算式的规律,信心满满地说出得数,并要求老师再出几题时,他们已经沉浸在这规律美之中了。

幻方是体现规律美的另一典型代表,它是一种将数字安排在正方形格子中,使每行、列和对角线上的数字和都相等的数学游戏。相传最早的幻方出现在中国,据说夏禹治水时,河南洛阳附近的大河里浮出了一只乌龟,背上有一个很奇怪的图形,古人认为是一种祥瑞,预示着洪水将被夏禹王彻底制服。后人称之为"洛书"或"河图",也就是现在的三阶幻方(图5.1.5)。无数人被幻方的美妙和独特魅力所吸引,后人不断研究探索它,随着工作

4	9	2
3	5	7
8	1	6

图 5.1.5

的深入和细致,人们找到了各种各样的幻方,它的奇巧特点逐渐呈现在人们面前,它的美也越来越令人叹为观止。

人教版小学数学四年级下册第6页有如图5.1.6所示的数学游戏。

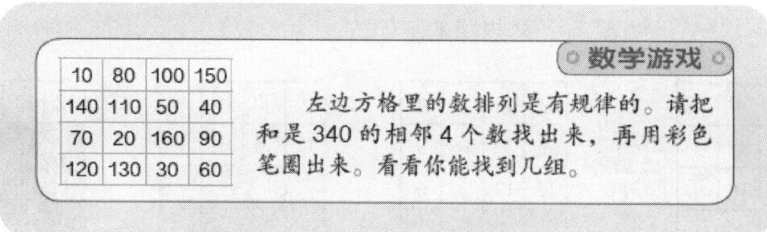

图 5.1.6

1	8	10	15
14	11	5	4
7	2	16	9
12	13	3	6

图 5.1.7

这个看似普通的数学游戏,蕴含着令人震撼的规律美。它实际上是一个四阶幻方,是根据图5.1.7所示的这个印度古老幻方,把里面所有的数都扩大10倍改编而成的。这个印度古老幻方非常奇妙,除了具有一般幻方的规律:横行、竖行、对角线上四个数的和都相等,即和都等于34以外,还有许多特殊的规律,因此被称为"四阶幻方之王"。

这些特殊规律主要有:

(1) 如图5.1.8所示,可以画出2×2的正方形9个,这些正方形4个数字之和是34。

图 5.1.8

(2) 如图5.1.9所示,可以画出3×3的正方形4个,这些正方形角上4个数字之和是34。

1	8	10	15
14	11	5	4
7	2	16	9
12	13	3	6

1	8	10	15
14	11	5	4
7	2	16	9
12	13	3	6

1	8	10	15
14	11	5	4
7	2	16	9
12	13	3	6

1	8	10	15
14	11	5	4
7	2	16	9
12	13	3	6

图 5.1.9

图 5.1.10

（3）如图 5.1.10 所示，这个 4×4 的正方形本身角上 4 个数字之和是 34。

（4）如图 5.1.11 所示，将幻方第一行剪下之后拼接到第四行下面，仍具有横、竖、对角线上四个数的和都等于 34 和上述（1）、（2）、（3）三条规律。继续如此操作，共能得到 3 个跟原幻方具有一样规律的新幻方。

1	8	10	15
14	11	5	4
7	2	16	9
12	13	3	6

剪下平移 →

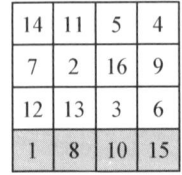

14	11	5	4
7	2	16	9
12	13	3	6
1	8	10	15

新幻方(1)

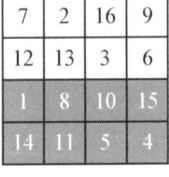

7	2	16	9
12	13	3	6
1	8	10	15
14	11	5	4

新幻方(2)

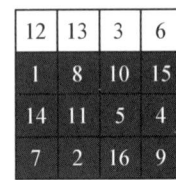

12	13	3	6
1	8	10	15
14	11	5	4
7	2	16	9

新幻方(3)

图 5.1.11

（5）如图 5.1.12 所示，将幻方第一列剪下之后拼接到第四列右边，仍具有横、竖、对角线上四个数的和都等于 34 和上述（1）、（2）、（3）三条规律。继续如此操作，又能得到 3 个跟原幻方具有一样规律的新幻方。

1	8	10	15
14	11	5	4
7	2	16	9
12	13	3	6

剪下平移 →

8	10	15	1
11	5	4	14
2	16	9	7
13	3	6	12

新幻方(4)

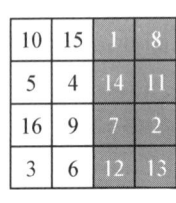

10	15	1	8
5	4	14	11
16	9	7	2
3	6	12	13

新幻方(5)

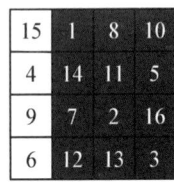

15	1	8	10
4	14	11	5
9	7	2	16
6	12	13	3

新幻方(6)

图 5.1.12

（6）经（4）和（5）变换得到的 6 个新幻方，仍能按规律（4）和（5）变换，且具有和原幻方一样的规律。

人们由衷地赞叹这个幻方散发出的数之美，它不愧为“四阶幻方之王”。教材中改编过的这个幻方也具有相应的这些规律，但题目强调了“相邻的 4 个数”，所以，最多只能圈出：横行 4 个解，竖行 4 个解，对角线 2 个解，2×2 的小正方形 9 个解，一共 19 个解。但教师如果通过活动，引导学生自主探索发现这些规律，学生焉能不发现数之美,岂能不感叹,怎能不产生美的共鸣!

2. 关系美

数和数之间有着千丝万缕的内在联系,这些内在联系构建了数的知识网络,其中一部分数与数之间的关系展现了数之美中令人惊奇和心悦诚服的美,笔者称之为关系美。下面简单描述一些令人们痴迷于其关系美之中的数。

亲和数: 如果两个数 a 和 b,a 的所有除本身以外的因数之和等于 b,b 的所有除本身以外的因数之和等于 a,则称 a、b 是一对亲和数。

公元前 6 世纪,毕达哥拉斯将自然界和谐统一于数。他的名言是:凡物皆数。在一次集会上,一位学者提出了他的疑问:在我结交朋友时,也存在着数的作用吗?“朋友是你灵魂的倩影,要像 220 与 284 一样亲密。”望着困惑不解的人们,毕达哥拉斯解释道:神暗示我们,220 的全部真因子 1、2、4、5、10、11、20、22、44、55、110 之和为 284,而 284 的全部真因子 1、2、4、71、142 之和也恰为 220。这就是亲密无间的亲和数。真正的朋友也像它们那样。正是因为对亲和数关系之美的欣赏和了解,毕达哥拉斯才能做出这样的联想和比喻,“你中有我,我中有你”的微妙关系折服了学者们。220 和 284 是人们发现的第一对也是最古老的亲和数,之后人们陆续找到了 1 184 和 1 210、2 620 和 2 924 等亲和数,但寻找亲和数的历程还在继续,它的美让无数人不畏艰辛只为找到它。

完全数: 一个自然数,如果它所有的真因子(即除了自身以外的约数)之和恰好等于它本身,则称该数为完全数,又称完美数或完备数。

中国发现完全数要比西方早。在中国文化里,有六谷、六畜、战国时期的六国、秦始皇以六为国数、六常(仁、义、礼、智、信、孝)、天上四方有二十八宿等等。6 和 28,在中国历史长河中,之所以熠熠生辉,是因为 $6 = 1 + 2 + 3$,$28 = 1 + 2 + 4 + 7 + 14$,它们都是完全数。毕达哥拉斯曾说:“6 象征着完满的婚姻以及健康和美丽,因为它的部分是完整的,并且其和等于自身。”公元 1 世纪,毕达哥拉斯学派成员尼科马霍斯(Nicomachus of Gerasa,100 年前后)在其《算术入门》一书中有一段话如下:也许是这样,正如美的、卓绝的东西是罕有的,是容易计数的,而丑的、坏的东西却滋蔓不已;是以盈数(所有的真因子之和小于它本身的自然数)和亏数(所有的真因子之和大于它本身的自然数)非常之多,杂乱无章,它们的发现也毫无系统。但是完全数则易于计数,而且又顺理成章:因为在一位数里只有一个 6;两位数里也只有一个 28;第三个在三位数的深处,是 496;第四个却在四位数的尾巴颈部上,是 8 128。到 2004 年,人们在无穷无尽的自然数里,一共找出了 40 个完全数,并且都是偶数。直至今天,他的完美关系仍吸引着人们在茫茫数海中寻找它。

回文数: 一个自然数,无论从左往右看还是从右往左看都是同一个数,即以中间的那个数字左右对称,就称为回文数。比如 121、4 884 等,当然由同一个数字组成的数如 11、777 也是回文数。

在回文数中,平方数(一个数自乘两次所得的数)是很多的,比如,$11^2 = 121$,

$111^2 = 12\,321$，$22^2 = 484$，$26^2 = 676$ 等。立方数(一个数自乘三次所得的数)也有类似的情况，比如，$7^3 = 343$，$11^3 = 1\,331$，$111^3 = 1\,367\,631$ 等，它们也都是回文数。下面图 5.1.13 中这个"1"的金字塔的回文数把关系美体现得淋漓尽致。

$$
\begin{array}{rcl}
1\times1 & = & 1\\
11\times11 & = & 121\\
111\times111 & = & 12321\\
1111\times1111 & = & 1234321\\
11111\times11111 & = & 123454321\\
111111\times111111 & = & 12345654321\\
1111111\times1111111 & = & 1234567654321\\
11111111\times11111111 & = & 123456787654321\\
111111111\times111111111 & = & 12345678987654321
\end{array}
$$

图 5.1.13

数学家们有一个猜想：先任意选取一个多位的自然数，把它倒过来写出另一个自然数，并将这两个数相加；然后再把这个和数倒过来写出又一个自然数，再与原来的和数相加。重复这个过程，经过若干次后，一定可以得到一个回文数。这就是有名的"回文数猜想"。例如：

$38 + 83 = 121$(一步得到)；

$67 + 76 = 143$，$143 + 341 = 484$(二步得到)；

$59 + 95 = 154$，$154 + 451 = 605$，$605 + 506 = 1\,111$(三步得到)。

10 000 以内的数大约 80% 经过 4 次或更少的步骤就可以得到回文数，但有些数并不"驯服"，如 196，有人利用计算机做了几十万步，仍未出现回文数。尽管如此，回文数和美妙的"回文诗"一样，让人们不得不赞叹它的绝妙。

自幂数：如果一个 n 位的整数，它的每个数位上的数字的 n 次幂(一个数自乘 n 次所得的数)之和恰好等于这个整数，称这个整数为自身方幂数，简称自幂数。根据数位的不同，它们都有自己有趣的名字。

n 为 1 时，自幂数称为独身数。0、1、2、3、4、5、6、7、8、9 这十个数字都只有一位数字，这些数字的一次方还是这个数，显然它们都是独身数。

n 为 2 时，没有自幂数。

n 为 3 时，自幂数称为水仙花数，有 4 个：153，370，371，407。算式如图 5.1.14 所示。

$$1^3 + 5^3 + 3^3 = 153$$
$$3^3 + 7^3 + 0^3 = 370$$
$$3^3 + 7^3 + 1^3 = 371$$
$$4^3 + 0^3 + 7^3 = 407$$

图 5.1.14

n 为 4 时,自幂数称为四叶玫瑰数,共有 3 个:1 634,8 208,9 474。算式如图 5.1.15 所示。

$$1^4 + 6^4 + 3^4 + 4^4 = 1\,634$$
$$8^4 + 2^4 + 0^4 + 8^4 = 8\,208$$
$$9^4 + 4^4 + 7^4 + 4^4 = 9\,474$$

图 5.1.15

n 为 5 时,自幂数称为五角星数,共有 3 个:54 748,92 727,93 084。

n 为 6 时,自幂数称为六合数,只有 1 个:548 834。

n 为 7 时,自幂数称为北斗七星数,共有 4 个:1 741 725,4 210 818,9 800 817,9 926 315。

n 为 8 时,自幂数称为八仙数,共有 3 个:24 678 050,24 678 051,88 593 477。

n 为 9 时,自幂数称为九九重阳数,共有 4 个:146 511 208,472 335 975,534 494 836,912 985 153。

n 为 10 时,自幂数称为十全十美数,只有 1 个:4 679 307 774。

这些仅仅只是数中的普通自然数所折射的已知的部分数之美,更多的数之美等待着人们去挖掘和寻找。也许经过不懈努力,你也能有幸寻到一块数之美的宝藏,一窥数学的美境。这时,你肯定会与希腊数学家普罗克洛斯(Proclus,410—485)产生共鸣,由衷赞叹一声,啊,哪里有数,哪里就有美!

二、 形之美

作为数学的一个重要分支,几何学是研究形的科学。几何学以其独特的图形美感著称,从基本的点、线、面到平面图形再到立体图形,这些简单的元素是如此平凡,却又如此神奇,它们一融合,总能变幻出意想不到的美丽。可以说,宇宙的任何东西即便再复杂,其结构都离不开基本的几何元素,把它们还原成最初的形态,也许会是简单的圆形、三角形、正方形、多边形……这份最原始的形之美也正是万物的魅力所在。

1. 平面美

圆、正三角形、正方形、正五边形……是平面图形中的基本图形,正是因为这些图形的美,连小朋友们都懂得利用它们创造各种各样漂亮的图案(图 5.1.16)。劳动人民发明的七巧板更是将这种平面图形的美发挥到了极致,仅五种图形,七块板,可拼凑成各种实物图形(图 5.1.17),如人物、动植物、芳亭楼阁、车轿船桥等,其变化形式有一千余种,令世界人们惊叹不已!

"圆"是完美整体的象征,也是和谐的象征,古希腊毕达哥拉斯派就提出:"一切立体图形中最美的是球形,一切平面图形中最美的是圆形。"对圆的美好学生们深有感触,从学生们创作的作品中就可见一二(图 5.1.18)。

图 5.1.16

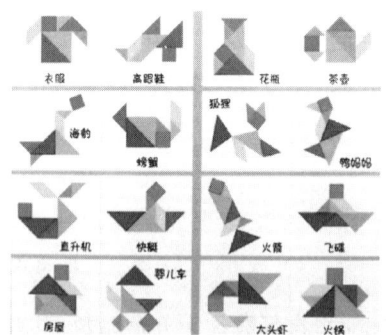

图 5.1.17

学生作品（一）

学生作品（二）

学生作品（三）

学生作品（四）

图 5.1.18

五角星（图 5.1.19）是平面图形中美的另一代表，不仅仅因为它对称、和谐，更因为它的美蕴含着一个神奇的比例。如图 5.1.20 所示，$\dfrac{AB}{BD}=\dfrac{BD}{AD}=\dfrac{CD}{AC}=\dfrac{AC}{AD}$ $=\dfrac{\sqrt{5}-1}{2}=0.618\cdots$，这个无理数 $\dfrac{\sqrt{5}-1}{2}$ 的近似值 0.618 被称为黄金分割，而这个黄金分割具有严格的比例性、艺术性和和谐性，蕴藏着丰富的美学价值，并且人们认为如果符合这一比例的话，就会显得更美、更好看、更协调。人们将这一神圣的比值称为黄金数，它是宇宙的美神。正是如此，五角星的美被世界人们所认可，包括中国、美国、新加坡、巴西在内的 50 多个国家的国旗里都有五角星。此外，人体最优美的身段也遵循着这个黄金分割比，令人心旷神怡的花凭借的也是这个美的密码，就连芭蕾舞艺术的魅力也离不开它。可以说，哪里有黄金数，哪里就有美的光芒。

图 5.1.19

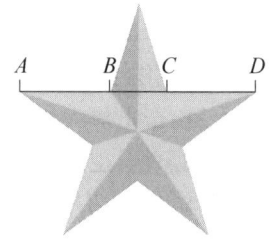

图 5.1.20

到了近代,伴随几何学的不断发展,人们能够欣赏到更多蕴含在几何学中的平面美。1891 年,德国数学家希尔伯特发现了一条可以铺满整个空间的曲线,如图 5.1.21 所示,这条曲线被命名为希尔伯特曲线。1904 年,瑞典数学家科赫(Nils Fabian Helge Von Koch, 1870—1924)发现了以他名字命名的科赫曲线,又因曲线形似雪花被称为科赫雪花。科赫曲线看似复杂,其实画法极具规律,如图 5.1.22 所示:先画一个等边三角形,将每条边三等分,以每条边中间的一段为边向外作等边三角形,形成一个六角星形;再将六角星形的每条边三等分,以每条边中间一段为边向外作更小的等边三角形,并不断重复这一过程。每一次操作后总长度增加三分之一,如此一直进行下去,就可以得到这个类似雪花的图形。尤其神奇的是,科赫曲线的总长度是无限的,但是其面积是有限的。这些在数学上很奇怪,却又非常具有美感的平面图形一开始并没有引起人们的关注,直到 1960 年,波兰裔数学家曼德尔布罗特(Benoit B. Mandelbrot, 1924—2010)开始研究这些美丽图形背后的数学意义,才发现了巨大的价值。1975 年,他创造了“分形”这个词来指代这些自相似性的物体,也就是同样的形状和图样在以不同的规格重复。“分形”大大丰富了形之美,自然界中复杂而不规则的结构——如海岸线、山脉、云、冰川、河流系统、星系团等,甚至蔬菜西兰花,其实都是“分形”之后的结果。当人们用数学的方法对分形区域进行着色处理,这些区域就能变成一幅幅精美的艺术图案,这些艺术图案称为“分形艺术”,如图 5.1.23 所示。“分形艺术”充分展现了平面美中的和谐、对称等一系列美感因子,一直以来人们对分形艺术的热爱有增无减。

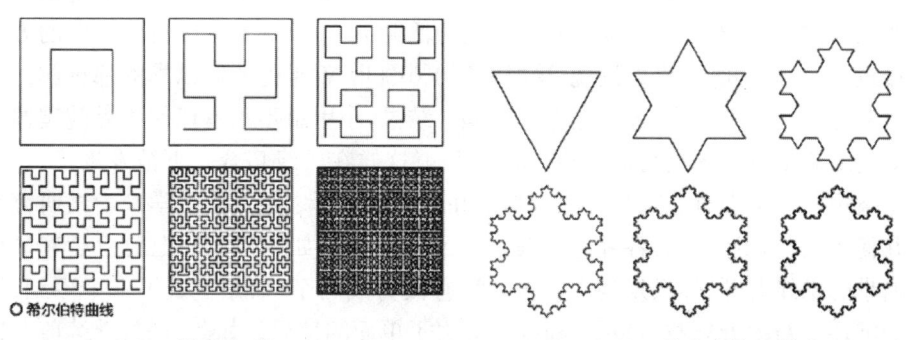

图 5.1.21

图 5.1.22　科赫由线绘制过程

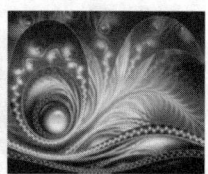

稳定的固态型　　　　Newton 分形　　　　分形艺术作品(1)　　　　分形艺术作品(2)

图 5.1.23

2. 立体美

球、正方体、四面体等，这些几何体的美无需多言，全世界人们有目共睹的。尤其是在建筑上，人类很早就懂得运用这些几何体的立体美来构建建筑。图 5.1.24 中，古埃及 4 000 多年前的吉札金字塔无疑是四棱锥立体美的纯粹呈现，意大利古罗马的竞技斗兽场充分展现了中空椭圆柱的无限魅力，西班牙塞哥维亚古罗马的水道桥处处弥漫着直棱柱的强大力量，中国的长城则显露了曲线的立体美感。在建筑范畴内，有限的空间必然表现为各种不同几何体的组合，建筑的构成是离不开几何体的，建筑的美就是几何立体美另一种方式的完美呈现。

古埃及的金字塔　　　古罗马的斗兽场　　　古罗马的水道桥　　　中国的长城

图 5.1.24

牟比乌斯带是一种会魔法的几何形体，是德国数学家牟比乌斯（A. F. Möbius，1790—1868）于 1858 年构造出来的。牟比乌斯长期困惑于一道几何学难题：在不翻面的情况下，用一种颜色怎样把长方形正反面都涂好？头昏脑涨之际，他来到野外散步，一片片肥大的玉米叶子，在他眼里变成了他脑中绿色的纸条。叶子弯曲耷拉下来，有许多扭成半圆形。他随便撕下一片，顺着叶子自然扭曲的方向对接成一个圆圈儿，惊喜地发现，这"绿色的圆圈儿"就是他梦寐以求的那种圈。牟比乌斯捉了一只小甲虫，放在上面让它爬。结果，小甲虫不翻越任何边界就爬遍了圆圈的所有部分。牟比乌斯带（图 5.1.25）就这样在机缘巧合之下被发现了，它只有一条边和一个面，构造简单至极，却很好地诠释了形之美。当数学家尝试研究它的几何本质时，不禁被其各种魔术般的性质所震撼。如果你用一把剪刀沿着牟比乌斯带的中线剪开，你会发现：纸环并没有被剪成两个，而是变成了一个更细、更大的纸环。新的纸环被扭转了 360 度，失去了单面的性质。如此重复，继续剪开这

图 5.1.25　牟比乌斯带

个新的纸环，结果会让你大吃一惊——剪出来的竟然是两个套在一起的纸环。如果你一开始把带子的宽度分为三等分，并沿着分割线剪开的话，会得到两个环，一个是窄一些的牟比乌斯带，另一个则是旋转了两次再结合的环。牟比乌斯环的魔力远不止这些，数学家们被它的美所吸引，而建筑学家们也深深地被它吸引了，从各地的牟比乌斯环建筑中就可见一斑，如图 5.1.26 所示。

沿中线剪开

牟比乌斯带雕塑

图 5.1.26

如果说牟比乌斯带的美是将二维扩展到了三维,那么它的"兄弟"克莱因瓶(图 5.1.27)的美则是将三维立体转向了四维。1882 年数学家克莱因(F. Klein, 1849—1925)发现了后来以他名字命名的著名"瓶子":像球面那样封闭的曲面,但却只有一个面。克莱因瓶的确就像是一个瓶子,但没有瓶底,它的瓶颈被拉长,然后似乎是穿过了瓶壁,最后瓶颈和瓶底圈连在一起。如果瓶颈不穿过瓶壁而从另一边和瓶底圈相连,就会得到一个轮胎面。球有两个面:外面和内面。轮胎面也是一样,有内外表面之分。但是克莱因瓶却不同,它的美就在于它是一种没有内外之分、没有定向性的立体环面,所以一只爬在"克莱因瓶外"的蚂蚁,可以轻松地通过瓶颈而爬到"瓶内"去。克莱因瓶的立体美引起了艺术家和建筑学家们的强烈兴趣,由澳大利亚一所建筑事务所设计的"克莱因别墅"曾获 2009 年度世界建筑节"最佳住宅"提名奖,如图 5.1.28 所示。

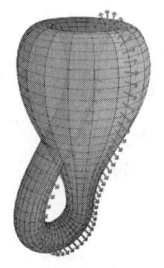
图 5.1.27 克莱因瓶

图 5.1.28 克莱因别墅

审美实践告诉我们,人们对美的感受都是直接由形引起的。几何美学所表现出来的形之美丰富多彩,美妙绝伦,给人以强烈的美感!我们生活在一个物质世界里,物质离不开形,只要我们用数学的眼光细心观察,会发现形之美无处不在,它就在那里静静地等着我们去欣赏。

三、合之美

数与形是数学中两个最古老,也是最基本的研究对象,它们各自有着令人心旷神怡的美。但数与形之间并不是孤立的,它们之间有着千丝万缕的联系,有时可借助数的精确性来阐明图形的某些属性,有时可利用图形的几何直观性来阐明数与数之间的关系,而且它们在一定条件下还能相互转化。我国著名数学家华罗庚曾说过:"数形结合百般好,隔离分家万事休。"当数与形结合时,会焕发出令人惊心动魄的美,人们惊叹于这种美,折服于这种美,笔者称之为合之美。

1. 静态美

毕达哥拉斯派在研究数的时候,喜欢把数字形象化,他们用沙滩上的石子、沙子来记数和计算。当石子摆放成有规则、有次序的形状后,所需要的石子数与摆放的形状之间便有了一定的关联。这种有着美丽形状的形数让人们觉得数字不再是枯燥无味的,诱发了人们对数字的美好情感。

这样,毕达哥拉斯派借助生动的直观的几何图形,很快发现了自然数的一个规律:从 1 开始的连续自然数的和都是三角形数,如图 5.1.29 所示。如果用字母 n 表示最后一个加数,那么 $1+2+3+4+\cdots+n$ 的和就是一个三角形数,而且正好是第 n 个三角形数,所以 $1+2+3+4+\cdots+n=\dfrac{n(n+1)}{2}$。

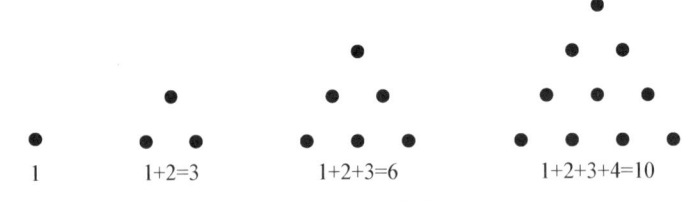

图 5.1.29　三角形数

毕达哥拉斯派还发现,用图 5.1.30 所示的方法可以从一个正方形数得出另一个正方形数。如图 5.1.31 所示,记折线左上角里的正方形数为 n^2,则折线外的右方和下方的点数和是 $2n+1$,从而 $n^2+(2n+1)=(n+1)^2$。另外,如果把图 5.1.31 看成是第 n 个方形数,那么折线外的右方和下方的点数和是 $2n-1$,从而得出 $1+3+5+\cdots+(2n-1)=n^2$。

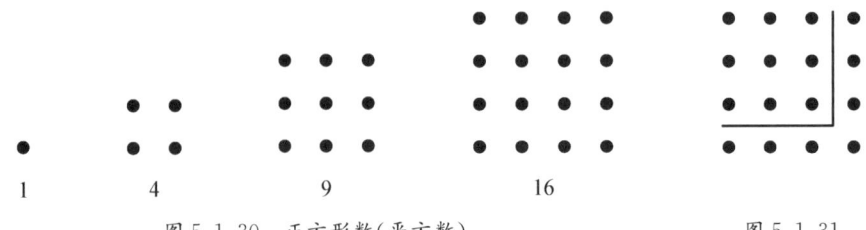

图 5.1.30　正方形数(平方数)　　　　　　　　　　图 5.1.31

毕达哥拉斯派还给出一个定理:两个相邻的三角形数之和是正方形数。把两个相同的三角形数依次连接起来,除去公共边重复的点数,就是两个相邻的三角形数,如图 5.1.32 所示。推广之后可表示为 $\dfrac{n(n+1)}{2}+\dfrac{(n+1)(n+2)}{2}=(n+1)^2$,即正方形数。

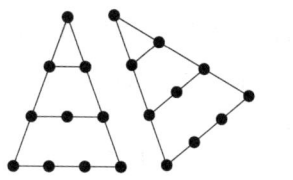

图 5.1.32

照此办法,把三个相同的三角形数依次连接起来将得到五边形数 $\dfrac{3n^2-n}{2}$,如图 5.1.33 所示。类似的,有六边形数 $(2n^2-n)$,如图 5.1.34 所示,和其他多边形数。

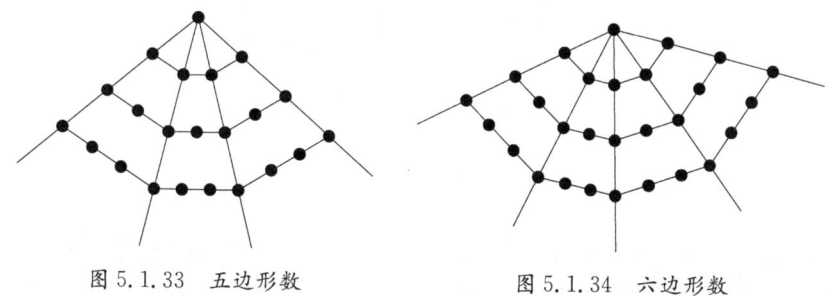

图 5.1.33　五边形数　　　　　图 5.1.34　六边形数

这种数形结合的静态之美,在 2 500 多年后的今天看来依旧是这么美丽,可想而知当时这些形数是多么震撼人心!

字母和数字组合的方程是数学发展史上的一个里程牌,它的重要意义并不仅仅局限于代数范畴,当我们把它所产生的数对所对应的点画在平面直角坐标系或极坐标系内时,就能得到方程所对应的曲线。此时,曲线是方程的曲线,方程是曲线的方程,数与形合二为一,天衣无缝。这类数形结合之后所发现的曲线往往散发着一种静态美,其中不乏很多令人拍案叫绝的曲线。

蝴蝶曲线:顾名思义,曲线形状如同蝴蝶,是一种很美的平面代数曲线。1989 年由美国南密西西比大学的坎普尔·费伊(Temple H. Fay)发现,是一个极坐标方程。通过改变这个方程中的变量 θ,可以得到不同形状与方向的蝴蝶曲线。如果再施以复杂的组合和变换,我们看到的就完全称得上是一幅艺术品了,如图 5.1.35 所示。

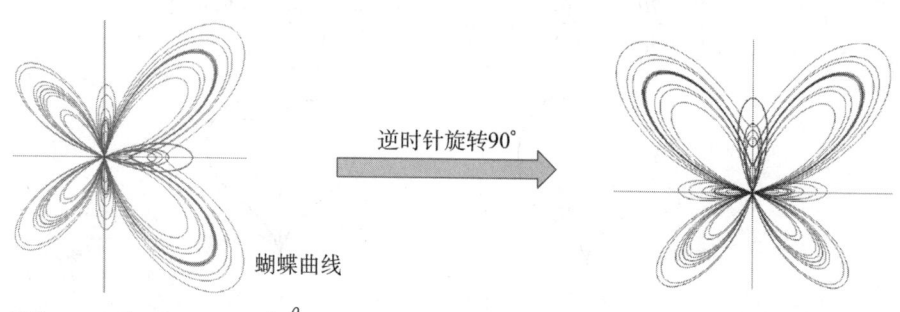

逆时针旋转90°

蝴蝶曲线

方程: $\rho = e^{\cos\theta} - 2\cos 4\theta + \sin^5 \dfrac{\theta}{12}$

图 5.1.35

心形曲线：心形线，是一个圆上的固定一点绕着与其相切且半径相同的另外一个圆周滚动时所形成的轨迹，因其形状像心形而得名，如图 5.1.36 所示。关于心形曲线还有一段动人的传说。1649 年，53 岁的笛卡尔(R. Descartes，1596—1650)在街头邂逅了 18 岁的瑞典公主克里斯汀。几天后，国王聘请他做小公主的数学老师，朝夕相处之下，两人相爱，但却遭到国王的反对。后来笛卡儿染病，临死前交给公主一封信，信里只有一个方程：$r = a(1 - \cos\theta)$，旁人不解，只有公主明白这是笛卡儿的"一颗心"。

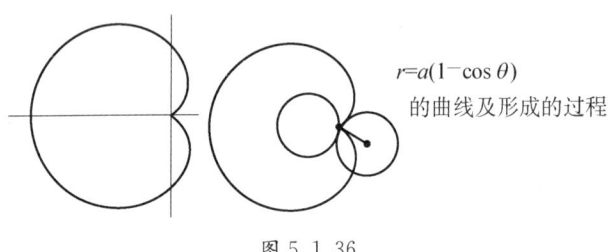

$r = a(1 - \cos\theta)$
的曲线及形成的过程

图 5.1.36

虽然这只是一个杜撰的故事，但正是因为这个心形曲线所散发的美让人们浮想联翩。这种合之美的魅力促使后人们不断探索，之后人们画出了更多像爱心的心形曲线，如图 5.1.37 所示。当我们给"心"染色后，还能得到彩色心。在人们眼里，美好的东西总是令人向往的，现在，人们早已探索出了立体心形的画法和方程，给人们带来了逼真的视觉感受。

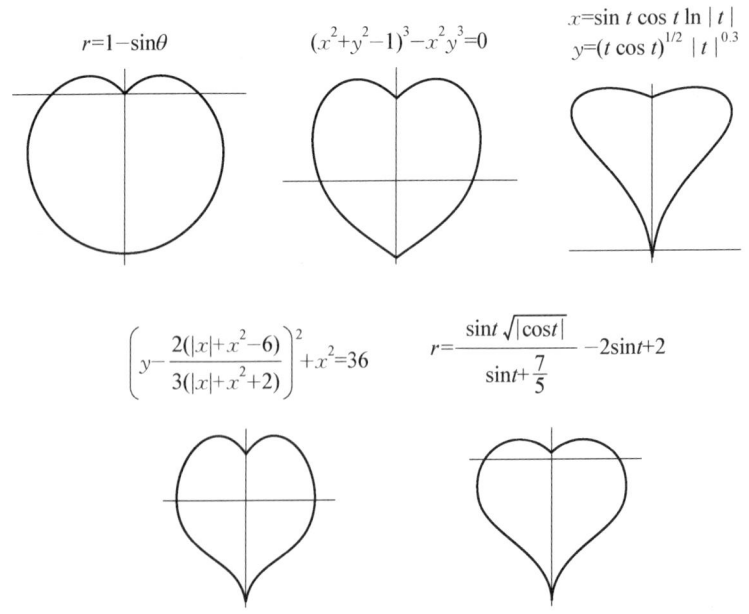

图 5.1.37

玫瑰线：玫瑰线图形具有对称、和谐、统一等特点，它是一种具有周期性且包络线为圆弧的曲线，曲线的几何结构取决于方程参数的取值，可用极坐标方程和直角坐标方程表示，不同的参数决定了玫瑰线的大小、叶子的数目和周期的可变性。当玫瑰线的叶数比较少的时候，图形很像美丽的花朵，如图 5.1.38 所示。

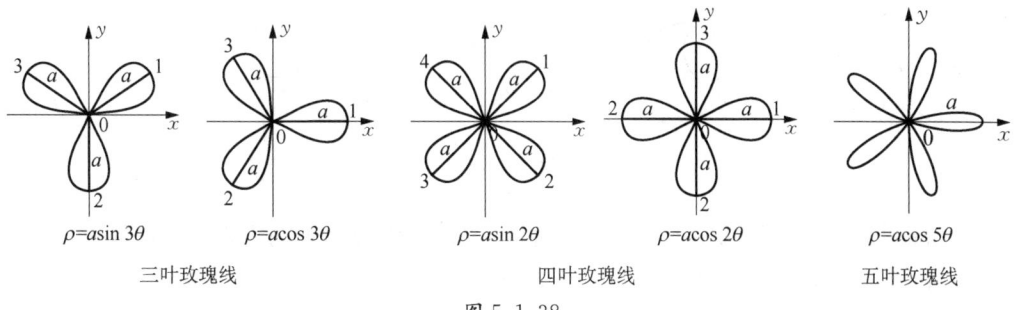

$\rho=a\sin 3\theta$	$\rho=a\cos 3\theta$	$\rho=a\sin 2\theta$	$\rho=a\cos 2\theta$	$\rho=a\cos 5\theta$
三叶玫瑰线		四叶玫瑰线		五叶玫瑰线

图 5.1.38

改变玫瑰线方程中的各种参数和范围，我们能得到不同叶数和形状的玫瑰线，如图 5.1.39 所示。它们在整体结构上都围绕旋转中心规律地排列着，具有条理性，达到了和谐与统一的效果，给人以单纯的美感，而在视觉上形成了整齐美观、错落有致的感觉，带来一种相对平稳、安定的静态之美。

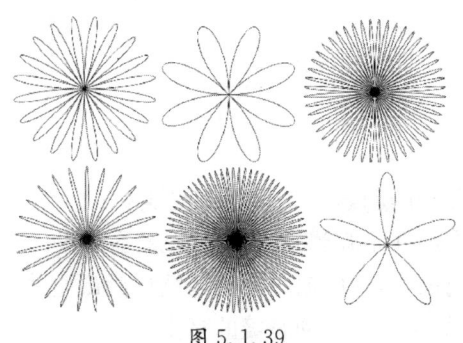

图 5.1.39

这样奇妙而美丽的曲线在数学中举不胜举，星形线、太阳线、各种各样的螺旋线、费马线……它们的美给人们带来了视觉和心理上的享受。不仅如此，人们还将这些美妙的曲线应用于各种设计和生产，将这种合之美延伸到了实际生活和生产中。

2. 动态美

数形结合之下的合之美不仅仅具有如上所述的静态美，更有动态美。如各种曲线轨迹的产生过程本身就是一个动态过程，在这过程中，图形一点点形成，生成各种令人惊叹的美妙图形，这样的动态美怎能不让人动容！

笛卡尔心形曲线就是一个圆（图 5.1.40 中用实线表示的圆）上的固定一点绕着与其相切且半径相同的另外一个圆周（图 5.1.40 中用虚线表示的圆）滚动时所形成的轨迹，其动态过程如图 5.1.40 所示。

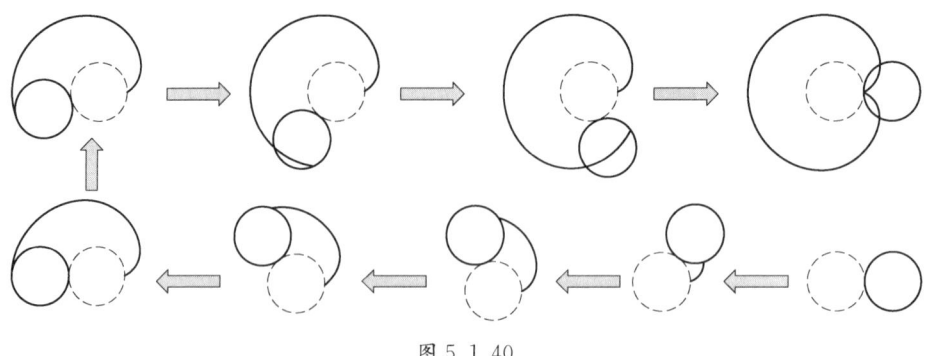

图 5.1.40

椭圆是平面内到两定点距离之和等于常数(该常数大于两定点之间的距离)的动点的轨迹,图 5.1.41 演示了椭圆形成的动态过程。

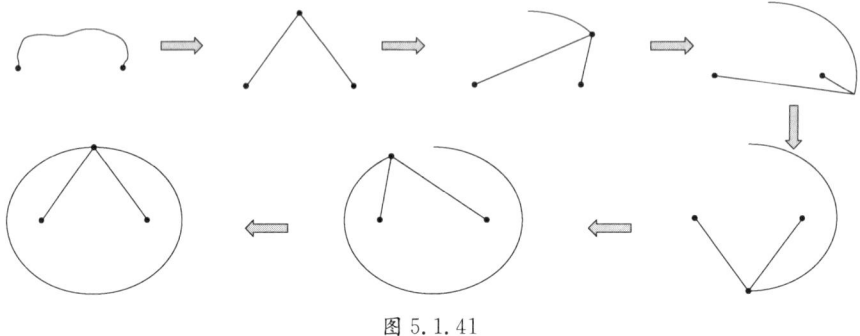

图 5.1.41

事实上任何一条曲线的动态生成过程都是美妙的。就拿最简单的直线来说,学生在接触直线方程之前并不知道这个方程所表示的是一条直线,他们按照求得的数对在直角坐标系内描点,并依据图像的连续性画出直线时,所感受到的动态画图过程既是一种成就感,也是一种动态美的享受。

随着信息技术的发展,人们利用计算机和方程生成的 gif 动画,更是美妙绝伦,震撼人心!这样的动画效果一般很难想象出来,但是根据数学公式,结合方程图像,限定参数范围,并用数学的方法给图像染色,编程之后生成的图像往往美得出乎意料,引人入胜!

一位荷兰平面设计师依据数学公式制作了一系列有关几何的无线循环动态图,让人们惊叹原来数形结合之后的几何是如此的美妙。在每一幅动态图中,设计师都将最初和最末两帧图片衔接得滴水不漏,让人们在数学的严谨和秩序感中感受数形结合之后的动态美。下图是该设计师制作的一副有关于圆的动态图片,在100 帧的图片中笔者选取了其中的 20 帧,如图 5.1.42 所示,当这些图片循环播放动起来的时候,你会体会到一种震撼人心的美。

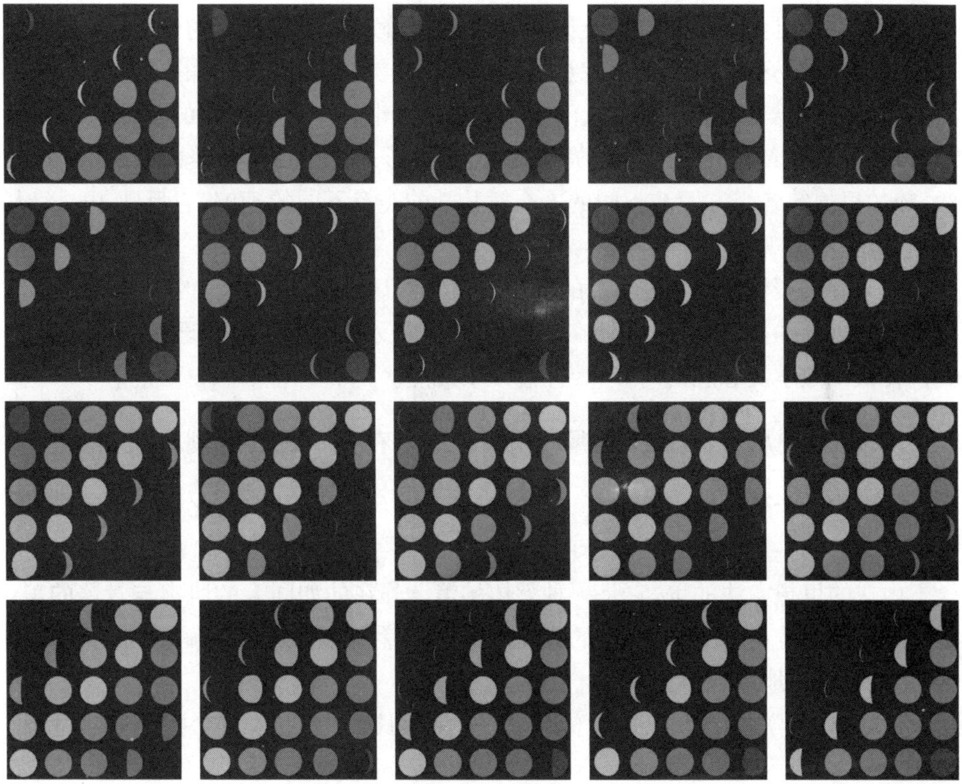

图 5.1.42

数学是创造性的艺术,因为数学创造了无数美好的概念和内容。人们赏析着数学中所蕴含的那种静穆、宏伟、冷峻和理性的数学之美的同时,必将情不自禁地对人类伟大的创造力和想象力发出由衷的赞叹。纵观整个数学发展史,人们对于数学美的追求和探索促使了数学的发展,数学之美启迪了人们的思维,开阔了人们的视野,陶冶了人们的情操。笔者眼中的数之美、形之美和合之美,仅仅只是数学之美中的冰山一角。数学这条深河蕴含着无限的奥妙和美感,引得无数英雄去探索、去遨游、去为之献身。数学,美哉!

浙江省慈溪市周巷镇潭北小学　韩素品

65　我对数学美思想的认识

"老师,这道题我这样做对吗?"又是我班这个孩子在问问题了。为什么这个孩子经常会为了一道数学题而冥思苦想?我不禁好奇地问:"周志恒,你为什么会有这么多的问题呀?"周志恒笑了笑说:"老师,我就觉得数学挺好玩的。"

什么是数学挺好玩的呢? 我想这就是数学的美带给这个孩子的感受吧!

美是自然界的客观真理与人的主观感受的和谐统一。而数学的美更是一种科学美,它体现在具有数学倾向的美的因素、美的形式、美的内容、美的结构、美的方法、美的思想等各个方面。不同的人会对数学的美有不同的理解,它反映了一个人的数学观、审美观和哲学观等。

王永春教授认为:对数学美的认识就是能够认识或感受数学的内容、结构、思想方法等方面的美,是对数学外在形式的美好感受和内在本质的理性欣赏。因此我们在认识数学美思想的时候,要注意以下几点。

一、 要从整体上去把握,既要看到外在美,也要看到本质美

数学的三个基本原则是求真、求简、求美。"以美引真""由美化真""以美启真"是数学学习的一个好途径。数学的美既包含了外在的内容、结构、形式的美,又包含了内在的思想方法的美,它是一种整体的美。外在的如同人的肌肉与骨骼的美,是一种感性的美;内在的如同人的灵魂的美,是一种理性的美。理解数学的美就要合二为一,整体地去认识。

例如,在教学"1 000 以内数的认识"时,我用摆小正方体贯穿整个教学过程。如图 5.1.43 所示。

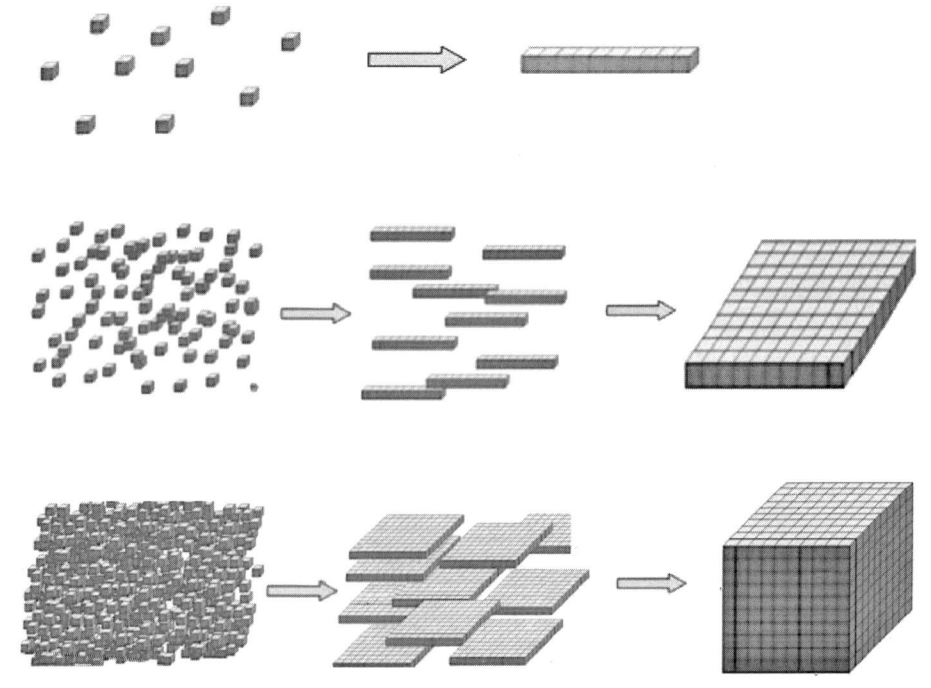

图 5.1.43

首先借助小正方体数数,学生感受到不同的情况下可以采取不同的数数方法,同时直观感受一十、一百、一千的表象,知道一十是1列,一百拼成1片,一千成了1个大正方体,为进一步理解1000以内数的组成打下基础。同时认识计数单位百、千,并感悟到10个一是一十,10个十是一百,10个百是一千的十进关系。

然后,借助小正方体理解1000以内的数的组成。通过小正方体不同的"形"表示1个一、1个十、1个百,使学生对1000以内数的组成形成表象,不再像以前一再用语言强调一个数有几个百、几个十、几个一组成的,而是通过小正方体的"形"让学生自己感悟到,数和形相结合,使学生自己真正理解1000以内数的组成。

通过这种直观的"杂乱无章"到"有序排列"的形的变化,让我们研究了抽象的"数"所包含的十进制思想。不仅如此,更让我们认识到"数形结合"既是一种重要的数学思想,也是一种智慧的数学方法。"以形助数"与"以数解形"的有机结合正是数学美思想的内在体现。

二、 要用哲学的辩证的观点去认识

(一) 数学的美包含了简单性、对称性、相似性、和谐性与奇异性五个方面,它们存在着相互渗透的辩证联系

简洁性、对称性、相似性都是和谐性的特殊表现;和谐与统一是寓于简单性、对称性、相似性与奇异性之中的;而数学就是和谐与奇异的统一体,数学美就是客观世界的统一性与多样性的真实、概括和抽象的反映。正如王永春教授所说的,在小学数学中,不仅要让学生认识数学符号、公式的简洁美,欣赏几何图形和算式的对称美,加与减、乘与除、奇与偶等的对立统一的和谐美,也应体会数学思想方法中的升华美和境界美。

下面我简单来说说五个运算定律中蕴含的数学美。

运算定律是对数的运算过程中的基本规律的归纳和总结,是运算本身固有的性质,是进行运算的依据。运算定律也是小学数学中唯一以定律形式呈现的内容。

1. 简洁性

数学是客观事物的量的关系和空间形式的高度抽象和概括,而经过不同程度的抽象以后所获得的数学形式和结构总是在不同的范围内呈现出简单的形态。不仅如此,简洁美还体现在"对于困难和复杂问题的简单回答"。因此在教学中,它主要表现在通过数学的符号化语言使得数学的表达简洁化、形式化、国际化,体现了数学内容的简洁性。

加法交换律用字母表示为:$a+b=b+a$;

乘法交换律用字母表示为:$a\times b=b\times a$;

加法结合律用字母表示为:$(a+b)+c=a+(b+c)$;

乘法结合律用字母表示为:$(a\times b)\times c=a\times (b\times c)$;

乘法分配律用字母表示为:$(a+b)\times c=a\times c+b\times c$。

2. 对称性

对称性是指组成某一事物或对象的两个部分的对等性。数学形式和结构的对称性，数学命题关系中的对偶性都是对称美的自然表现。数学美的核心是简洁、对称、奇异，其中"对称"是数学美的核心。

如加法交换律 $a+b=b+a$ 和乘法交换律 $a\times b=b\times a$ 都体现了数学的对称美。

3. 相似性

相似性是指数学的各种具体内容和形式之间存在着大量类似和相似的现象，即相似因素。

如加法交换律 $a+b=b+a$ 和乘法交换律 $a\times b=b\times a$，加法结合律 $(a+b)+c=a+(b+c)$ 和乘法结合律 $(a\times b)\times c=a\times(b\times c)$。

4. 和谐性

和谐性是指数学中的表现是各种数学形式在不同层次上的高度统一和协调。

例如，四则运算与运算定律的和谐统一。

当计算 $8+(39+92)$ 时，按四则运算要先算括号里的，再算括号外的。于是：

$$8+(39+92)$$
$$=8+131$$
$$=139。$$

可是运用加法交换律和加法结合律就可以这样来做：

$$8+(39+92)$$
$$=(8+92)+39$$
$$=100+39$$
$$=139。$$

正是由于运算定律和四则运算是有机联系的一个整体，是相互交织在一起的，所以有序和无序在这里是多么的和谐统一。

5. 奇异性

奇异性是指数学中的和谐性或统一性在一定条件下的破坏，是数学中的新思想、新理论、新方法对原有的习惯法则和统一格局的突破。

如乘法分配律 $(a+b)\times c=a\times c+b\times c$，这是五个运算律中唯一一个含有两种运算的运算律，左边先加后乘，右边先乘后加，并且 c 不仅要乘以 b，还要与 a 相乘。正是由于乘法和加法两种运算在这里为我们上演了一出数学的奇异之美，所以让许多学生在这里迷失了方向。

五个运算律不仅在结构中、内容中有其独特的美，在数学这棵参天大树中同样为我们展示了其强大的"纽带"之美。在马立平博士的《小学数学的掌握与教学》一书中,马博士选取了四个不同的专题,重组数字做减法、多位数的乘法、分数的除法、周长与面积的关系。看起来毫不相关的内容,却有着共有的概念连接着,特别是运算定律是四个问题都共有的,通过阅读让我看到了运算律在数学中的支柱作用,更是感受到数学思想强大的生命力。

(二) 算法与算理的和谐统一

加法的计算法则是由加法的运算定律推导出来的,乘法的计算法则是由乘法的运算定律推导出来的。所以,学生在进行四则运算时,自然而然就会用到运算定律。例如,在计算 $7+9$ 时,一年级上册采用“凑十法”计算的步骤如下:$7=6+1$,$1+9=10$,$10+6=16$。如果把这一思维过程展开,即 $7+9=6+1+9=6+(1+9)=6+10=16$。这实际上已经运用了加法结合律。又如,在计算 25×14 时,$25\times10=250$,$25\times4=100$,$250+100=350$。把这一思维过程展开,即 $25\times14=25\times(10+4)=25\times10+25\times4=250+100=350$。这实际上就运用了乘法分配律。

(三) 要客观地认识数学的有用

古希腊学者认为数学是“学问的基础”,当时的数学家毕达哥拉斯更是直言“万物皆数”。到了现代,数学是整个科学体系的基础,每一次数学的重大突破,几乎都带来科学的重大突破。甚至可以说,在人类理解宇宙的诸多途径中,数学是最接近于真理的捷径之一。同样,数学严密的逻辑性、严谨的精准性,对于历来相信直觉、力求大概的中国人而言,恰恰是非常宝贵、非常稀缺的思维训练。一个缺乏数学思维训练的民族,往往只能徘徊在前现代的思维状态之中。作为教师,就要让学生认识到数学不但有用,而且还很美。

(四) 在教学中要从不同侧面认识数学课程

例如,苏派的简约数学、和谐数学、智慧数学、文化数学就让我们从不同的侧面认识到数学教学的美。

所谓简约化的数学课堂教学,是指对课堂教学的情境创设、素材选择、活动组织、结构安排、媒体使用等教学要素的精确把握和经济妙用(“怎么做”),使数学课堂变得更为简洁、清晰、流畅、凝练、深刻(“做得怎样”),进而实现课堂教学的优质和高效(“目标何在”)。

儿童是作为一个完整的自然人走进学校的,当走出学校的时候也应该是个完整的社会人。这正如爱因斯坦(A. Einstein,1879—1955)所说:“学校的目标始终应当是,青年人在离开学校时,是作为一个和谐的人,而不是作为一个专家”。因此,和谐的数学教学不是追逐时尚的冲动之举,而是教育直面生命的自然应答。当我们用和谐的方式处理教学中的各种关系时,自然也就触摸到了教育的和谐本色,课堂也就具有更深远的意境。

“智慧数学”课堂是建立在改造数学的基础之上,借鉴发现法和尝试法的因子,活用探究研讨法和自学辅导法的原理,形成独立的多向探索活动。“智慧数学”课堂重新定位小学数学课程内容的核心为智慧,以板块的结构、独立的活动、问题的思索、智慧的心语为特征的课堂实践形态,是教育思想、教学内容、教学方法高度综合的教育形态。

数学是一种文化,它是人类文明的重要组成部分。而在当下的数学课堂,原本属于文化范畴的数学,如今正渐渐丧失着它的文化性,变得不那么"文化"了。教育语境下的数学,已经开始和文化背道而驰。对数学知识积累、数学技巧训练等工具性价值的过分关注,正在使数学本该拥有的文化气质和气度一点点剥落、丧失。"让数学变得文化些,还数学以文化之本来面目",已经成为数学教育亟须关注、思考和探索的问题。

三、 要通过有层次的教学实施帮助学生主动地去认识数学美的思想

对数学美的鉴赏是数学学科的本质之一。能否领悟和欣赏数学美既是一个人数学素养的基本成分,也是进行数学研究和数学学习的重要动力和方法。能够把握数学美的本质有助于培养学生对待数学以及数学学习的态度,进而影响数学学习的进程和学习成绩。

作为数学教师应该树立"以美启真"的教学原则,在具体的教学中应按照以下三个相互联系的层次来实施。

(一)"美由境生",培养学生数学美的思想要充分关注现实生活和数学的联系

"境"指现实生活情境。丰富的现实生活模型是学生数学美思想的源头,是学生感受数学美思想的宝贵资源。生活中有很多美的事物,如美丽的风景、照片、山水画、优美的音乐、诗歌和舞蹈等等,使得我们的生活丰富多彩、无限美好。当我们内心放松、无压力时,才能感受到美的存在,数学的美也是如此。通过课堂教学中多媒体等的使用,用各类静态和动态的图像、动画等呈现学生熟悉的实物,唤起学生美的意识,使学生获得数学美的体验,逐步形成数学美的观念,使美感成为学生认知的强烈的内部诱因。

例如学习"圆的认识"一课,课始我这样导入:

"想想看,生活中你们都在哪里见到过圆形?"孩子们会举出很多例子:"硬币是圆形的"、"钟面上有圆"、"有些钮扣也是圆的"……同时为孩子出示一些图片:古代、现代的图标,交通标志、实物,自然现象中有关圆的图片。

师:"在这些图片中,你们找到圆了吗? 看了这些图片给你什么感受?"

通过让学生回忆生活中的圆,唤起学生的相关生活经验,同时结合图片,让学生感受到圆在生活中的广泛分布。这样,学生对学习圆就有了一种强烈的需求和愿望,学生亲身感受到数学就在自己的身边,就存在于自己熟悉的现实生活中。

(二)"美由真生",培养学生数学美的思想要全方位、多角度地透彻理解

"真"指学生熟悉的生活问题。教师讲授数学知识时,应根据数学的内容联系现实生活中学生熟悉的生活问题,使用生动的感性材料揭示数学美的内涵,加深数

学美的理解,提高数学审美观点,丰富数学美的认识。即使是抽象程度较高的内容,也要揭示思维过程的真来达到对数学知识的真的透彻理解,这样就能起到以美引真、由美化真,从而丰富对数学美的内涵的理解。

例如在教学长方形、正方形面积计算时,从面积单位的理解到计算公式的运用,更离不开操作体验、发现探究的活动。如图 5.1.44 所示过程,我借助小的正方形单位让学生在拼拼摆摆中经历利用小方块可以拼摆不同的长方形来感受面积是面积单位的组合;进而仅摆长和宽的两条边也能算出长方形的面积,感受长方形边与小方块的关系;到后来发现面积就是长×宽,体会到“长的厘米数与宽的厘米数的乘积就是这个长方形所包含的 1 平方厘米面积单位的个数,感受公式的渊源,逐步构建数学的模型。学生在一系列“做”的活动中,经历长方形面积公式抽象的过程,加深对长方形面积的认识与理解。

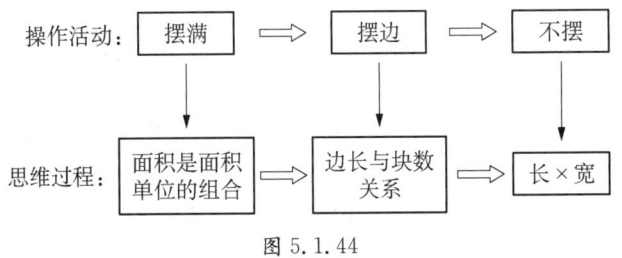

图 5.1.44

(三)“美由心生”,培养学生自觉运用数学美的思想解题

在这一层次,学生对数学美的认识已经上升到观念策略水平,学生不再满足于对数学美的欣赏和理解,而是在数学问题的不断解决中进一步获得美的享受。

例如,人教版小学数学四年级教材有这样一道练习题:

> 小王村原来有一个宽 20 米的长方形鱼池。后来因扩建公路,鱼池的宽减少了 5 米,这样鱼池的面积就减少了 150 平方米。现在鱼池的面积是多少平方米?

多数学生这样算:150÷5 = 30(米),30×(20−5) = 450(平方米)。但有极少数的学生根据画的图 5.1.45,直接列式计算:150×3 = 450(平方米)。

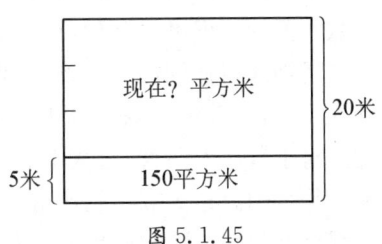

图 5.1.45

这样的算法看起来很简便,但对吗?通过与这几个同学的交流发现,直接列式计算的学生的思维过程中,画图的策略给他提供了直观的刺激。现在鱼池的宽是 5 米的 3 倍,长不变,面积自然也是减少部分的 3 倍;更

直接的,先看减少的 150 平方米,以 5 米作为标尺,根据图形,现在的面积就是 150 平方米的 3 倍。在这个过程中,$150 \div 5 = 30$ 的计算、长方形的面积公式是可以跳过去的,当然简略的步骤最好加以说明。

数学美思想是数学的生命之源,更应该成为我们这些教育者点燃学生数学欲望的一盏明灯。

山东邹城兖矿第二小学教育集团孟庄校区　孔德鹏

做有思想的数学老师

《标准(2011 版)》提倡数学思想方法的教学,是个熟悉而又陌生的教育理念。在我们学校刚刚提出这种教学理念时,我的心里还不能够完全接受,随着学校深入开展专题讲座、课例展示、网络自学、教研活动等,头脑中对数学思想方法的认识越来越清晰。备课、上课时有意识地用数学思想来指导自己的教学,数学思想方法已经初步走进了我们的课堂。在每节课的教学中,也在有意识地渗透着,但只涉及到肤浅的数学思想,脑子里没有成型的概念体系。读了《小学数学与数学思想方法》一书后,对于数学思想方法有了进一步的理解。知道了较高层次的基本思想有:抽象思想、推理思想、模型思想。另外,还有其他数学思想方法,数学美思想就是其中的一个。它让我眼前一亮,以前的我也经常在数学教学中享受到数学的乐趣,学生也能在数学课堂中享受到学习数学的快乐。现在才知道这就是数学的美。其实我们只要用心体会,数学美经常陪伴在我们左右,下面我就把书中写到的和一些资料中描述的相关内容进行整理,加之自己的体会分享给大家。

一、 对数学美思想的认识

"哪里有数学,哪里就有美。"只要我们用心体会,它们就会呈现出来,给我们以美的享受。不同的人,对数学美的认识往往是不同的,数学家对数学的感情最深,对数学美的认识也更深刻,正如书中提到的:"数学是人类最杰出的智慧结晶,也是人类精神最富独创性的产物,音乐能激发或抚慰情怀,绘画使人赏心悦目,诗歌能动人心弦,哲学使人获得智慧,科技可以改善物质生活,但数学却能提供以上一切。"对于普通人而言,对数学的印象往往是抽象、枯燥、难学,除了应付考试外,好像没什么用。其实数学就像空气一样,看不见,摸不着,但生活中处处有数学,每个人都离不开它。数学思想方法有一种内在的、独特的美,从数学知识提炼出思想方法,是一种升华的美。例如在教学"用字母表示数"时,教师出示"数青蛙"的儿歌让学生接着往下数。当学生数完 4 只青蛙后,出示填空:a 只青蛙 a 张嘴(　　　)只眼睛( )条腿。组织学生讨论交流,学生很容易填出正确答案。问题的解决过程增强了学生的自信心和探究能力,成功的喜悦成为了学生不断进取、积极思考的动力,孩子们感悟到了用字母表示数的独特性,在学会新知识的同时也感受到了数学的美。

二、 对数学美思想的理解

1. 简洁之美的数学概念

简单性(或称简洁性)是数学美的一个基本内容。数学中的概念许许多多,但每个概念都是以最精炼、最概括的语言给出的。例如:用来表示物体个数的 0、1、2、3……叫做自然数,能被 2 整除的整数是偶数,不能被 2 整除的整数是奇数等。数学语言本身就是最简洁的文字,同时反映客观规律极其深刻。许多复杂的客观现象,总结为一定的规律时,往往呈现为十分简单的公式。比如,高斯求和公式的文字表述:和 =(首项 + 末项)× 项数 /2;数字表达:$1+2+3+4+\cdots+n = n(n+1)/2$。又如,圆的周长公式 $C = 2\pi R$、任意一个圆柱体的体积 = 底面积 × 高等等。

2. 简约的符号美、抽象美、统一美

数学知识大部分由数字和符号组成,从四则运算到比较大小,还有运算中的大、中、小括号,无论是数字的单个应用或重复引用,还是循环使用,看似毫无感染力的数字竟能表现出各种思想感情,例如杨辉三角问题、数列问题、排列组合问题等。

如图 5.1.46 所示,11 阶杨辉三角体现出无数无法言表的数学奥妙,吸引着许多数学爱好者如醉如痴。

```
第0行                                  1                第1斜列
第1行                                1   1              第2斜列
第2行                             1    2    1           第3斜列
第3行                          1    3    3    1         第4斜列
第4行                       1    4    6    4    1       第5斜列
第5行                     1    5   10   10    5    1     第6斜列
第6行                  1    6   15   20   15    6    1   第7斜列
第7行               1    7   21   35   35   21    7    1  第8斜列
第8行            1    8   28   56   70   56   28    8    1 第9斜列
第9行         1    9   36   84  126  126   84   36    9    1 第10斜列
第10行     1  10   45  120  210  252  210  120   45  10   1 第11斜列
第11行  1  11   55  165  330  462  462  330  165   55  11  1 第12斜列
```

图 5.1.46

3. 结构系统的协调美、对称美

数学中的对称性处处可见,如几何中的轴对称、中心对称。毕达哥拉斯说:"一切立体图形中最美的是球形,一切平面图形中最美的是圆形。"因为这两种图形在任何方向上看都是对称的。其实在我们身边随处可见根据对称设计的东西。小到一块橡皮、一件衣服、一样玩具,大到飞机、建筑物。在北京世界公园里有很多仿照

原物的对称建筑,雄伟的北京人民大会堂、高耸入云的上海东方电视塔、著名的埃及金字塔、扇形或梅花瓣样的组合图形、铜钱式的圆中方、方中圆等更显示出几何图形的对称美、和谐美。

4. 新颖开拓的奇异美

奇异性就是新颖性、开拓性。数学中的"勾股定理""黄金分割"更是数学美的具体体现。勾股定理像一颗璀璨的明珠,具有无穷的魅力,使不少人为之倾倒,现有的证法至少有 370 种,成为世界上证法最多的定理。黄金分割被广泛应用在建筑设计、音乐美术等各方面。画家、艺术家将黄金分割点 0.618 引入到绘画、雕塑等艺术领域,让作品变得更加和谐、美丽;舞台的报幕员也总是喜欢站在舞台0.618 处,此处音响效果最好,而且人也显得自然、大方;人在气温 23℃左右,最舒服,生理功能发挥得最好。书中举了这样一个例子,如图 5.1.47 所示。

> 一般的选美标准认为,除了体重指标外,还要求一个人的肚脐以上的长度与肚脐以下的长度之比等于 0.618。一个女士身高 168 厘米,肚脐以上部分长 68 厘米。那么她应该穿多高的高跟鞋比较美?(结果精确到 1 厘米)

图 5.1.47

分析并解答:身高减去肚脐以上长度,就是肚脐以下部分长度。设她应穿 x 厘米的高跟鞋,根据题意得

$$68 \div (168 - 68 + x) = 0.618,$$
$$68 \div 0.618 = 100 + x,$$
$$x \approx 10。$$

所以,她应该穿 10 厘米的高跟鞋。

这些都是源于黄金分割原理。

三、 美源于教学,教学创造了美

数学美除了以上具体内容外,还存在于数学教学当中。以后在教学中首先自己要做到绘声绘色地讲解,恰到好处的肢体语言、精辟的分析、巧妙的点拨、生动的语言、合理的板书等都给学生以美的享受。其次为学生创造条件,比如:教学"平移和旋转"时,用多媒体播放一些生活中此类现象,挖掘出生活中美的实体,把学生对美好事物的感受转化成学生对新知的渴求。还可以让学生在实践中体验美,如在教学二年级下册"剪对称图形"时,让孩子自主探索,画一画、折一折、剪一剪,通过自己研究出所需要的图形后,趁热打铁,让孩子们利用轴对称的原理,剪出更多漂亮的图形。欣赏自己探究出的对称图形,每个孩子都笑得合不拢嘴,这样不仅使学生在活动中发现探索了新知,并进一步感受到对称美是无与伦比的,也感受了数学的美。

如果说数学使许多人心旷神怡,并为之付出毕生的精力,那是因为：美源于实践,实践创造了美。在今后的教学中,我将把数学美思想传递给我的学生们,让孩子们因为数学之美而爱数学,享受数学。

黑龙江省泰来县实验小学　李鸿莉

挖掘数学内在美,让常规教学"有滋有味"
——"梯形的面积"异构课堂对比赏析

一、 由美而思,透视数学美与数学常规教学

古代哲学家、数学家普罗克洛斯(Proclus,410—485)断言："哪里有数,哪里就有美"。然而我们如果问学生什么是美,得到的答案基本都是说"好看的就是美"。由此反映出我们教学中的一个误区：以往我们的数学常规教学,更多关注数学外在形式美和一些特殊数学问题中的美,而忽视广泛的数学美,特别是数学内在隐藏的规律美,好像数学美思想渗透的载体只是很少的一部分数学内容,大量的数学知识学习似乎与数学美无缘,学生的数学学习大多是在枯燥无趣中度过。

在数学常规教学课堂中,注意挖掘数学知识背后隐藏的数学美的因素,让数学美在广泛普遍的数学教学中得到体现,使学生形成数学美思想,数学美才有生命力。怎样在常规教学中捕捉数学知识背后隐藏的数学美？首先,我们要搞清数学美到底是什么。数学美核心内容是数学内在本质规律与人欣赏美的主观意识的融合。数学美的简洁性、对称性、整齐性、和谐性、奇异性等因素不仅体现在形式上,更体现在内涵规律上,特别数学美的逻辑性、思辨性(思想性)、统一性和抽象性等因素,是数学美的的精髓。我们不仅仅要在那些美的特征明显的数学知识和数学思考中关注数学美,而且要在广泛的数学知识学习和数学思考中关注数学美。我们大多数数学教师很难在常规的、数学美的因素不凸显的数学教学中,去挖掘并利用美的因素。因此,透视数学内在美与数学常规教学,重启数学美与常规教学的开端,是我们的一个经验和思考。

二、 以美引教,重启数学美与常规教学的开端

下面结合"梯形的面积"教学片段同课异构对比赏析,来体验常规教学中数学美的魅力,来思考透过现象挖掘内在数学美和运用数学美的教学途径。

【导课片段一】

(1)计算图 5.1.48 中平行四边形的面积。(2)平行四边形面积的计算公式是怎么推导出来的？三角形面积的计算公式是怎样推导出来的？为什么要"除以

2"？（见图 5.1.49）(3)受此启发,你能不能求出图 5.1.50 中的梯形面积? 与同伴说说你的想法。

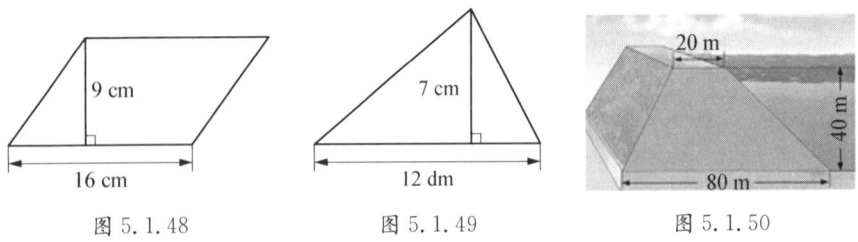

图 5.1.48　　　　　图 5.1.49　　　　　图 5.1.50

【导课片段二】

师:同学们,该图案美不美? 它主要由什么图形构成的?（见图 5.1.51）

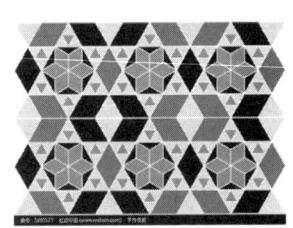

图 5.1.51

生:美,是平行四边形构成的(这是对图形形成感知的感受下的美感,但还没达到美的理性思考层面)。

师:平行四边形对边平行,对边相等,对角相等,人们常常应用它的形状美来设计图案。但它的美不仅仅体现在形状上,它这个家族还含有长方形、正方形和菱形。如图 5.1.52 所示,平行四边形的边长和高都已知时,它的周长和面积都可求得……此时我们会感到它是一个完美的图形。

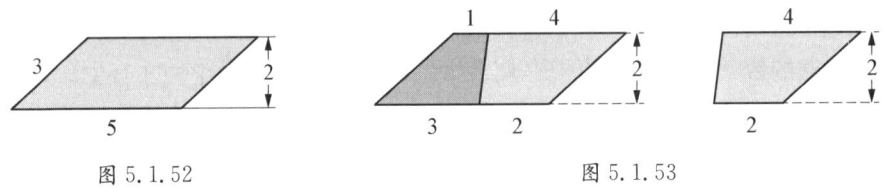

图 5.1.52　　　　　　　　　图 5.1.53

(生在美感的激发和教师的启迪下,美的理性思考初步产生。)

师:我将该平行四边形沿一条线剪开(见图 5.1.53),去掉一部分,剩下的是梯形,该图形还有原来的图形美吗?

生:形状没有原来的美了(学生产生了与美感相悖的失落感)。

师:剩下的图形和原图相比,在大家心目中是个残缺的图形,因为在这里,形状不好看了,周长不能求了。

(生回味完整图形的形式美,甚至产生将图形还原的念头,滋生对美的理性思考,为以后环节的思考埋下伏笔。)

思考:导课方式一,是我们熟悉并常用的,它通过复习相关的旧知来引新知,注重知识的正迁移。其中第 3 步"受此启发,你能不能求出图中的梯形面积?",从"受此启发"四字可以看出该教学思路明确了学生探究的路径,但往往会圈定学生的思考模式,忽视情感因素。导课方式二,让学生在课始就欣赏数学所带来的外在形式美,这好像在做与本课主题不搭界的无用功。其实则不然,这是以学生的数学审美经验为基础,不断导引学生主观上对数学外在美进行捕捉、欣赏和体验,为以后发现数学内在美及滋生相关数学美思想方法提供动力因素。相比较,导课方式二更发挥了数学美的效应,更能对准学生思维的活跃点,开启了数学美与常规教学的结合点。

三、 顺美导学,深化数学美与常规教学的融合

数学教学中,教师的组织主导作用关键体现在"引导"上。关于引导,第一个误区是,只关注学生情感的激发而忽视遵循认知规律;第二个误区是,只关注学生思维过程而忽视数学美感的激发。我们接着以"梯形的面积"教学片段中推导梯形的面积计算公式的两种探究新知环节的对比来进行分析。

【探究片段一】

(1)操作感知。学生分组,各小组拿出自己准备好的梯形纸片,剪一剪、拼一拼,来推导出梯形面积的计算公式,比一比哪个小组的方法多。(2)学生操作,互相讨论、交流、汇报。学生结合实物投影操作汇报,见图5.1.54。

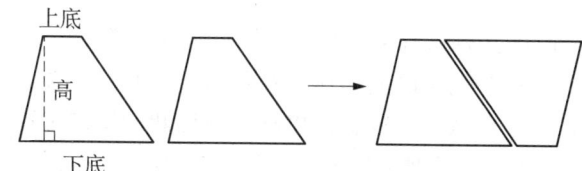

图 5.1.54

①两个完全一样的梯形能拼成一个平行四边形;②这个平行四边形的底等于梯形的上、下底之和,高等于梯形的高,每个梯形的面积等于拼成的平行四边形面积的一半。

因为平行四边形的面积 = 底×高,所以梯形面积 = (上底+下底)×高÷2。学生结合操作汇报梳理出图5.1.55。

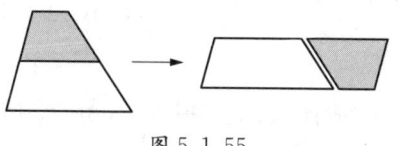

图 5.1.55

【探究片段二】

师:如图5.1.56所示,该图原来是由小正方形拼成的类似平行四边形,剪下一些后,剩下这个残缺图形,图形形状好像梯形,你能算出这里小正方形的块数吗?

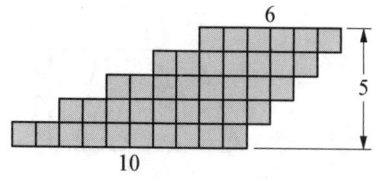

图 5.1.56

生：$6+7+8+9+10=40$。

师：同学们不感到这样一行一行地加的运算繁琐吗？

（生在教师启迪下思考简洁算法，实际是在寻求内在的简洁美。）

师：该计算繁琐的原因是各行小正方形个数不等，若各行的小正方形个数相等，我们就可用乘法计算了。该图形是个残缺的图形，计算繁琐是残缺造成的吧？

（教师的启迪，如同"一石激起千层浪"，学生在激情中思考将图形复原，恢复整体美。）

师生共同得到下图 5.1.57 美丽的图形，求得小正方形个数为 $(10+6)\times 5 \div 2=40$。

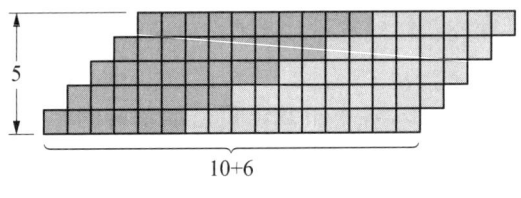

图 5.1.57

师：一个不好计算的图形，有可能是个残缺的图形，我们要学会将图形整体复原，变为完美的图形。一个完美的图形往往和很多数学知识相关，将不完美的图形复原为完美的图形，往往会从中发现解题思路。下面我们学习梯形面积公式。

师出示问题：如图 5.1.58 所示，求该梯形面积（单位：厘米）。

（前面教学为学生创设了美的情境，学生感到忽如一夜春风来，千树万树梨花开。此时学生在数学美的感染下，萌发了较高的学习激情，积淀了数学美的思考，其中，将残缺图形复原，占优势思维状态，继而在自主探索中求得面积，如图 5.1.59 所示。）

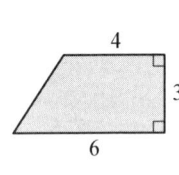

图 5.1.58

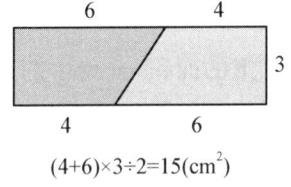

$(4+6)\times 3 \div 2=15(cm^2)$

图 5.1.59

师出示问题：如图 5.1.60 所示，求梯形面积（单位：厘米）。

（生在数学美的情境感染下，进入思考，自主探索中得到面积，如图 5.1.61 所示。）

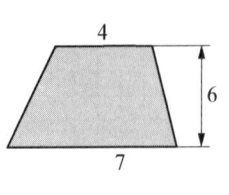

图 5.1.60

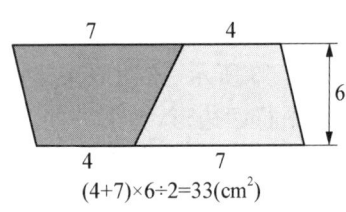

$(4+7)\times 6 \div 2=33(cm^2)$

图 5.1.61

师出示问题：如图 5.1.62 所示，求梯形面积。

（生在自主探索中得到梯形面积公式，如图 5.1.63 所示。）

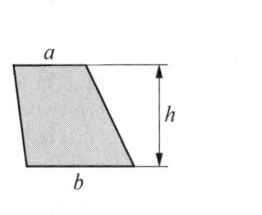

$s=(a+b)×h÷2$

梯形面积=（上底+下底）×高÷2

图 5.1.62　　　　　　　　　图 5.1.63

师：现在梯形已经有了面积公式了，那么也变得完美了吧？ 在数学中，有这样一个规律：一个完美的图形，往往是形状好看，和很多数学知识有直接关联的图形。当遇到一个图形不典型，很难求解的问题时，可想象它是个残缺不完美的图形，将其转化为一个完美的图形，有时便能求得问题的解答。梯形的美还不止这些，我们将梯形演变，让上底变为和下底一般长，则面积公式为

$$S = (a+a) \times h \div 2 = 2a \times h \div 2 = ah。$$

这正是平行四边形面积公式，怪不得我们用平行四边形面积来求梯形面积，原来它们有这样美妙的联系啊！

思考：探究片段一，是我们顺着教材的编写思路进行按部就班的教学。设计时考虑的关键是学生经历发现过程，引发他们的探究欲望，培养数学兴趣。我们作为教学的引导者自己都有种年年岁岁花相似之感。而探究片段二，正如王永春教授所说，"让人看到了数学美的魅力和桥梁作用"。可以说教师在"梯形面积公式直接推导"中并没做多少讲解工作，而将工作主要放在前面的美感激发上。此后由于前面数学美思想的感染，学生大脑已经将转化、类比等思考和数学美融为一体，学生的思路已经打开了，水到渠成了，这些美感、激情和数学方法会有效迁移到后面的梯形面积公式的推导中。教师此时将梯形面积公式的推导这一重点内容放手交给学生，发挥了学生主体作用，反而有效实现了重点内容的教学目标。

四、 与美同行，共关数学美与常规教学的效应

数学学习中的学习迁移，含认知方法、情感以及个性认知的迁移，在情感迁移中，数学美感迁移占极大的比例。通过同课异构对比，让人想到"化腐朽为神奇"这句话。"探究二"中顺应数学美及审美规律对学生进行导学，不正是符合新课程标准所提出"以获取知识为数学教育首要目标转变为首先关注人的情感、态度、价值观和一般能力的培养"的真实写照吗？ 德国一位学者有过一句精辟的比喻：将 15 克盐放在你的面前，无论如何你难以下咽，但当将 15 克盐放入一碗美味可口的汤中，你就在享用佳肴的过程中不知不觉地将 15 克盐全部吸收了。数学美对常规教

学好比这汤与盐,我们只有让学生经历数学美的感知,数学美的感受,数学美的感动和数学美的评价过程,才能引导学生步入数学天地。利用数学美的理性思考,不断促进学生形成稳定的数学美的心理,从而喜爱数学这碗好喝的汤,我们的常规教学才能避免让学生的数学学习犹如味同嚼蜡之境。爱美之心学生皆有,与美同行众望所归。让我们关注常规教学中的数学美,把数学美妙融于常规教学之中,让学生们对数学课有着回味无穷之感。

黑龙江省七台河市教育研究院退休教师　王喜清
浙江省衢州市衢江区横路中心小学　杜　煜

第二节　分析法和综合法

分析法和综合法在小学数学解决问题中的应用

　　认真拜读了《小学数学与数学思想方法》第五章第二节"分析法和综合法"的相关内容后,运用理论将自己对这两种方法的理解进行了诊断,在一些语言的表述方面进行了修正,书中写到"分析是把研究对象的整体分解为若干部分、方面和因素,分别加以考察,找出各自的本质属性及彼此之间的联系。综合是把研究对象的各个部分、方面和因素的认识结合起来,形成一个整体性认识的思维方法。分析是综合的基础,综合是分析的整合和深入,综合是与分析相反的思维过程。"从求解的问题出发,正确选择所需要的两个条件,依次推导,一直到问题得到解决的解题方法叫分析法。从已知数量与已知数量的关系入手,逐步分析已知数量与未知数量的关系,一直到求出未知数量的解题方法叫做综合法。用综合法解应用题时,先选择两个已知数量,并通过这两个已知数量解出一个问题,然后将这个解出的问题作为一个新的已知条件,与其他已知条件配合,再解出一个问题……一直到解出应用题所要求解的未知数量。运用综合法解应用题时,应明确通过两个已知条件可以解决什么问题,然后才能从已知逐步推到未知,使问题得到解决。这种思考方法适用于已知条件比较少,数量关系比较简单的应用题。

　　综合法与分析法的解题思路是相反的。在解题过程中,分析和综合并不是孤立的,而是互相联系的。在解答应用题的时候,两种方法要协同运用。用分析法思考的时候要随时注意应用题的已知条件,也就是哪些已知条件搭配起来可以解决所求的问题,因此,可以说,分析中也有综合。用综合法思考的时候,要随时注意应用题的问题,为了解决所提的问题需要哪些已知条件,因此,综合中也有分析。在解题过程中,两种方法结合使用为好,有时问题中给出的已知条件与其他条件相关联,但不是解决问题所必须的条件,通过分析综合后进行解题。

关于综合法和分析法,在教学中我经常引导学生把两个有联系的简单应用题与两步计算的问题相互转换,训练学生利用分析法、综合法解决问题的能力。

例如,二年级下册"混合运算"练习十一第 13 题。

> 第 1 问:小明有 35 元钱,买一个魔方用了 3 元,剩下多少钱?
> 第 2 问:如果用剩下的钱买 8 元一支的钢笔,可以买几支?

分析:

第 1 问:要求"剩下多少钱?"就是求从总钱数 35 元中减去买魔方用了 3 元的差。

算式:$35 - 3 = 32$(元)。

第 2 问:要求"可以买几支?"就是求剩下的 32 元里面有多少个 8 元?

算式:$32 \div 8 = 4$(支)。

可以看出第 1 问中所求的问题正好是第 2 问的一个条件,于是一变,把这两个简单应用题变成一个两步计算的应用题,如下:

> 小明有 35 元钱,买一个魔方用了 3 元,用剩下的钱买 8 元一支的钢笔,可以买几支?

分析法解答 要求"可以买几支?"必须先求"剩下的钱是多少元?"这个隐含的问题,而这个隐含的问题可以根据"小明有 35 元钱,买一个魔方用了 3 元"这两个条件来求,求出了剩下的钱数,又已知"买 8 元一支的钢笔",就可以求出"可以买几支钢笔"。

算式:$(35 - 3) \div 8 = 4$(支)。

综合法解答 根据"小明有 35 元钱,买一个魔方用了 3 元"这两个条件来求,求出了剩下的钱数,再结合已知"买 8 元一支的钢笔"可以求出"可以买几支"。

算式:$(35 - 3) \div 8 = 4$(支)。

另外也可以将两步计算的应用题分成两个有联系的简单应用题。

如,二年级下册第 53 页例 4。

> 我们一共要烤 90 个面包,已经烤好了 36 个,每次能烤 9 个,剩下的还要烤几次?

分析：根据一共要烤 90 个面包和已经烤了 36 个，求出剩下多少个面包没有烤；再根据剩下没有烤面包的个数和每次能烤 9 个，求出剩下的还要烤几次。

算式：$(90-36)\div 9$

$=54\div 9$

$=6$（次）。

用分析法从问题入手进行分析，用综合法进行梳理解答。

上题一变，可以分解成如下两个简单应用题。

第 1 问：我们一共要烤 90 个面包，已经烤好了 36 个，剩下没烤的面包有多少个？

第 2 问：上题中剩下没烤的面包，如果每次能烤 9 个，还要烤几次？

第 1 问中要求的问题正好是第 2 问中的一个条件。通过这样的分解说明，学生明白其中的道理，逐步培养分析问题的能力，用数学方法解决数学问题。

从上面可以看出，分析法和综合法两种方法各有优缺点：分析法是执果索因，利于思考，方向明确，思路自然，有希望成功；综合法由因导果，往往枝节横生，不容易达到所要证明的结论。也就是说，分析法利于思考，综合法宜于表达。我们教师在教学时要从低年级开始，逐步培养学生在解决问题时根据已知条件求解问题或根据问题找出已知条件来解决问题的能力。教学时可以从简单问题入手，让学生厘清思路，找出解决问题的策略，使得数学思想方法真正成为课堂教学的常态目标，真正成为学生数学素养不可分割的一部分。

内蒙古阿左旗第五中学　秦　东

第三节　反　证　法

关于反证法教学的一点看法

《小学数学与数学思想方法》一书指出：反证法是间接证明的一种方法，当我们需要证明一个命题为真时，先假设这个命题为假，经过正确的推理，最后得出矛盾，因此说明假设错误，从而证明了原命题应为真，这样的证明方法叫做反证法。在数学中，反证法是一种重要的证明方法，是演绎推理的一种，依据的是排中律，就是说两个互相矛盾的判断不可能同假,其中必有一真。反证法不仅在数学中有很多应用,在日常生活和其他学科中也有应用,被称为:"数学家的最精良的武器之一"。

《标准(2011版)》中提出培养学生推理能力和逻辑思维能力的要求。反证法是从另一个角度利用推理进行证明的思想方法,无疑也是培养学生推理能力的重要的思想方法。因此,它的重要性也是不言而喻的。

生活中反证法运用很广泛,我们听过最多的利用反证法的故事当属《路边苦李》。王戎七岁的时候,曾和许多小朋友一起玩耍,看见路边李树上结了很多李子,把树枝都压弯了。很多小朋友都争着跑过去摘李子,只有王戎没有,别人问他为什么,他说:"树长在路边却有很多李子,那一定是苦的李子。"摘下来(一尝),才相信的确是这样的。其实王戎正是利用了反证法的思想来判断,假设李子不是苦的,是甜的,早被人摘光了。可是李子都把树枝压弯了,也没人摘,这与事实相矛盾,说明李子是甜的这个假设错误,所以李子一定是苦的。

在小学数学中,反证法的应用不多,"鸽巢问题"中有所渗透。在教学这一课时,我设计了一个这样的问题:"在30名学生中,至少有3个人是同一个月出生的。这个说法对吗?"证明步骤如下:(1)假设待证的结论为假、反论题为真。先假设这个结论是错的,也就是最多有2人是同一个月出生的。(2)从反论题出发,经过正确的逻辑推理,得出与已知条件或者定义、定理、公理、事实等矛盾。如果每个月都最多有2人出生,一年有12个月,那么总计最多才有24人,与30人矛盾。(3)根据排中律得出原结论成立。这样就符合论题的结论。在教学时要注意把学生放在具体的问题情境中,让学生感受反证法在生活中的应用。

又如在教学"三角形的内角和"时,我设计了这样一个问题:"在一个三角形中,有可能有两个直角吗?"引导学生思考,如果有两个直角,画出来的图形是什么样子的?还是三角形吗? 通过学生动手画一画,发现画出的图形不是三角形后,进一步提出问题:"如果不画,怎样证明?"根据三角形内角和等于$180°$,如果有两个直角,一个直角的度数等于$90°$,两个直角的度数之和等于$180°$,第三个角的度数只能为$0°$了,这样就不是三角形了。因此,在一个三角形中,不可能有两个直角。这里也是运用了反证法。

再如,在三角形这一单元的学习中,有这样一道判断题:"在一个直角三角形中,$\angle 3$是直角,$\angle 1$一定是锐角。"首先我们假设$\angle 1$不是锐角,那么$\angle 1$大于或等于$90°$,三角形的任何一个内角不可能等于$0°$,即$\angle 2 > 0°$,因为$\angle 3 = 90°$,所以$\angle 1 + \angle 2 + \angle 3 > 180°$,这与三角形内角和等于$180°$矛盾。所以$\angle 1$一定是锐角。

在小学阶段,我们主要通过简单的案例,通过具体的问题情境,让学生感受反证法的基本思想和数学方法的丰富性,培养思维的灵活性。其实反证法在初中教学也有所渗透,例如:全等三角形、勾股定理及逆定理、一元二次方程的运用等等。高等数学中反证法的运用就更广泛了,数学中的一些简单的结论、定理、公式乃至一些著名的世界难题,往往是通过反证法来证明的。反证法能提高学生的演绎推理能力,它以一种独特的证明方法帮助学生解题,当顺向思维不好解决时,利用逆向思维也就是反证法就能简单解决。反证法不仅能够单独使用,还可以和很多的数学思想方法结合使用,对提高学生的逻辑思维能力有很大帮助。

山东省临沂杏园小学　袁彦飞

第四节　假　设　法

巧用假设法解决工程问题

　　《小学数学与数学思想方法》一书中写道:假设法是通过对数学问题的一些数据做适当的改变,然后根据题目的数量关系进行计算和推理,再根据计算所得数据与原数据的差异进行修正和还原,最后使原问题得到解决的思想方法。假设法是小学数学教学中一种重要的思想方法,通过假设可以开拓思路,有利于计算和推理,帮助学生很快地找到解决问题的突破口,同时有利于培养学生思维的灵活性和创新性,提高解决问题的能力和推理能力。《标准(2011 版)》在教学建议中更加强调数学思想方法的重要性。因此,教师要深入解读、分析、领悟教材在这方面的编写意图,把蕴含在数学知识背后的思想方法挖掘出来,进行巧妙地渗透。

　　工程问题是六年级上册"分数除法"单元增添的一个学习内容,以解决问题的形式呈现,需要我们挖掘教材中隐藏着的一个非常重要的思想方法——假设法,本课重点是让学生经历过程,掌握方法,感悟假设思想方法。基于以上思考,我在教学中根据生活实际创设了有效的探究活动,很好地落实了假设法的渗透。下面结合教学实践谈谈如何巧用假设法使抽象的工程问题得以解决。

一、　教学片段(呈现平潭海峡大桥兴建的情境图)

　　出示信息:海峡大桥的某一段,甲队单独修要 18 天可以完成,乙队单独修要 12 天可以完成。

　　师:根据已知信息你能提出什么数学问题?

　　生提出问题:两队合修多少天可以完成?

　　师:合修是什么意思?

　　生 1:两队共同修。

　　生 2:两队一起来修。

　　师:先独立思考,猜一猜两队合修多少天可以完成呢? 可以同桌小声讨论。

（学生讨论后汇报。）

生 1：大约 10 天可以完成。

生 2：大约 8 天可以完成。

生 3：大约 15 天可以完成。

生 4：乙队单独修只要 12 天，那么两队合修要 15 天，合理吗？

生 3：$18 \div 2 + 12 \div 2 = 15$（天）。

生 5：不能这么算的，$18 \div 2$ 是甲队单独修一半用的时间，$12 \div 2$ 是乙队单独修一半用的时间。两队合修怎么还要 15 天呢？乙队单独修要 12 天，那么合修一定比 12 天少！

师：那两队合修究竟要多少天完成呢？把你的想法写在自己的练习本上。

学生思考片刻，有的学生提出"条件不够，无法解答。""这段桥长不知道，怎么解决呢？"

学生根据已知信息很自然地产生疑问：这段桥长未知怎么办？

师适机提出思考的方向：如果这段桥长是已知的，这个问题就转化成以前学过的旧问题了。假如知道这段桥长会解答吗？

生：会解答。

师：那是否可以假设一个具体长度呢？那就假设这段桥长是……

在此基础上，引导学生大胆假设，尝试解决。

生 1：$36 \div 18 = 2$（米），$36 \div 12 = 3$（米），$36 \div (2+3) = \frac{36}{5}$（天）。

师：36 怎么来的？

生 1：假设这段桥长为 36 米，用 36 除以 18 天，等于 2 米，用 36 米除以 12 天，等于 3 米，再用 $2 + 3 = 5$（米），$36 \div 5 = \frac{36}{5}$（天）。用综合算式是

$$36 \div (36 \div 18 + 36 \div 12)$$
$$= 36 \div (2+3)$$
$$= 36 \div 5$$
$$= \frac{36}{5}（天）。$$

师：把这段桥长假设为 36 米，36 米是数学上的工作总量。为什么 2 和 3 两个要相加？

生 1：因为是合修。

生 2：$36 \div 18 = 2$（米），$36 \div 12 = 3$（米），都是求工作效率。根据工作总量 ÷ 工作效率 = 工作时间，因为是合修，所以 2 和 3 两个要相加。

师：孩子们，你们还可以把工作总量假设为多少呢？

生 1：可以把这段桥长假设为 360 米，先求甲队修的工作效率为 $360 \div 18 = 20$（米），再求乙队修的工作效率为 $360 \div 12 = 30$（米），最后根据 $360 \div (360 \div 18 +$

$360 \div 12$) 求出两队合修的所用时间是 $\dfrac{36}{5}$ 天。

生 2：我把这段桥长假设为 72 米，$72 \div 18 = 4$（米），求的是甲队的工作效率，$72 \div 12 = 6$（米），求的是乙队的工作效率，$72 \div (72 \div 18 + 72 \div 12)$ 求出两队合修的所用时间是 $\dfrac{36}{5}$ 天。

生 3：我把这段桥长假设为 720 米，$720 \div 18$ 求甲队的工作效率，$720 \div 12$ 求乙队的工作效率，$720 \div (720 \div 18 + 720 \div 12) = \dfrac{36}{5}$（天）。

生 4：我把这段桥长假设为 180 米，$180 \div 18$ 求甲队的工作效率，$180 \div 12$ 求乙队的工作效率，$180 \div (180 \div 18 + 180 \div 12) = \dfrac{36}{5}$（天）。

师：还可以把这段桥长假设为多少？

生 1：我把这段桥长假设为单位"1"。

$$1 \div \left(\dfrac{1}{18} + \dfrac{1}{12} \right)$$
$$= 1 \div \dfrac{5}{36}$$
$$= \dfrac{36}{5}（天）。$$

1 表示工作总量，$\dfrac{1}{18}$ 表示甲的工作效率，$\dfrac{1}{12}$ 表示乙的工作效率。

生 2：我把这段桥长假设为 1 800 米。

生 3：我把这段桥长假设为 900 米。

师：有的同学把全长假设为 36 米，360 米，72 米，720 米，180 米……有的同学把全长假设为"1"，如果老师把这段桥长假设为 4 000 米，时间怎样？

生：两队合修的时间还是 $\dfrac{36}{5}$ 天。

师：观察黑板上的算式有什么发现？

生：不管工作总量假设为多少，两队合修所用的时间都是 $\dfrac{36}{5}$ 天。

师：为什么会这样呢？先独立思考再与同桌轻声交流。

师：哪位同学愿意把想法与同学们分享？

生 1：甲队的工作效率总是全长的 $\dfrac{1}{18}$，乙队的工作效率总是全长的 $\dfrac{1}{12}$。

生 2：一个算式里前面是 36，后面也是 36，也就是工作总量和两队的工作效率和的关系不变。

生 3：不管工作总量怎样，甲队的工作效率是全长的几分之一和乙队的工作效率是全长的几分之一都不变。

生 4：说明合修时间和总长没关系。

······

师引导生小结：无论工作总量是多少，甲队的工作效率总是全长的 $\frac{1}{18}$，乙队的工作效率总是全长的 $\frac{1}{12}$，所以两队合修所用的时间都是 $\frac{36}{5}$ 天。

师：怎样检验你的答案是合理的？用自己的方法检验。

生 1：$(36÷18+36÷12)×\frac{36}{5}=(2+3)×\frac{36}{5}=36$（米），结果等于工作总量。

师：利用什么来检验？

生：用倒推的方法，根据工作效率×工作时间＝工作总量。

二、 教学反思

本例题是一类特殊的实际问题，课堂上我鼓励学生合理估计合修所用的天数，加强估算意识的培养。在老师有效的引导下，引发学生进行多向性假设，学生把全长假设为具体量或抽象的单位"1"，不同的学生假设的长度不同，体现了解决问题方法的开放性和多样化。继而通过比较，发现无论假设全长是多少，算出的总天数却是相同的。引导学生思考：为什么全长改变，得到的总天数却是不变的？通过交流讨论，发现两队每天修的长度占全长的几分之一是不变的，找到"变中之不变"，找到了这一问题背后的数学模型。因此，学生很自然地理解出把这段桥长假设为"1"，从具体到抽象的过渡就水到渠成了。让学生在迁移、比较中获得巧用假设法解决工程问题的策略。学生亲自经历这一从具体数量逐步抽象的过程，提高了学生今后应用这种假设法解决问题的能力。

福建省平潭综合实验区城中小学　林龙凤

例谈小学数学中的假设法

假设法是通过对数学问题的一些数据做适当的改变，然后根据题目的数量关系进行计算和推理，再根据计算所得数据与原数据的差异进行修正和还原，最后使原问题得以解决的思想方法。假设法是小学数学中比较常见的方法，实际上是转化方法的一种，运用假设法可以将比较复杂的问题转化为基本问题来解决。

假设法实际上是根据原来的数据、数量关系和逻辑关系，做一些数据的改变，把原问题转化成新的问题，而且新的问题易于理解和解决，是一种迂回战术，表面上看解题步骤变多了,但实际上退一步海阔天空,更有利于计算和推理,有利于培养学生灵活的思维方式、解决问题的能力和推理能力。

小学生应用假设法解决问题也常常碰到困难:在什么情况下用假设的方法?如何应用?笔者结合多年的教学实践,认为我们教师可以在教学中通过典型问题的举例,让学生加深领会。

一、假设"多"为"不多"、"少"为"不少"

问题 1　一条绳子,第一次截去它的 $\frac{1}{4}$ 多 5 米,第二次截去原长的 $\frac{1}{5}$ 少 6 米,最后还剩 45 米。求这条绳子的长度。

分析解答:"多 5 米"和"少 6 米"这两条尾巴是我们解题的累赘,见图 5.4.1,我们不妨先把它们割掉。假设第一次截去全长的 $\frac{1}{4}$,第二次截去全长的 $\frac{1}{5}$,则最后剩 $(45+5-6)$ 米。

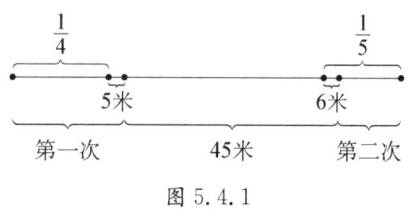

图 5.4.1

所以,这条绳子全长为 $(45 + 5 - 6) \div (1 - 1/4 - 1/5) = 80$(米)。

二、假设"不相等"为"相等"

问题 2　某校四、五、六年级这三个年级共有学生 940 人,四年级比五年级多 30 人,六年级比五年级少 20 人。这三个年级各有多少人?

分析解答:假设这三个年级人数相等,且都等于五年级人数,则三个年级的总人数为 $940 - 30 + 20 = 930$,这个总数等于五年级人数的 3 倍,因此

五年级人数: $(940 - 30 + 20) \div 3 = 310$(人),

四年级人数: $310 + 30 = 340$(人),

六年级人数: $310 - 20 = 290$(人)。

还可以想一想,如果假设这三个年级人数都等于四年级或六年级人数,怎样解答?

三、假设"不同"为"同一"

问题 3　一个笼子里有鸡、兔若干只,它们共有 70 个头,200 只脚。问笼中鸡、兔各有多少只?

分析解答：假设这70只全为兔(相当于假设鸡与兔都有4只脚)，那么共有脚 $4 \times 70 = 280$(只)，比实际多算脚 $4 \times 70 - 200 = 80$(只)。这是因为把鸡也当成兔算脚，每只鸡当成兔多算了2只脚。因此鸡有 $(4 \times 70 - 200) \div (4 - 2) = 40$(只)，兔有 $70 - 40 = 30$(只)。

笔者在教学实践中总结出解决"鸡兔同笼"问题的2个小窍门：

(1) 鸡兔同笼问题直接应用假设法较为抽象，部分学生易出现困难，可借助图5.4.2，结合长方形图采用"以形助数"的方法，以便学生理解假设法的推理过程。

(2) 如果假设全为兔，则先求出的是鸡(如假设全为鸡，则先求出的是兔)。

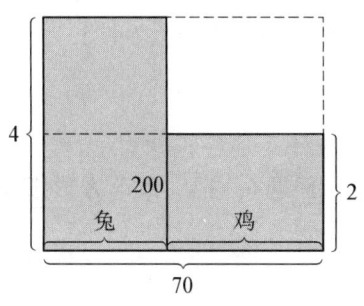

图 5.4.2

问题 4 甲、乙两种商品成本共2 000元。甲商品按30%的利润定价，乙商品按20%的利润定价，后来两种商品都按定价9折出售，结果仍获利润277元。乙种商品的成本是多少元？

分析解答：如图5.4.3所示，其中 $2\,000 \times (1 + 30\%) = 2\,600$(元) 是把甲、乙两种商品的利润率都假设为30%，再通过假设情况和实际情况比较差异找到解决问题的方法。

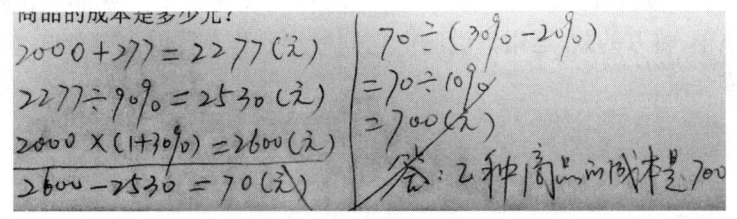

图 5.4.3

四、假设抽象为具体

问题 5 一个三角形底边扩大到原来的10倍，高也扩大到原来的10倍，那么它的面积扩大到原来的几倍？

分析解答：这类问题比较抽象，如果用字母推理虽然严谨，但有些学生可能理解起来有困难。如果假设一个合适的特殊值代入，化虚为实，便会峰回路转。题目

中不知三角形的底和高,使问题显得比较抽象。将假设抽象为具体的方法与字母推理的方法相结合,可以尊重学生之间的差异因材施教。

假设三角形的底边是 5 厘米,高是 2 厘米,那么它的面积是 $5 \times 2 \div 2 = 5$(平方厘米),底和高都扩大到原来的 10 倍后的三角形面积是 $(5 \times 10) \times (2 \times 10) \div 2 = 500$(平方厘米),可见面积扩大到原来的 100 倍。

五、 假设具体为抽象

> **问题 6** 把一张正方形纸围成一个圆柱体或长方体,哪个立体图形的体积大?

分析解答:假设这张正方形纸的边长为 a 厘米,则圆柱体体积为 $\pi \times \left(\dfrac{a}{2\pi}\right)^2 \times a \approx 0.079\,6a^3$(立方厘米),长方体体积为 $\left(\dfrac{a}{4}\right)^2 \times a = 0.062\,5a^3$(立方厘米)。

因为 $0.079\,6a^3 > 0.062\,5a^3$,所以圆柱体体积大于长方体体积。

六、 假设法在简便运算中的应用

> **问题 7** 计算 $9.9 + 99.9 + 999.9 + 9\,999.9$ 的结果。

分析解答:直接计算比较复杂,观察数的特点发现这 4 个数都是比较接近整十、整百、整千、整万的数,运用假设法把它们分别看作 10、100、1\,000、10\,000,再将多加的零头减去。

$$9.9 + 99.9 + 999.9 + 9\,999.9$$
$$= 10 + 100 + 1\,000 + 10\,000 - 0.1 \times 4$$
$$= 11\,110 - 0.4$$
$$= 11\,109.6。$$

以上是假设法在小学数学中的常见类型,作为数学教师平时需留意典型题目的积累,通过具有相似结构的典型题目组成题组模块,可以促使学生对假设法有较好的整体感知,认识到在不同的情境背景之下相似的解决问题思路,触类旁通、闻一知十,提升灵活运用的能力。

河北省沧州市路华小学　杨　磊

第五节 穷举法

由举引思，拨动缜密思维的"密码"

读完《小学数学与数学思想方法》第五章第五节的穷举法，让人首先想到的是穷举法对培养人思维的缜密性有着不可或缺的作用，所以古往今来人们对穷举法的思考与运用在不断延伸。

一、顺藤摸瓜，寻找古人缜密思维的妙举

从举不胜举、屈指可数两个词语可以看到古人对穷举法精辟性的概括，可以看出古人已经意识到穷举法是和罗列紧密相关的，它适用于计算次数不多的情况。运用穷举法时先要把所有情况按照一定的分类标准一一罗列而出，罗列时要注意做到既不重复也不遗漏。例如从我国古代延续至今的传统经典游戏"剪刀、石头、布"，这个游戏为什么公平，这就要把所有的情况一一穷举出来，如图 5.5.1 所示。赢有三种情况，平有三种情况，输有三种情况。古人在设计游戏的规则时巧妙运用穷举思想使游戏既公平又好玩。

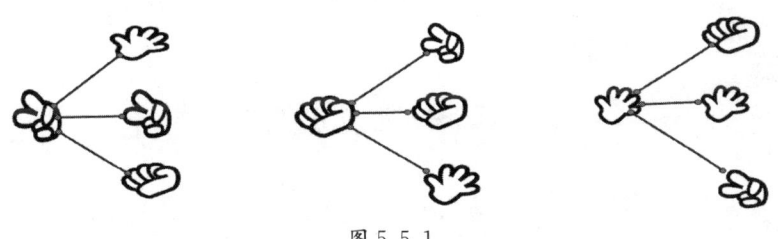

图 5.5.1

二、货比三家，点燃学生缜密思维的火花

要培养学生全面缜密的数学思维，那就要让学生经历思维碰撞的火花。而货比三家的做法可以让学生和教师对穷举思想有更进一步的理解与感悟。

例如北师大版小学数学五年级下册"包装中的学问"一课中，如图 5.5.2 所示，学生思考怎样包才能节约包装纸？班里大多数学生都采用穷举法把所有的包装方法如图 5.5.3 所示都摆出来，然后计算答案再进行比较。生活中我们常说要货比三家，数学问题的解决也经常要用到货比三家的想法，"三家"哪里来？就从解决过程中所蕴含缜密性思维的穷举法处来。

图 5.5.2

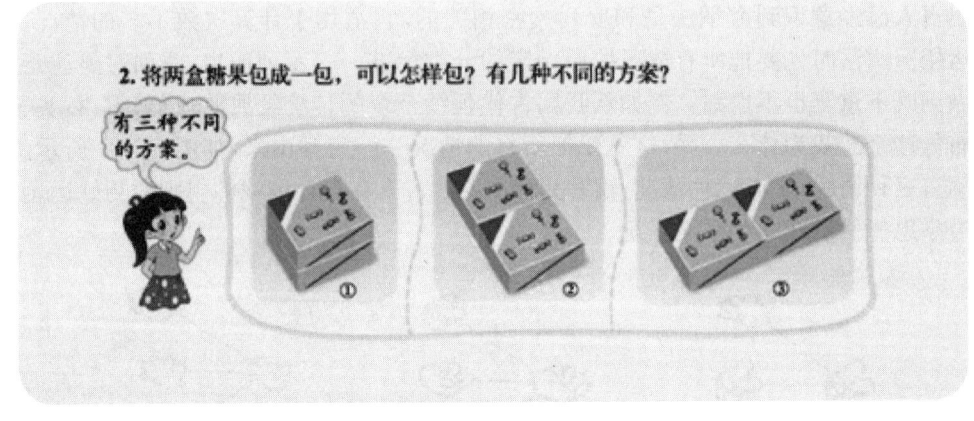

图 5.5.3

三、 见缝插针，搭建学生缜密思维的桥梁

小学生的思考受到直观形象思维的影响，对给出的材料、信息不会从不同角度、不同方向出发进行入手，难以用不同的方法或途径去分析和解决问题。这就需要教师利用手头资源见缝插针式地引导学生进入由此思彼的思考，给学生的缜密思维搭建出新桥梁。

北师大版小学数学五年级下册"分数乘法(三)"一课中有一道名题，如图 5.5.4 所示。我曾经在一本书中看到美国学生做这道名题，他们拿到这道题就当作一个小课题去研究。他们先去上网查阅一尺有多长，再去实践操作，给出的答案是这道题的结论是错的。因为他们拿一尺长的棍截到最后都截不下去了。

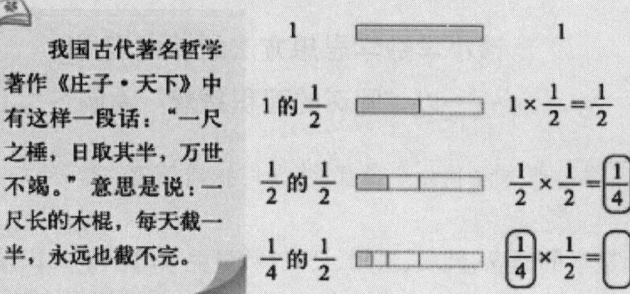

分数乘法（三）

● 读一读，想一想，剩下的部分占这张纸条的几分之几？

我国古代著名哲学著作《庄子·天下》中有这样一段话："一尺之棰，日取其半，万世不竭。"意思是说：一尺长的木棍，每天截一半，永远也截不完。

图 5.5.4

　　而我们不得不叹服庄子的丰富想象力。我们教学时，常常的教学方式是先用课件演示前3次二分之一怎么截，再让学生展开想象，想象截成厘米、毫米、微米，是不是还可以截成更小的单位，通过这种方法让学生领悟庄子这句话。

　　让学生想象截成更小的单位，对五年级学生理解起来有难度，这是非常抽象的，抽象到这种解释会让学生产生牵强附会之感。可是通过穷举，二分之一的一半是四分之一，四分之一的一半是八分之一，接着往下举，再往下举，通过举的过程发现举不胜举，通过数据来理解庄子的话。

　　美国的学生从动手实践角度出发，学生的认知是在操作感官和过程体验中发展的。其质疑意识与实验验证的动手能力让我们看到他们从小对待科学的严谨态度。而我们的教学方式却更好培养学生的抽象思维。作为一名教师更需要用穷举的思维去比较不同教学处理方式带来的教学效果，怎样取长补短，则需要教师在教学准备环节多一点缜密思考来拨动学生缜密思维的"密码"。

　　在数学的教学活动中，我们要捕捉并呈现给学生对知识学习理解的巧思妙举，让蕴含学生创新思维的成果成为点燃其他学生创造斗志的火种，让更多学生投入创造性的数学学习中。

浙江省衢州市衢江区横路中心小学　杜　煜

第六节　数学思想方法的综合应用

谈小学数学思想方法的综合应用
——以"圆环的面积猜想"为例

完善的数学思想方法犹如北极星,使人们找到正确的道路。

——波利亚

如果说,数学的概念、性质、法则、公式、数量关系等基础知识是解决问题的"兵力",那么,蕴含于这些基础知识发生与发展过程中的更深层次的知识——数学思想方法则是解决问题的"兵法"。数学解决问题能力的培养,既要重视"兵力"的调集,又要重视"兵法"的演练,才能达到闻一知十、触类旁通的效果。

小学生在解决数学问题的过程中面对一个问题可能尝试运用多种数学思想方法,这些数学思想方法之间不是完全独立的,它们相互之间有联系、有渗透,数学思想方法的综合应用有助于学生多层次、多维度地深刻理解数学的内涵本质。下面就以"圆环的面积猜想"为例,谈一谈如何进行数学思想方法的综合应用。

一、求同存异,节外生枝

1. 常规方法

六年级毕业总复习阶段梳理平面图形的面积知识会涉及到圆环的面积问题,如图 5.6.1 所示。

大部分学生解答这个题目的方法中规中矩:

$$3.14 \times (6^2 - 4^2)$$
$$= 3.14 \times (36 - 16)$$
$$= 3.14 \times 20$$
$$= 62.8。$$

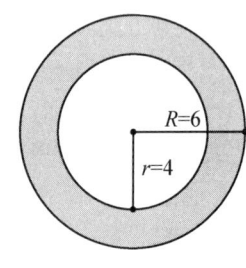

图 5.6.1

教师在这里一般会点拨学生注意:通常应用乘法分配律把 3.14 提到小括号的外面来计算比较简单。

2. 节外生枝

在集体订正之后,P 同学举手:"老师我还有不同的方法。"

$$(2 \times 3.14 \times 6 + 2 \times 3.14 \times 4) \times (6 - 4) \div 2$$
$$= (37.68 + 25.12) \times 2 \div 2$$
$$= 62.8。$$

二、 借力打力，引发思考

在 P 同学说完算式后我一时没弄清楚她是怎样想的,于是追问:"能和大家说说你是怎样想的吗?"

P 同学说:"我想象把圆环剪开再拉直,变成了一个梯形,按照梯形面积的求法求圆环面积。内圆周长相当于梯形的上底,外圆周长相当于梯形的下底,圆环的宽相当于梯形的高。"

或许 P 同学有着很好的几何直觉,但这种想法是否正确? 当时我难以定夺,决定深挖出她的思维脉络。

继续追问:"能说说,你是怎样想到这种方法的吗?"

P 同学说:"我们研究过刷房间的问题,需要粉刷前、后、左、右、上 5 个面的面积。可以想象把前、后、左、右 4 个面展开、拉直成一个大长方形,原来长方体的底面周长相当于大长方形的长、原来长方体的高相当于大长方形的宽,即底面周长×高=侧面积。我从那个问题联想到将圆环也剪开、拉直变成一个梯形,按照求梯形面积的方法求圆环的面积。"

回顾:五年级学习刷房间问题时的确讨论过这种方法,请学生们想象长方体侧面展开、拉直的过程,并亲自动手折纸,观察、操作、验证,学生有这样的数学活动经验。

显然 P 同学进行了类比推理。类比推理常常用于发现真理,但这种推理得到的结果是或然性的。

把圆环拉直? 是否真的可以变成梯形?(毕竟曲与直之间有很大的差异)背后数学的思想方法又是什么?

出乎意料的想法让我的大脑一片空白,把皮球踢给了学生:"同学们,这种想法到底是一个偶然的巧合还是必然的规律呢? 现在这种想法或许只能叫做猜想,你们能找到方法进行验证吗?"

三、 先猜后证,解释说明

1. 算术思维,举例验证

学生们很快想到了举例子验证的方法,同桌之间分别用圆环面积的一般方法和 P 同学转化成梯形面积的方法求面积,再进行比较。

① $R = 8$, $r = 5$。

$$3.14 \times (8^2 - 5^2)$$
$$= 3.14 \times (64 - 25)$$
$$= 3.14 \times 39$$
$$= 122.46,$$

$$(2 \times 3.14 \times 8 + 2 \times 3.14 \times 5) \times (8 - 5) \div 2$$
$$= (50.24 + 31.4) \times 3 \div 2$$
$$= 81.64 \times 3 \div 2$$
$$= 244.92 \div 2$$
$$= 122.46。$$

② $R = 10$，$r = 6$。

$3.14 \times (10^2 - 6^2)$ $(2 \times 3.14 \times 10 + 2 \times 3.14 \times 6) \times (10 - 6) \div 2$

$= 3.14 \times (100 - 36)$ $= (62.8 + 37.68) \times 4 \div 2$

$= 3.14 \times 64$ $= 100.48 \times 4 \div 2$

$= 200.96$， $= 100.48 \times 2$

       $= 200.96$。

③ $R = 20$，$r = 15$。

$3.14 \times (20^2 - 15^2)$ $(2 \times 3.14 \times 20 + 2 \times 3.14 \times 15) \times (20 - 15) \div 2$

$= 3.14 \times (400 - 225)$ $= (125.6 + 94.2) \times 5 \div 2$

$= 3.14 \times 175$ $= 219.8 \times 5 \div 2$

$= 549.5$， $= 1\,099 \div 2$

       $= 549.5$。

……

举出了许多例子之后，学生们大多认可这是一个规律。但是作为数学教师，我知道举例子在数学上属于不完全归纳法，得出的结论也是或然性的。

于是反问：同学们，我们举出了一些例子，即使举出 10 000 个例子都是正确的，能够保证第 10 001 个例子也是正确的吗？你们还有更好的方法能够验证这个猜想吗？

一石激起千层浪，学生们由刚才的激动、兴奋又进入了静静的思考……

2. 代数思维，字母推理

经过冷静的思考和深入的讨论学生们想出了用字母推理的方法。用字母推理得到的结论具有一般性。

圆环面积 $= \pi(R^2 - r^2)$。

想象成的梯形面积 $= (2\pi R + 2\pi r) \times (R - r) \div 2$

$\qquad\qquad\qquad\quad = 2\pi(R + r) \times (R - r) \div 2$

$\qquad\qquad\qquad\quad = \pi(R + r) \times (R - r)$

$\qquad\qquad\qquad\quad = \pi(R^2 - r^2)$。

通过用字母推理终于可以验证这个猜想了，学生们感叹这种"化曲为直"想法的神奇，一致同意把这种想法命名为"P 氏猜想"加以表彰鼓励。

3. 几何直观，帮助理解

课上的时间有限，字母推理之后就下课了。课后我的心里久久不能平静，一方面是激动于 P 同学能够想出这种与众不同的方法，另一方面是字母推理的方法虽然严谨但比较抽象，班里还有许多学生理解起来有困难。

课堂上不能只看到老师和学霸在秀聪明，怎样帮助有困难的学生理解呢？

波利亚说："抽象的道理是重要的，但要用一切办法使它们看得见，摸得着。"

如何能够形象直观地理解这种想法，成了帮助有困难学生的思考方向。查阅资料后,在某版本小学数学教材中的"数学万花筒"栏目中看到了一个例子,如图 5.6.2所示,让我眼前一亮。一个草绳编的杯子垫,沿着半径剪开,展开后得到一个近似三角形。三角形的面积相当于圆的面积,三角形的底相当于圆的周长,三角形的高相当于圆的半径。

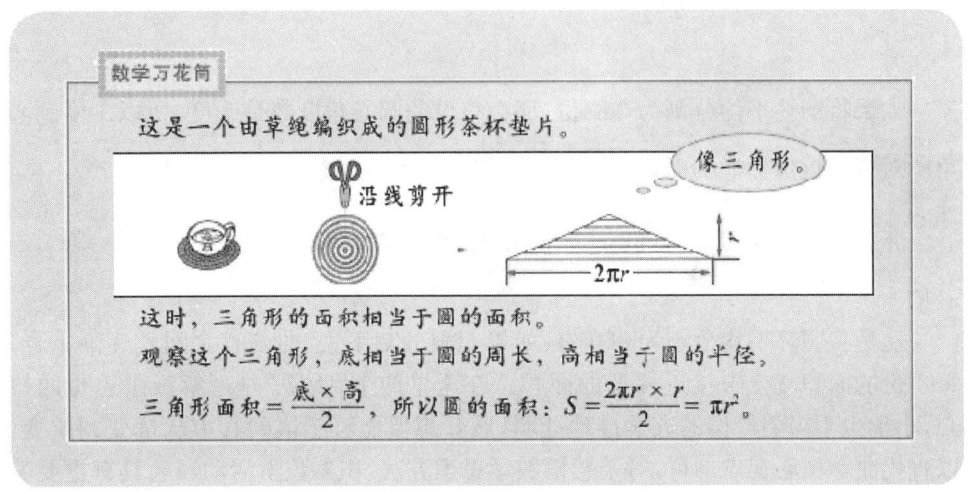

图 5.6.2

学生们借助这幅情境图,很容易想象出圆和三角形的关系。

进一步启发学生,如果杯子垫不是圆而是圆环,展开呢? 学生们在头脑中也能想象出来展开之后应该是梯形,圆环和梯形的关系也能想明白。如图 5.6.3所示,圆环可以看作两个同心圆,它们都转化为三角形以后重叠,相差部分就是梯形(上底是内圆周长,下底是外圆周长,高是半径之差),其面积也就是圆环的面积。

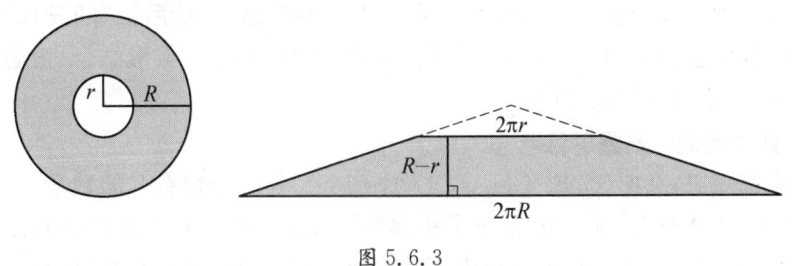

图 5.6.3

进一步演示圆环展开的 flash 动画,帮助学生们观察、验证。

4. 极限思想,量变质变

圆环面积的背后还蕴含着怎样的数学思想? 能否让小学生也感悟一下呢?

如果将圆环按如图 5.6.4所示平均分割成若干份,那么每1份相当于一个近似梯形,梯形面积 =(上底+下底)×高÷2。

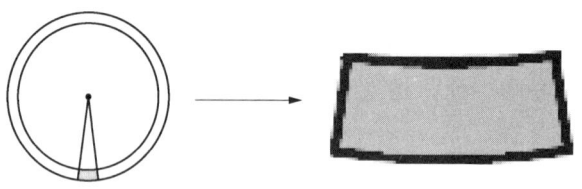

图 5.6.4

如果将圆环平均分割为 360 份,那么每份的圆心角度数是 1 度,所以 1 度圆心角所对应的近似梯形的面积 $= \left(\dfrac{2\pi R}{360} + \dfrac{2\pi r}{360}\right) \times (R-r) \div 2 = \dfrac{\pi}{360}(R^2 - r^2)$。

360 度圆心角所对应的圆环面积可以近似看作 $\dfrac{\pi}{360}(R^2 - r^2) \times 360 = \pi(R^2 - r^2)$。

这是将圆环平均分割为 360 份,如果无限分割下去,曲与直之间就逐渐重合,每 1 份的面积就无限接近梯形的面积。在这里两个"无限"是理解极限思想的核心,小学生不需要严格的数学推理证明,展开想象能够感悟到其中从量变到质变、以直代曲等核心观点即可,对于感悟数学思想方法、积累数学活动经验具有重要的意义和价值。

四、 回顾反思,提炼升华

1. 回顾反思,再发现过程

波利亚说过:先猜,后证——这是大多数的发现之道。P 同学能提出这样的猜想说明数学思想方法已经在她的头脑中生根发芽了。研究"圆环的面积猜想",学生和教师像数学家那样经历一个"再发现"、"再创造"的思考过程,这对于培养创新能力具有非常重要的作用。因此我引导学生回顾反思"先猜后证"的发现过程,帮助学生们深化感悟其中蕴含的猜想验证、推理、转化与化归、数形结合、极限等数学思想方法,积累思维活动经验。

2. 两次追问,暴露思维状态

大家都知道,高斯(C. F. Gauss,1777—1855)是一个很有名的数学家,被称为数学"天才"、"神童"。他一生发明了很多数学定理,发明了许多数学的概念和公式,我们都不理解这个人是怎么想出来的。确实有些历史学家查阅过他的日记,从日记中才知道,高斯的每一个发现和发明都做了大量的实验、大量的猜测、大量的演算,最后用定理表示出来。但他把这些计算过程、演算过程、发现过程统统都拿掉了。

历史学家的结论是,高斯是一只狡猾的狐狸,用它的尾巴扫掉了行进的足迹。大部分数学家都是高斯这样的。

本案例中通过两次追问:1.你是怎样想的? 2.你是怎样想到这个方法的? 暴

露出 P 同学的思维过程和思考方法,和其他同学共享。这样其他同学在学习的过程中不仅仅是一个旁观者、旁听生,更重要的是思维积极参与,吸收好的方法。交流、合作、分享不仅仅是形式的体现,分享好的想法能够达到相互学习、取长补短、互相传染、共同提高的效果。

3. 抓住关键,提升思维品质

陈省身先生说过:数学是自己思考的产物。首先要能够思考起来,用自己的见解和别人的见解交换,会有很好的效果。但是,思考数学问题需要很长时间,我们应该为学生提供更多的思考时间。

目前在中小学数学课堂上,常常给学生的思考时间较少,容易形成学生思维浅表化的倾向。圆环的面积猜想的整个研究过程前后大约进行了一周的时间,在关键之处舍得花时间给学生提供探索、交流、质疑的时间和空间。如果没有当初的节外生枝,恐怕也难以成就后面的精彩,持续深入的思考对学生和教师都具有重要的意义。在这个过程中师生都体验到了克服困难的喜悦,增强了学习数学的兴趣,思维品质也得到了提炼升华。

河北省沧州市路华小学　杨　磊

第六章 小学数学教学案例

第一节 一、二年级教学案例

数学思想方法在计算教学中的综合应用
——以"9加几"为例

计算存在于数学学习的每一个环节之中,学生的数学学习离不开计算,它不单单是一种技能或能力,也是一种基本的数学思想方法。在计算教学中,通过创设问题情境,对教材中蕴涵的思想方法进行挖掘,引导学生在探究过程中去感知、领会、掌握、拓展、提升数学思想方法,提高学生的思维品质和数学素养,从而达到有效的深度数学学习。教师在教学中,应引导学生在数学活动中自己发现规律和方法,在独立思考和合作交流中领悟运算方法的来龙去脉和用途,让学生充分经历将"新知"转化为"旧知"的活动过程,让学生感受到在我们的数学学习中,可以把一些复杂的内容转化成简单的内容,把一些没学过的内容转化为学过的内容,在一个个鲜活有效的活动中春风化雨般地提升,经常进行这样的渗透和蕴伏,使课堂呈现出计算方法的宽度与数学思想的厚度。数学思想方法的教学是循环往复、螺旋上升的过程,往往是几种数学思想方法交织在一起,教学中应依据具体情况加以渗透。

下面以人教版小学数学一年级上册教材"9加几"为例,谈谈数学思想方法在计算教学中的应用。

【片段一】

师:学校运动会要开始了,我们一起去参加好吗? 在出发之前郭老师先来考考你们。请口答:$9+($ $)=10$,$9+1+2=($ $)$,$9+1+5=($ $)$,$9+1+3=($ $)$。

师:观察这些算式,你发现了什么?

生：10 加上几就是十几。

师：运动场上真热闹啊,请小朋友们从上到下或从左到右,仔细观察,然后说说从例题图中你知道了什么?

让学生讨论交流：知道了什么? 各有多少? 图中的小朋友遇到了什么问题? 你是怎么知道的?

师：要解决"一共有多少盒",必须知道什么? 该怎样用算式来表示呢? 9 表示什么? 4 表示什么?

学生小组探究 9＋4＝?

分析：通过复习,调动学生已有的知识经验,为学习新知做好铺垫的同时,为渗透化归思想、培养迁移能力打下基础。

【片段二】

师：谁来说一说你们小组的想法?

各小组派代表上台演示自己的方法。

有可能出现的几种情况：

① 1, 2, 3, …, 12, 13 依次数。

② 从 9 数到 13。

分析：这里学生利用"数轴"这个模型,在数轴上继续向右"数",或者看作是向右平移若干个单位,将运算直观形象化。

③ 把箱子里的 9 盒饮料看成 10 盒,10 盒饮料加箱子外面的 4 盒是 14 盒,然后,再减去 1 盒是 13 盒。

分析：这里学生利用了假设法,假设是完整的一箱饮料,多算了 1 盒,再减去 1 盒。

④ 左边摆 9 根小棒,右边摆 4 根小棒,从右边的 4 根小棒里拿出 1 根与 9 根小棒合在一起是 10 根小棒,10 根小棒加剩下的 3 根小棒是 13 根小棒。

分析：这里把抽象的凑十法借助于实际操作,将过程具体化。通过数形结合,既强化了 9 加几的算法,又理解了这个算法的算理。

师演示凑十过程,如图 6.1.1 所示,并指名说说。

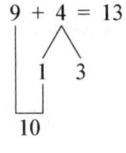

$$9 + 4 = 13$$

图 6.1.1

师生一起归纳小结凑十法的计算方法。

分析：从具体的操作过程,抽象出凑十法,建立凑十法的数学模型。

师：刚才这几种方法中你最喜欢哪种方法? 为什么?

师：郭老师最喜欢第四种方法。像这样把它们先凑成 10 再计算的方法，我们把它叫"凑十法"。老师觉得用凑十法计算很简便，为了便于记忆，我们把刚刚的凑十过程编成一首小儿歌：看大数，分小数，凑满十，加剩数。

分析：数学家华罗庚指出"数无形时少直觉，形少数时难入微"。这个过程让学生经历了从"实物直观—图形直观—数学符号"的过程。首先，把分小棒过程和凑十过程相结合，让学生理解符号的内涵，将日常语言叙述转化为数学符号语言。然后让每个学生有说话的机会，通过"说"提升学生对凑十过程的认识，通过"说"培养学生的数学表达能力。引导学生经历了数学化的过程，即建立数学模型，学生在数学学习中，初步感受符号化思想、数形结合思想。促进学生由形象思维到抽象思维的发展过渡，让学生感受到在数学学习中，可以把一些没学过的内容转化为学过的内容，经常进行这样的渗透和蕴伏，学生对数学思想肯定会逐步感悟。

【片段三】

练习 1　如图 6.1.2 所示，摆一摆，算一算。

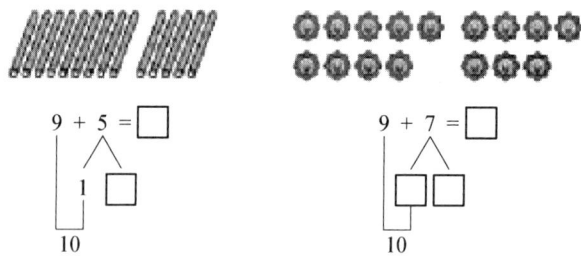

图 6.1.2

说明：借助直观图形帮助学生经过从直观到抽象的过程，渗透数形结合的思想。

练习 2　根据图 6.1.3 的算式，写出计算结果。

```
9+1+2=        9+1+5=        9+1+8=
9+3=          9+6=          9+9=
```

图 6.1.3

说明：计算出结果后，引导学生观察每组上下两个算式的异同点，渗透变中有不变的思想。

练习 3　根据图 6.1.4，在 □ 中填入计算结果。

```
      2 = □              3 = □
      4 = □              5 = □
9+ <               9+ <
      6 = □              7 = □
      8 = □              9 = □
```

图 6.1.4

说明：在学生得出结果后，引导学生观察两组算式，发现第一个加数不变，第二个加数越大，和也跟着越大。使学生体验运算的结果是随着第二个加数的变化而变化的，渗透函数思想。

【片段四】

师：今天我们学习了什么本领？9加几的算式有哪些？

生口答，互相补充，师根据回答写出9加几的算式。

师：这样看起来好乱，有什么办法让人一眼就可以看出有哪些，而且又可以做到不遗漏不重复？

$$9+2=11$$
$$9+3=12$$
$$9+4=13$$
$$9+5=14$$
$$9+6=15$$
$$9+7=16$$
$$9+8=17$$
$$9+9=18$$

图 6.1.5

分析：如图 6.1.5 所示，通过对 9 加几进位加法算式的整理、观察和比较，引导学生发现 9 加几进位加法的计算规律，提高学生的思维水平的同时，使学生初步体会推理、函数等数学思想方法。

福建省漳平市芦芝中心学校　郭碧华

 75　　　　　　　　　　**乘法口诀的秘密**

"一一得一，一二得二，一三得三……八九七十二，九九八十一。"这一组乘法口诀是我们小学二年级数学的重要教学内容。正是有了乘法口诀，所以我们中国人的口算能力大多数都比外国人强，这也是中文的优势，因为如果你用英语来记乘法口诀就不那么顺口了。

我们过去在乘法口诀表的教学中往往关注于用这组口诀来引导学生认识乘法，学习除法，脱离了乘除法就没什么可讲的了，所以学生对学这一组乘法口诀的兴趣不是太高。而我作为一名一线的数学教师，在从教二十几年后，再回过头来思考这组乘法口诀时，发现乘法口诀还可以有许多有趣的知识，可以让二年级下学期的小朋友们来学习,让他们喜欢上数学,因为乘法口诀中蕴藏着丰富的数学思想。

一、 乘法口诀中的数形结合思想

口诀:一一得一,二二得四,三三得九,四四十六,五五二十五,六六三十六,七七四十九,八八六十四,九九八十一。

方法:把从1开始的连续单数加法求和用方格表示出来,引导学生用乘法口诀快速求和。

 $1 = 1 \times 1 = 1$ （每排一个,摆一排）

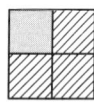 $1 + 3 = 2 \times 2 = 4$ （每排两个,摆成两排）

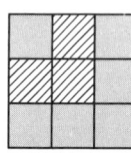 $1 + 3 + 5 = 3 \times 3 = 9$ （每排三个,摆成三排）

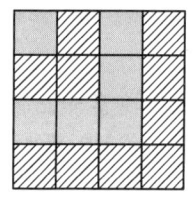 $1 + 3 + 5 + 7 = 4 \times 4 = 16$ （每排四个,摆成四排）

由此可以进一步得出:

$1 + 3 + 5 + 7 + 9 = 5 \times 5 = 25$,

$1 + 3 + 5 + 7 + 9 + 11 = 6 \times 6 = 36$,

$1 + 3 + 5 + 7 + 9 + 11 + 13 = 7 \times 7 = 49$,

$1 + 3 + 5 + 7 + 9 + 11 + 13 + 15 = 8 \times 8 = 64$,

$1 + 3 + 5 + 7 + 9 + 11 + 13 + 15 + 17 = 9 \times 9 = 81$,

......

二、 乘法口诀中的化归思想 (1)

"三四十二"是一个很普通的乘法口诀,如果不去研究它,好像没什么特别的地方,但当我教完全部乘法口诀之后,再把这句口诀拿出来讲解时,孩子们也不清楚我要干什么。

我问孩子们:知不知道"金字塔"?

有些孩子说:"知道,知道,就是埃及金字塔!"

我就说:"我们的乘法口诀也就像一个金字塔,这是一座数学金字塔,里面有好

多的秘密哟!"接下来,我写出下面一组数:

$$3 \times 4 = 12,$$
$$33 \times 34 = 1\,122,$$
$$333 \times 334 = 111\,222,$$
$$3\,333 \times 3\,334 = (\qquad),$$
$$33\,333 \times 33\,334 = (\qquad),$$
$$\cdots\cdots$$

孩子们很快找到了规律,填出了 $3\,333 \times 3\,334 = 11\,112\,222$,$33\,333 \times 33\,334 = 1\,111\,122\,222$,还继续知道了 $333\,333 \times 333\,334 = 111\,111\,222\,222$ ……一下子感受到了数学金字塔的魅力!我乘热打铁,给孩子们布置了一道回家的思考题,回家用计算器找一找,九九乘法口诀表中,还有哪一句也藏着一个像这样的数学金字塔,孩子们的热情很高,第二天,许多同学都用计算器找出了"六七四十二"这句乘法口诀。

$$6 \times 7 = 42,$$
$$66 \times 67 = 4\,422,$$
$$666 \times 667 = 444\,222,$$
$$6\,666 \times 6\,667 = 44\,442\,222,$$
$$66\,666 \times 66\,667 = 4\,444\,422\,222,$$
$$\cdots\cdots$$

三、 乘法口诀中的化归思想(2)

口诀:一九得九,二九十八,三九二十七,四九三十六,五九四十五,六九五十四,七九六十三,八九七十二,九九八十一。

这一组"9 的乘法口诀"教完后,我引导学生观察算式:$9 \times 1 = 9$,$9 \times 2 = \underline{1}8$,$9 \times 3 = \underline{2}7$,$9 \times 4 = \underline{3}6$,$9 \times 5 = \underline{4}5$,$9 \times 6 = \underline{5}4$,$9 \times 7 = \underline{6}3$,$9 \times 8 = \underline{7}2$,$9 \times 9 = \underline{8}1$。

通过观察,同学们可以发现积的前半部分比和九相乘的数少一,即"去一";积的后半部分与和九相乘的数合起来是 10。然后我介绍两个数合成 10、100、1 000 时,这两个数互为补数。补数的特点是,两个补数高位上对应的数字之和为 9,个位上数字之和为 10,例如 $36 + 64 = 100$,$247 + 753 = 1\,000$,$1\,234 + 8\,766 = 10\,000$ …… 由于凑九、凑十、去一的知识在一年级早就熟练了,只要老师一引导,连起来用,孩子们很快就学会了全九数的速算方法"去一添补":$99 \times 36 = 3\,564$,$999 \times 135 = 134\,865$,$9\,999 \times 2\,468 = 24\,677\,532$ ……

当算到 $999\,999\,999 \times 123\,456\,789 = 123\,456\,788\,876\,543\,211$ 时,全班沸腾了!

四、 乘法口诀中的化归思想（3）

口诀：一二得二，二三得六，三四十二，四五二十，五六三十，六七四十二，七八五十六，八九七十二。

方法：把从 2 开始的连续双数相加求和，用乘法表示出来，引导学生找规律快速求和。

$2 = 1 \times 2 = 2,$

$2 + 4 = 2 \times 3 = 6,$

$2 + 4 + 6 = 3 \times 4 = 12,$

$2 + 4 + 6 + 8 = 4 \times 5 = 20,$

$2 + 4 + 6 + 8 + 10 = 5 \times 6 = 30,$

$2 + 4 + 6 + 8 + 10 + 12 = 6 \times 7 = 42,$

$2 + 4 + 6 + 8 + 10 + 12 + 14 = 7 \times 8 = 56,$

$2 + 4 + 6 + 8 + 10 + 12 + 14 + 16 = 8 \times 9 = 72,$

······

五、 乘法口诀中的化归思想（4）

口诀：一一得一，二二得四，三三得九，四四十六，五五二十五，六六三十六，七七四十九，八八六十四，九九八十一。

这一组乘法口诀学完，我引导学生按规律填数。

1、4、9、16、（　　　）、36、49、64、81。

结果发现几乎全班都能填出 25 来，有的同学是求差找规律，4 和 1 差 3，9 和 4 差 5，16 和 9 差 7，所以（　　　）内的数和 16 差 9，16 + 9 = 25；还有少数同学想起了乘法口诀，告诉我，第一个数是 1 × 1，第二个数是 2 × 2，第三个数是 3 × 3，第四个数是 4 × 4，所以括号内的第 5 个数是 5 × 5。当这个孩子说到这种方法时，一脸的得意，还有好几个小朋友着急地说"我也是这样想的！我也是这样想的！"大家的学习热情高涨。

这时我就介绍道，像这组数一样，由两个完全相同的自然数（0 除外）相乘得到的数叫完全平方数。然后说了一个用这组数解决问题的例子。

一个走廊上有 10 盏灯，每个灯下方都有一个开关，开关上依次印着 1、2、3、4、5、6、7、8、9、10。走来 10 位同学，第一位同学把 10 个开关都摁了一遍，因为 10 个编号都是 1 的倍数；第二位同学把双数号开关都摁了一遍，因为双数号都是 2 的倍数；第三位同学把 3、6、9 号开关摁了一遍；第四位同学把 4、8 号开关摁了一遍；依此类推，假如原来走廊上的灯全是灭的，10 个同学走过去后，哪几盏灯是亮的？

一开始同学们最先找到 1 号灯，因为 1 号开关摁了 1 次，然后找到 4 号灯，因为摁了 3 次，在老师的引导下，当他们发现这两个都是完全平方数时，很快找到了 9

号灯。孩子们开心地笑了,我又即时把灯和人数调整到 20,他们很快就找出 16 号灯。

怎么样?乘法口诀还是很有趣的吧,学完了乘法口诀还可以用扑克牌来玩"算二十四点"游戏,这样可以进一步巩固孩子们的口算能力。

有句话叫"不管三七二十一",试一试吧!

江苏省镇江市香江花城小学　蔡正牛

开辟"数形结合"的小天地
——在小学低年级数学概念教学中渗透数形结合思想的策略研究

数学思想方法是数学的灵魂和精髓,没有数学思想的数学知识,无疑是像一盘散落的珍珠,难以发出它应有的光彩。掌握数学思想方法对提升学生的思维品质,对数学学科的后继学习,对其他学科的学习,乃至对学生的终身发展都具有十分重要的意义。数形结合在小学数学学习中是一种非常重要的数学思想方法。利用数形结合的思想方法能使数和形在学习中有机地统一起来,借助于形的直观来理解抽象的数,运用数和式来细致入微地刻画形的特征。直观与抽象相互配合、相互依存,有助于学生把握数学问题的本质,提高学生的数学学习能力和解决问题的能力。

低段学生经常以无意注意为主,更多地关注有趣、好玩、新奇的事物,再加上他们的思维大多是以形象思维为主,因此使他理解抽象知识的难度很大。在实际教学中,如果我们教师能够科学运用数形结合的思想方法,把抽象内容形象化,就有助于低年级学生理解数学的实质,提高数学的思维水平。

本文旨在探索小学低年级数学课堂教学中渗透数形结合思想的有效策略,以引起教师对小学低年级数形结合思想的重视和应用。在小学数学课堂中运用数形结合的思想方法反映了数学结果的形成过程,将数与代数、图形与几何有机地结合起来,学生的抽象思维在形象活动中得到发展。学生动手操作数形结合的过程,也就是实现自主学习、合作学习和探究学习的过程。

根据新《标准(2011 版)》改编的人教版小学数学教材有了一些新的变化和新的特点。首先在编排结构上更加合理,符合小学生学习数学的认知规律,更加易于小学生的理解。其次,新教材更加注重学生解决实际问题能力的培养。解决问题的实例也来自于和学生密切相关的生活实际。再次,新教材对"数学广角"的内容进行系统地调整,更加符合学生的思维方式和特点,更加有利于学生获取基本活动经验和基本数学思想。

新教材的变化进一步体现了课堂中学生的主体性,这就对教师提出了更高的要求。需要培养学生发现问题、自我解决问题的能力。运用数形结合的思想解读数学新教材,把"数"和"形"结合起来。"形"不一定是"图形",可以是任何一个与数或者数量相关的实物,一切可以用学生的形象思维带动抽象思维的事物。在数形结合思想的引导下,学生因为"形"理解"数",因为"数"使"形"更有生命力。教师的观念也因此发生变化,利用教材不仅仅是像原来一样教会学生怎么做题,更重要的是运用相应的数学思想解决数学问题。学生从教材中获得的也不仅仅是单纯的数学知识,更是能够影响到学生今后数学学习的基本数学思想。

数学概念是客观现实中的数量关系和空间形式的本质属性在人脑中的反映。数学的研究对象是客观事物的数量关系和空间形式。在数学中,客观事物的颜色、材料、气味等方面的属性都被看作非本质属性而被舍弃,只保留它们在形状、大小、位置及数量关系等方面的共同属性。在数学科学中,数学概念的含义都要给出精确的规定,因而数学概念比一般概念更准确。

小学数学中有很多概念,包括:数的概念、运算的概念、量与计量的概念、几何形体的概念、比和比例的概念、方程的概念,以及统计初步知识的有关概念等。这些概念是构成小学数学基础知识的重要内容,它们是互相联系着的。如,只有明确牢固地掌握数的概念,才能理解运算概念,而运算概念的掌握,又能促进数的整除概念的形成。

小学数学作为数学学习的基础阶段,概念教学尤其重要,当学生在小学阶段一旦形成不准确的概念定势,将会影响学生今后的学习。在教学实践中,由于种种原因,存在着一些误区,导致学生的一些数学概念掌握得不准确。因此在小学数学概念教学中应抓住概念的本质,促进学生建立正确的数学概念。数学概念教学对小学数学老师来说是一件较为难以把握的事情。一方面,由于小学生理解文字的水平有限,他们在理解逻辑性强的数学概念时往往会比较吃力。另一方面,小学生活泼好动,自觉性较低,面对枯燥的概念公式时会显得焦躁,缺乏理解记忆的耐性。而教师在教学中应用数形结合思想的策略能够把枯燥难懂的文字描述转化为具体、形象的图解,使得学生更容易接受和理解。要让学生形成一定的概念,需要对数学概念进行直观化的处理。在数学教学的过程当中,数和形的关系是相当紧密的,我们要懂得巧妙地将数与形有机结合,使得抽象的概念得到直观化的体现,有助于学生理解和掌握概念。即借助于直观形象模型理解抽象的数学概念以及抽象的数量关系,帮助学生感知、形成、深化概念。

一、 图形演示,注重概念引入

在小学数学概念教学中,如果能够建立抽象的数学概念与形象的图形之间的联系,把数学概念中最本质的属性用恰当的图形演示出来,把数和形结合起来,就可以丰富学生的感性材料,为建构数学概念奠定基础。学生对所学数学概念就容易理解和掌握。

在一年级上册中,学生刚学习数学知识时,教材首先就是通过数与物(形)的对应关系,初步建立起数的基本概念,认识数,学习数的加减法;通过具体的物(形)帮助学生建立起初步的比较长短、多少、高矮等较为抽象的数学概念;通过图形的认识与组拼,在培养学生初步的空间观念的同时,也初步培养学生的数形结合的思想,帮助学生把数与形联系起来,数形有机结合。在二年级上册,学生学习乘法与除法的意义时,教材通过数与物(形)的对应结合,帮助学生理解掌握乘法与除法的意义,并抽象地运用于整个数学学习过程。在以后的学习中,随着学生年龄的增长,思维能力的不断提高,数与形的结合就更加广泛与深入。

在一年级上册"数一数"的教学中,借助情境图"美丽的校园"为学生提供了校园内飘扬的红旗、高大的教学楼、和蔼的老师、活泼的学生、美丽的鲜花、宽阔的操场以及校园外飞翔的鸽子、整齐的大雁、葱郁的树木等形象的计数资源。在教学时先让学生自己观察,按照自己的兴趣数图中的人物、物品的数量。情境图中提供的每种数量的事物不止一种(如数量是 1 的,有一面国旗、一位教师、一座教学楼等)。学生在计数同一种数量的各种事物中,初步抽象出同一种数量的各种事物可以用同一个数表示,与物体的大小无关。在"1—5 的认识"时,通过数"农家小院"图中的人和物,抽象出 1—5 各数,且每个数都是在数几个具体的人或物的基础上抽象出来的。如"1"是在数 1 位老奶奶、1 条小狗、1 座房子、1 串玉米等基础上抽象出来的;"2"是在数 2 只鹅、2 个食盘、2 个筐等基础上抽象出来的。将抽象出的各个数让学生用相应的小棒摆成自己经验中的几何图形,帮助学生完成由具体到抽象、再从抽象回到具体的认识过程,初步感知 1—5 各数的基数含义。教材还提供了计数器加强学生数的概念的形成,让学生在计数器上从 1 数到 5,感受先拨 1 个珠子是 1,在 1 的基础上,再拨 1 个珠子就得到 2,在 2 的基础上,再拨 1 个珠子就得到 3……也可以用图片进行类似的操作(如摆花,先摆 1 朵,再添上 1 朵就得 2 朵……),认识到后一个数是前一个数添上 1 得到的。自然数概念的形成不是老师教会的,必须经过实际操作,在操作中感悟、体验。正如皮亚杰所说:数(自然数)不是某一个东西的名称,它是事物与事物之间的相互关系,表明的是一个物体在一个序列中的位置以及一组物体中包含了多少个物体,这种关系不是直接用语言来教的,而是儿童通过感知、操作活动在动作中体验、发现、创造的。

二、 动静结合,探究知识的形成过程

这里的数形结合,其中的"数"是我们要探究的数学概念知识,具体体现在环环相扣,步步递进的问题上;其中的"形"是问题的背景,教师借助学生熟知的能够触摸和直接感知的有形物体,作为问题的情境,增强问题的形象性,便于启迪学生的数学思维。在教师引导下,学生通过观察、比较、分析、抽象概括的过程,逐步形成新的概念。

低年级学生的抽象思维能力较弱,对数学语言描述的概念理解较为困难,我们在教学中应该多用形象的描述,创设有趣的问题情境,打些合理的比方等,努力让孩子们理解所学概念,可以采用以下一些方式来进行教学。夸张的手势,丰富的肢体语言,理解运算所蕴含的意义,区分概念的差别。在让一年级的孩子认识加减法的时候,我举起双手像音乐指挥家一样,左边一部分,右边一部分,两部分合在一起就用加号,加号就是横一部分,竖一部分组合起来的,减法则反过来展示。孩子们看得有趣,记得形象,不但记住了加减号还明白了加减号的用法。在教二年级孩子感受厘米和米时,我让孩子们学会用手势来表示 1 厘米和 1 米,使得孩子们在估计具体物体的长度时有据可依。形象生动的讲解,让孩子们自然接受数学符号。教师的语言讲解也要力求符合学生实际,特别是第一次描述时,教师一定要斟字酌句,尽可能用孩子能理解的数学语言简洁地描述,因为对于第一次接触新概念的孩子们来说,第一印象是最为深刻的。当然在适当的时候我们也可以让孩子们根据自己的理解来说一说对概念的解释,一方面同龄人的解释会让孩子们对概念的理解更为容易;另一方面也可以锻炼一下孩子的数学语言表达能力。

我们要牢记:孩子们的数学概念应该是逐级递进、螺旋上升的。很多时候孩子对于部分数学概念,只要能意会不必强求定要学会言传。大多情况下,孩子们对 20 或者说是 100 以内的数字能读会写,但却没有什么概念。实际上,动手操作恰好是让孩子们明确概念的有效方式。比如,在教孩子们理解 20 的概念的过程中,老师不仅要自己做演示,更重要的是也要让孩子们自己动手操作。先让他们摆出小棒,从 11 一直数到 19,然后慢慢地向孩子们演示在 19 根小木棒上加一根小木棒是一捆十根的小木棒加十根小木棒,再将十根小木棒捆成一捆,于是就变成两捆,也就是两捆十根的小木棒,即 20 根小木棒。这个过程能让孩子们清晰地了解到 19 再加 1 就是 20 了,这对孩子们以后理解 60、70 等更大的数有很大的帮助。让孩子们知道数位之间的顺序以及各自的概念。

三、 画图体验,揭示概念本质

小学生由于生活经历少,常常不能借生活经验把实际问题转化为数学问题,从而来理解数学概念。因此教师要根据教学内容的实际情况,引导学生利用直尺、三角板和圆规等作图工具画出已学过的图形,通过动手作图,帮助学生建立表象,从画图体验中领悟概念。通过作图观察、比较分析,可以发展学生的空间观念,培养学生分析、综合、抽象、概括的能力。

低年级小学生理解能力和分析能力都有限,线段图不仅能帮助孩子读懂题意,理解题意,还能使题目中的数量关系更明朗、更形象、更直观,可见线段图还能帮助孩子提高分析问题的能力。像小学低年级的很多问题可以用画实物图来解决。如,有 10 个小朋友排队做操,从左边数起小红排第 5 个,从右边数起小红排第几?

对于这样的问题可以画出实物图(⊙⊙⊙⊙◎⊙⊙⊙⊙⊙),帮助学生理解和解决问题。还有像"比()多()"、"比()少()"的低段问题的难点,难在学生一看"比()多()"不加分析就判断用加法计算,反之则用减法计算。但通过画线段图,就能避免学生出现这种错误判断。例如,教学反叙的应用题"白兔有 20 只,比黑兔多 5 只,黑兔有几只?"时,可先引导学生根据"比"字句判断什么多,什么少。学生根据"白兔比黑兔多 5 只,"得出"白兔多,白兔比黑兔多;黑兔少,黑兔比白兔少"这一表象,然后再据此画出表示相比较的白兔只数和黑兔只数的线段图,标出各个数量,见图 6.1.6。

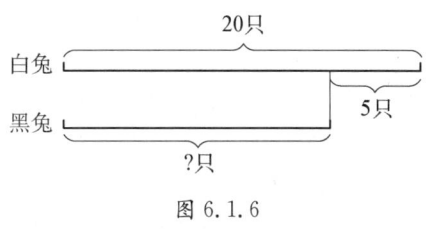

图 6.1.6

通过线段图,学生知道白兔数量可分为两部分,一部分是和黑兔同样多的,一部分是比黑兔多的,也就是说,从白兔数量中去掉 5 只,就和黑兔数量同样多。所以,黑兔的只数是 $20 - 5 = 15$(只)。

画图体验最重要的是要引导学生在作图过程中体验和领悟、探究和发现、把握和发展数学概念。让作图过程成为促使学生获得成功的体验并提高学生学习兴趣的过程,让学生在"再发现"中学会"再创造"。

从上面三点中所谈的借助图形的直观和形象有利于小学生理解数学概念的论述,我们可以看出,在小学阶段的数学教学中,让数形结合时时出现在你的概念教学中是很必要的,也是我们在教学中取得良好效果的最有效的措施,我们不妨拿来尝试利用一下,也许会使你的教学收到事半功倍的效果。

浙江省温州市龙湾区屿田实验小学　诸东微

挖掘数学思想,增强方法意识

作为一名数学教师,说实在话,说起数学我更多想到的是做题,不管是计算题还是解决问题,仿佛没有很深刻地去思考过蕴含在知识中的数学思想方法。读了这本书后,知道了数学思想其实一直与我们如影随形,即使是在一年级的教材中也蕴含了很多的数学思想,如符号思想、抽象思想、分类思想、数形结合思想,甚至还有我自以为在高年级才会有的函数思想。明白了数学知识是数学思想的载体,数学思想是数学知识进一步的抽象概括。于是我回过头去梳理了自己曾执教过的一年级教材,哪些知识中体现过什么数学思想。

一、 分类思想

以西师版小学数学一年级下册"分一分"的教学为例。

师：孩子们，你们能把面值为一分、五分、一角、五角、一元的硬币和面值为一分、五分、一角、五角、一元的纸币分一分吗？

孩子们经过认真思考后，用自己准备好的学具兴趣盎然地动起手来。我这时在旁边观察，看到孩子们有的是把硬币分为一类，纸币分为一类，这是按照材料的不同来分的；有的是把以"分"为单位的分一类，以"角"为单位的分一类，以"元"为单位的分一类，这是按单位不同来分的；还有的是把面额相等的分为一类。

孩子们在分一分的直观操作过程中，不仅学会了分类一定要按照一定的标准分，还必须做到要把物体分完，没有剩余。这时分类的数学思想已经在孩子们的心里悄然发芽了。

再如图 6.1.7 与图 6.1.8 所示，这些教学内容，其实也是分类。

图 6.1.7

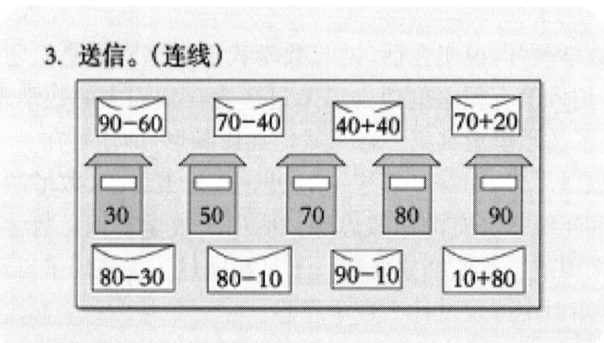

图 6.1.8

小学数学思想方法解读及教学案例

"上学"这道题涉及的解决问题的方法：判断一个数是否小于 50，只需要看十位上的数，如果小于 50 就该进幼儿园，反之就该进小学。"送信"这道题也是属于分类，得数相同的信进同一个邮箱。

再如我们在教学一年级上册"数的组成"时，就可以引导学生思考怎样才能不重复不遗漏地写出数的所有组成。这时学生能够充分地感受到分类思想的优势和有条理思考的优越性。

二、 数形结合思想

"数无形时少直觉，形少数时难入微。"我把孩子们一路从一年级带到三年级，我体会到在教学中渗透数形结合思想对低年级的孩子的重要性。

一年级上册，孩子们认识数，其实经历的是具体—半抽象—抽象的思维过程，各种实物和图形作为直观工具能帮助他们很好地经历思考过程，掌握知识和解决问题。在认识数的时候，我们都可以用小红旗、小动物、小棒等帮忙。16 颗草莓用数字 16 表示，20 颗珠子用数字 20 表示。数字 2 不仅可以表示 2 个人、2 只笔，还可以表示 2 本书、2 面红旗等等。在比较大小的时候，也可以用学具来帮忙。孩子们能够通过摆——对应的圆片理解谁多谁少，甚至是谁比谁多多少，谁比谁少多少。

在教学认识图形时，我们可以用数的量化来表述形。如这些图形都有几个顶点，几条边。

在学习加减法时同样也能渗透数形结合思想，如左边开来 2 辆车，右边开来 1 辆车，一共有几辆车？

孩子们用小棒代替小汽车摆一摆这个情景，明白了要算一共有几辆车，就要把 2 部分的车合起来，2 根小棒与 1 根小棒合起来是 3 根，那么一共就有 3 辆车，从而理解了 $2+1=3$ 的道理和方法。

同样的，在教学减法时，我们也离不开直观的教学。

3 个孩子在荡秋千，走了 1 个孩子，还剩几个孩子？

孩子们用 3 根小棒表示 3 个孩子，走了 1 个，就拿掉 1 根小棒，这时还剩下 2 根小棒，也就是还剩下 2 个孩子，用算式表示是 $3-1=2$。孩子们在直观的操作中理解了用减法计算的道理和方法。

通过学习我还知道了统计图表其实是数形结合的产物。统计图本身就是数形结合思想的体现，它把抽象的枯燥的数据直观地表现出来，便于分析和决策。

在一年级的教材中还有很多数学思想通过不同的内容体现出来。有人说：教师站的高度决定了学生发展的长度。如果要很好地在教学中渗透数学思想，还需要自己把藏在数学知识背后的数学思想挖掘出来，这样才能增强自己应用思想方法的意识，从而改进教学方法，提高学生的数学素养。

重庆市北碚区东阳小学　唐　为

第二节 三、四年级教学案例

基于数学思想方法的案例研究
——以集合思想为例

集合是近代数学中的一个重要概念,集合思想作为现代数学思想已向小学数学教材进行渗透。集合思想包括子集思想、交集思想、并集思想、差集思想、空集思想、一一对应思想等等。在解决某些数学问题时,如果运用集合思想,可以使问题解决得简单明了。特别是维恩图,作为集合问题解决的一个常用工具图,能直观地展示几个集合之间的关系,简明扼要地展示解决问题的思路。但是,集合思想对于小学生来说,是比较抽象难懂的。那么,如何设计好数学活动,让学生在活动中领悟到集合思想,并运用集合思想与方法解决实际问题呢? 为此,我以"交集思想"为例展开了对这个问题的研究。

下面是人教版小学数学三年级上册第 104、105 页的数学广角——集合一课"重叠问题"的课堂实录。

一、 课前准备

1. 师生互动了解情况。
2. 生在白纸卡上写自己的名字。

二、 课堂实录

(一) 活动导入新课

师:今天,老师给小朋友讲一个有关圆圈的故事(板书:圆圈),出示如图 6.2.1 所示的实物绿圈圈、红圈圈(绿圈圈里住 4 颗棋子,红圈圈里住 3 颗棋子)。

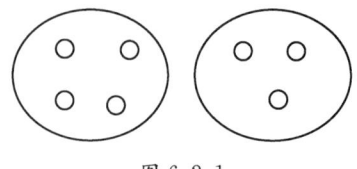

图 6.2.1

师:现在两个圈圈里一共是几颗棋子?

生:7 颗,我算出来的 $4+3=7$。(板书:$4+3=7$)

师:可能同学们心里在想,老师这游戏太小儿科了,我们幼儿园就会了。不要着急,游戏马上升级,听好了,还是这两个圈,还是这 7 颗棋子,变一变,让绿圈圈里有 5 颗棋子,红圈圈里还是 3 颗棋子。(板书:5、3)

生 1 上台从红圈圈里拿 1 颗棋子放入绿圈圈。

生 2：红圈圈只有 2 颗棋子了。

师：老师采访一下你，为什么要从红圈圈里请 1 颗棋子到绿圈圈里？

生 1：因为绿圈圈里要有 5 颗棋子。

师：看来问题来了，绿圈圈需要红圈圈借给它 1 颗棋子，但这么借的话，红圈圈就少了 1 颗棋子，两个圈都需要这颗棋子，这颗棋该怎么办才好？

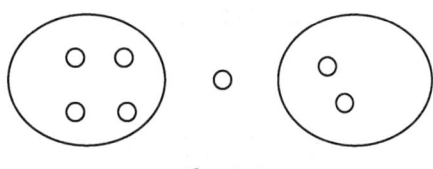

图 6.2.2

生：放中间。（师把棋子放在两个圈的中间，如图 6.2.2 所示）

生：不对不对。

师：哪里不对了？

生：这样放的话，绿圈圈只有 4 颗，红圈圈只有 2 颗，它们都少了 1 颗棋子。

师：那这颗棋到底何去何从？不要着急，有时静下心来想一想，你就会有两全其美的好办法。

（热闹的课堂很快安静下来，同学们陷入了沉思。）

一生上台移动红圈圈，两个圈圈交叉在一起，然后从红圈圈里拿出一颗棋子往中间一站，如图 6.2.3 所示。

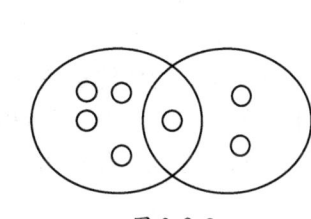

图 6.2.3

师：我们来数一数，绿圈圈有……

生：5 颗。

师：红圈圈有……

生：3 颗。

师：达到老师的要求了吗？

生：达到了。（师用动画演示摆放的过程）

师：今天，老师长见识了，原来 5 加 3 还可以等于 7。（板书：5＋3 ＝7）但 5 加 3 真的等于 7 吗？

生：不等于。

师：怎么"8"就变成了"7"呢？

生：中间的棋子重复了。（板书：重复）

师：你说的重复是什么意思？

生：中间的棋子，我们数"5"时数到了它，数"3"时也数到了它，多数了 1 次就是重复了 1 次，所以要减"1"。（板书：5＋3－1＝7）

师：那这个减"1"是不是把中间的棋子减掉？

生：不是，减去的是重复的次数。

师：这个游戏有意思吗？

生：有意思。

师：一开始，你们觉得太小儿科，现在觉得有意思，是谁在帮我们？

生：圆圈。

师：那圆圈还可以帮我们玩哪些游戏，我们接着玩游戏。

（二）游戏设题，直观感悟

师：请拿到红卡的同学举一下手，帮老师数一数一共……

生：5人。

师：拿到绿卡的同学举一下手，帮老师数一数一共……

生：6人。

师：那现在拿红卡和绿卡的一共是……

生：11人。

师：现在请拿到卡片的同学带着自己的名字卡以及红绿卡上台给大家确认一下。都上来了吗？帮老师看看有没有11人？

生：只有9人。

师：怎么只有9人呢？

生：有2人拿了2种卡。

师：有2人拿了2种卡，所以"11"就变成了"9"，是这样吗？口说无凭，老师喜欢把事情弄得清清楚楚，我们来验证一下，请拿到红卡的小朋友到老师这边来，举起你们手中的红卡让下面的同学确认一下。

师：我们来数数，几人？

生：5人。

师：大家对号入座，把你们的名字卡放在红卡下面。

师：拿到绿卡的小朋友把名字卡放在绿卡下面。

师：有2人跑来跑去是什么意思？

生：他们拿了两种卡。

师：那他俩站哪合适？

生：站中间。

师：他们人站中间了，那他们的名字卡片。

生：放中间。

（名字重复的学生自己移动名字卡到中间。）

师：同学们看问题解决了吗？

生：解决了。

师指了指9个人和11张名字卡：这里"11"，这里还是"9"，解决了吗？怎样才能把这"11"变成"9"？

一生上台淘汰2张重复的名字卡。

师：你是怎么想的？

生：因为有两个名字重复了，这两张名字卡是同一个人，这两张名字卡也是同一个人,所以要拿掉重复的。

师:通过大家的努力,"11"终于变成"9"了,你们有什么办法能让大家一眼就知道哪些人是拿红卡的?

(一生上台来拿红圈圈去套名字卡,发现小了,于是改成用红笔画圈。)

师:能不能一眼看出几人?

生:能,5人。

师:那拿绿卡的怎么办?

(一生上台用绿笔画圈。)

师:画得真好,但这两个圈圈为什么会相交?

生1:因为有人重复了。

生2:因为有人拿了两种卡。

生3:因为中间的同学既拿了红卡又拿了绿卡。

师:这个既……又……用得真好,有了这个"既又先生",两个圈圈才会相交。(板书:既……又……)

师:你们看,小圈圈又来发挥它的作用了。真好,这两个圈这么一画,我们就一目了然。现在我们能看图求出一共有多少人吗?

生独立完成后,指名不同算法的同学上台板演。($6+5-2=9$,$5+6-2=9$,$4+2+3=9$)

师:我们一起看看这些同学是怎么想的,先来看 $6+5-2$,大家有什么问题要问他?

生1:"5"在哪,表示什么?"6"在哪,表示什么? 为什么"-2"?

生2指着画好的图说:"5"表示有 5 人拿红卡,"6"表示有 6 人拿绿卡,"-2"是因为重复了 2 人。

师:我也提一个,前面的算式都"-2",为什么 $4+2+3$ 这道算式里却是"+2"?

生3:前面的算式都"-2"是因为这个"2"表示重复了 2 人,而 $4+2+3$ 这道算式里的"4"表示只拿了绿卡的,"3"表示只拿了红卡的,"2"表示既拿了红卡又拿了绿卡,他们没有重复。

师:说得太好了,掌声在哪里? 听懂他的意思没? 谁懂他,来说说。

生4:就是重复的时候要"-2",没有重复时就不用减。

师:你是这个意思吗?(生3点点头)看来你还真懂他了。

师:同学们,这次是谁帮我们解决问题,理解算式的。(圆圈)其实这圆圈图,数学家很早就开始用了,是英国的数学家维恩(John Venn,1834—1923)发明的,所以它也叫维恩图。(多媒体介绍维恩)

师:刚才我们就是利用维恩图解决了重复 1 个,重复 2 个的问题,那我们大胆地猜想一下,重复 3 人时会怎样?

生:减 3。

师：图是什么样呢,我们一起来看看(多媒体演示)。4人重复呢?

生：减4。

师：5人重复?

生：减5。

师：在这幅图里最多重复几人?

生：5人。(多媒体演示图的变化。)

(三) 思维拓展练习

师：故事讲到这儿真是越来越有意思了,我们记得第一次见绿圈圈、红圈圈时,它们一个里住着4颗棋子、一个里住着3颗棋子,那时它们的关系是你就是你,我就是我。游戏过后,他们相识相交,两个圆圈重叠在一起,于是你中有点我,我中有点你。谁知故事的最后大圈把小圈给吃掉了。(师边讲述边多媒体演示,如图6.2.4所示。)

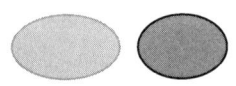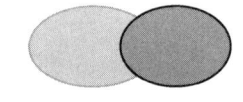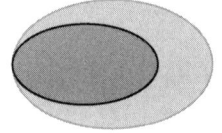

图 6.2.4

师：以后我们可以用这些圆圈解决生活中的重叠问题。生活中还有这样重叠的事吗? 你们能指着图讲这样的故事吗?

师：老师先示范一个,上体育课时,小朋友们排好队后,从前面数小明排第5个,从后面数小明也是排第5个,这一队一共多少人?

生：5+5-1=9,一共是9人。

师：为什么要"-1"?

生：小明被重复数了,所以要"-1"。

师：那生活中这样的故事多吗? 先同桌之间互相说说。

(同桌之间互相说,再指名汇报。)

生1：做课间操时,小朋友们排好队后,从前面数小明排第7个,从后面数小明也是排第7个,这一队一共多少人?

师：真好,谁还有不一样的?

生2：参加唱歌小组的有15人,参加科技小组的有18人,既参加唱歌小组又参加科技小组的有5人,参加课外小组的一共有多少人?

生3：拿红花的有6人,拿黄花的有9人,既拿红花又拿黄花的有3人,拿花的一共有多少人?

......

(四) 归纳总结

师：说得完吗? 是啊,生活在继续,圆圈的故事不会结束,圆圈图在生活的大舞台上,会成长,会成熟,会有一个新名字叫集合。今天我们用圆圈图解决的重叠问题也叫集合问题。

三、 我的思考

集合思想是一种重要的数学思想,为了将这一思想巧妙自然地渗透给学生,收到良好的教学效果,本课我设计了一环扣一环的游戏活动。

1. 借助游戏故事,在愉悦的氛围中引发兴趣。在本节课中,我抓住小朋友们爱听故事、爱玩游戏的心理特征,在引入新课时,以红圈圈、绿圈圈的故事开始,并在故事中穿插棋子游戏。课后,听课教师议论的焦点是"棋子游戏的导入是否太难了""这节课的设计出彩,就是一开始拔得太高"。是啊! 在"棋子游戏"中,设计的"还是这 7 颗棋子,变一变,让绿圈圈里有 5 颗棋子,红圈圈还是 3 颗棋子"的这个问题打破了学生之前的学习经验,7 到底要怎样才可能等于 5+3 呢? 这是一个挑战性的问题。本人认为正因为有挑战,学生才有了探究的兴趣,于是就很自然地开始思考"怎样做既能让绿圈圈多 1 颗棋子,又能让红圈圈里的棋子还是 3 颗呢?"通过观察、思考、动手操作后发现只要两个圈圈交叉到一起就解决问题了,而这一问题的解决让学生对交集思想有了初步的感悟和认识。

2. 探究活动二"贴名字"。在贴名字的活动中会产生名字的个数与人数不一致的认知冲突,学生能很快地找出重复数,一部分学生还能立刻用计算解决问题。本课要求不仅要掌握计算方法,更重要的是引导学生利用集合思想解决重叠问题,并在解决重叠问题的过程中让学生体会集合思想,而维恩图作为交集思想的载体,直观形象一目了然(能让人一眼就看出重叠的部分),这么重要的工具怎么样让学生自己构建? 我设计了"你们有什么办法让大家一眼就知道哪些人是拿红卡的?"这个问题,因为有了情境活动和棋子游戏的经验,学生能立刻想到画圈,维恩图很自然地在学生手下出现了,而维恩图的出现让学生有了更多的解答方法。后来通过理解各种计算方法的意义来加深理解集合图各部分的含义,将集合的数学思想渗透给学生,变成学生的思想。

点评:

数学广角——集合的研究价值在于以生活中此类问题为载体,经历问题解决的完整过程,从而向学生渗透一些数学方法及思想,使其掌握分析、解决问题的一般方法,积累数学活动基本经验。

邱娟老师执教的"重叠问题"一课有以下几个鲜明的特点:

1. 创造性地使用了教材

邱老师大胆地摒弃了教材中的"统计语文、数学小组的人数"的教学素材,采用"绿圈圈、红圈圈圈棋子"及"贴名字"等一系列学生感兴趣的学习素材。高质量的问题情境是学生数学思考的催化剂,"生活化"与"数学味"相得益彰——对教材的深度挖掘与再次加工开发是本节课的亮点。教学中学生一双双高举的小手，一个个自信的问答，一张张怡人的笑脸也验证了这样的改编是成功的。

2. 创设了一系列高质量的数学活动

《标准(2011版)》明确提出数学教学要关注"四基"目标，基本的数学思想方法与活动经验从哪儿获得？顾名思义，从活动中来。邱老师从数学广角的教学的本质出发，设计了一个个高质量的数学活动，以学生自主构建维恩图为主线，让学生在过程中体验集合思想，掌握解决问题的方法。导入环节，邱老师设计了用两种颜色的圆圈圈棋子的活动，棋子数与两圈圈中棋子总数不一致，从而产生"冲突"，引发学生积极的探究欲望，学生在满足绿圈圈的需求与维护红圈圈自身利益冲突中，自觉地把红圈圈与绿圈圈交叉，借助"红、绿圈圈"这两个"平台"，学生初步感受到了"交集"思想。

在接下来玩游戏"贴名字"的环节，当学生面临新的冲突，自觉地运用了上一环节的经验，借助绿圈圈与红圈圈来解决问题，此时，集合思想已在学生心中萌芽、扎根！事实上，如果没有红绿圈作为铺垫，试图让学生去自主"发明"集合圈是件很困难的事情，而集合圈长什么样并不重要，重要的是引导学生感悟其背后的深刻的数学思想，因此红绿圈圈的适时运用成了学生有力的"脚手架"。将活动设计于学生的"最近发展区"是本节课的又一精彩亮点。

在拓展部分，邱老师设计了以集合图为蓝本让学生说"故事"的环节，让学生感受到原来生活中有那么多的"重叠"现象，从而实现了数学知识与生活经验的顺利对接。接下来用故事的形式展现集合图的几种样子，再指图说生活中重叠的故事，让学生明白了"原来小圈还可以被大圈吃掉"，这个设计看似随意，实则用心，它进一步拓展了学生对集合思想的认识和理解。正是有了这一环扣一环的情境活动，学生对重叠问题的了解一步又一步地深入，对交集思想的体会一次又一次地深刻。

执教：湖南省涟源市蓝田办事处中心学校　邱　娟

点评：湖南省涟源市育才实验学校　谢炤阳

79 在课堂中有效渗透数学思想方法
——四年级"三角形的特性"课堂实录及思考

一、背景分析

对学生的课前调研表明，几乎所有学生都认识三角形，能够在一堆散乱的图形中找到三角形。部分学生还能说出三角形的外形特征，但仅仅从形的角度认识三

角形,没有从抽象的角度去认识三角形,对三角形的认识更多地停留在生活层面,教师必须帮助学生把零散的生活经验转化为数学知识,借助数学思想方法促进学生理解三角形的特性,使学生对三角形的认识由感性到理性。基于此,教师制定了如下教学目标:

(1) 使学生在观察、操作、比较等活动中认识三角形,知道三角形的特征及三角形底和高的含义,会在三角形内画高,体会归纳推理和演绎推理思想。

(2) 通过实验,使学生知道三角形的稳定性及其在生活中的应用,感受几何变换思想和转化思想。

(3) 培养学生观察、操作的能力和应用数学知识解决实际问题的能力,培养学生模型思想。

重点:理解三角形的定义;认识三角形的底和高,会在三角形内画高。

难点:对三角形稳定性的正确理解;以对应思想理解三角形的底和高。

二、 课堂实录

1. 课前活动,揭示课题

师:黑板上有一副七巧板,大家观察一下,有哪些图形,又分别有几个?

生:有一个正方形,一个平行四边形,五个三角形。

师:总共七块,其中就有五个是三角形,利用这七块板的平移、旋转可以拼出各种图案,谁来试试?

师:同学们思维很活跃,一下子就拼出了一个大正方形,老师把他拼的图形其中一部分移动一下位置。看,现在是什么图形了?

生:三角形。

设计意图:学生从二年级上册就开始接触七巧板,四年级上册又有一次较深的操作体验。以七巧板导入,贴近学生的生活,不仅能活跃气氛,使学生积极参与活动,而且在游戏过程中,利用图形的平移、旋转等体会几何变换思想,顺利引出课题。

2. 联系生活,情境导入

师:生活中大家哪里见过三角形?

生:路边的路牌。

生:自行车。

生:篮球架上。

生:我们看到的屋顶。

师:老师准备了几幅图片,看谁能最快找到三角形。

(课件每次显示一张图片,学生找到三角形后动态显示。)

设计意图:从生活情境入手,考查学生平时的观察力,在图片中寻找三角形,要求学生有一定的抽象思想,同时使学生感到学习数学是有用的,数学就在我们身边。

3. 操作感知，理解概念

师：这几个三角形的大小、形状一样吗？

生：不一样。

师：那怎么都叫三角形呢？它们有什么共同点吗？

生：它们都有 3 条边，3 个角，3 个顶点。

师：大家手边有三角形吗？

生：有，三角尺！

师：跟着老师来摸三角尺，感受一下三角形的 3 条边、3 个角、3 个顶点。

之后，学生练习画三角形，并如图 6.2.5 所示标好三角形各部分名称。

（展示 2 个学生作品。）

师：大家都画得不错，老师也来画一个。

（课件展示动画过程。）

图 6.2.5

师：先在白纸上画 2 个点，然后把 2 点连结起来，形成了一条什么？

（多数回答为直线，部分回答为线段，停顿后都更正为线段。）

师：红色两点代表什么？

生：端点。

师：在线段外再画一个点，和刚才画的第二个点连结起来，最后把剩下的两点连结起来，共画了几条线段？

生：3 条（板书：三条线段）。

师：谁来说说老师这个三角形是怎么画的？

生：是由 3 条线段连接起来的。

师："连接"这个词说得好。如果老师让三个同学手拉手形成一个圈，可以说他们怎么形成了一个圈？

（个别学生说围成了一个圈。）

师："围成"了一个圈，这个动词用得非常恰当！这里我们也用"围成"来替代"连接"这个词。（板书：围成）

师：每条线段有几个端点？

生：2 个。

师：老师刚才画了 3 条线段，应该有几个端点？

生：6 个。

师：那现在我们怎么只看到了 3 个点呢？

生：因为有 3 个点重合了。

师：理解很到位！我们看，这点把第一条线段和第二条线段连接起来了，而这点把第二条线段和第三条线段连接起来了,最后这点把第三条线段和第一条线段连接起来了。这样我们说每相邻两条线段的端点相连。(板书:每相邻两条线段的端点相连)现在请大家用一句话来概括三角形是一个怎么样的图形?

生:三角形是由三条线段围成的图形,而且每相邻两条线段的端点相连。

(课件显示三角形定义,生齐读。)

师:现在比比谁对三角形的定义理解得最好。老师每次出示一幅图形,如果你觉得它是三角形,请举"OK"的姿势,如果不是,请举"拳头"的姿势,并说明理由。如图6.2.6所示。

第一幅

第二幅

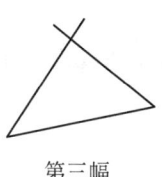
第三幅

第四幅

图 6.2.6

生(第一幅):(举"拳头")因为它有一条不是线段,是弯的。

生(第二幅):(举"拳头")它没有围成。

生(第三幅):(举"拳头")它每相邻两条线段的端点没有相连。

生:但我看到了一个三角形。

师:是的,但我们看到的这个三角形是有2条线段交叉形成的,不是线段端点相连形成的(师同时两手做手势),所以整个图形不是三角形(强调整个图形)。

师(第四幅):大家都认为是三角形。那把它旋转一下(动画展示,如图6.2.7所示),还是刚才那个三角形吗?

生:是。

第四幅第一次旋转
图 6.2.7

第四幅第二次旋转
图 6.2.8

师:再旋转一下(如图6.2.8所示),还是原来的那个吗?

生:是。

师:三角形只要符合定义,不管怎么摆放,它都是三角形。请检查自己刚才画的三角形符合三角形的定义吗?

设计意图:这个活动中,多处渗透了数学思想方法。首先利用归纳推理寻找不同三角形的共同特点,之后用动态画图过程归纳总结出三角形定义,然后用演绎推理的方法判断一个图形是否是三角形,最后利用几何变换思想中的旋转来达到两个目的,一是说明三角形的定义跟位置无关,二是为后面底边不水平的三角形画高提供铺垫。整个活动,使学生对三角形的认识从感性逐步过渡到了理性。

4. 实验解疑,探索特性

师:请大家拿出上课之前老师发给大家的信封,里面有 2 个不同的学具,同桌一人拿一个,绿色的拼接条请先放在一旁。

师:请拿到三角形的同学把三角形举起来,大家看一样吗?

(学生拿起来时,举的边并不是同一条,学生有些疑惑,个别学生答不一样。)

师:(把 2 个三角形放到投影仪下)这 2 个看上去不一样的三角形,把这个旋转一下,现在一样了吗?

生:一样。

师:现在请拿到另一个学具的同学把学具举起来!咦,怎么都有点不一样?你手里的是什么形状?

生:长方形。

生:平行四边形。

生:四条边挤在一起了,快成一条线了。

师:奇怪,老师放进去的时候明明是一个三角形和一个长方形,怎么现在三角形还是原来的样子,而长方形变样了呢? 大家动动手,能发现其中的奥秘吗?

生:三角形怎么拉也不变形,而长方形轻轻一拉就变形了。

师:我们把三角形这种不容易变形的性质称为三角形的稳定性。但三角形的稳定性不等同于牢固性,平行四边形把它的四个顶点固定住,它也不会动了。三角形的稳定性指的是三角形的三条边确定后,它只能组成一个三角形,不会有别的三角形,但平行四边形的四条边确定后,像这样可以随意变成不一样的平行四边形。(边说边演示教具)

师:生活中三角形应用这么广泛,是否跟三角形的稳定性有关联呢,我们来看一下最初看到的几幅图片。(课件展示图片)

师:看来,三角形的稳定性在生活中的确应用广泛。看,小兔子和小猴子各围了一个篱笆,你觉得谁的方法更牢固(见图 6.2.9 所示)?

围篱笆。

图 6.2.9

生：小猴子的篱笆牢固，因为小猴子围的是三角形结构的，三角形具有稳定性。

师：那谁能帮小兔子想个办法，让小兔子的篱笆也牢固些呢，大家可以拿手里的学具做试验。

生（手拿学具讲解）：像这样，在平行四边形这里加一根，形成 2 个三角形，三角形具有稳定性，它就不动了。

设计意图：通过投影仪旋转三角形，又一次体会几何变换思想，再次为底边不水平的三角形画高提供铺垫。回顾开头图片，首尾呼应，明白生活中的很多物体都是利用三角形的稳定性来制作的，是一种模型思想的体现。学生动手实践，给平行四边形加固，即是转化思想的体现，也是模型思想的体现。

5. 创设情境，感悟底高

师：连小猴子都知道用三角形来围篱笆，看来三角形大有可为。老师这里有个三角形，为了表达方便，我们用大写字母 A、B、C 分别来表示三角形的 3 个顶点，记为三角形 ABC，读作：三角形 ABC（生齐读）。当然也可以用别的大写字母来表示三角形的 3 个顶点。

师：草原上有一匹小马要回家了，这里有两栋三角形结构的房子（如图 6.2.10 所示），一栋是三角形 ABC，一栋是三角形 DEF，你觉得哪栋是小马的家？

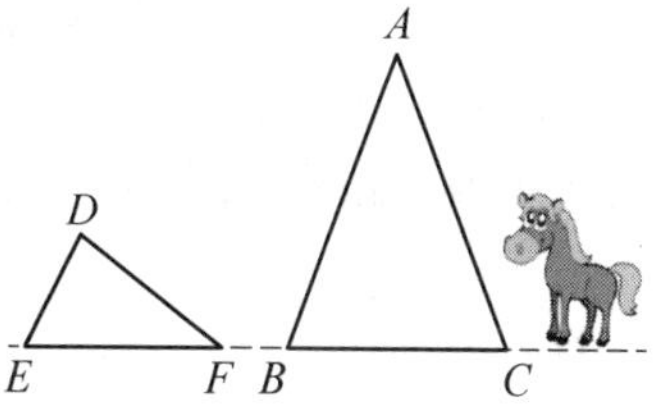

生：我觉得是三角形 ABC 那栋，因为那栋高。

师：你是怎么比较这两栋房子的高低的？

生：我比较边 AC 和边 DF 的长度。

师：大家都这样比较的吗？

生：我看的是房子的最高点，A 点比 D 点高。

生：应该看房子的最高点到地面的距离。

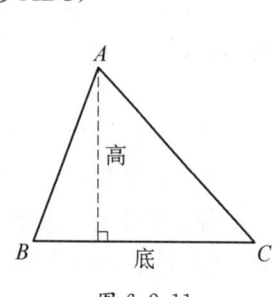

图 6.2.10

师：房子的高度是屋顶到地面的距离。就像量身高，我们站好之后，量的是我们头顶到地面的距离，是笔直量的，有没有人这样斜着量的？（边讲边做动作，学生大笑）

师：既然房子的高度是屋顶到地面的距离，而这栋房子是三角形结构的，屋顶就是三角形的一个顶点 A，地面是三角形的边 BC，也就是说，从三角形的一个顶点到对边的距离就是三角形的高。（课件展示一个新的三角形 ABC）

师：这里有个三角形 ABC（如图 6.2.11 所示），我们试着给三角形 ABC 画一条高。首先我们找到其中一个顶点 A，再找顶点 A 的对边。什么是对边，也就是相对的边，相对怎么理解呢？（师边讲解边做动作）看，这是老师的什么手（答：左手），与它相对的是老师的右手，老师的前胸对老师的（答：后背），老师的头对老师的（答：脚），左对右，前对后，上对下，这就是相对的含义。那与顶点

图 6.2.11

A 相对的边是(答:边 BC)。

师:反过来说,与边 BC 相对的顶点是(答:顶点 A)。从顶点 A 向它的对边 BC 作一条垂线,顶点和垂足之间的线段叫做三角形的高,这条对边叫做三角形的底。(课件显示动画和高的定义,生齐读)

图 6.2.12

师:现在我们从顶点 B(如图 6.2.12 所示)出发作高,顶点 B 的对边是哪条?(答:边 AC)

师:从顶点 B 出发向对边 AC 作一条垂线段,这条垂线段是三角形的高,哪一条是底呢?

生:顶点 B 的对边 AC 是底。

设计意图:为方便读写三角形,引入符号思想,用符号表示三角形,也是一种抽象思想的体现。创设情境,通过类比推理思想顺利引出“高”的含义。身高测量方法的类比使学生明白“高”应该与底边是“垂直的”。生活中“相对”含义的类比解释使学生理解“对边”的意思。两次画高,让学生能用对应思想充分理解底和高。

6. 分步讲解,实际操作

老师黑板上板演画高,学生在随堂练习纸上跟着画。之后学生独立画指定底边上的高(如图 6.2.13 所示),老师边巡视、边指导。

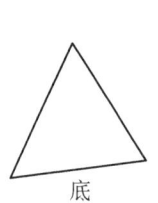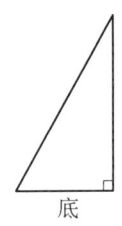

画指定底边上的高

图 6.2.13

生(投影仪展示学生作品):第一个三角形高的画法跟老师的画法是一样的,第二个这个角它已经标了是直角,所以这条边就是高,第三个我画的时候把纸旋转了一下,使这条边放平再画的。

生(投影仪展示学生作品):前两个三角形我的方法和她一样,但第三个三角形不旋转也可以的,就是三角尺放的时候其中一条直角边要与底边对齐。(生动作演示)

师:我们再思考一下,三角形的高是不是只有一条?

生:高是顶点到对边的距离,三角形有 3 个顶点,所以应该有 3 条高。

师:课外请大家把这三个三角形的另外 2 条高也画好,遇到困难可以查阅资料,相互讨论,也可以向老师或同学请教。

设计意图:跟随老师操作,体验画高步骤,感受画高的模型思想。通过三角形有几条高的问题,再次使学生用对应思想理解底和高,最后独立画高,考查了学生的操作能力和解决问题的能力。课外作业的布置,使学生对数学学习充满兴趣。

7. 三字小结,结束课堂

师:这节课我们学了三角形的特性,谁可以用"三角形有某某某"这种句式来说一下这节课你学到的知识?

生:三角形有 3 条边,三角形有 3 个角,三角形有 3 个顶点,三角形有稳定性,三角形有 3 条高。

设计意图:课堂小结,再次用到归纳推理思想,突出了三角形的"三",同时使学生觉得数学知识也可以像语文诗词一样朗朗上口。

三、 教学反思

《标准(2011 版)》指出课程内容不仅包括数学的结果,也包括数学结果的形成和蕴涵的数学思想方法,提出教师应使学生理解和掌握基本的数学知识与技能,体会和运用数学思想和方法。"三角形的特性"一课的教学尝试,就是力求在课堂中渗透数学思想,让学生在活动中体会数学思想方法,学会用数学的方式思考问题。具体来说,主要体现在以下三个方面。

1. 渗透数学思想方法,从生活现象着手

问学生生活中哪里见过三角形,然后从图片中寻找三角形,都是抽象思想的一种体现,需要从具体的实物中抽象出三角形。讲解完三角形的稳定性之后再次看图片,理解三角形稳定性在生活中的应用,是一种简单模型思想的体现。实际生活中需要某个物体更稳定,把这个物体简洁化,用平面图形来表示它的结构,应用三角形稳定性原理,在结构图必要的地方添加三角形,最后在实际物体中实现。"高"定义的理解是本节课的重点和难点,如何突破?巧妙设置帮小马找家情境,类比生活中房子的高度和身高的测量方法突破了"高"这一定义,类比思想运用恰当到位。再次类比生活中"相对"含义,让学生理解对边、相对顶点含义,同时蕴涵对应思想,多种数学思想方法悄然渗透。

2. 渗透数学思想方法,从指向问题着手

"那怎么都叫三角形呢,有什么共同点吗?"这一问题指向明确,让学生归纳总结,从归纳推理的角度去思考问题。教师在课件上动态演示画三角形的时候,小问题接踵而来,并将关键字板书在黑板上,按照三角形定义思路引导学生归纳总结出三角形的定义。紧接着,问题"如果不是,请举'拳头'的姿势,并说出理由",引导学生以演绎推理三段论的方式思考问题。"那谁能帮小兔子想个办法,让小兔子的篱笆也牢固些呢",再次让学生感受简单模型思想,同时使学生体会了转化思想。总结时提出的问题"谁可以用'三角形有某某某'这种句式来说一下这节课你学到的知识?"再次让学生用归纳的思想思考问题。

3. 渗透数学思想方法，从细节问题着手

在细节问题处，我们往往更能渗透数学思想方法。课前游戏中，学生上来拼七巧板之前，强调了七块板的"平移、旋转"，拼完之后，又手动平移、旋转学生图形，"平移、旋转"这两个词就在这细节处渗透了几何变换思想。在引导学生说出"围成"一词时，用了一个小类比"三个同学手拉手形成一个圈"，不仅顺利引出"围成"一词，而且类比思想得到很好的体现。在判断最后一个图形是否是三角形和在让学生判断手中的三角形是否一样时，都用到了旋转，不仅解决了画高的难点问题，同时几何变换思想再次渗透。

《标准(2011版)》在实施建议中提到：数学思想蕴涵在数学知识形成、发展和应用的过程中，是数学知识和方法在更高层次上的抽象与概括，如抽象、分类、归纳、演绎、模型等。学生在积极参与教学活动的过程中，通过独立思考、合作交流，逐步感悟数学思想。在以后的课堂教学中，应努力实践课标建议，在课堂中渗透数学思想方法，使学生在潜移默化中日积月累，提高数学素养。

浙江省慈溪市周巷镇潭北小学　　韩素品

怀揣多种数学思想进入代数的世界
——两次教学"字母表示数"的对比思考

"字母表示数"是北师大小学数学四年级下册"认识方程"第一课时的教学内容。"用字母表示数"是由常量教学到变量教学的开端，这是小学生学习代数知识的启蒙课，也是今后学习方程、比例及其他代数知识的基础，有利于发展学生的符号意识，体验数学的简洁美，在数学知识整体结构和整个数学学习过程中有着至关重要的地位和作用。用字母表示数，对于小学生来说，是比较抽象和困难的，因为这需要历经从具体到一般的抽象化过程，即从由具体的数和运算符号组成的式子过渡到含有字母符号的式子或表达式，这是一个质的飞跃。

在第一次上此课之前的几天，笔者对学生进行了一次问卷调查和课前谈话，以便了解学生已有的知识经验和现行的思维方式，设计的问卷内容和谈话内容如下。

1. 问卷内容

(1) 我们学过哪些运算定律？试着写一写。

(2) 昨天老师带了 100 元去书店，买书花了 68 元，还剩多少元？你是怎样想的？

这两题意在考查学生已有的认知水平，即学生对学过的运算定律及常用数量关系的掌握程度，这些内容是学习本节课必备的知识技能，需及时查落补缺，从而

保证每个学生做好学习新知的准备。

2. 谈话内容

（1）你玩过 24 点游戏吗？请你说说游戏规则。我们一起来玩一玩。（5 分钟）

这题意在考查学生已有的生活经验，了解学生对扑克牌中字母代表固定数的认识情况和对 24 点游戏的喜欢及熟练程度，如果比较受欢迎可以以此为切入点导入本课。

（2）摆 1 个独立的正方形用 4 根小棒，摆 2 个独立的正方形用多少根小棒？摆 3 个呢？

这题意在考查学生数学活动经验和空间想象力，便于新知探究确定采用哪些学习方式。

（3）黑板的长是 4 米，宽是 1.2 米，你能提出哪些数学问题？

最后这题意在考查学生提出问题的角度和能力，作为练习设计考虑是否采用开放式内容的参考依据。

结果发现，本班共 39 名学生，运算定律完全正确的有 19 人，约占总人数的 49％，这是前一段知识的欠缺。第二题 38 人全对，能够正确计算，其中 23 人能够流利地写出自己的想法，15 人表达想法不是很完整，1 人列式错误，且不能够写出自己的想法。24 点游戏是学生们经常玩的游戏，受到学生的热烈欢迎。在短短的五分钟内，学生们奋笔疾书，快速计算，全身心地投入到游戏中，但遇到 J、Q、K 时，部分同学出现停顿现象。根据受欢迎程度，笔者认为导入本课时可以采用 24 点游戏，既能激发学生的学习兴趣，又利于培养学生思维的灵活性，还可以巧妙地引入字母，使学生链接已有的知识经验，感知字母可以表示特定的数。

显然，从算术式子理解到体会代数式子的含义需要经历一次飞跃，而这飞跃远非我们想象的那样简单。为帮助学生实现这次飞跃，笔者不断反思与改进"字母表示数"一课的教学设计，下面呈现前后两次的教学与反思。

第一次尝试所用教材为北师大教材第三版。教材首先通过"说儿歌"情境，在学生感受到说不完的时候，领悟到用字母表示数是一种需要，渗透符号化思想与符号的简洁美；接着通过"算年龄"和"摆三角形"的情境，学习用字母和含有字母的式子表示数及数量间的关系，体会用字母表示数的方法和作用，并渗透函数思想；然后引导学生用字母表示学过的有关图形计算公式和运算定律。

这样编写，体现了由具体到抽象、由浅入深、层层推进的意图与特点。在研读教材和调研学生之后，考虑到学生的认知水平，笔者做了一些调整：第一课时重点引领学生探究并体会用字母表示数的意义和作用，学会用字母表示数；将用字母表示运算定律及常见图形的周长、面积公式等应用类的知识迁移挪到第二课时。

教材呈现的三个情境，如图 6.2.14 所示，意在引导学生从不同的维度体会字母表示数的两层含义，字母既可以表示数，又可以表示数量关系，两者缺一不可，因此笔者依据教材的编写思路设计并实施了如下教学环节：激趣导入—建立模型—

解释应用—拓展提升。从学生最近发展区切入,通过学生熟悉的找规律填数、填方框等活动,引导学生进行知识的同化。在"数青蛙"儿歌活动中,学生相对而言比较轻松,在这里学生认识到字母可以表示数,也可以用字母表示具有倍数关系的数量关系式,并体会到字母 n 的取值可以是无穷大的自然数,体会到了用字母表示数和数量关系的概括性和简洁性,渗透了符号化思想和无限思想。为了体现数学就在身边,笔者把书中"算母子年龄"情境改为推算师生年龄,主要是让学生体会到还可以用含有字母的式子来表示加减类的数量关系,并体会到字母的取值范围是根据实际问题变化的,并不是一成不变的,进一步体会符号的优越性和符号意识,渗透函数思想和函数的自变量是有取值范围的意识。在此环节中,已知淘气年龄为 a,

图 6.2.14

用含有字母 a 的式子表示教师年龄时,学生毫无障碍;但若教师的年龄为 a,用含有字母 a 的式子表示淘气年龄时,学生的思维转换遇到了障碍,不会马上想到用含有字母 a 的式子表示淘气的年龄,对前后两个字母 a 所表示的含义有了混淆,此时笔者不惜等待时间让学生自己体会两个 a 之间的不同,从而学生对同一问题中最好不要出现相同字母有了深刻体会。

接着开展如图 6.2.15 所示的"数小棒"活动。在学生已有的学习基础上,让其自主探索,体会到字母还可以通过和数相乘表示出数和数量关系,提高学生的学习能力,让学生进一步体会用字母可以表示数量之间的关系。整节课为了实现多个情境的体验,后面的练习有些不充分。

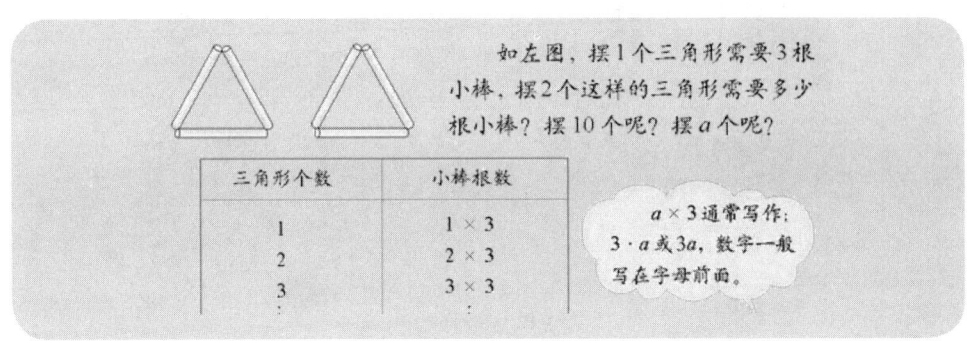

图 6.2.15

本节课执教后,笔者个人有了一些困惑:

(1) 该节课情境较多,学生有些应接不暇,数量关系转换视角交叉出现,对有困难的学生来说是一个挑战。

(2) 学生仍然处于教师的引领下思考,就像王廷波博士提出的课改愿景与现实的疏离状态那样,学生仍然有被动接受的痕迹,学生的主动性没有得到充分的发挥,如果不刻意而为,教学内容恐怕不能完成,在矛盾中笔者不断思考着……

第二次尝试所用教材为北师大教材第四版。根据教材,笔者设计并实施如下。

1. 能创造性地使用教材,顺势而动

第四版教材做了较大的调整,如图 6.2.16 所示,变三个教学情境为"数青蛙"和"联想生活中字母表示数"的情境,学生思考的空间就宽泛了许多,数青蛙设计三个问题串:(1)用 a 表示青蛙的只数,用字母表示淘气说的儿歌:1 只青蛙 4 条腿,2 只青蛙 8 条腿……;(2)下面的想法你同意吗?说说你的理由;(3)用字母表示眼睛数和腿数。这样调整,学生探究时就有足够的思考空间,第一次试教的困惑也可迎刃而解了,但笔者感到问题串过于零碎,学生思考的空间也很小。为了帮助学生学会学习,笔者根据学生的实际和认知规律,顺势而动,对教材问题串进行了整合与调整,在教学过程中,将前三个问题串整合为两个问题:先数青蛙嘴数,再类推数出青蛙眼睛数、腿数等相关联的量,给予不同学生足够的思考空间。

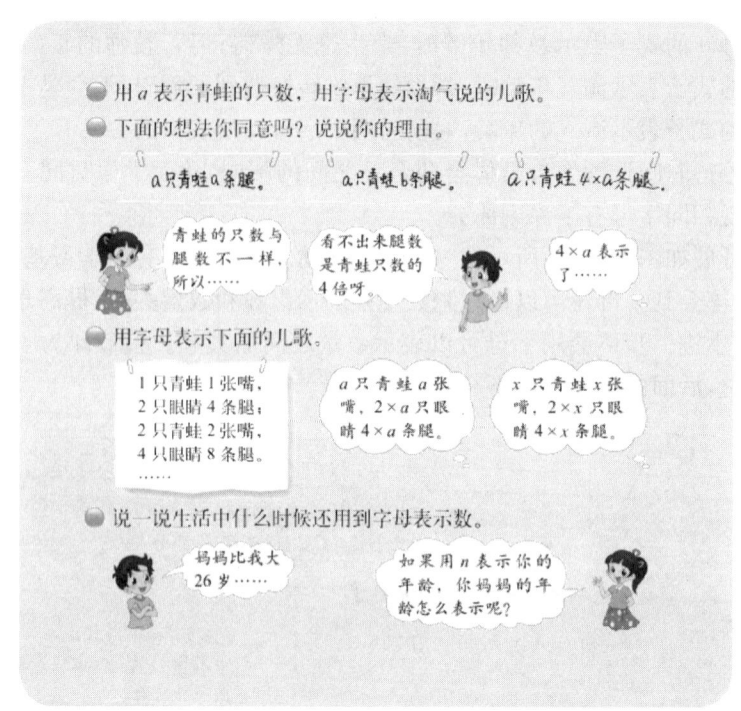

图 6.2.16

2. 注重学习方法的渗透，顺势而为

教学有三重境界：授之以鱼、授之以渔、悟其渔识。为了引领学生学会学习，建立模型这一环节笔者设计了三个层次的教学，并应用多媒体辅助教学。首先进行了数青蛙嘴数的游戏：夏天到了，池塘里的小青蛙"咕呱咕呱"地唱着他们的歌谣，我们一起来唱一唱好吗？课件播放儿歌：1 只青蛙 1 张嘴，2 只青蛙 2 张嘴……让学生接着继续数，10 秒内看谁数得多。此处设计渗透无限思想，学生数累了，发现规律后，自发地想办法概括这首儿歌，引发学生的内在需求，从而顺势引入字母，体会字母表示数的简洁性和优越性，并体会到在这首儿歌中字母可以表示从 1 开始的任意自然数，最后反思总结我们是怎样学会数青蛙嘴数的。师生共同概括出学习策略：列举—观察—概括，为下面的学习活动做好铺垫。事实证明，在数青蛙眼睛数和腿数的学习活动中学生更加主动了。在这两个活动中，学生不仅有了更多的探索空间，而且在不知不觉中运用了类比迁移的数学思想，学生乐于主动参与，时间、主动权、话语权都交由学生，做到了根据学生实际和认知规律，顺势而为。这种用教材教而不唯教材的教学方法，效果不错。

3. 尊重不同的思维方式，顺学而导

根据课前的调研，考虑到学生的实际，为了尊重学生不同的思维方式，在数青蛙眼睛数和腿数的活动中，笔者提出差异性要求：用刚才学到的方法尝试数一数青蛙眼睛数和腿数，先独立思考后再与伙伴交流，也可以借助桌椅等物品帮助思考,有困难的举手示意老师,老师会发提示卡,提示卡上有直观图对照思考,并附有思路提示。当天的课上分发了 10 多个提示卡,这样顺学而导,既尊重了学生,呈现了不同的思维方式,又让学生体会字母可以表示数和数量关系。学生通过归纳总结、类比应用等方法,准确概括出了青蛙眼睛数、腿数等相关联的量,函数思想得到有效渗透。联系生活实际,举例说说什么时候还用到了字母表示数,笔者主要让学生多说,及时肯定,丰富学生认识,从而充分体会数学与生活的密切联系。课堂教学中,笔者还适时向学生介绍关于字母表示数的数学历史,让孩子们了解到人们认识用字母表示数的过程是很漫长的,达到对学生进行数学文化的熏陶。

这样的建模过程在尊重学生不同思维方式的基础上,注重学习方法的引导和数学思想方法的渗透,顺学而导,能有效提高学生的学习能力。

4. 设置弹性的学习内容,顺势而发

为了不同的学生得到不同的发展,笔者设计了 3 个层次的练习。首先,用一句话说说儿歌,进一步体会用字母表示数的意义和必要性。你能用一句话说说下面的儿歌或自编儿歌吗?与同伴交流你的想法。1 朵梅花 5 个瓣,2 朵梅花 10 个瓣,3 朵梅花 15 个瓣……1 周有 7 天,2 周有 14 天,3 周有 21 天……有能力的学生还可以根据生活中的素材自编儿歌,用含有字母的式子表达,如有的孩子说:1 朵雪花 6 个瓣,2 朵雪花 12 个瓣……n 朵雪花 $6n$ 个瓣等等,学生也感到学习字母表示数的乐趣。

其次,灵活运用字母表示生活中常见的数量关系,体会数学的简洁美,渗透一些科学知识,沟通数学与生活的密切联系,联想你还能用字母表示哪些数量关系,如图 6.2.17 所示的练习。

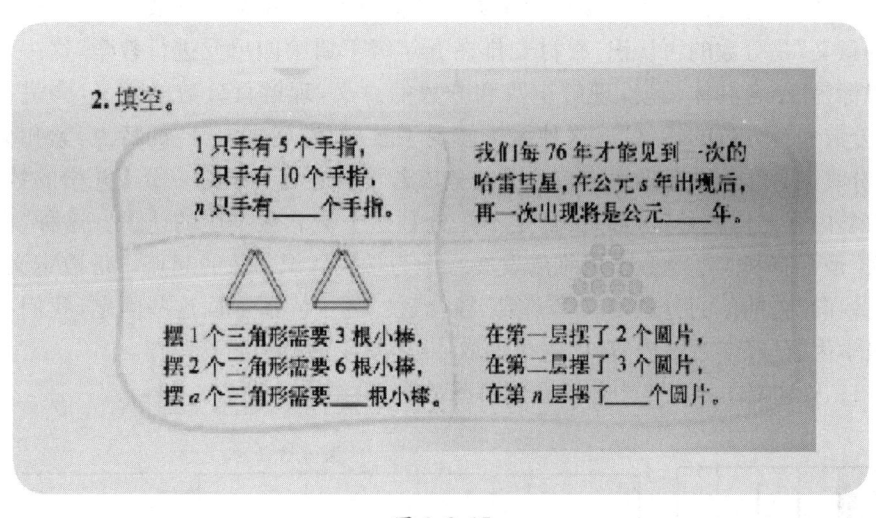

图 6.2.17

最后,对于有能力的学生提出弹性要求,挑战智慧星上的思考题:根据你跟家人的年龄关系,说一说如果一名家庭成员今年是 a 岁,你和你的家人今年分别多少

岁？弹性可选择的内容设置,既可以使学生掌握基础知识,又可以使学有余力的学生多角度思考问题,因人而异,因需所取,因材施教,顺势而发。

两次设计,笔者根据四年级学生的心理特征及其认知规律做出了调整,进一步突出类比思想、函数思想、对应思想、符号化思想等的综合运用,以学法为重心,力求践行使不同的学生得到不同发展的理念,搭建学生通向代数思想的桥梁,只有心存多种数学思想方法,不断反思与对比,才能帮助学生进入到代数的世界。

辽宁省鞍山经济开发区宁远镇小学中心校　　李　静

第三节　五年级教学案例

"分数的认识"教学研究报告

一、问题

《标准(2011 版)》把分数的意义的教学要求分成两段。第一学段"分数的初步认识"是学生学习分数的开始,教材安排在三年级上册第七单元,这一学段的教学目标是"能结合具体情境初步认识小数和分数,能读写小数和分数";第二学段"分数的意义"是分数的再认识,教材安排在五年级下册第四单元进行教学,这一学段的目标是"结合具体情境,理解小数和分数的意义,理解百分数的意义,会进行小数、分数和百分数的转化"。这种编排体现了教材"螺旋式上升"的特点,紧扣分数的"份数定义"(分数是把一个单位平均分成若干份之后其中的一份或几份的数)安排教学内容。但这种"份数定义"是不是分数这个概念最本质的认识? 这种"份数定义"是否有利于学生数学思维的发展? 作为学生认识分数的起点,"份数定义"什么时候向"更抽象的分数定义"转移比较合适? 为了弄清上面这些问题,我们在五年级学生(已经学过该内容)中随机抽取 40 名学生进行了问卷调查。

1. 从这幅图 6.3.1 中你能看到哪些分数?(结果见表 6.3.1)

表 6.3.1

$\dfrac{1}{5}$	$\dfrac{4}{5}$	$\dfrac{5}{1}$
100%	65%	7%

图 6.3.1

2. 你认为什么是"单位1"?（结果见表 6.3.2）半个苹果能看成"单位 1"吗?
（结果见表 6.3.3）

表 6.3.2

一个整体	一个计量单位	平均分中的一份
85％	5％	10％

表 6.3.3

半个苹果能看成单位"1"	半个苹果不能看成单位"1"
40％	60％

3. 日常生活中遇到什么情况可以用分数表示?（结果见表 6.3.4）

表 6.3.4

分蛋糕等物体时	表示小数	除不尽的除法
85％	2.5％	12.5％

调查结果显示,学生选择单位的能力很弱,如第 1 题中没有学生找到分数 $\frac{1}{4}$,第 2 题中有 60％的学生认为半个苹果不能看成"单位 1",同时,学生头脑中的分数定义能和"商定义"建立起联系的也很少,仅占 12.5％。这种数据表明,我们的教材强调用"份数定义"来理解分数概念,且教材呈现的有关分数的概念多是从片面的分物引入,而分数的真正来源,在于自然数除法的推广,即"商定义"。"商定义"体现了分数的本质,符合数系扩充的思想,但目前的小学数学教材大多回避这一定义,"只是用分数和除法的关系,分数是分子除以分母这样不着边际的话蒙混过去"。[1]

(一) 教学实践中的问题

这是同一内容分阶段编排的知识,三年级时在部分与整体的关系维度上借助各种模型初步地认识小于 1 的分数。五年级再次认识分数,那么,这种基于具体背景之上的概念抽象,究竟该如何帮助学生进行认识上的跨越?

在三年级学习了"分数的初步认识"后,再在五年级学习"分数的意义",是否中间的间隔时间太长?

"分数的产生、分数的意义、单位'1'、分数单位、分数的发展史"这些知识相互联系,如何呈现,如何过渡?

从认识"数"的本质意义出发,"分数的认识"教学有没有可能制订一套螺旋式

---

① 张奠宙. 分数的定义. 小学教学(数学版),2010(1).

上升的、适合小学生认知水平又紧扣分数意义的教学方案？如果有,各年级怎么安排教学内容、达成什么教学目标？

根据《标准(2011版)》的要求,通过对教材的反复研读,我们从教与学两个维度进行了分析,以期通过研究这些问题,更好地教学。

教之困:

1. 从"生活到数学",更符合小学生特别是低年级小学生的认知水平;从"数学到数学"更接近分数概念的本质。如何进行教学设计既能激发小学生的学习兴趣,又能触及分数概念的本质认识？

2. 如何教好"单位1"。很多时候,"单位1"这个概念是教师强加给学生的,不管你承不承认这是"单位1",我已经告诉你了"4个苹果,12颗棋子,50个孩子"等等,都可以用"单位1"表示。学生于是模仿教师举例,似乎弄懂了。但是,当我们追问能把半个苹果看成"单位1"吗？学生对于这个问题就比较疑惑了。那么教学中到底该如何让学生自己感悟"单位1"这个概念？"单位1"与"整体1"有什么不同？有什么方法可以检测到学生对"单位1"是否真正理解？

3. 分数作为一个"数",它具有"数"的属性,如何引领学生对"分数"展开"数"的属性的研究？

4. 分数什么时候可以表示具体的量,什么时候表示两个量之间的倍比关系？

5. 分数的"份数定义"可以作为起点,但是,不宜过分强调,应该迅速向更抽象的分数定义转移[①],这里的迅速转移指的是什么时候？以什么方式促进这种转移呢？为了实现迅速转移,四年级就应该插入"以商定义来认识分数"的教学,如果四年级植入了"商定义",那五年级的"分数的再认识"又怎么教呢？六年级在教学"比的认识"时,是否要加入"比与分数"这样的章节呢？

学之难:

在小学数学里,认识分数是小学生数概念的一次重要扩展。从现实的角度看,数是用来表示量的。3条鱼、3个苹果,这些量的共同特征在于都可以用自然数"3"表示。也就是说自然数是一个量(鱼、苹果)与另一个作为单位的量(1条鱼、1个苹果)的比。但是现实生活中还存在着很多无法用自然数表示的量。分数正是为了比较精确地测量这类可以分割的量而引入的。从数学的角度来看,分数的引入是为了解决在整数集合里除法不是总能实现的矛盾。小学生在掌握了一些整数知识的基础上初步认识分数的含义,无论在意义上、读写方法上以及计算方法上,分数和整数都有很大差异,这就决定了学生学习分数会感到困难。

1. 学生学习分数的"份数定义"时习惯于把分数表述成"把单位1平均分成若干份,取其中的1份或几份的数叫分数",而课本上的定义是"表示这样的1份或几份",学生不理解为什么非得说"这样的"。三年级学生学完分数的初步认识以后,

---

① 张奠宙. 分数的定义. 小学教学(数学版),2010(1).

认为分数总是小于1的。

2. 对于分数的商定义理解不够。学生解答如"一根 3 米长的绳子平均分成 5 份,每份是这根绳子的几分之几,每份是几米"此类题的错误率非常高。

3. 在过渡到分数的商定义时,在数直线上对分数作几何解释是非常重要的,这是一个半抽象的模型。线段模型是圆模型和其他平面模型的"再抽象",而学生对这个半抽象的模型还是有些力不从心,对"正的真分数是密密麻麻地分布在 $[0,1]$ 区间上的"[①]这一点的感悟显得有些困难。

(二) 对问题的分析

在小学数学概念体系中,"分数"处于核心概念的地位。随着数学学习的不断推进,越来越多的数学概念、数学内容将与"分数"这一核心概念发生或紧或疏的联系。比如分数乘除法及相关的实际问题,比如比和比例,再比如百分数、百分率等。可以说,分数的意义如果在构建的过程中出现认知中的模糊或错误,那么后续的相关学习活动中,学生将会一而再、再而三地遇到麻烦。为了把"分数的认识"教扎实,我们有必要对分数的"份数定义"、"商定义"、"比定义"作出认真的分析。以下我们引用张奠宙先生《分数的定义》的原文加以分析。

1. "份数定义"

小学数学中,一般都采用以下的定义:将单位"1"平均分成若干份,表示这样的一份或几份的数叫做分数。这一定义的好处是直观、明白易懂,强调了"平均分",特别对"几分之几"做了贴切的说明,对理解以后的分数运算也有很重要的价值。进一步,不仅可以分一个物体,还可以分一群物体。但是,用份数来定义分数,也有不少缺点。首先,一份或几份的说法,仍然和自然数靠得很近,没有显示出这是一种新的数。其次,平均分一个大饼之后其中的一份或几份的说法,常常会误解为分数总是小于1(比一个大饼小)。再次,由于分大饼或其他直观图的思维定势,不能适当选择单位,形成思维上的僵化。

2. "商定义"

"分数是整数 q 除以整数 $p(p\neq0)$ 所得的商。"根据这一定义,如果 p 能够整除 q,那么,其商依然是整数。但是,如果 p 不能整除 q,那么 q/p 是什么数呢? 这就需要将整数扩展,引入新的数——分数。分数的真正来源,在于自然数除法的推广。从数学的观点来看,这一定义体现了分数的本质,符合数系扩张的数学思想。

3. "比定义"

从数学上,依份数定义来看,分数表面上是"一份或几份",其实,表示的是部分和整体之比。"比"的定义是将它扩展,分数乃是"一部分和另一部分之比",另一部分可以是整体,也可以是部分,即把这一部分当作新的整体。所以,在小学数学教学中,在讲比和比例的时候,如果能补充"分数的再认识"。这对将来灵活地运用分

---

① 张奠宙.分数的定义.小学教学(数学版),2010(1).

数很有好处。

经上面的分析：比的定义和商的定义相近,值相同,表达的方式不同。在教学处理上,第一阶段的分数教学,先出分数的份数定义,然后过渡到"商"定义。份数定义显示过程,商定义表示结果。到了六年级,自然而然地用"比"来加深对分数的理解。

二、 实践

(一) 根据"份数定义",尝试"从生活到数学"的设计思路,引领三年级学生初次认识分数,体会"数起源于数"

【教学片段一】

师：上课前老师和大家玩个拍手游戏——老师说题,孩子们用击掌的次数表示这个题的结果。

师：4个月饼,平均分成2份,每份是多少?

生击掌2次。

师：2个月饼平均分成2份,每份是多少?

生击掌1次。

师：1个月饼平均分成2份,每份是多少?

生面露难色。

师：采访一下,你怎么不拍了?

生：半个月饼,我不知道怎么拍表示半个。

师：哈哈,有道理噢!拍手是拍不了,那你有什么办法来表示这个结果呢?

生1：半个!

生2：二分之一。

师：半个、二分之一都很对噢!二分之一也是一个数,知道这个二分之一叫什么数吗? 对了,二分之一叫分数,今天老师和大家一起来认识认识这个新朋友——分数(板书课题)。

师：要认识这位新朋友,我们首先要会读会写它。

教师边示范边解读："—"表示平均分,叫分数线,"2"表示把一个月饼平均分成2份,表示总份数,叫分母,"1"表示任取其中的1份叫分子,这个数读作：二分之一。

师：二分之一该怎么写呢? 来,伸出手,我们一起来写个二分之一。先写分数线,表示平均分,再写分母2表示平均分成的份数,最后写分子1,表示取出的份数。

师：好了,现在我们会读会写二分之一了,也知道二分之一表示的是2等分中的1份。那下面图形中(见图6.3.2)的涂色部分能用二分之一这个分数来表示吗? 为什么?

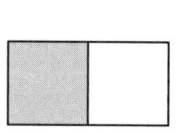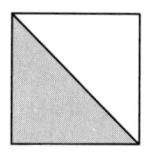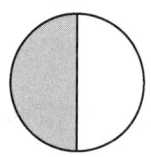

图 6.3.2

生1：第一幅图中的涂色部分占这个长方形的二分之一,因为它表示2等分中的1份。

生2：第二幅图中的直角三角形占这个正方形的二分之一,它也表示把正方形平均分成2份,其中的1份。

生3：第三幅图中的半个圆也可以用二分之一来表示。

师：谁还想说?

生4：我就觉得很奇怪了,这三个图形,一个长方形,一个正方形,一个圆,它们的形状大小都不一样,可为什么涂色的部分都是二分之一呢? 难道一样大吗?

师：好问题! 谁来说说?

生：它们虽然大小不一样,形状不一样,但都表示2等分中的1份呀。

师：真好! 只要是2等分中的1份就可以用二分之一来表示,与它长什么样儿关系不大。

师：那空白部分可以用二分之一来表示吗?

生：可以的,表示的是另一半。

师：大家大胆想象一下,如果把我们学校的大操场平均分成2份,取其中的1份,可以用二分之一来表示吗?

生：可以的! 2等分中的1份嘛。

师：如果是把地球一分为二呢? 半个地球可以用二分之一来表示吗?

生：没问题! 还是2等分中的1份!

师：神奇的二分之一!

师：下面谢老师用这张正方形纸(如图6.3.3所示)折出了一个分数,同学们看看,涂色部分可以用几分之几表示?

生：三分之一! 3等分中的1份!

师：(手指第二份、第三份)这一份可以用 $\frac{1}{3}$ 来表示吗? 那这

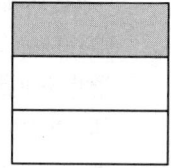

图 6.3.3

个正方形里有多少个 $\frac{1}{3}$?

生：3个。

师：噢,3个 $\frac{1}{3}$ 就是"1"了!

师：现在小朋友拿出你们的正方形卡纸,想一想,折一折,再涂一涂,表示这张纸的 $\frac{1}{4}$。

学生活动后上台展示(如图 6.3.4 所示)。

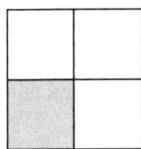 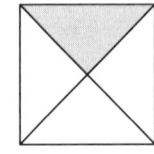 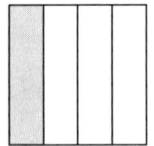 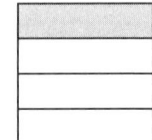

图 6.3.4

师：用数学的眼光观察这几个 $\frac{1}{4}$,你想说点什么吗?

生：这几个 $\frac{1}{4}$ 形状各不相同,但都是 4 等分中的 1 份。

师：真会学习!

生：每一张卡纸里面都有 4 个 $\frac{1}{4}$!

师：真会思考!

师：(重叠表示 $\frac{1}{3}$ 和 $\frac{1}{4}$ 的两张正方形)这两张正方形卡纸一样大,比较这两张纸的涂色部分, $\frac{1}{3}$ 与 $\frac{1}{4}$ 谁更大?

生： $\frac{1}{3}$ 更大!

教师板书： $\frac{1}{3} > \frac{1}{4}$ 。

师：为了奖励小朋友们出色的表现,下面我们来玩一个猜一猜、估一估的游戏。

(师把水加至量筒的五分之一处,如图 6.3.5 所示。)

师：估一估,装的水占这个量筒的几分之几呢?

学生众说纷纭。

师：出现不同的声音了,怎么办?

生：量一量,看看量筒大约有几个水的高度?

师：我们想到一块去了!(拿出标尺进行比对。)

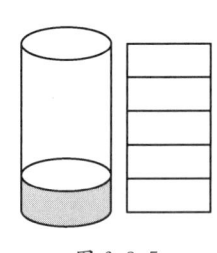

图 6.3.5

生： $\frac{1}{5}$!

师移开标尺,继续加水到三分之一处。

师：继续猜,现在呢,加到了几分之一?

生：$\frac{1}{4}$！$\frac{1}{3}$！

生：老师把尺子拿出来就不用争了！

师拿出标尺进行比对。

猜对了的学生雀跃起来。

师：想想刚才的历程，$\frac{1}{3}$ 与 $\frac{1}{5}$ 谁更大？

生：$\frac{1}{3}$！这个 $\frac{1}{3}$ 是在 $\frac{1}{5}$ 的基础上加水变来的，应该是更多了！

师继续加水至二分之一处。

生：$\frac{1}{2}$ 了！更大了！

师板书：$\frac{1}{2} > \frac{1}{3} > \frac{1}{5}$。

师：小朋友们的表现真是太好了！接下来的时间里，由我们课本剧组的孩子为大家演出《分蛋糕的故事》。

人物：浩浩(男,10 岁,四年级学生),浩浩的爸爸、妈妈,阳阳(浩浩的弟弟),聪聪、彬彬、慧慧、波波(浩浩的四个小伙伴),小雨(邻家小妹妹)。

时间：星期日下午。

地点：浩浩家里。

(场景一)

多媒体演示生日聚会场景,欢乐气氛。有生日蛋糕、水果、饮料、气球等。背景音乐起:《啦啦歌》开头部分。

浩浩：(背书包蹦蹦跳跳上台)浩浩我今天满十岁,正从学校回家去,爸妈常叫我小淘气,今天是小淘气的生日专场！嘿,到家啦！

(推门进入客厅,放下书包,原地转一圈。)

浩浩：哇,好漂亮啊！爸爸,妈妈,我回来啦！

妈妈：(系着围裙上台)宝贝,生日快乐！(把蜡烛插好)

爸爸：(牵着阳阳从卧室出来)浩浩,生日快乐！

阳阳：(调皮地)哥哥生日快乐！

爸爸：(拿起打火机点燃蜡烛)来,我们一起来唱生日快乐歌吧！(音乐响起,浩浩许愿)

阳阳：(摇着浩浩的胳膊撒娇)哥哥,快切蛋糕吧！我的口水都要流出来啦！

浩浩：好的好的,让我想想,我家四口人,每人一块,得平均分成四块。(沿竖直方向横一刀,竖一刀切蛋糕)(多媒体背景演示如图 6.3.6 所示)

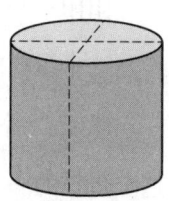

图 6.3.6

阳阳：（迫不及待地伸手去拿蛋糕）……

浩浩：（连忙用手一挡）别急,想吃蛋糕得先回答哥哥的问题!

阳阳：说吧,没问题! 我可是班上有名的智多星!

（场景二）

叮铃铃、叮铃铃,门铃响了。

妈妈：（把门打开）噢,聪聪,是你们呀! 欢迎欢迎! 浩浩,你的小伙伴们来了!

聪聪等四人：浩浩,生日快乐!

浩浩：谢谢,谢谢! 你们来得正好,和我们一起吃蛋糕吧! 智多星,你说说,现在我们要把蛋糕平均分成几份才行啊?

阳阳：我家 4 人,加上 4 个小伙伴,当然是 8 份啦!

浩浩：怎么切能又快又好地分成 8 等份呢?

阳阳：看我的! （阳阳在蛋糕上沿水平方向横切一刀,把蛋糕切成了两层。多媒体演示,如图 6.3.7 所示。）

爸爸：阳阳真不愧为智多星啊! 刚才我们把蛋糕平均分成 4 份,阳阳只加了一刀,蛋糕就平分成 8 份啦!

妈妈：（递上小盘子）来,孩子们,吃蛋糕啰!

小伙伴们齐唱生日快乐歌。浩浩给每人分一块蛋糕。

6.3.7

（场景三）

叮铃铃、叮铃铃,门铃再一次响起。大家一齐把目光投向了门那边。浩浩飞快地跑过去把门打开。

浩浩：哦,小雨,原来是你呀,请进!

小雨：（递上手中的生日贺卡）浩浩,生日快乐,天天开心!

浩浩：谢谢小雨! 来,哥哥给你分蛋糕! （浩浩把自己的那一份蛋糕平均分成了两块,拿了一块送给了小雨。多媒体演示,如图 6.3.8 所示。）

爸爸：（微笑,抚摸浩浩脑袋）浩浩,真棒! 会与朋友一起分享自己的快乐!

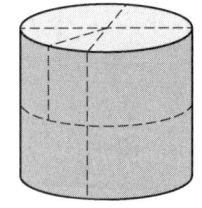

图 6.3.8

爸爸：孩子们,分吃蛋糕也有不少学问呢! 在刚才分蛋糕的过程中,你能找到哪些分数呢?

小朋友们思考。有的摸下巴,有的抓后脑勺。

阳阳：（抢着回答）小朋友们还没来的时候,我们把蛋糕平均分成了 4 份,每一份是这个蛋糕的 $\frac{1}{4}$。

聪聪：后来我们四个小朋友来了,阳阳把这个蛋糕平均分成了 8 份,每一份是这个蛋糕的 $\frac{1}{8}$。（打手势）

小雨：浩浩哥哥把他的蛋糕分了一半给我,是 $\frac{1}{2}$。

妈妈：噢? 小雨的 $\frac{1}{2}$ 怎么比阳阳的 $\frac{1}{8}$ 还少啦?

浩浩：小雨的 $\frac{1}{2}$,是以我的这块蛋糕为标准的 $\frac{1}{2}$,阳阳的 $\frac{1}{8}$ 是以这个大蛋糕为标准的 $\frac{1}{8}$,标准都不同了,怎么能比大小呢?

爸爸：那要怎么样才能比大小啊?

聪聪：统一一个标准就可以啦! 小雨的这个 $\frac{1}{2}$ 其实是整个蛋糕的 $\frac{1}{8}$ 的 $\frac{1}{2}$,就是 $\frac{1}{16}$, $\frac{1}{16}$ 当然比 $\frac{1}{8}$ 小啦!

爸爸、妈妈：(伸出大拇指)小蛋糕,大学问,小朋友,真聪明!

全体：(欢快的音乐声中)分蛋糕,有学问。学数学,真有用。

（剧终）

设计意图：为了让三年级学生初步理解分数的意义,初步感知分率与具体量的对应关系,能在整体中用分数表达出部分,初步感知整体与部分的相对性和量变与质变规律,教学时,教师先从半个月饼的生活经验开始,引导学生认识分数二分之一,并把这种认识迁移到三分之一、四分之一、五分之一上,在具体的活动情境中,学生不经意中认识到几分之一是可以比大小的,课本剧的运用给课堂增色不少,孩子们学在其中,也乐在其中。

(二) 以分数的"商定义"为起点,理解分数是一种新的数,渗透数系扩充思想,进行四年级的教学设计

【教学片段二】

师：我们是几年级的小学生了?

生：四年级!

师：别看四年级小朋友年龄小,可我们学的本事可不少。光数学这一科,光运算这一块,我们就学过哪几种运算?

生：加减乘除!

师：你看,了不起吧!

师：现在,老师给你们两个数1和2,用这两个数组成尽可能多的加减乘除算式(每个算式中1和2只用一次),如我们可以用这两个数写成乘法算式 1×2、2×1,大家试试看!

生独立写算式后小组交流。

师：谁来展示?

生：$1+2$、$2+1$、1×2、2×1、$2-1$、$2\div1$。

师：还有补充吗？

生：加法和乘法各写了 2 个,减法和除法为什么只写 1 个呢？

生：1 比 2 少不能减,1 比 2 小也不能除。

师：噢,我明白你说话的意思了。在你们看来,加法和乘法是可以交换两个数的位置,计算起来没问题,看起来也很舒服,因为加法 $1+2=2+1=3$,乘法 $1 \times 2=2 \times 1=2$,而除法和减法就没那么舒服了,比如说 $1-2$、$1 \div 2$。但是在生活中我们就有可能遇到这样的情况,我们的数学家们就会想尽办法让这种看起来不舒服的算式变得自然舒服,今天我们就要重点研究这两个不太舒服的算式中的一个——$1 \div 2$。

师：$1 \div 2$ 这个除法算式能这么列吗？它会表示什么意思呢？我们不着急回答这个问题,$6 \div 2=3$ 这个算式大家不陌生吧？

师：除法算式 $6 \div 2=3$ 中,6 是被除数,2 是除数,3 呢？

生：商。

(师板书：商。)

师：$6 \div 2=3$ 表示什么意思呢？

生：把 6 平均分成 2 份,每份是 3。

师：谁还有补充？

生：6 里面有 3 个 2。

师：这都是平均分的意思！

师：根据 $6 \div 2$ 的意思,大胆猜测一下 $1 \div 2$ 会是什么意思呢？

生：把 1 平均分成 2 份,每份是半个！

师：这半个怎么记录呢？

生：二分之一。

(师板书：$1 \div 2=\dfrac{1}{2}$。)

师：对,三年级的时候我们曾经研究过它。回忆一下,我们研究二分之一的时候,见过这个图形(图 6.3.9)吧？

生：这是一个长方形,把它平均分成 2 份,其中 1 份就可以用这个二分之一来表示。

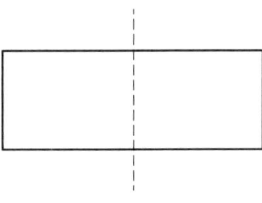

图 6.3.9

师：另一份呢？

生：也可以啊,因为它也表示把 1 平均分成 2 份,其中的 1 份啊！

师：噢,原来分数 $\dfrac{1}{2}$ 不仅可以表示 2 等分中的 1 份,还可以表示两个数相除的商,那下面几个分数你能说出它们的意思吗？

$$\frac{1}{3} \ 、 \ \frac{4}{3} \ 、 \ \frac{2}{2} 。$$

生：$\frac{1}{3}$ 表示 1 除以 3 的商。

（师板书：$\frac{1}{3} = 1 \div 3$。）

师：你能用图形表示出 $\frac{1}{3}$ 的意思吗？

师：对，把 1 平均分成 3 份，每一份都是三分之一，如图 6.3.10
所示。

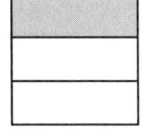

图 6.3.10

生：$\frac{4}{3}$ 表示 4 除以 3 的商。

（师板书：$\frac{4}{3} = 4 \div 3$。）

师：如果还是用 1 个正方形表示 1，那 4 个小正方形就可以表示 4，知道怎么平
均分成 3 份吗？

生：把每一个正方形平均分成三份，找出其中的一份，如图 6.3.11 所示。

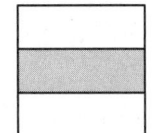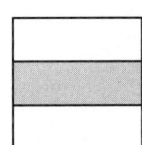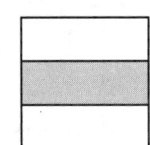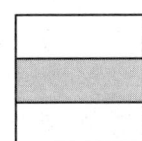

图 6.3.11

生：$\frac{2}{2}$ 表示把 2 平均分成 2 份，每份就是 1！

师：脑子中有图吗？

生：把 2 个正方形平均分成 2 份，每份是 1 个正方形，如图 6.3.12 所示。

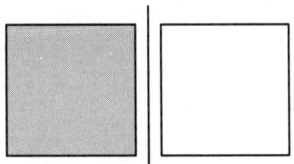

图 6.3.12

师：你看，这个分数很神奇吧，不仅可以表示若干等分中的一份或几份，还可
以表示两个数相除的结果，而且这个结果有时候分子比分母大，有时候分子比分母
小，有时候分子和分母一样大！

师：不过，这个分数它再神奇，也还是一个数，既然是一个数，它就和我们学过

的整数一样,可以比大小,可以进行加减乘除四则运算。下面我们就借助图形来研究研究分数,看看分数是不是和整数一样,可以比大小,可以进行运算。

师:我们还是借助这个正方形。在如图 6.3.13 所示的这个图形里,(1)号和(2)号部分都可以用哪个分数来表示?(3)号和(4)号部分呢?

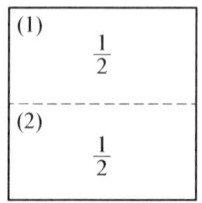 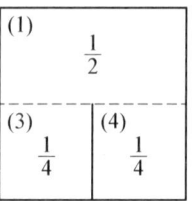

图 6.3.13

师:观察这幅图,你能比较 $\frac{1}{2}$ 和 $\frac{1}{4}$ 的大小吗?为什么?

生:$\frac{1}{2}$ 比 $\frac{1}{4}$ 大,2 等分中的 1 份比 4 等分中的 1 份要多。

生:正方形一样大,分的份数越多,每份反而越少。

生:是这样的,就像我们喝一瓶水,喝的人多了,每个人喝到的水就少了。

师:你们的理解好深刻啊,这一比方打得好,王老师都被你们教明白了,真聪明!

师:现在,我把这两个分数请到这个图形(如图 6.3.14 所示)上来,这个图形见过没?

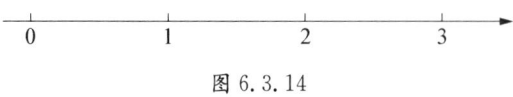

图 6.3.14

你能在这条线上找到 $\frac{1}{2}$ 和 $\frac{1}{4}$ 的位置吗?(见图 6.3.15)观察这幅图,你能比较 $\frac{1}{2}$ 和 $\frac{1}{4}$ 的大小吗?为什么?

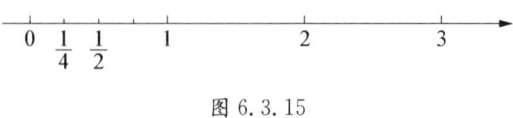

图 6.3.15

生:$\frac{1}{2}$ 是 1 的一半,而 $\frac{1}{4}$ 是这一半的一半。

师:通过刚才的研究,小朋友们发现,分数和整数一样是可以比大小的。

师:我们还是来看这幅图(图 6.3.16)。

师：你能根据这幅图列出加减乘除算式吗？

学生独立思考，小组讨论。

师：哪个小组先来展示？

生：我们可以写出加减法算式 $\frac{1}{4}+\frac{1}{4}=\frac{1}{2}$，$\frac{1}{2}-\frac{1}{4}=\frac{1}{4}$。

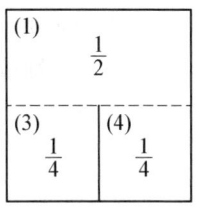

图 6.3.16

师：谁懂他？

生：2 个 $\frac{1}{4}$ 合起来刚好是 $\frac{1}{2}$，反过来，从 $\frac{1}{2}$ 里面去掉 $\frac{1}{4}$ 还剩 $\frac{1}{4}$。

师：谁还有补充？

生：2 个 $\frac{1}{4}$ 可不可以用 $2\times\frac{1}{4}$ 表示？

师：你们认为呢？

生：应该可以的，和整数乘法意思一样。

师：真是一群会学习的孩子！那得数会是几？

生：是 $\frac{1}{2}$。

（师板书算式。）

生：$\frac{1}{2}$ 里面有 2 个 $\frac{1}{4}$，我觉得可以写除法算式 $\frac{1}{2}\div\frac{1}{4}=2$。

生：我又想到一个，1 里面有 2 个 $\frac{1}{2}$，$1\div\frac{1}{2}=2$。

师：怎么样？对，太精彩了！

生自觉鼓掌。

师：数学真奇妙！在这个正方形的帮助下，我们四年级的同学居然找出这么多有关分数的加减乘除算式来，而且不用老师教，自己找到了每个算式的答案！看样子，这个分数的确和我们熟悉的整数一样，既可以比大小，也可以进行加减乘除四则运算。上课刚开始的时候，我们还不敢写出 $1\div2$ 这样的算式，你看现在，我们不仅敢写，而且还知道了它的结果！关于分数的运算，我们在以后的学习中将会进一步研究。这节课上到这儿，你有什么想和王老师分享的吗？

设计意图：本片段设计思路是通过"商定义"打通分数与除法的关系，让学生经历从运算封闭性的角度引入分数的过程，初步体验数学在寻求自身内部和谐的过程中也会产生新的数。利用数形结合的方法，初步比较分数的大小并进行分数的四则运算；让学生体会人类在研究数时，常常会研究它的含义、大小比较以及它的运算等属性。显然，这样的教学目标，对"分数的初步认识"中"初步"的内涵有了一些拓展，让学生体会"分数的真正来源，在于自然数除法的推广"，"从数学的观点来看,这一定义体现了分数的本质,符合数系扩张的数学思想".

(三) 从理解"单位1"着手,认识分数单位,并把份数定义和商定义建立起联系

【教学片段三】

师:孩子们,喜欢玩游戏吗? 今天老师想和大家玩一个"说一不二"的游戏,听清楚游戏规则——用适当的数学语言描述所给的情境,描述时只允许用数"1",不允许用除了1以外的其他数。

师出示一个手指。问:这是什么?

生:1个手指。

师出示一只手,问:这是什么?

生:5个手指。

师:不对。只能用"1"来描述,能换一个说法吗?

生:1只手。

师出示一支笔,问:这是什么?

生:1支笔。

师拿出 12 支笔,装进一个盒子里。

生:1盒笔。

师出示 PPT 图片(如图 6.3.17 所示):一条直尺上标有"10 厘米"。

生:1分米。

师出示 PPT 图片。

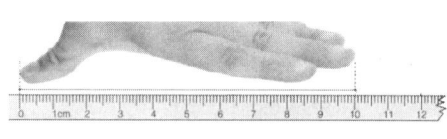

图 6.3.17

生:1 拃。

师画圈示意一组同学。

生:1组同学。

师:哦,一个组有 6 位同学,也可以用"1"来表示。

师示意全体同学,我们班 60 个同学能用"1"来表示吗?

生:能。

师:尽管我们班有 60 个同学,但是我们是一个班集体,也能用"1"来表示。

师:原来"1"不仅可以表示 1 个手指,1 支笔,1 位同学,1 个计量单位,还能表示一些物体,还有什么也能用"1"来表示呢? 你能和大家说一说吗?

生:……

师:"1"不仅能表示一个物体,还能表示由一些物体组成的整体。

师:现在,我们再来看屏幕(课件出示图 6.3.18:3 个饼)。这里有什么?

生:3 个饼。

师:这个能看作"1"吗?

生:能。

师:可我怎么看都是"3"啊! 有什么办法让老师我一眼就可以看出这是

"1"呢?

生:装在一个盘子里。

师:哦,我们可以套上一个圈,就成了一个整体,可以用"1"来表示了。(课件演示图6.3.18:3个饼圈起来)

师:那6个饼呢?9个呢?(出示6个饼,再出示9个饼)

生:都可以看作"1"。

师:真是一个神奇的"1"啊。但是,在同一个题中我们把3个饼看成是"1",就不再把6个饼看作"1"了。

师:请同学们想想,3个饼看作"1",那6个饼可以用几来表示。

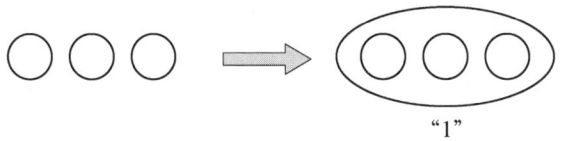

"1"

图6.3.18

生:2。

师:为什么?

生:把3个饼看成一个整体,6个饼就是2个这样的整体,就用2来表示。

(课件圈出另外3个饼)

师:那9个饼,12个饼呢?又该怎样表示呢?(课件演示,每3个饼圈在一起)

生:9里面有3个3,可以用3来表示,12里有4个3,用4来表示。

师:有几个这样的整体,就用几来表示。是吗?在这里3个饼就成了一个计量的单位了,我们通常把这样的"1"叫"单位1"。(板书:"单位1")就像我们用"1拃"做计量单位一样,用它去量物体,有几拃就用几来表示的道理是一样的。

师:现在,我给你们一个"单位1"(PPT出示1个月饼),请你们拿老师给的这个"单位1"当计量单位,去测量下面图6.3.19中的物体,说说用哪个数来表示测量的结果?

图6.3.19

生:第一幅图是"4",第二幅图就是"1",第三幅图只能用$\frac{3}{4}$来表示了。

师：为什么前两幅图可以用自然数来表示，第三幅图要用分数呢？

生：因为这里的计量单位是"1个月饼"，第三幅图没有一个完整的1，相当于把"1"平均分成4份，取这样的3份，就只能用$\frac{3}{4}$来表示了。

师：真好！看样子，用这个单位1去测量物体，得不到整数结果的时候，我们就可以用分数来记录结果。像这里的$\frac{3}{4}$表示的意思就是……

生：把"单位1"平均分成4份，取这样的3份。

师：请看图6.3.20，它表示的是$\frac{2}{5}$，猜猜看，它的单位"1"会是什么样子的呢？

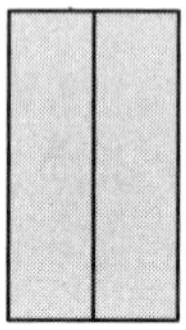

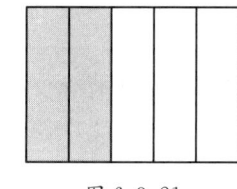
图6.3.20

学生操作后交流。

生1：老师给的是5等分中的2份，我再补充这样的3份就可以啦。

生2：老师给了2个$\frac{1}{5}$，我再画3个$\frac{1}{5}$就凑成了单位"1"了。

教师展示PPT，如图6.3.21所示。

师：你们的发言很精彩，在这里，我们把单位"1"平均分成5份，取其中的1份，得到的这个$\frac{1}{5}$就是分数单位（板书：分数单位），2个这样的分数单位就是$\frac{2}{5}$，3个这样的分数单位就是$\frac{3}{5}$，如果是7个这样的分数单位呢？

图6.3.21

生：那就是$\frac{7}{5}$喽！

师：那$\frac{6}{6}$的分数单位是什么？又有几个这样的分数单位呢？

生：$\frac{6}{6}$的分数单位是$\frac{1}{6}$，有6个这样的分数单位。

师：噢，分数就是把单位"1"平均分成若干份，表示这样的1份或几份的数。

师：现在老师给你一个单位"1"，请你取出学具包里的棋子（12颗、8颗或16颗），先在操作纸上摆一摆、画一画、想一想，然后用下面的数学语言来描述这个$\frac{3}{4}$。

这里的单位"1"是（　　　　），把这个单位"1"平均分成4份，每份是（　　　　）个，是这个单位"1"的$\frac{（　　）}{（　　）}$；取这样的3份是（　　　　）个，是单位"1"的$\frac{（　　）}{（　　）}$。

学生分组活动，之后展示交流。

教师根据学生的交流板书见下表6.3.5。

表 6.3.5

单位"1"	平均分 4 份	每份占单位"1"的 $\dfrac{(\quad)}{(\quad)}$	取 3 份共( )颗	分数
12 颗棋子	每份 3 颗		9 颗	
8 颗棋子	每份 2 颗	$\dfrac{1}{4}$	6 颗	$\dfrac{3}{4}$
16 颗棋子	每份 4 颗		12 颗	

师：观察上面的表格，你有什么发现？或者你有什么问题？

生 1：为什么同样的是 $\dfrac{3}{4}$，棋子的颗数却不相同呢？

师：好问题！有谁对这个问题有自己的想法？

生 2：这是因为单位"1"的颗数不同，比如 12 颗棋子的 $\dfrac{3}{4}$ 是把 12 颗棋平均分成 4 份，取这样的 3 份，而 8 颗棋子的 $\dfrac{3}{4}$ 是把 8 颗棋平均分成 4 份，取这样的 3 份。

师：不错的想法！谁还有补充？

生 3：生 2 说得对，但我们也要注意，尽管每次取出的颗数不同，但每次取的都占单位"1"的 4 个等份中的 3 份，都可以用 $\dfrac{3}{4}$ 来表示。（PPT 演示如下图 6.3.22 所示）

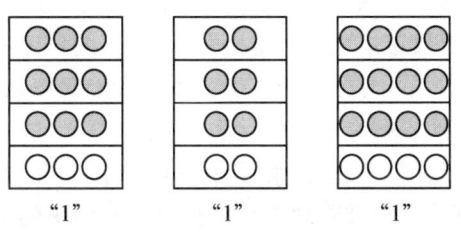

图 6.3.22

师：噢，原来，这个单位"1"的数量可以是不同的数，但只要把单位"1"平均分成了若干份，表示这样的 1 份或几份，就可以用分数表示。（板书定义）

师演示 PPT：既然 12、8、16 颗棋子都可以看成单位"1"，那我们就把这些棋子去掉，留下这 3 个单位"1"，你还能表示出 $\dfrac{3}{4}$ 吗？

学生交流，教师演示如图 6.3.23 所示。

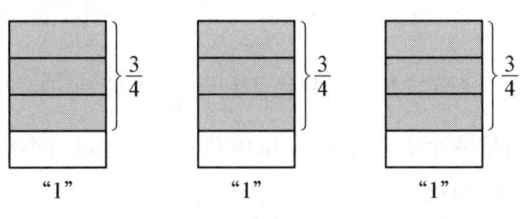

图 6.3.23

师：在四年级学习分数的认识时，分数和除法是有关系的，$\frac{3}{4}$ 还可以表示 3 除以 4 的商，你能用这幅图说明这种关系吗？

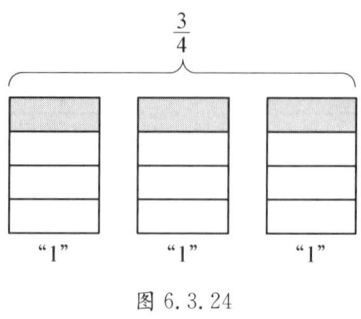

图 6.3.24

生：这里有 3 个"1"，就是自然数"3"，我们把"3"平均分成了 4 份，取这样的 1 份，如图 6.3.24 所示，和上图中"1"的 $\frac{3}{4}$ 是一样的。

教师板书：$\frac{3}{4} = 3 \div 4$。

设计意图：本片段设计了一系列活动，力求让学生在活动中认识单位"1"及"分数单位"，并通过数形结合的方法把分数的份数定义和商定义建立起联系，"份数定义显示过程，商定义表示结果"，让学生再一次从本质上认识分数。

三、 讨论

1. 对课堂的思考

本设计从三、四、五年级学生的年龄特征和心理特征出发，本着"螺旋式上升"的设计理念，在张奠宙先生的理论文章《分数的定义》的具体指导下，三位老师从不同的角度——[教学片段一]从"份数定义"的角度、[教学片段二]从"商定义"的角度、[教学片段三]从"份数定义"与"商定义"相互联系的角度，切入对"分数意义"的探讨，学生在教师的引领下，对分数的认识一步一步走向深入。经课后对学生的访谈，了解到这样的设计确实解决了课前学生对"分数意义"的一些糊涂认识，比如半个苹果是否可以看成单位"1"；把 12 颗棋子平均分成 4 份，每份是 3 颗，占棋子总数的几分之几；除法算式里的被除数为什么相当于分数里的分子，除数为什么相当于分母等等。

2. 提出新问题

"分数是两个整数的比（值）"，在中学数学和高等数学中，我们常常这样说。但是，小学数学课程的安排是先学分数，再学比。因此，不可能一开始就采用比作为分数的定义。令人意外的是，已经学过比和比例的小学六年级学生，仍然缺乏用比和比例的眼光去审视分数。

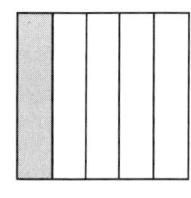

图 6.3.25

前面曾提及的调查问卷，对于图 6.3.25，没有学生能找到分数 $\frac{1}{4}$，即便是老师，也有人认为这幅图不能表示 $\frac{1}{4}$。其实，1 块黑，4 块白，1:4，其比值正是 $\frac{1}{4}$，非常直观。为什么看不到？只因把整个大正方形看作单位"1"，已经根深蒂固，思维定势之严重也由此显露无遗。

依份数定义看来,分数表面上是"一份或几份",其实表示的是部分和整体之比。"比"的定义是将它扩展,分数乃是"一部分和另一部分之比",另一部分可以是整体,也可以是部分,把这一部分当作新的整体。所以,在小学数学教学中,在讲比和比例的时候,如何补充"分数的再认识"是新的值得研究的问题。

湖南省涟源市教研师资培训中心　王丽燕
湖南省涟源市育才实验学校　谢炤阳

82　建立方程模型,体会方程思想
——"方程的意义"教学思考

"方程的意义"是义务教育教科书五年级上册第 62、63 页的内容,它承载着学生从算术思维到代数思维的过渡的重任。《标准(2011 版)》中对这部分内容的要求是:结合简单的实际情境,了解等量关系,并能用字母表示;能用方程表示简单情境中的等量关系,了解方程的作用。对于这部分内容我们形成了这样一个共识:不能将教学局限于"含有未知数的等式就是方程"这样一句描述性的定义上,而是应将教学重心放在建立方程模型,体会方程思想上。那么究竟怎样才能帮助学生建立方程的模型,体会方程思想呢? 带着问题,我再次踏上了思考的旅程。

学习方程的价值在于会用方程解决问题,逐步学会用代数的方法思考问题,这一切都离不开方程思想。方程思想的核心体现在建模思想和化归思想,而本节课无疑重在建模思想。模型思想的建立是学生体会和理解数学与外部世界联系的基本途径。方程的模型就是用等号将相互等价的两件事情联立,等号的左右两边等价;方程没有经过任何运算,只是阐述了一个事实本身,一个没有经过任何加工的事实本身,也就是方程表达了题目中最基本的等量关系,这正是方程思想的本质所在。

要在学生心目中真正地建立方程模型,让学生体会方程思想,就要在进行方程的教学时,让学生充分经历这样的过程:以关注"关系"的视角,用自己的语言阐述所述的事情,然后抽象成数学的表达,最后用数学符号建立方程,体会方程思想。

确定好教学的思路后,我又认真研读了教材并对学情进行了调研。

一、研读教材

人教版小学数学教材呈现了这样一个情境,如图 6.3.26 所示。

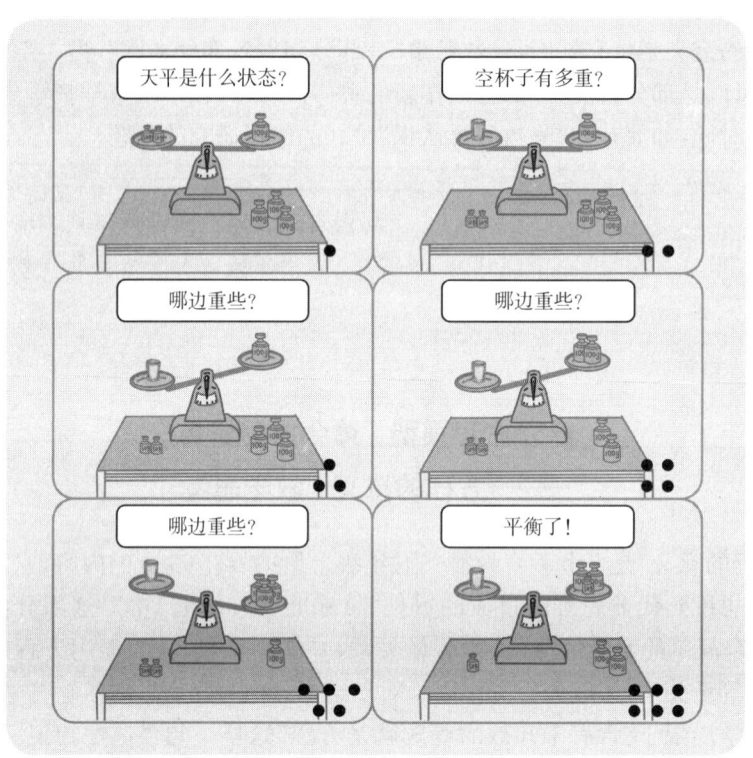

图 6.3.26

这样的情境设置,目的何在呢? 仔细思考后发现,这是一个围绕着"一杯水的质量"发生的一个故事,其目的非常明确,就是借助天平这一直观的载体,用天平的状态引领学生把关注点转移到天平左右两边质量的关系上,进而用语言描述、符号表达。这正是建立方程模型的最佳途径呀!

这个故事怎样呈现更有利于学生的观察思考呢? 如果仅仅是看静态的图片显然不够,于是想着把这个情境用微课程的形式做成动画,让学生在静静看故事的过程中进行火热的思考;然后让学生讲故事,在讲故事的时候学生便会自觉地把目光关注到天平的状态上,两边的质量关系便能自然地出现了。

二、 研究学情

为了了解学生对于学习方程的难点所在,我对五年级的学生进行了学前调研。出示如图 6.3.27 的图片。

问题 1:你看到了什么? 想到了什么?

学生的回答:有三本练习本,一共 2.4 元,一本 0.8 元。

问题 2:根据这幅图,一本练习本多少元?

图 6.3.27

学生的回答：0.8 元。

问题 3：从图中你能找到怎样的关系？

学生的回答：……（大部分学生表情茫然）

从上述问题来看，学生受算术思维的影响很重，看到未知数急于求解，不能把未知数和已知数同等看待；对于"数量关系"非常陌生或者说是不知"关系"为何物。因此，要引领学生转换"视角"，关注问题中的数量关系，把未知数当作一个"已知条件"就显得尤为重要。

同样为了了解方程在学生的头脑中究竟留下了什么，我又对六年级的学生进行了学后调研。

问题：一说到"方程"，你马上会想到什么？

学生的回答：未知数（大约占到调查学生数的 90%）；等量关系（大约有 5%）；未知数、等量关系（大约有 5%）。

由此可见，"未知数"在学生的头脑中占据了强势的位置，而核心的"等量关系"，显然处于弱势。

根据以上思考和研究，我决定借助"真实的天平"和"心中的天平"帮助学生转换"视角"，关注"数量关系"；在"看故事、讲故事、找关系、写式子"的过程中，充分经历方程概念的形成过程；在分类中，初步建立方程模型；在追问、梳理中深度建模；在尝试应用中，巩固方程模型。

三、 教学实践

【教学内容】人教版小学数学五年级上册第五单元 62、63 页。

【教学目标】

（1）在具体的情境中理解并掌握方程的意义，初步感受方程和等式的关系。

（2）经历观察、语言描述、符号表达、分类、归纳的过程，发展抽象思维能力。

（3）在具体情境中，感受数学与生活的密切联系，体会方程的作用即刻画现实情境中的等量关系，建立方程模型，体会方程思想。

【教学重点】在具体情境中理解方程的意义。

【教学难点】用方程表示简单的等量关系，体会方程思想。

【教学过程】

（一）看故事，讲故事，建立新的视角

1. 看故事，讲故事。

师：这节课咱们的学习从《一杯水的故事》开始，请同学们认真看，用心想。（播放微课程，学生看。）

师：故事看完了，你看到了什么？想到了什么？同桌之间先互相讲一讲。（参考下图 6.3.28）

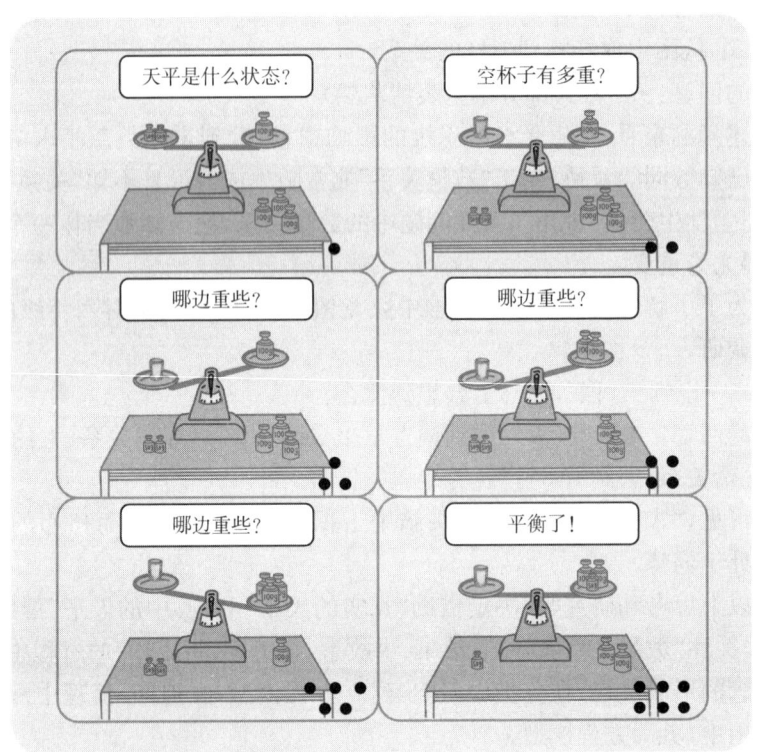

图 6.3.28

师：谁来讲一讲？先讲前两幅图。

（学生尝试讲故事。）

师：这位同学讲得真不错！她在讲故事的时候用到了一个非常关键的词"平衡"，更重要的是她还想到了此时天平左右两边质量是相等的关系。谁接着讲？

（学生继续讲故事。）

师：这位同学讲得同样棒！他在讲故事的时候也用到了一个关键词"不平衡"。

2. 梳理过程，关注状态，描述关系。

师：下面咱们一起来梳理一下。刚才同学们在讲故事的时候都关注到了天平的状态。天平的状态有哪两种？

生：平衡和不平衡。

师：天平平衡的时候，左右两边的质量有怎样的关系呢？（见图 6.3.29）

生：相等。

师：是的，也就是"左边的质量＝右边的质量"，而且我们从第二幅图能知道这个空杯子的质量是多少？

生：100 g。

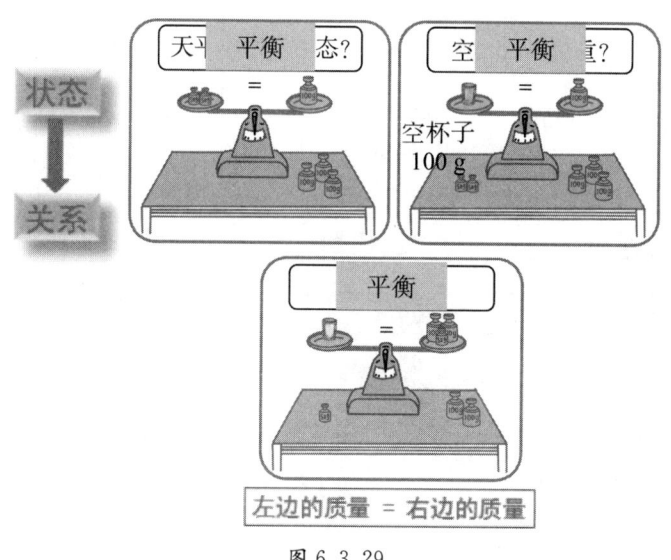

图 6.3.29

师：天平不平衡的时候，两边的质量又有怎样的关系呢？（见图 6.3.30）

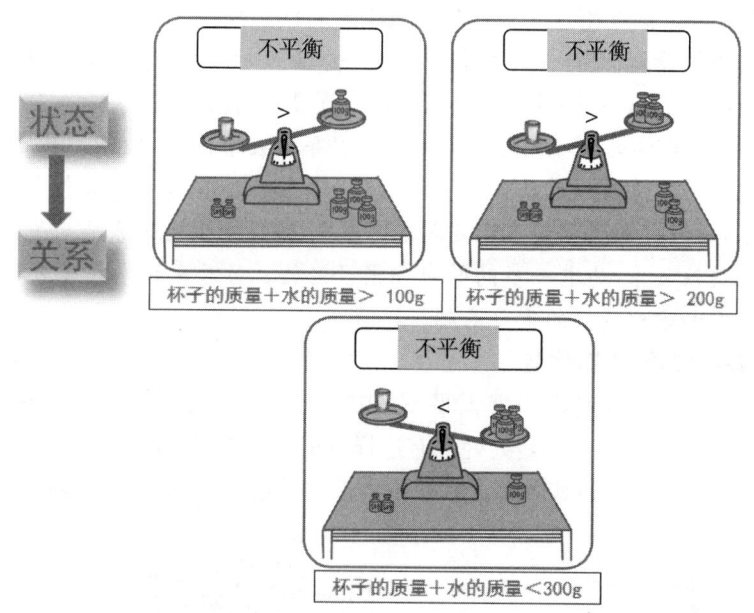

图 6.3.30

3. 用数学式子表示关系，进行结构性的表达，实现"数学化"。

师：刚才我们根据天平的状态找到了天平左右两边质量的关系，你能用一个简洁的数学式子把这些关系分别表示出来吗？（见图 6.3.31）

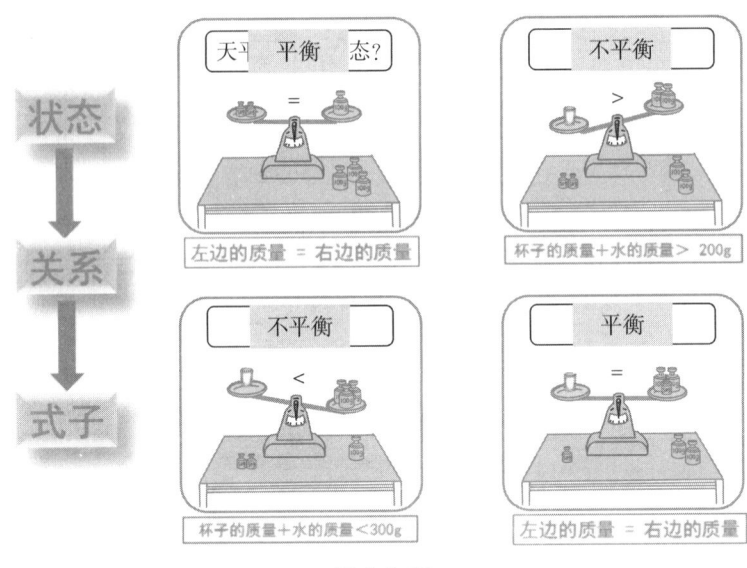

图 6.3.31

（学生自主探究后反馈。）

师：刚才同学们在用这些式子表示天平左右两边质量关系的时候做了一件非常了不起的事情，那就是让未知数和已知数一起来表示关系，这可是以前从来没有过的事情，这也标志着我们的学习进入了一个崭新的阶段。

设计意图：数学的学习就是从现实问题中寻找数学信息，构建关系，然后进行数学的表达。而天平是一个最佳的直观载体，学生从天平直观的状态中想到两边质量的关系，并通过讲数学故事的方式表达出来，这样学生就从原来只关注结果自然地转换到关注关系，为进一步的学习积累了经验。另外用数学式子表示关系的过程正是等式和方程建模的重要基础。

（二）转换情境，丰富体验

师：刚才咱们用这些式子把天平不同状态所表达的关系给简单地表示出来了。可是咱们的生活中并不是处处都有这样看得见的天平，如果没有了天平，如图6.3.32所示，你还能找到其中的关系并用数学式子把它们表示出来吗？

图 6.3.32

（学生讲故事，找关系，写式子。）

设计意图：脱离直观的天平，通过对这两个情境的解读，让学生再次经历讲数学故事、寻找数量、建立关系、数学表达的过程，丰富学生的体验。

（三）经历分类，认识方程，初步建模

1. 第一次分类，认识等式和不等式。

学生把得到的 6 个数学式子按照天平的状态进行分类，认识等式和不等式，见图 6.3.33。

不等式

① $50+50=100$　　② $100+x>200$

② $100+x>200$　　③ $100+x<300$

③ $100+x<300$　　　等式

④ $100+x=250$　　① $50+50=100$

⑤ $3x=2.4$　　④ $100+x=250$

⑥ $x-45=128$　　⑤ $3x=2.4$

⑥ $x-45=128$

图 6.3.33

2. 第二次分类，认识方程，初步建模。

学生把等式再次分类，观察特点，总结方程的意义，见图 6.3.34。

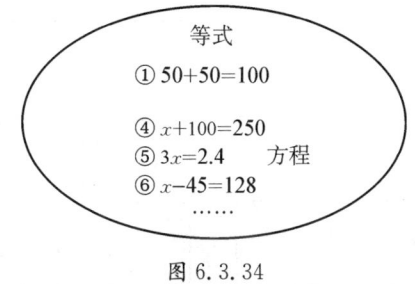

图 6.3.34

3. 圈出等式和方程，明确两者之间的关系，见图 6.3.35。

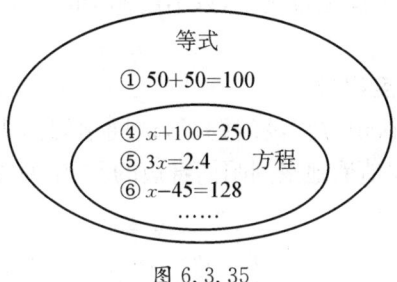

图 6.3.35

4. 判断，巩固方程的意义，沟通前后知识间的联系。

师：方程是什么？你知道了吗？如果再见到方程，你能认出它吗？咱们来试一试。下面哪些式子是方程？

出示：$x-3=6$，$35+65=100$，$6a=24$，$y+24$，$x-14>72$，$3x+2y=9$，$6+(\quad)=10$，$32\div\square=4$。

师：$6+(\quad)=10$，这个是方程吗？

生：是，因为括号里是多少没有告诉我们，括号就表示未知数，它又是等式，所以它是方程。

师：那$32\div\square=4$呢？

生：这个式子是等式，其中$\square$表示的是未知数，所以它也是方程。

师：最后两个方程，你觉得面熟吗？

生：见过。

出示图 6.3.36 与图 6.3.37。

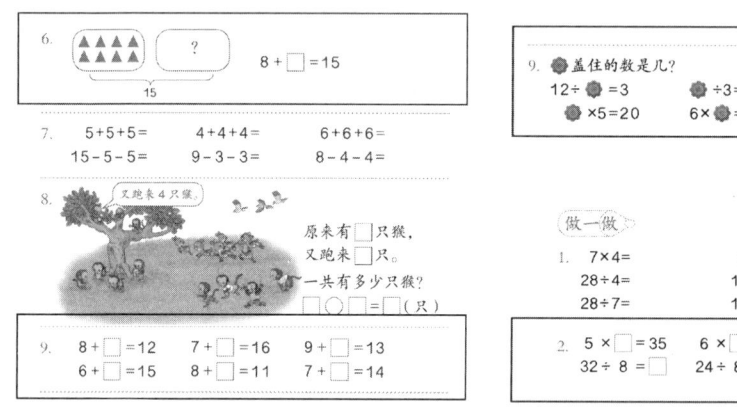

图 6.3.36

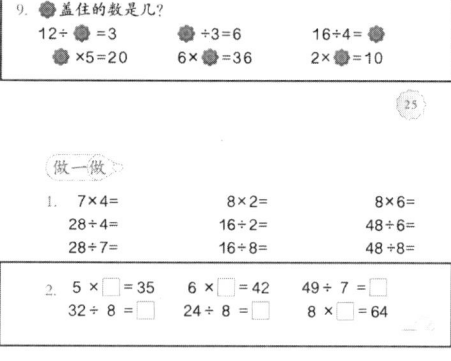

图 6.3.37

师：方程，我们原来早就见过它了，只不过那个时候老师没有告诉大家它们是方程而已。

（四）追问、梳理，深度建模

1. 师：看来同学们认识方程没问题了，请同学们回头想一想这些方程（如图 6.3.38 所示）是和谁一起悄悄地来到咱们身边的？（生回答。）

④ $x+100=250$
⑤ $3x=2.4$
⑥ $x-45=128$

图 6.3.38

2. 共同回顾。(见图 6.3.39)

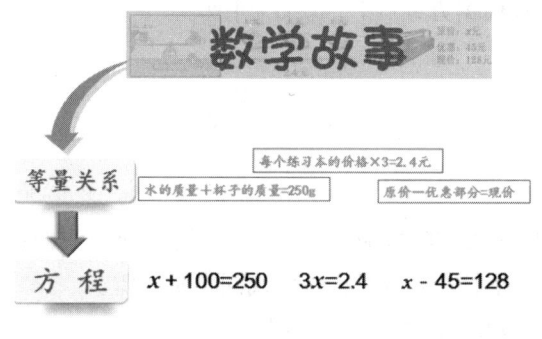

图 6.3.39

师：快看，方程是和谁一起来的？

生：等量关系。

师：看来方程和等量关系是一对非常亲密的好伙伴。以后再看到方程你会想到什么？

生：它的好伙伴等量关系。

师：如果我们要列出方程，需要先找到什么？

生：等量关系。

设计意图：方程留在学生脑海中的不仅仅是"含有未知数的等式"这样一句话，通过引领学生进行回顾，让学生明确列出方程的过程，更重要的是让方程和等量关系的密切联系在学生的头脑中刻下深深的印痕，从而深刻建立方程的模型。

(五) 尝试应用，巩固模型，体会思想

师：这几幅图(如图 6.3.40 和图 6.3.41 所示)又分别告诉了我们怎样的一个数学故事？你能从中找到等量关系，列出方程吗？(课件出示)

1. 用方程表示下面(图 6.3.40)的数量关系。

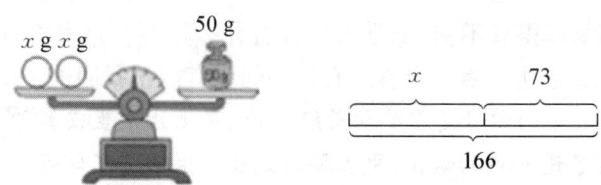

图 6.3.40

（学生在实践单上自主完成后反馈。）

2. 延伸到生活，根据方程（图 6.3.41）讲故事。

$$5x = 40$$

图 6.3.41

看到这个方程，你的头脑中有什么？有等量关系吗？有数学故事吗？课下的时候，根据这个方程讲个故事给爸爸妈妈或同学听一听。

（六）回顾学习过程，积累数学学习经验

师：数学学习是需要积累经验的，请同学们回想一下，我们这节课经历了一个怎样的学习过程呢？

1. 学生回顾、说。

2. 共同回顾。（见图 6.3.42）

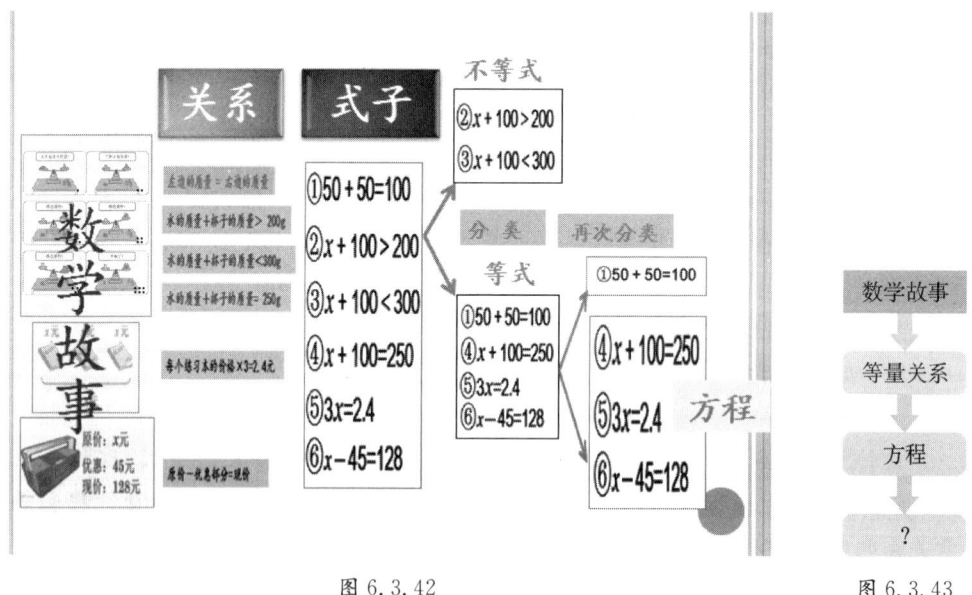

图 6.3.42   图 6.3.43

3. 再次关注方程。（见图 6.3.43）

师：我们是怎样列出方程的呢？

生：从数学故事里先找到等量关系，然后根据等量关系列出方程。

师：同学们掌握得真不错，那学习方程有什么用呢？这些方程中的未知数等于多少呢？该怎么求呢？看来方程还有很多问题有待于我们进一步的研究！

设计意图：数学的学习是需要积累经验的，因此让学生回顾学习的过程，一是对学习的知识有了进一步的认识，更重要的是让学生丰富了学习的方法、研究的过程,这一点对于学生的后续发展尤为重要。

山东省临沂第一实验小学　李士娟
山东省临沂第四实验小学　刘士锋

基于数学思想方法维度的
"3的倍数的特征"教学研究报告

摘要:"如果我们只关注'是什么',不关注'为什么',那么学生只是掌握了知识、结论,没有掌握探索知识的方法,学习就只能变成一种记忆和复制,知识也只能是一堆僵死的学问;方法如果没有思想的引领,也只能是一种笨拙的工具;长此以往,学生就会失去创造的欲望与能力。"

一、 问题

"3的倍数的特征"是人教版小学数学五年级下册"数与代数"的内容,它是在因数和倍数的基础上进行教学的,是教学质数与合数、最大公因数、最小公倍数的重要基础,也是学习约分和通分的必要前提。因此,使学生熟练地掌握3的倍数的特征,具有十分重要的意义。

由于3的倍数要根据各位上数字的和是否是3的倍数来判断,而先前学习的"2、5倍数的特征"只要看个位上的数来判断,看上去,新知与原有经验有些不一致了,加上学生在以前的学习中几乎没有"将各位上的数相加的和"的经验,所以,如何引导学生去发现"3的倍数的特征"是个值得研究的问题。纵观各种版本的教材,为了给学生提供合适的探究材料,可谓想尽办法,最常见的有以下两种材料:先引导学生在百数表中找到3的倍数,然后组织学生进行观察、猜测、验证(如人教版、北师大版的编排);在计数器上分别表示出几个3的倍数,看看各用了几颗数珠(如苏教版的编排)。但是教学实践表明,即便是给学生这些探究材料,学生还是难以自主探究出3的倍数的特征,即使在一些大型活动的公开课中也不例外。多数情况是在教师直白机械的引导下,如:"3的倍数和各位上的数有什么关系?""将每个数的各个数位上的数字加起来试试看?"帮助学生发现规律,得出结论,而结论背后更具普遍适用性的理论依据,少有人探究。这样的处理,突出了结论的工具性作用,但忽视了方法应用的合理性探究,禁锢了学生的思想。事实上,在教学"3的倍数的特征"时,不能只是让学生理解"3的倍数的特征"这一知识结论和针对这一知识结论的运用,更重要的是要通过对知识结论的探索,掌握获得知识和运用知识的方法,并感悟、体会、理解这一过程中的数学活动经验和数学思想方法,不仅让学生知其然,而且让学生知其所以然。

研究一个数的倍数的特征,其主要数论原理是:判断自然数 a 能否被自然数 b 整除,可把自然数 a 分为大小不等的两个自然数的和,若较大的加数被自然数 b 整除,则只要判别较小的加数能否被自然数 b 整除就可以了。

因为任意数 $\underbrace{ab\cdots cd}_{n位} = \underbrace{9\cdots9}_{(n-1)位} \times a + \underbrace{9\cdots9}_{(n-2)位} \times b + \cdots + 9c + a + b + \cdots + c + d$。其中的 9、99、999 等都是 3 的倍数,依据上述原理,这个数能否被 3 整除,就取决于"各位数字之和 $a+b+\cdots+c+d$"能否被 3 整除。这样的处理,既能帮助学生掌握 3 的倍数的特征,又能帮助学生了解结论背后更具普遍规律性的理论依据,激发学生的求知欲。

数,对学生而言已是十分抽象,而数的整除性,涉及到数与数之间更多的内在联系和规律;教师基于数论视角把握一个数的倍数的特征,对他们的专业素养确实是一个很大的挑战,这些可能也是许多教材没有涉及"为什么"的主要原因。但是从对师生的数学素养的提升来看,从研究问题的方法的获得的角度来看,如果能回到思维原点处,从数学本质的角度考虑,让学生不仅知道"是什么",还能知道"为什么",或者能意识到这个"为什么"值得研究,这些都是有益的思考。那么,如何把这个"为什么"深入浅出地传递给学生? 如何能让学生在"非牵引式探究"下"自主探究"出这个"为什么"等等,都是值得好好研究的问题。

(一)教学实践中的问题

一线教师对"3 的倍数的特征"这个教学内容的研读的现状如何? 学生对这个内容的掌握程度如何? 为了弄清楚这些问题,我们的研究团队进行了师生问卷调查。

教师问卷

1. 判断一个数是不是 2 或 5 的倍数,为什么只看个位就行? 而判断一个数是不是 3 的倍数却要看各个数位上的数字之和是否是 3 的倍数? 这两者之间有联系吗?

2. 教学"3 的倍数的特征"时,有没有必要让学生知道"为什么"?

回想以前的课堂,教师总是千方百计引导学生观察、猜想并发现 3 的倍数的特征。显然,这种教学设计更突出让学生知道"是什么";有没有必要回到思维原点,从数学本质的角度进行深层次的追问与探究,让学生知道"为什么"?

3. 您是否知道 4、7、9、11、13 等数的倍数的特征? 如果不知道,能尝试研究出来吗?

问卷收回 30 份,下面图 6.3.44 是几份老师问卷的手稿。

调查结果显示,老师们对"是什么"比较关注,不太关注"为什么"。由于缺乏数论知识,有 95% 的老师对这个"为什么"本身都不太清楚,不能把"2、5 的倍数特征和 3 的倍数特征"从"数的整除"判别方法上统一起来。

可以探究"为什么",但深层次的追问没有必要
但这堂课的重点还是知道"是什么"

我觉得没有必要让学生去知道为什么。因为学生记住了词，慢慢就理解为什么了。

答：有必要让学生去知道是"为什么"，但不必太深层次的追问与探究。

在教学中，没想过让学生去知道为什么了的倍数的特征为什么是这样，自己也不明白。

图 6.3.44

关于 4、7、9、11、13 等数的倍数的特征,之前知道得较多的是 4、9、11 的倍数的特征,不知道的在短时间内也找不到。

五年级学生问卷

1. 怎样判断一个数是否是 3 的倍数?

2. 判断一个数是不是 2 或 5 的倍数,为什么只看个位就行? 而判断一个数是不是 3 的倍数却不能只看个位?

3. 在老师让你完成今天的问卷之前,你想过上面的问题吗? 关于"3 的倍数的特征"这一内容的学习你还有什么疑问吗?

学生(已经学完 3 的倍数的特征)问卷收回 50 份,只有下面图 6.3.45 的 2 份问卷关注"为什么"。

答：为什么3的倍数是每次(个位)加法都能整除了，有什么依据吗？3的倍数这样是谁规定的呢？

想过，如果数很大，例如135732737。有没有更好的让我们去知道它是不是3的倍数。

图 6.3.45

调查结果显示,100％的学生知道怎么判断,96％的学生不知道为什么要这样判断,96％的学生提不出任何问题。

由此可见,不仅教"是什么",还教"为什么",甚至教学生主动提出"为什么",这种教学思想是对传统教法的挑战。

根据《标准(2011版)》的要求,通过对教材的反复研读,我们从教与学两个维度进行了分析,以期通过研究这些问题,更好地进行教学。

教之困:

1. 在教学探究3的倍数的特征时,学生思维的关注点总是停留在观察一个数的个位上,很难通过举例、观察、猜想、验证等过程,自主探究出3的倍数的特征。

2. 数学学习不能只是理解知识的结论和针对结论的运用,更重要的是要通过对知识的探索,掌握获得知识和运用知识的方法。那么,在研究3的倍数的特征时,有哪些思想方法呢?

3. 如何设计有效的探究活动,变"伪探究"为"真探究"?

4. 教材没有编排这一部分内容,是否因其难度过大? 回到思维的原点处进行教学,学生能否接受和理解?

学之难:

研究2、5的倍数特征只看个位就可以作出判断,而3的倍数的特征为什么要看各数位数字之和? 某种程度上,这既彰显了知识前后"不一致"、"相互矛盾"的地方,同时也彰显了学生认识上的盲区:即在某种程度上,位值原理是研究数的倍数特征的基础。从位值原理的角度讲,一个数能否被2、3、5乃至被其他数整除,要看这个数数位上的数被某数除,所得的余数的和能否被某数整除,如果能被某数整除,那么这个数也一定能被某数整除。反之,则不能。这是知识的节点,也是学生认识的盲点。

(二) 对问题的分析

如果我们只关注"是什么",不关注"为什么",那么学生只是掌握了知识、结论,没有掌握探索知识的方法,学习就只能变成一种记忆和复制,知识也只能是一堆僵死的学问;方法如果没有思想的引领,也只能是一种笨拙的工具;长此以往,学生就会失去创造的欲望与能力。

其实,"3的倍数为什么要看各位数字之和",无非是借助整数除法的知识,具体说是将整百整十数除以3的过程加以概括,进而得出新的结论,并在此基础上加以应用而已。对于五年级学生来说,整数除法内容已经相当熟悉了,理解"分"的过程应该没有问题,总结规律也并不难,既然如此,何不让学生就这个原理来一番尝试与探索呢?

二、 实践

(一)"不只是要教给学生一个结论,更要教给学生一种方法、一种解决问题的思路"的设计

【教学片段一】

教学目标　教师引导学生发现并总结倍数特征的常规研究模式,即"拆分法""弃倍法";研究并理解 3 的倍数的特征;在对比中沟通联系,整体建构"一个数的倍数特征"的知识方法体系。

师:前面我们研究了 2、5 的倍数的特征,谁能说说 2、5 的倍数具有怎样的特征?

生:2、5 的倍数都只要看个位数字就行,个位上是 0、2、4、6、8 的数是 2 的倍数,个位上是 0、5 的数是 5 的倍数。

师:真好!大家都很熟悉!大家回忆一下,我们是用什么方法找到 2、5 的倍数特征的呢?

生:我们在百数表里圈出 2 和 5 的倍数,发现它们都整齐地排在一列,很快我们就找到它们的特征了。

师:(课件演示,如图 6.3.46 所示)表达得很清楚!

1	2	3	4	5	6	7	8	9	10
11	12	13	14	15	16	17	18	19	20
21	22	23	24	25	26	27	28	29	30
31	32	33	34	35	36	37	38	39	40
41	42	43	44	45	46	47	48	49	50
51	52	53	54	55	56	57	58	59	60
61	62	63	64	65	66	67	68	69	70
71	72	73	74	75	76	77	78	79	80
81	82	83	84	85	86	87	88	89	90
91	92	93	94	95	96	97	98	99	100

图 6.3.46

师:今天我们要来研究 3 的倍数的特征。大家想一想,研究这个问题,我们研究点什么好呢?

生:我想知道 3 的倍数的特征是什么?

生:我想知道用什么方法找到 3 的倍数的特征?

师:好想法!既研究 3 的倍数的特征,还研究怎样得到这个特征,真正的数学学习就该如此!

师:关于上面两个问题,大家又有什么想法呢?

生:我想像 2 和 5 一样,通过找一找、圈一圈,就能发现 3 的倍数的特征。

生:我猜 3 的倍数也只要看个位就行了,个位上是 0、3、6、9 的数应该是 3 的倍数。

师:同学们的想法不错,能根据自己已学的知识提出研究问题的方案,或者进行大胆的猜测,这都值得表扬。但是这个方案是不是可行,这个猜想是不是正确呢?我们还得研究研究。这样吧,我们先拿出老师发给你们的百数表,两人一小组就上面这两个问题展开研究。

生:老师,我们在百数表里圈出 3 的倍数之后,发现个位是 0、3、6、9 的数有些是 3 的倍数,如 30、63、96、99,但我们也发现还有一些个位不是 0、3、6、9 的数也是 3 的倍数,比如 21、42、24、15、27、18 这些都是 3 的倍数。

生:对,像 20、23、16、49 这些数个位就是 0、3、6、9,但它们都不是 3 的倍数。

生:这些 3 的倍数个位上从 0 到 9 都有可能呢。

师:那也就是说,判断一个数是不是 3 的倍数光看个位还不行。看来,发现 3 的倍数规律还真不简单!问题研究到这儿,你觉得发现 3 的倍数的特征最大的困惑是什么?

生:这些数的规律不像 2 和 5 那样明显,以前列举 2 和 5 的倍数的时候,很容易发现它们都是排在一列的,所以很容易发现它们的规律;现在 3 的倍数排列感觉很乱,想了很久也找不到它们的排列规律。

生:而且它们的个位也没有什么明显的特点。

师:对,同学们真实地表达了自己的想法。看上去,这些数排列不整齐,个位也没有明显的规律。可能是很多不是 3 的倍数的数据对我们造成了干扰。如果把这些数据藏起来,你们看看,这些数有什么规律吗?

生:老师,我发现了,它们是斜着排列的(如图 6.3.47 所示)。

生:3 开头的那一斜行都是各位上数字之和是 3 的数,6 开头的那一斜行都是各位上数字之和是 6 的数,9 开头的那一斜行都是各位上数字之和是 9 的数。

生:第四、第五、第六斜行除开头第一个数外,都是各位上数字之和分别是 12、15、18 的数。

生:每一斜行开头的数还真是 3、6、9、30、60、90,个位真是 3、6、9、0。

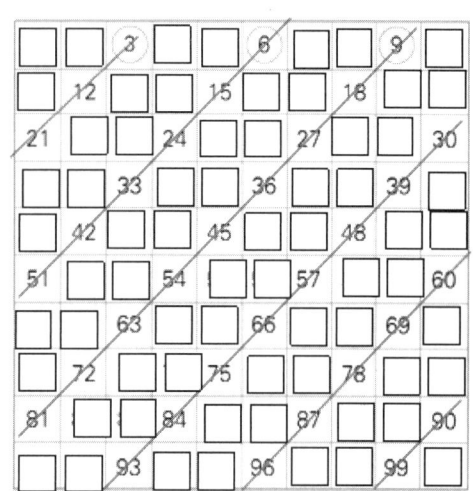

图 6.3.47

生：我们还发现每一斜行除了开头的那个数,第一个和倒数第一个是颠倒数,如第一斜行的 12 和 21,第二斜行也有这样的规律,15 和 51、42 和 24;第三斜行里的 18 和 81、27 和 72、63 和 36、45 和 54;第四斜行里的 39 和 93、84 和 48、75 和 57;第五斜行里的 69 和 96、87 和 78!

师：两个颠倒数交换了数字的位置,但什么不变呢?

生：数字之和不变。

师：你们太厉害了!从这小小百数表里竟然找出这么多规律来!综合上面的研究,你们大胆地猜想一下,3 的倍数可能和什么有关系呢?

生：十位、个数上数字之和是 3 的倍数的数是 3 的倍数。

师：他的猜想对吗?我们应该怎么做呢?

生：验证!多举几个例子试试看。

师：那你们还是两人一小组,举例验证看看。

生：我们组也举了好多个例子,发现各位上数字之和是 3 的倍数的数一定是 3 的倍数,前面我们在百数表里圈出来的就是;各位上数字之和不是 3 的倍数的数一定不是 3 的倍数,前面在百数表里没圈的所有数都不是 3 的倍数。

生：我们也验证过了,我们举了个位数为 4 的例子,发现十位数填 2、5、8,组成的两位数的数位上数字之和是 3 的倍数,24、54、84 这些数是 3 的倍数,填其他的数字就不是 3 的倍数,说明之前的猜想是对的。

生：我们还发现,不仅两位数是这样,三位数、四位数或更多位数也有这样的规律!比如说,645 这个数的各位上的数之和是 15,是 3 的倍数,645 也就是 3 的倍数了。

师：真会学习!只要各位上的数字之和是 3 的倍数。如果三张数字卡片 6、4、5,你能排出多少个不同的三位数是 3 的倍数?

生：645、654、564、546、456、465。

师：每个小组验证一个数,这些数都是 3 的倍数吗?

生：真的都是 3 的倍数!

师：问题研究到这儿,我们找到了 3 的倍数的特征了吗?

生：找到了,各位上的数之和是 3 的倍数的数就是 3 的倍数。

师：回忆一下,刚才我们研究 3 的倍数的特征时,经历了怎样的过程?

生：我们先在百数表里圈出 3 的倍数。

师：对,我们把这种研究叫做"小范围研究"。

生：然后观察规律,提出猜想,再验证猜想。

师：对,再"扩大范围研究",然后呢?

生：就得出结论了。

师板书："小范围研究—猜想—扩大范围验证—得出结论"。

师：问题研究到这儿,我们似乎可以告一段落了,同学们课前提出的两个问题也已经得到了解决。但是作为数学研究,只找到结论,只知道"是什么"是不够的,我们还需要继续追问"为什么",我们的数学思考力就是在这一次次追问中得到提升的。那么,我们已经研究完了 2、5、3 的倍数特征,我们还可以继续追问什么呢?

生思考。

生:为什么 2、5 的倍数只要看个位数字就可以,而 3 的倍数却要看各位上的数字之和呢?

师:对啊,这就是高质量的追问!(师板书问题)

师:为了方便研究,老师给大家带来了小棒(出示下图 6.3.48,16 的小棒图),下面我们就以 16 为例来研究研究上面的问题。

学生独立研究后展示交流。

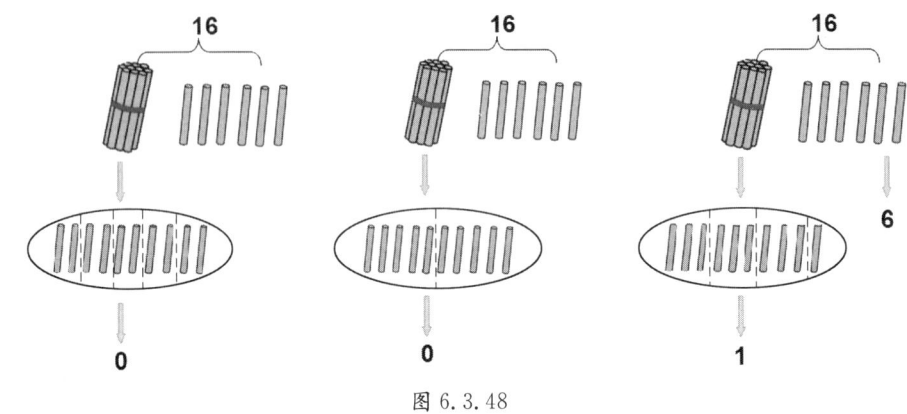

图 6.3.48

生:我们在研究的时候发现,这一捆小棒如果 2 根 2 根地分,或者 5 根 5 根地分,刚好分完了,但是 3 根 3 根地分,还会剩下 1 根,这剩下的 1 根和个位上的 6 根合在一起不是 3 的倍数。

师:真会研究! 谁还有补充,谁还有质疑?

生:研究 2、5 的倍数时,10 反正是 2 和 5 的倍数,我们就不讨论了,只看个位就行了,但是 10 除以 3 是有余数的,我们就不能只看个位了。

生:如果十位不是"1",而是别的数呢?

师:好问题! 如果十位上是 2 呢? 大家不妨研究研究 24 这个数。

生:十位上的 2 代表 2 个十,2 捆小棒,无论是 2 根 2 根地分还是 5 根 5 根地分,都可以分完的,所以我们还是只看个位就行了。而 3 根 3 根地分,每一捆里面会剩 1 根,两捆剩 2 根,我们只要考虑这 2 根和个位上的 4 合起来是不是 3 的倍数就行。(如图 6.3.49 所示)

师:真好! 在数学上,像这样把一个数拆分成几个部分,一部分一部分地讨论是否是 2、5、3 的倍数的方法叫做"拆分法";像这样十位上已经是 2、5 的倍数,我们不考虑,或者 10 里有 3 个 3,我们只考虑这个剩下的 1,这种方法叫做"弃倍法"。刚才,我们就运用了"拆分法"和"弃倍法"来研究这类问题的。

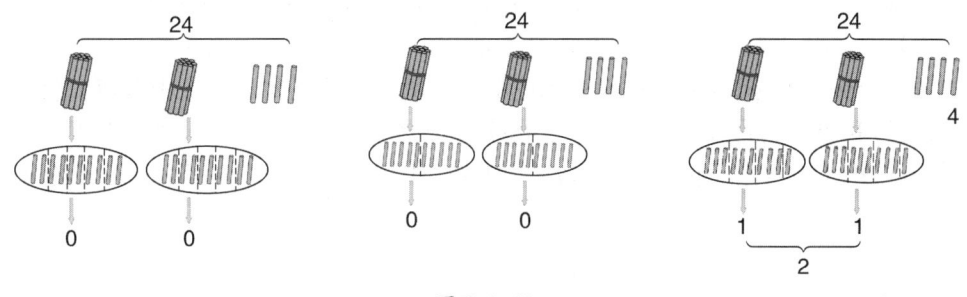

图 6.3.49

师：如果老师给你一个更大的数，你还能用这些方法来研究吗？比如，34 678 这个数呢？

生：数再大，道理是一样的，先拆分，3 个万、4 个千、6 个百、7 个十都是 2 和 5 的倍数，弃倍，只讨论个位数字 8，它是 2 的倍数，不是 5 的倍数。

生：这个数里的 3 和 6 都是 3 的倍数，可以不讨论，7 加 8 的和是 15，也可以不讨论，我们只要看数字 4 就知道这个数不是 3 的倍数了。

师：噢，原来，研究 2 和 5 的倍数特征时，不是我们不看十位、百位的数字，而是被我们聪明的孩子们看透了，不需要再看了。

师：这么说来，其实研究 2、5、3 的倍数的特征的方法是一样的，拆分—弃倍，把复杂的问题变简单了！数学学习就是这么有意思！

师：如果老师交给你一个新任务——研究 4 的倍数的特征，你有方法了吗？

设计意图：回头看看这节课，与以往传统教法有了很大不同。最明显的不同，是突出了"为什么"的问题。有人说"教什么比怎么教更重要"，的确，教学"3 的倍数的特征"这一课时，掌握 3 的倍数的特征是什么很重要，但理解为什么判断一个数是不是 3 的倍数要看各数位上数字之和则更为重要。因为我们不只是要教给学生一个结论，更要教给学生一种方法、一种解决问题的思路。按照以上思路学完 3 的倍数的特征之后，相信有很多同学会继续运用这种方法去研究 4、9 等数的倍数的特征。未上课之前我们也担心：理解原理对小学生来说是否过于困难？但实践证明，在教师直观演示与学生动手操作的基础上，这些原理能够为学生所理解。从教学效果上看，这样教学激发了学生潜在的问题意识，引起了学生强烈的探究欲望，让学生在迎接挑战的过程中体验到了思考和发现的快乐。

（二）通过引领学生自主阅读，自主思考，交流分享，"知其然并知其所以然"的设计

【教学片段二】

教学目标　引导学生阅读并理解 2、5 的倍数特征，初步感悟"弃倍"的思想；运用 2、5 倍数特征的研究方法结构，迁移探究 3 的倍数特征，形成数学规律探索的常规研究模式——弃倍法；能初步运用弃倍法推理出 4、9 的倍数特征。

师：前几天，我在五（1）班上数学课，研究 3 的倍数的特征，一位学生提出这么一个数学问题："为什么判断一个数是不是 2 或 5 的倍数，只要看个位数？为什么判断一个数是不是 3 的倍数，要看各位上数字的和？"我觉得这是个很有研究价值的问题，我想知道有多少学生想过这个问题，有多少学生知道这个问题的答案。于是，我组织了一次问卷调查，调查结果一出来，有一份答案让老师我惊奇不已，想看看吗？

生：想！

师用实物投影仪展示学生问卷，如图 6.3.50 所示。

师：能看明白他要表达的意思吗？

生呈现茫然的状态，更多的孩子在摇头。

师：我也采访了这位孩子，问他是怎么知道这么多的，他说预习单上有啊，我看看"你知道吗"这个内容的提示就懂了。说着，他拿出老师课前给他们的预习单（见图 6.3.51）。

图 6.3.50

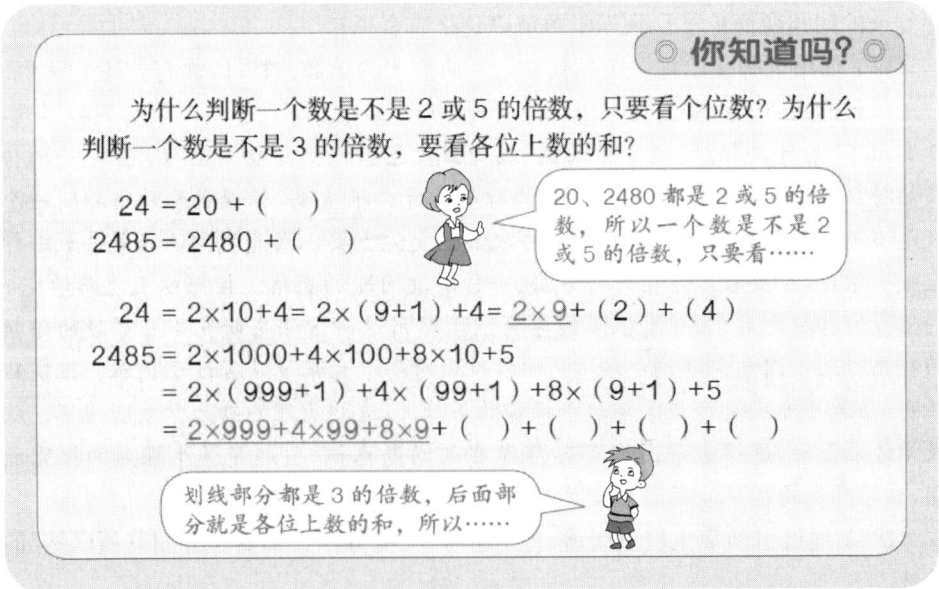

图 6.3.51

师：这位孩子的回答给了老师太大的启发，我想，既然他可以看书看明白，那你们呢？有信心自己通过阅读，找到问题的答案吗？

生：老师让我们试试吧。

师：好的！边读边思考下面的问题：

（1）为什么判断一个数是不是 2 或 5 的倍数，只要看个位数？为什么判断一个数是不是 3 的倍数，要看各位上数字的和？

（2）你能用类似的方法找到 4、9 的倍数的特征吗？

学生独立阅读，独立思考后四人一小组就上面的两个问题展开交流讨论。

生：判断一个数是不是 2、5 的倍数，为什么只要看个位。这一部分，我们看明白了。以 24 为例，2 在十位上，表示 2 个十，2 个十显然是 2 的倍数，也是 5 的倍数，我们当然只要看个位就行了。个位上的 4 是 2 的倍数，但不是 5 的倍数，所以 24 是 2 的倍数，但不是 5 的倍数。

师：一年级数学老师教我们认识 24 这个数的时候，就是这么表示的（演示课件），2 捆小棒和 4 根小棒，我们用这个图（图 6.3.52）来表示刚才这位同学的思路会更清楚。

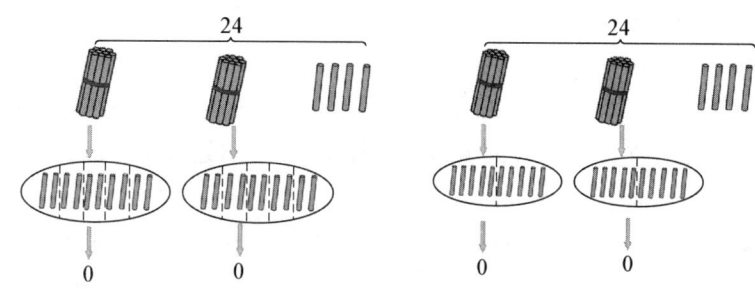

图 6.3.52

师：十位是 2，道理讲清楚了，如果十位上不是 2，是 4、7 或其他的数呢？

生：应该是一样的，反正每一个十都是 2、5 的倍数，无论几个十道理都相同。

师：真会研究！如果这个数更大呢？如 2 485 呢？

生：道理还是一样的，2 个千、4 个百、8 个十都正好是 2、5 的倍数，其实无论高位是数字几，都是 2、5 的倍数，所以我们只要考虑个位数字。

师：有了上面的交流，我们再来看看 3 的倍数的特征，能看明白了吗？

生：也是拆分的，把 24 拆成 2 个十和 4 个一，可是为什么这个十又要拆成 9 和 1 呢？

师：是啊，这是为什么呢？

生：拿刚才那个小棒图来说吧，每一捆小棒都是 10 根，3 根 3 根地分，分完 9 根，还剩 1 根，十位上有几，就会分完几个 9 根，余几个 1 根。

师：谁听明白他的发言了？

生：我听明白了，我以 24 为例，我画给你们看（见图 6.3.53）。

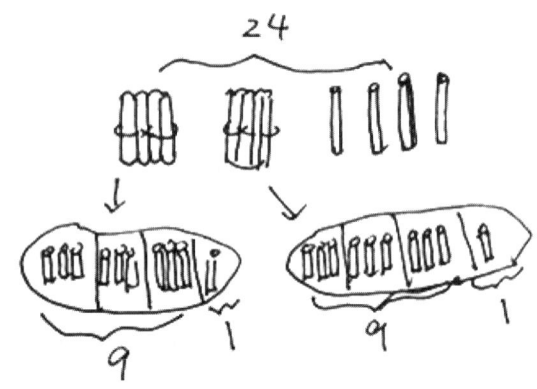

图 6.3.53

师：我很喜欢这位同学的表达方式，数形结合，直观形象。那 2 485 是否是 3 的倍数又怎么判断呢？

生：道理应该是一样的。

师：噢？怎么个一样法？说来听听。

生：$2\,485 = 2 \times 1\,000 + 4 \times 100 + 8 \times 10 + 5$，1 000 比 333 个 3 还多 1，2 000 比 2 个 333×3 还多 2 个 1，同样的道理，400 比 4 个 33×3 还多 4 个 1，80 比 8 个 3×3 还多 8 个 1。

生：我知道他的意思。前面的部分如 333×3、33×3、3×3 都是 3 的倍数，所以我们只要想多余的 2、4、8、5 的和是不是 3 的倍数，其实就是求各数位上数字之和是不是 3 的倍数。

师：噢，现在我们回头来看课前的这位同学的问卷，见图 6.3.50，你们能看懂他的意思了吗？

生：现在能看明白了。我也可以像这位同学一样用算式表示刚才的意思了。

$$2\,485 = 2 \times 1\,000 + 4 \times 100 + 8 \times 10 + 5$$
$$= 2 \times (333 \times 3 + 1) + 4 \times (33 \times 3 + 1) + 8 \times (3 \times 3 + 1) + 5$$
$$= 2 \times 999 + 2 + 4 \times 99 + 4 + 8 \times 9 + 8 + 5$$
$$= 2 \times 999 + 4 \times 99 + 8 \times 9 + (2 + 4 + 8 + 5)。$$

生：我觉得问卷上的那位同学后面那种用字母表示的方法很好。

师：能说说好在哪里吗？

生：用字母表示的话，可以包括所有情况，比如千位上是 8，a 就表示 8，比如千位上是 6，a 就表示 6，道理也讲明白了，这里的 $999a$、$99b$、$9c$ 都是 3 的倍数，我们只要讨论 $a + b + c + d$ 的和是不是 3 的倍数就可以了。

师：你们太了不起了！你们刚才通过自己阅读、思考、交流解决的问题，王老师可是读到师范的时候，读到一门功课叫《数论基础》，才把你们刚才讲到的这些道理弄明白的。怎么样？了不起吧？

师：好，下面我们继续研究第(2)个问题：你能用上面的方法找到4、9的倍数的特征吗？两人一小组展开交流，然后展示分享。

生：我们以344为例，先拆分，$344 = 3 \times 100 + 4 \times 10 + 4 \times 1$，$3 \times 100$和$4 \times 10$都是4的倍数，我们只要看个位数字就行了。所以我们认为4的倍数的特征和2的倍数的特征是一样的，只看个位就可以判断了。

师：同学们同意这个小组的意见吗？

生：不对吧？我们组举了336这个例子，个位上的6不是4的倍数，但整个数是4的倍数。

师：好例子！问题出在哪里呢？

生：我们知道，第一组同学恰好举了个特殊的例子，十位上的数字刚好是4的倍数。

生：我们组像刚才研究3的倍数的特征一样，举了个3位数的例子。

$732 = 7 \times 100 + 3 \times 10 + 2$，100本来就是4的倍数，所以百位上无论是几都会是4的倍数，十位上就不一定了，因为10不是4的倍数，所以要把这个几十和个位上的几合起来判断，也就是看后两位是不是4的倍数。

师：如果这个数更大呢？四位数、五位数呢？

生：一样的啊，因为几千也是4的倍数，几万也是4的倍数，我们只要看后两位数是不是4的倍数就行了。

师：回忆一下刚才我们的研究过程，我们在找2、5、3、4的倍数的特征时，在方法上有什么共同之处吗？

生：先把这个数拆分成几万几千几百几十几，一部分一部分地研究，然后确定是这个数倍数的那部分，我们就不管它们了，我们只讨论那些余下的部分是不是2、3、4、5的倍数。

师：总结得不错！我们把一个较大的数拆分成若干个小数的方法，叫"拆分法"；把这种丢掉"确定是这个数倍数的那部分"不讨论的方法，叫弃倍法。前面我们就是用"拆分法"和"弃倍法"来研究2、3、4、5的倍数的。

师：亲爱的孩子们，你能用这些方法自己找到9的倍数的特征吗？

设计意图：这个片段的设计灵感完全来源于长沙市高新博才实验学校丁丽老师做的一次学生问卷调查，调查显示，少数优秀学生可以通过独立阅读与主动思考获取方法，积累经验。因为3的倍数的特征在研究方法上毕竟是一次全新的体验，学生在"讨论各数位上数字之和"这一点上几乎是零经验，所以先把结论抛给学生，同时也把"为什么研究2、5的倍数只要研究个位数字，而研究3的倍数却要研究各个数位上数字之和"这个大问题抛给了学生。学生在"大问题"驱动下，边阅读边思考边交流边提炼,总结出了"倍数特征"规律探索的一般思路——"拆分法"和"弃倍法",并在这个过程中,养成了科学严谨的研究态度,感受了数学知识之间的联系,体验了探究数学问题的快乐。

三、 讨论

1. 对课堂的思考

纵观上面的两个教学片段,第一片段更重视学生学习知识的最自然的状态,充分尊重学生已有的知识经验(2、5 的倍数的特征的探索),努力实现"低起点,高收点";第二片段更重视学生自主阅读、自主思考与交流分享带来的方法上的新认识、新积累。同时,这两个片段都非常重视对"是什么"和"为什么"两个问题的探讨。

事实上,这一内容的教学价值就在于"3 的倍数的特征"的探究过程,而探究是"牵引式探究"还是"自主探究",决定了"探究学习"的价值实现程度。在这个案例中,区别是否是"自主探究"的关键环节,就在于如何引导学生从"各个数位上的数字之和与 3 的关系"这个角度来判断它是否是 3 的倍数。

众多的教学设计,无论是通过实验填表还是动手操作,都是直接"告诉"或"牵引"着学生要从"各个数位上的数字之和"这个角度去探究、思考,从而导致探究价值一落千丈。这样的探究学习实际上是一种"伪探究"的学习。

本课为了更加突出学生的"自主探究",第一个片段的设计自始至终都没有告诉学生"各个数位上的数字之和与 3 的关系",而是适当减缓思考坡度,让学生自主发现规律。第二个片段的教学是在学生已经知道 2、5、3 的倍数的特征"是什么"的基础上进行的,重心放在对"为什么"的探究上,这样既为学生洞察现象背后的本质提供了契机,认识了从特殊到一般的数学研究思想,同时也保障了每一位学生挑战高水准学习活动的机会,为学生在数学思想方法的引领下进行探究学习积累了宝贵的经验。

2. 提出新问题

毫无疑问,教学设计的高度在一定程度上决定着课堂的高度。但一个好的设计一定不是孤立的,所以我们面临一个新的问题,如何就"自然数的倍数的特征"进行序列化研究。比如,研究完 2、5、3 的倍数的特征,我们接下来是研究 25、125、4、8、9 中的哪一个自然数更符合学生学习的最自然的状态呢?还有,学生心里一定在想,老师为什么不带领我们研究 7 的倍数的特征呢?在小学生的能力范围之内,有哪些自然数的倍数的特征,师生都是够得着的呢?无论如何,我们开始了研究,当"知足";我们也开始了新的思考,当"思其不足",在这"知足"与"思其不足"的过程中,我们且行且思且收获。

湖南省涟源市教研师资培训中心　王丽燕

湖南省涟源市育才实验学校　谢炤阳

 **"折线统计图"教学设计**

一、 教学目标

（1）通过对数据的简单分析，使学生进一步体会统计在生活中的意义和作用。

（2）让学生认识单式折线统计图，会看折线统计图，并能根据统计图回答简单的问题，从统计图中发现数学问题。

（3）借助条形统计图的经验进行教学活动，渗透迁移、类比、分类思想。

（4）通过对现实生活中多方面信息的统计，激发学生学习数学的兴趣，引导学生关注生活中的数学问题，并运用已经掌握的知识解决较简单的生活中的数学问题。

二、 教学重点与难点

认识单式折线统计图，会看折线统计图，并能根据统计图回答简单的问题，从统计图中发现数学问题。

三、 教学准备

课件、作业纸。

四、 教学过程

（一）创设情境、导入新课

1. 借助情境、复习旧知

（1）出示数据，引出条形统计图。

师：今天的学习从一组数据开始，请看大屏幕（课件出示数据，如图 6.3.54 所示）。

"五一"假期天上王城游客人数统计：

2008年游客人数4万人
2009年游客人数3万人
2010年游客人数6万人
2011年游客人数8万人
2012年游客人数8万人
2013年游客人数12万人

图 6.3.54

师：这是课前老师搜集的近几年五一期间天上王城接待的游客人数。这么多数据，看起来不太方便。怎样整理，可以使这些数据更清楚呢？

生：制成统计表或者条形统计图就清楚了。

师：老师就按照这个同学的想法制成了条形统计图（课件出示条形统计图，如图 6.3.55 所示）。

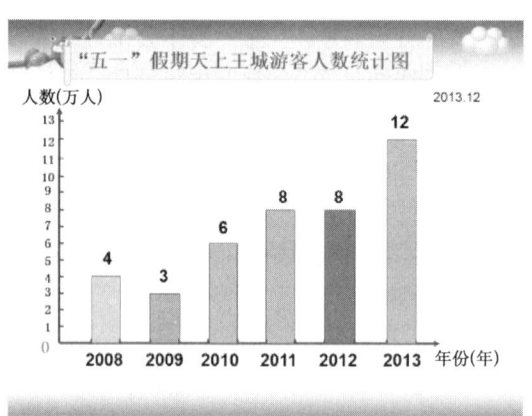

图 6.3.55

（2）交流信息、回顾条形统计图的特点。

师：请看，从这张条形统计图上你能获得哪些数学信息呢？

生：2009 年有 3 万人……

生：2013 年游客人数最多，2009 年游客人数最少。

师：刚才同学们清楚地看到了这几年的游客人数，2013 年的游客人数最多，2009 年的游客人数最少，确实条形统计图能清楚地表示出数量，还便于我们比较数量的多少。

师：从整体上看，这几年的游客人数是怎么变化的呢？

生：不断增加。

设计意图：让学生对条形统计图进行复习，重温已有的知识经验，为知识的前后联系做好铺垫。同时建立学生的数据分析观念，提高学生的数据分析能力。

2. 运用迁移、导入新课

师：我们一起来看这个条形统计图，表示数量多少的条形，它的宽度我可不可以把它画得窄一些？再窄一些呢？可以对吧，如果继续窄下去的话，（课件演示条形变成一条线了）你有什么发现？

生：变成了一条线。

师：这时你还能找出每年的游客人数吗？

生：能。

师：怎么找？

生：就是那条线与相对应的人数相交的地方。

师：2008 年的人数在哪里？2010 年的呢？哎！统计数据的方式由原来的条形变成了线。如果这些线一直窄到看不见，是不是就只有这些点来呈现数据了。在用条形表示数量的时候，我们是在条形的最顶端找到相应的数据，现在条形变成了一个点，在找数据的时候就是要找这个点相对应的数据了。

师：如果把这些点用线段依次连起来，为了更便于研究，我们给它铺上方格纸，（课件出示铺上方格纸的折线统计图）它就是我们这节课要研究的内容——折线统计图。

板书课题。（教师动态演示从条形到折线统计图的过程）

设计意图：这个环节以学生已有的知识经验为基础，使学生初步感知条形统计图和折线统计图是相似的，条形统计图画的是直条，折线统计图画的是折线，合理渗透了迁移、类比思想。

（二）探索交流、学习新知

1. 走进折线图

师：关于折线统计图你想了解些什么？带着同学们的问题，我们一起走进折线统计图，继续来研究它。

设计意图：通过分析课题明确本节课的学习目标，同时培养学生提出问题的能力。

2. 研究表示数据的点

（1）课件出示：隐去了数据的折线统计图，如图 6.3.56 所示。

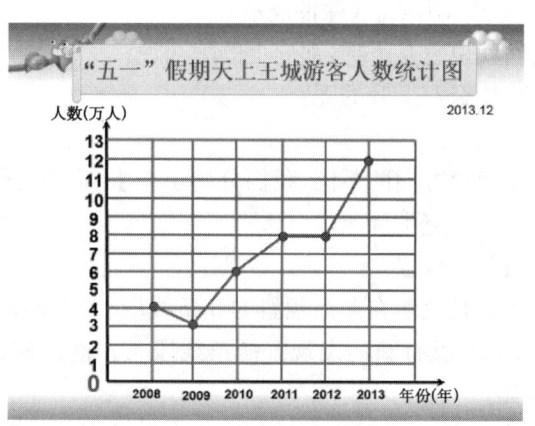

图 6.3.56

师：既然叫折线统计图，那我们就先从这条有起有伏的折线研究起，看一看折线是由几部分组成的？

生：两部分，点和线。

师：我们先来研究点，这些分布在不同位置的点能表示什么呢？到底能不能表示数量呢,我们来分析一下,以第一个点为例表示什么? 怎么知道的?

(2) 找学生到前面给大家指一指、说一说。

(3) 课件演示:指向横轴、纵轴。

(4) 引导发现、总结点的作用。

师:第一个点表示 2008 年的游客数量,其他的点可不可以表示数量的多少呢? 第二个点表示什么? 其他的呢?

生:通过刚才的研究,这些分布在不同位置的点,都有什么作用呀?

师通过课件一一标出来,并板书:表示数量的多少。

设计意图:借助指一指、说一说、课件演示等活动,使学生明确折线统计图上分布在不同位置的点可以表示出数量的多少。

3. 研究表示数据变化的线

(1) 研究倾斜方向。

师:刚才我们研究了点,点能清楚地表示出数量的多少,有表示数量相同的点吗? 怎么看出来的?

师板书:线。

师:线是平的,反映了什么?

生:数量没有变化。

师:还有好几条线呢,观察这些线,还有其他情况吗?

生:朝下的、朝上的。

师:你看的是倾斜方向是吗? 你能给大家说一说吗?

老师用不同颜色表示出来。(课件演示)

师:向下的我们就说它是下降,那向上的怎么说?

师:下降的反映什么? 上升的呢?

师板书:减少、增加。

小结:根据线段倾斜方向的不同,我们分为了向上、向下、平的三种情况,分别反映了数量是增加、减少、还是不变。

(2) 研究向上倾斜的线段。

师:现在我们把目光聚焦在向上倾斜的 3 条线段上,它们都表示数量的增加,是不是? 仔细观察,你有没有新的发现? 哪条线段长? 能反映什么呢? 哪条线段短? 又能反映什么呢?

师:看长短,就能判断出数量增加的幅度是大还是小。有不同的方法吗?

生:看线段是陡还是缓。

生:我数格。

师:瞧,这些线段多神奇呀,看长短、陡缓或数格就能知道数量增加幅度的大小。

(3) 师生一起比划。

师：现在请伸出右手的食指，我们来比划，不过要边说是下降还是上升哦。

（4）引导小结特征。

师板书：反映数量的增减变化情况。

（5）分析趋势、合理预测。

师：现在我们整体来看这张折线统计图，这几年游客人数的变化情况是怎样的？

师：你能预测 2014 年，也就是今年五一假期天上王城的游客人数是多少吗？

设计意图：学生在合作交流、自主探索中研究线段的倾斜方向，明确根据倾斜方向的不同，线段可以分为上升、下降、平平的三种情况，这三种情况分别表示数量增加、数量减少、数量不变。又通过研究上升的线段，感受数量增加幅度的大小。这个环节的设计，渗透分类思想的同时，使学生明确折线统计图不但可以看出数量的多少，而且可以看出数量的增减变化情况。

（6）对比条形统计图，理解、体会异同。

师：这就是我们今天研究的折线统计图，现在你有什么疑问吗？我们已经学习了条形统计图，它能清楚地表示出数量的多少，那我们为什么还要学习折线统计图呢？

小结：因为条形统计图只能表示数量，折线统计图不但能清楚地表示数量，还反映数据的增减变化情况。

设计意图：在类比中，引发学生思考、比较条形统计图和折线统计图的各自优势，在学生的讨论和交流中再次感受折线统计图的优点、作用。

（三）尝试制图，加深理解

1. 画统计图

师：现在同学们看到的是明明 0—4 岁的身高情况统计表，我们想知道明明 0—4 岁的身高变化情况，制成什么统计图合适？怎样画折线统计图呢，你觉得应该先画什么？再画什么？

师：怎样确定每个点的位置，又怎样连线呢？老师不教，同学们想不想，自己试一试？

2. 展示交流

3. 课件演示画法

4. 课件补上 5—10 岁的身高

师：从几岁到几岁身高增长最快？怎么看出来的？

师：从整体上看，明明的身高呈现怎样的变化趋势？你能预测明明 11 岁时的身高吗？

设计意图：让学生通过制作折线统计图，明确画图的步骤：描点、标数、连线，在连线的过程中体会数据的增减变化，同时经历整理、描述、分析、预测数据的过程,使学生对折线统计图有更深的认识。

5. 统计图在生活中的应用

(1) 生活中的折线统计图。

师:同学们,身高的变化情况可以制成折线统计图。想一想,在我们的生活和生产中,还有什么的变化情况也可以用这样的折线统计图表示?

生:营业额的变化情况……

(2) 课件展示生活中的折线统计图。

设计意图:通过对生活中的折线统计图的展示,激发学生学习数学的兴趣,进一步体会统计在生活中的意义和作用。

(四) 巩固练习、内化新知

问题1 如图 6.3.57 所示,应该关闭哪个店?

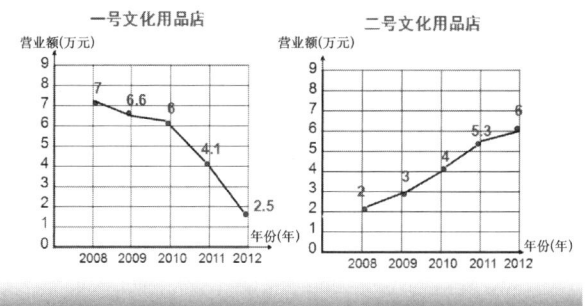

图 6.3.57

小结:我们根据折线的走势分析趋势,清楚地看出了两个店的营业额变化情况,进行了合理推测,帮李叔叔解决了难题,看来折线统计图还可以服务我们的生活呢。

边讲边完善板书:分析趋势—合理推测—服务生活。

设计意图:运用已经掌握的知识解决生活中的数学问题,使学生感受到数学来源于生活,服务于生活。

问题2 制成折线统计图合适吗?

师:明明学了折线统计图后觉得它的优点特别明显,就到商场做了个调查,绘制了一张折线统计图,如图 6.3.58 所示,请同学们认真思考这组数据,制成折线统计图合适吗?

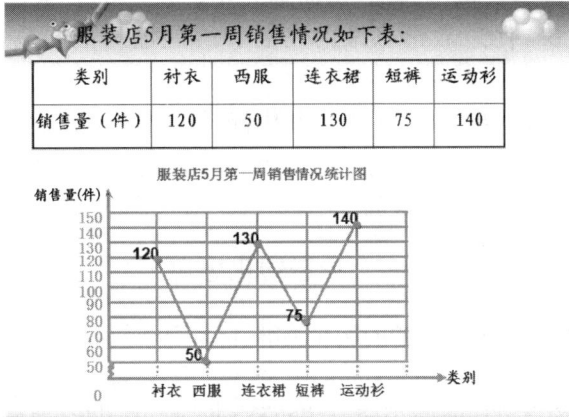

服装店5月第一周销售情况如下表：

类别	衬衣	西服	连衣裙	短裤	运动衫
销售量（件）	120	50	130	75	140

图 6.3.58

独立观察，集体交流。

小结：当描述的是不同事物的时候需制成条形统计图，描述同一事物的变化趋势时，最好制成折线统计图。

（五）课堂总结

引导学生回头看：这节课我们复习了条形统计图，在条形统计图的基础上稍加整理引出了折线统计图，这种学习方法称之为迁移，迁移的方法在以后的学习中会经常用到。结合着条形统计图进行类比，学习总结了折线统计图的特点和作用，并进行了与之相关的练习。同学们，收获了这么多的知识，你们的心情愉快吗？我希望我们在收获知识的同时心情也是愉快的。

设计意图：引导学生回头看，对知识、学习方法进行简单的回顾提升。

山东省临沂市沂水县沂城街道中心小学　武洪艳

85　在"植树问题"教学中渗透数学思想方法

数学是知识与思想方法的有机结合，没有不包括数学思想的数学知识，也没有游离于数学知识之外的数学思想方法。在课堂教学中，在揭示数学知识的形成过程中渗透数学思想方法，使学生在学习数学知识的同时，也获得数学思想上的点化。

在人教版小学数学五年级上册数学广角"植树问题"的教学中，主要是让学生体验知识的形成过程和感悟数学思想方法，通过数学思想的渗透，让学生用数学思想方法去解决植树问题,从而达到举一反三的效果,真正使学生通过"植树问题"的解决,促进数学思维的发展和解题能力的提高,积累数学活动经验。

"植树问题"之所以难,主要是因为其中涵盖的数学思想比较多,其中包括了"化归""模型""数形结合""对应"等数学思想。下面我就说一说在教学过程中,我是如何渗透这几种数学思想方法的。

一、 渗透转化思想

新课标人教版教材植树问题的例1,如图6.3.59所示。

同学们在全长100 m的小路一边植树,每隔5 m栽一棵树(两端要栽)。一共要栽多少棵树?

图6.3.59

例题中给的数比较大,学生难以想象出全种完后会出现棵数与间隔数不对应的情况。此外,在解题的过程中还出现"间隔""间距""间隔数""总长""棵数"等专门用于解决"植树问题"的术语,如果一上课就出示例题1,大多数学生会用$100 \div 5 = 20$(棵)来计算。因此,课题引入前就可以营造轻松的导入情境,帮助学生理解这些术语。接下来将例题1中的数据改成简单数,如把"100 m"先后改为"10 m、15 m、20 m……",把例题转化为简单的问题,让学生从中找出"植树问题"的规律,即"总长÷间距=间隔数"、"间隔数+1=棵数",再来解决例1的问题,这样便能水到渠成。

二、 渗透模型思想

在"植树问题"中最重要的数学思想就是模型思想,而如何让学生理解从实际问题中抽象出数学模型的过程是教学植树问题的难点。教师应从实际问题入手,引导学生在解决问题的分析、思考过程中逐步发现隐含于不同情形之中的规律,经历抽取数学模型的过程,体验数学思想方法在解决实际问题中的应用。

课本安排的前两个例题代表了三种情况:两端都栽、两端不栽、只栽一端(做一做的第2题)。为了避免学生混淆,导致错误不断,教师应该引导学生体验建模的全过程,通过画线段图或观看课件或动手操作等几何直观形式,帮助学生理解"植树问题"的模型,并提炼出此过程中的数学思想方法。但是,切记让学生不拘泥于模型的套用,能灵活地处理各类植树问题。例题1先画出形象的线段图,然后抽象成线段图表示两端都栽的情况,例题2通过迁移呈现出两端都不栽的线段图,"做一做"的第2题,让学生通过迁移画出另一端不栽的线段图,最后例题3让学生理解封闭曲线上植树的线段图画法以及沟通它和一条线段上植树问题中只栽一端的情况的联系。帮助学生直观理解不同情况下植树棵数、分割点和间隔数之间的关系，由此理解和建立"植树问题"的数学模型。建立数学模型的目的不仅仅是获得数学结论，更重要的是在建模的过程中促进知识内化、模型的内化和思想的升华。

三、 渗透数形结合思想

数形结合可以使数学学习变得直观和有趣味，这符合小学生的年龄和心理特点。但数学学习的终极目标是要促进学生思维的发展，所以在解决实际问题的学习过程中，要让学生理解数量关系。3 个例题的教学中的引入设计，都是通过较小数让学生看图或画图来寻找间隔数与棵数之间的一一对应关系，数形结合的思想也在潜移默化中培养了起来。如例题 1 中的"我先看看 20 m 可以栽几棵"，让学生经历猜测、验证、推理的过程。有些学生可能是通过画示意图，进行"实地"植树来验证；还有些学生是通过画线段图来说明。无论哪种方法均验证出：在两端都栽的情况下，植树的总棵数＝间隔数＋1。先猜想解答，再通过画图验证，这样的数学活动，体现了数形结合的思想，彰显了数学学习的价值，学生的思维水平得到了提升。

四、 渗透一一对应思想

动态课件的制作，能有效体现间隔数有没有与棵数之间一一对应。在教学例 2（两端不栽的情况）时，教师可以通过课件带着学生从左边数：1 个间隔，1 棵；2 个间隔，2 棵；3 个间隔，3 棵；4 个间隔……让学生发现一个间隔对应右边一棵树，最后一个间隔右边没有树，所以 4 个间隔，植 3 棵树。在这样的提示下，学生便很快发现了这个规律并总结出来。即两端不栽树时，棵数 ＝ 间隔数－1，这个 1 就是减去最后没有与间隔数有对应的那棵树。至此，学生已发现棵数与间隔数之间的数量关系。"一一对应"的数学思想在潜移默化中培养了起来，而且学生也能利用这种数学思想从直观到抽象完成数学建模。

因此我们可以用对应的数学思想统领课堂，紧紧抓住间隔问题的本质也就是对应问题进行教学，植树问题的三种情况就是间隔排列的不同情况，因此植树问题的本质也是对应问题。只要明确了"间隔数"与"所栽树的棵数"这两者的关系，突出"一一对应"的思想，再以此为基础并通过适当变化就可以应对各种变化了的情况，促进模型的内化。

数学思想方法和数学知识相比，知识的有效性是短暂的，思想方法的有效性却是长期的，能够使人受益终身的。数学思想方法是从数学内容中抽象概括出来的，既是数学知识的精髓，又是知识转化为能力的桥梁。一种思想的形成要比一个知识点的获得来得困难得多。这就要求我们教师在教学过程中，特别是数学广角的教学中,及时对数学思想方法进行提炼、概括,帮助学生初步地学会数学思维方法,引导学生用数学思想方法来解决生活中的实际问题。

黑龙江省绥芬河市第三小学　姜　锋

第四节　六年级教学案例

让数学思想充盈课堂
——"圆的面积"思考与设计

一、教学内容

人教版小学数学六年级上册第 67、68 页。

二、教学目标

（1）使学生理解和掌握圆的面积计算公式,沟通圆与其他图形之间的联系,培养学生观察、分析、概括的能力以及逻辑推理、空间想象能力。

（2）引导学生进行尝试,并利用已有知识,运用数学思想方法,把圆转化成已有知识,经历推导圆面积计算公式的过程,让学生体会极限、转化(化曲为直)等数学思想方法。

（3）培养学生大胆尝试、认真观察、深入思考的良好思维品质,锻炼学生勇于克服困难的精神。

三、教学重点

经历圆面积公式的推导过程,并会简单应用。

四、教学难点

如何将圆转化为已知图形进行面积公式的推导。

五、教具准备

圆形纸片、课件。

六、 教学过程

（一）创设情境，导入新课

出示图片，如图 6.4.1 所示。

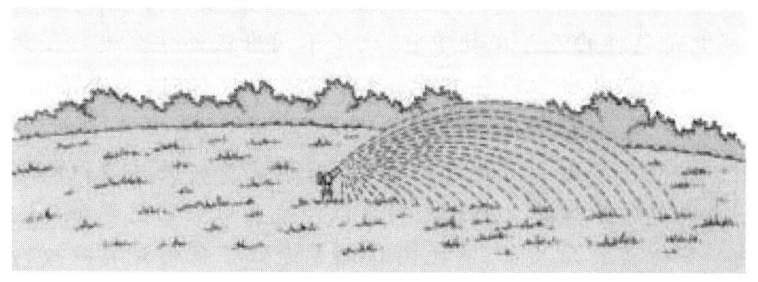

图 6.4.1

师：为了节约水资源，现在许多地方都用上了这种喷灌设备，如果这个喷灌设备旋转一周，会形成一个什么图形？

生：圆。

师：如果要求它能喷灌的面积是多少，实际上是求什么的面积？

生：圆的面积。

师：这节课我们就来研究圆的面积。

设计意图：利用生活中学生比较常见的情境，引入新课，力求简洁高效，同时让学生感受研究圆的面积的必要性。

（二）尝试探索

师：现在我们用手中的圆形纸片来代表题目中的圆进行研究。请同学们指一指什么是圆的面积？

（生指着圆片描述。）

师：圆的面积就是圆所占平面的大小。

师：请同学们想一想圆的面积应该和什么有关系呢？

生：我认为应该和圆的直径或半径有关系。

（利用圆规，回忆画圆的过程。）

师：那么圆的面积和半径之间究竟有怎样的关系或者说圆的面积到底应该怎样计算呢？请同学试一试，看看能不能找到一种办法求出圆的面积。

（生尝试。）

师：老师看到有的同学没有思路，有的同学在测量一些数据，但是不知道接下来该怎么办，还有的同学做了一些尝试，也许这些同学的尝试能给我们一些启发。

生（边展示边讲解）：我是把圆对折了两次。

师：刚才这位同学把圆对折了两次,有了突破,他改变了圆原有的形状,如果我们沿着他的这个思路,继续对折,也许我们有新的发现。同学们再试一试。

设计意图：学生学习这部分知识之前有着一定的经验,那就是把要研究的图形转化为已经学过的图形来研究。但是,圆不同于学生已经学过的其他直线型图形,所以学生原有的知识经验在这里一定会遇到困难。那学生的研究原始思维究竟是怎样的呢？在教学前,找了不同班级的学生进行了调查,结果表明,大部分学生都是出于一种本能,将圆形纸片进行对折,并没有出现教材中所涉及的方法"剪拼成平行四边形",可见"剪拼"法并不是学生思维的原始起点,这种方法对于学生来讲是比较困难的；而且我也做过尝试,如果进行剪拼,操作起来是非常麻烦的。因此我确定以学生最原始的思维方法"把圆形纸片对折"为研究探索的切入点,以把圆转化成近似三角形为突破口,引领学生的探索。

（生继续对折。）

生：我发现对折的次数越多,折成的图形越像三角形。

师：请同学们把圆形纸片打开,有什么发现？

生：现在圆变成了很多个三角形。

师：它们是三角形吗？

生：不是,它们的底还是有弧度的。

师：我们可以称它们为近似三角形。

设计意图："转化"不应是老师给予的,而应是学生实实在在看到、体验到的。在学生把圆形纸片不断对折的过程中,发现形状变了,变成"三角形"了,"转化"便自然而然地"跃出水面"了。

师：如果我们继续对折下去,会怎么样？

生：底越来越直,越来越像三角形。

师：请同学们闭上眼睛,想象一下,继续对折下去会是怎样？

师描述：16份、32份、64份、128份。

课件演示,如图 6.4.2 所示,印证想象。

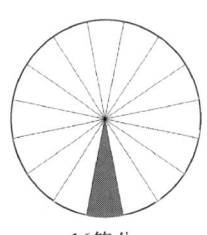 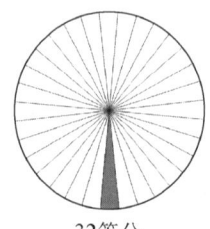 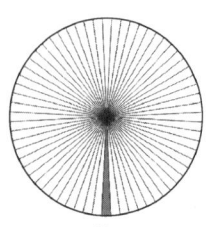 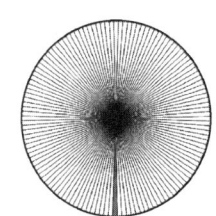

16等分　　　　32等分　　　　64等分　　　　128等分

图 6.4.2

设计意图：转化成的"近似三角形"的底还是有弧度的，并不是真正意义上的三角形。"极限思想"在这个环节里充分地发挥了作用，通过学生的想象和课件的演示，让学生感受到"底"越来越直，无限地接近三角形。这样，圆就被"化曲为直"转化成了无数个三角形，本节课最大的难点也就被突破了。

师出示问题，请同学们观察并思考：

(1) 这些近似三角形的面积和圆的面积之间有什么关系？

(2) 近似三角形的底、高分别和圆的哪一部分有关系？有什么关系？

生反馈：

近似三角形的总面积和圆的面积相等。

一个近似三角形的面积 × 份数 ＝ 圆的面积。

近似三角形的底相当于圆周长的一部分，可以用圆的周长 ÷ 份数得到。

近似三角形的高相当于圆的半径。

……

师：那你能用一个式子表示出圆的面积吗？

生反馈：$C \div 16 \times r \div 2 \times 16$，$C \div 32 \times r \div 2 \times 32$，$2\pi r \div 128 \times r \div 2 \times 128$。

师：如果给你一个数据，能不能算出圆的面积？

生：能。

师出示数据：$r = 3 \text{ cm}$。

(生计算，有很少几个同学算出了正确答案。)

师：通过自己的努力得出了正确的结果，找到了计算圆面积的方法，心里一定很兴奋，在计算的时候，有什么感觉？

生：很麻烦。

师：是呀，原来我们学过的公式没有这么麻烦的，也许它可以"减减肥"？观察一下上面的式子有什么发现？

生：÷ 份数和 × 份数可以抵消。

生：$2\pi r \div 2$ 也可以化简。

(自己尝试化简，生展示。)

师：看来我们把圆转化成近似三角形可以推导出圆的面积公式。真的很感谢那些勇于尝试的同学，给我们提供了一个这么好的思路。

设计意图：在初步探索出圆的面积计算方法后，给予半径的具体数值，让学生进行计算，感受到计算时比较麻烦，有发自内心地想对于计算方法进行进一步化简的愿望，然后通过观察，自主进行化简。在推导出圆的面积计算公式的那一刻，"转化思想"又在学生的头脑中多了一道记忆的痕迹。

(三) 建立联系

师：我们刚才的办法和我国古代的一位数学家的想法很相近，我们一起来看一下，见图 6.4.3 和图 6.4.4。

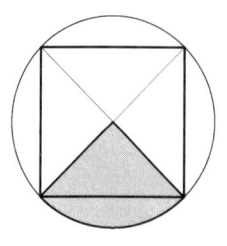 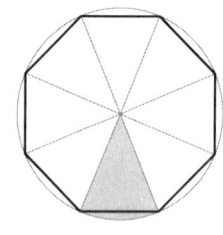 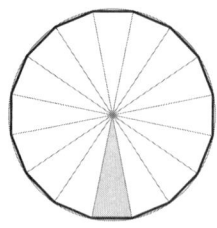

4等分　　　　　　　　8等分　　　　　　　　16等分

图 6.4.3

魏晋时代的刘徽注解《九章算术》时,用的是"穷尽"割圆术。刘徽割圆术虽然不是世界最早,却是数学史上最严谨完备简洁的割圆术。

图 6.4.4

设计意图:通常情况下,我们会把"割圆术"作为一个拓展资料展现给学生,但是这样给予学生的冲击力不足。为了更好地发挥此方法的效应,利用课件的演示,把学生的原始思维与割圆术进行联系对比,一是能让学生感受到古代人民对于数学的探索与智慧,二是能让学生提升探索后的成功感,三是为把圆转化成近似三角形找到支点,四是能让学生初步感受极限的思想。

(四) 转换思路,再次推导

师:既然能够转化成近似三角形来推导圆的面积公式,那能不能把圆转化成其他图形呢?

生:能。

师:有的人在我们把圆等分成许多近似三角形的基础上进行了这样的尝试。请看。

(分别出示 16 等分、32 等分、64 等分、128 等分的圆拼成的图形。)

生:把圆分的份数越多,拼成的越像长方形。

师:也就是通过剪、拼可以把圆转化成近似的长方形。

请同学们观察并思考:

(1) 近似长方形的面积和圆的面积之间有什么关系?

(2) 近似长方形的长、宽和圆之间有什么关系?

生反馈:

近似长方形的面积和圆的面积相等,长相当于圆周长的一半,宽相当于圆的半径。

长方形的面积是 $C \div 2 \times r$,也可以化简。

设计意图:在调查中发现学生很少能够想到通过剪拼的方式把圆转化成其他图形。现在在通过把圆转化成近似三角形,探索出圆的面积计算方法的过程中又丰富了经验,在此基础上,进一步感受用不同方法也能探索,感受方法的多样性和一致性,加深对于转化思想的认识和体验。

（五）再次拓展思路

师:除了可以把圆转化成近似三角形和近似长方形外,还可以把圆转化成如图 6.4.5 所示的两种图形来进行公式的推导。

师:只不过在拼成近似三角形的时候,对于把圆平均分成的份数有着特殊的要求,它必须是 9份、16 份、25 份……以我们目前的知识还无法很好地解决,有兴趣的同学可以课后尝试一下。

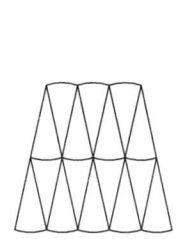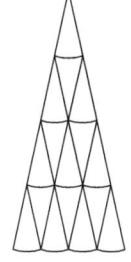

图 6.4.5

设计意图:以上两种方法同样能够探索出圆的面积计算公式,但是它们具有局限性,因此只是让学生了解,体会方法的多样性。通过以上环节,学生在三次探索过程中,积累了大量的数学活动经验,深刻地感受到"转化思想"的独特魅力,而且不同方法之间的联系,也有所体验。

（六）回顾探索过程

转化:把圆这个曲边图形转化成近似三角形、近似长方形这样的直线型图形,实现了化曲为直。

找关系:面积、底、高(长、宽)和圆之间的关系。

推导公式。

师小结:这样的探索过程并不只是推导圆的面积公式才用的,它在我们数学学习的过程中有着广泛的应用。

设计意图:数学的学习并非单纯的知识探究,更重要的是数学方法的掌握和数学思想的理解应用。通过对于探索过程的梳理,将转化思想等数学思想提炼出来,让学生进一步理解和体会遇到新问题的时候,我们如何进行探索,为学生的数学学习奠定基础。

（七）简单应用

练习1 公园草地上的一个自动喷灌装置的射程是 10 米,它能喷灌的面积是多少?

练习2 刘老师买了一个直径 2 米的圆桌,想配一块玻璃放在上面,应裁一块面积多大的玻璃合适?

(八) 回顾整理

师：时间总是过得飞快,40分钟的时间马上就要到了,说一说你都有哪些收获?

生：我学会了求圆的面积的方法。

生：我知道了可以用转化的方法解决不知道的问题。

……

师：是的,知识很重要,探索知识的方法更重要。

山东省临沂第四实验小学　刘士锋

山东省临沂第一实验小学　李士娟

87 运用转化的思想方法解决实际问题的案例分析
——以"圆柱体积解决问题"为例

一、 教学内容

人教版小学数学六年级下册第27页例7,如图6.4.6所示。

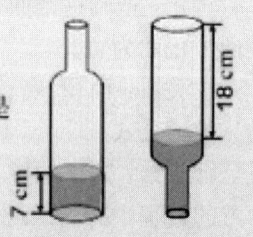

7 一个内直径是8 cm的瓶子里,水的高度是7 cm,把瓶盖拧紧倒置放平,无水部分是圆柱形,高度是18 cm。这个瓶子的容积是多少?

图 6.4.6

二、 呈现教学目标

师：老师带来一瓶矿泉水(满),你能想办法求出这个瓶子的容积吗?

生：将水倒入量杯或者规则的长方体、正方体之类的容器。

师：将水倒入(量杯)后你还能想象刚才矿泉水瓶的容积吗?

生：是的,它变成了规则的圆柱的形状,里面水的体积,我们可以用公式求。

师出示量杯,长方体、正方体容器,还有三棱柱、大坝型容器。

师：这样的容器可以用吗?

师：是的，它们都是直柱体，都可以用 $V = Sh$ 来求体积（第一课时已有渗透）。

小结：求规则容器的容积，我们可以直接用公式做，不规则的可以把它转化成规则的。

评析：①渗透了规则容器就是直柱体，可以用 Sh 来求容积；②回顾转化的思想方法，为后面的解决问题做好铺垫。

三、 研讨解决问题

1. 提出问题

师：可惜今天如果老师没有带这些容器过来，只有这瓶矿泉水和一把尺子，你有办法帮老师求出这个瓶子的容积吗？

（每四人小组 1 瓶水，水量多少不同。）

师：你们碰到了什么困难？

生：下面形状比较规则，可以用公式求，上面这部分不规则，不会。

师：那老师把有困难的这部分喝掉吧。

（喝得要恰到好处，喝 2～3 次，用吸管会更精确，由学生喊停。）

师：现在有没有办法求？讨论一下试试。

评析：①笔者跟随执教者听了几次公开课，发现每个班一般只有个别同学能想到把瓶子倒过来，甚至有一个班没有人想到，所以建议教师在执教本课时可以暗示性地边问边把瓶子倒过来、再倒回去，事实证明这样做，想到的孩子会多一些；②两位同课异构的老师都不直接呈现例 7，确实是增加了难度，但更有利于学生理解为什么要倒过来，能培养学生将未知转化为已知的数学能力；③把困难的喝掉，同样有助于部分学生联想到把瓶子倒过来，不规则部分就能转化成规则的形状。

2. 解决问题

（1）生讨论（略）、汇报。

生 1：（倒过来）这样，不规则的空气部分变成了规则的圆柱体，就可以求瓶子的容积了。

生 2：可是原来规则部分的水变成了不规则的呀？

生 1：瓶子的容积是原来的水加上倒过来的规则的空气的体积。

（部分学生点点头。）

师：谁听明白他的意思？再来说一说。

师：是的，倒过来后，水和空气的形状都变了，但是它们的体积不变，它们的体积和仍然表示瓶子的容积。

评析：通过懂的学生讲解，部分学生已能跟上他们的思维，在脑海中把这个过程动态化地呈现出来，前面的铺垫和暗示有了一些效果。

(2) 直观呈现,提炼拓展。

师将学具贴到黑板上,如图 6.4.7 所示。引导学生理出:

$$瓶子的容积 = V_{不规则的空气} + V_{规则的水} = V_{规则的空气} + V_{不规则的水}。$$

而 $V_{不规则的空气} = V_{规则的空气}$,等量代换,得到:

$$瓶子的容积 = V_{规则的空气} + V_{规则的水}。$$

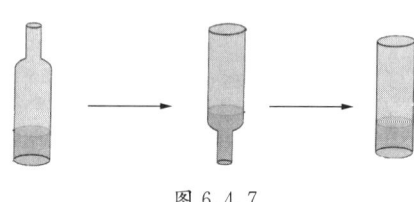

图 6.4.7

师:原来是这样,那要求这个瓶子的容积,你得测量出哪些数据呢?

生:瓶底圆的直径,原来水柱的高,倒过来后空气的高。

师:那么请大家动手,把我们这个瓶子的容积算出来吧。

生合作测量,独立计算、汇报。

评析:①更直观地把转化的过程呈现给学生,在学生脑海中形成表象,使学生的理解更深刻;②用原来规则的水和倒过来的空气拼合成规则的圆柱体,学困生对这个过程印象也很深刻,说明效果不错,当然,两个不规则部分拼合也能表示瓶子的容积(如图 6.4.8 所示);③这部分是关键之处,教师要充分利用好学生的回答,配合学具的演示,将该过程清晰、明白地展现给所有学生。

图 6.4.8

有两个小组表示他们的瓶子不能测出容积,师请代表上台说明。

生:(如图 6.4.9 所示)水太多或者水太少。

生1:上面有部分不规则的水无法计算体积。

生2:倒过来后水无法占满不规则部分,就是说还有部分不规则空气不能计算体积。

师:那么喝到哪里就可以了呢?

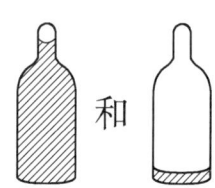

和

图 6.4.9

生3:上面至少要把不规则部分喝掉,下面留的水倒过来要能盖满不规则部分。

小结:看来,喝水也是有讲究的,如果老师一开始喝太多或喝太少,都不能用这个方法求出瓶子的容积。

评析:①在前面就埋下"炸弹","定时"引爆,说明并不是瓶子中剩余任何体积的水都能用这个方法计算瓶子的容积,因为有部分不规则体积无法转化为规则的体积;②从课堂效率、气氛来讲,笔者更欣赏执教者"自己喝水,让学生来说喝到哪里停下，然后辨析"的设计。

四、 拓展思考方法

师：如果是如图 6.4.10 所示这样的容器，你会计算吗？
给出习题，生独立计算(1 题)，汇报、交流。

评析：前面有了铺垫，学生能自然地想到是同一种
模型。

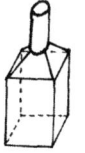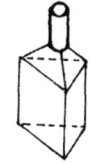

图 6.4.10

五、 反思回顾

师提问：

(1) 今天我们是怎样解决这个问题的？

(2) 你觉得这个方法神奇吗？

(3) 我们以前有没有像这样把没学过的知识转化为学过的知识来解决问题？

生答，师 PPT 呈现各种旧知关联，如图 6.4.11 所示。

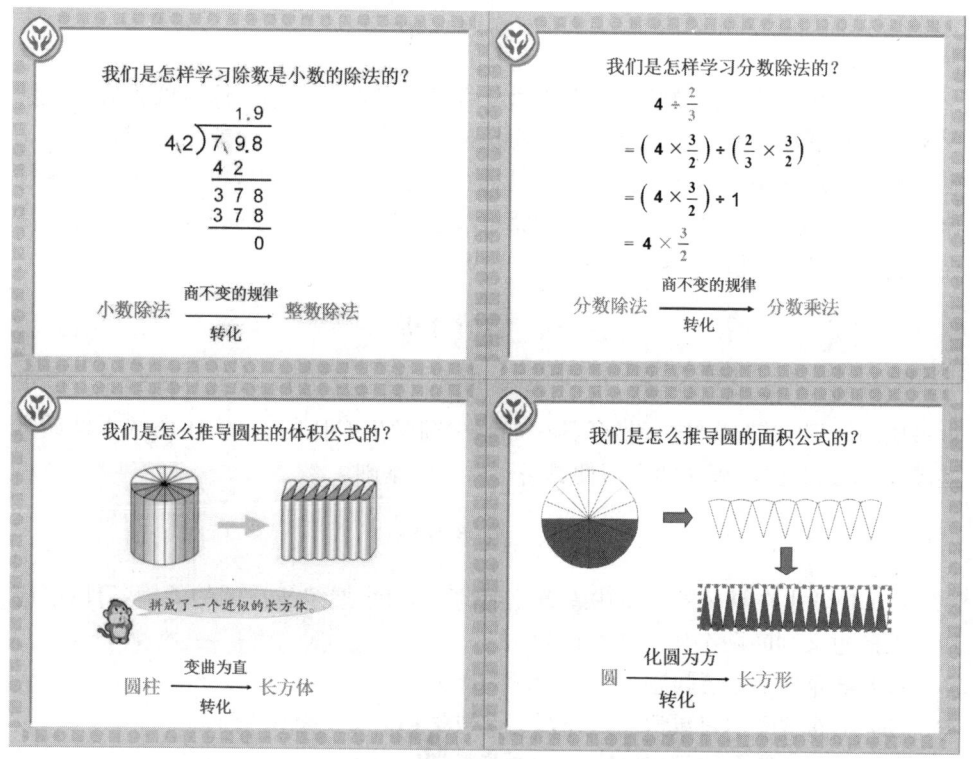

图 6.4.11

评析：执教者试图唤醒学生以前用转化的思想方法解决问题的经验，通过不同情境背景之下转化思想方法的运用跳出就题讲题的圈子，强化其作用和重要性。

但从试教和公开课的效果来看一般,学生一般只能想到面积转化和体积转化,代数领域基本没有谈到。所以这里不必非等着学生全部说出来,说不出来又由教师引导,这样会用去很多时间、喧宾夺主。转化的思想方法学生能感受、能用、会用就很不错了。建议两个学生回答后就可考虑直接PPT展示,提出"是的,我们在学这些知识时都运用过转化的方法来解决问题"就可以了。

浙江省杭州市闻涛小学　徐昊昶

"比例的意义"教学设计

一、 教学内容

人教版小学数学六年级下册第 40 页内容。

二、 教材分析

"比例的意义"是人教版小学数学六年级下册第四单元第一课时的内容。理解比例的意义是本节课的教学重点。应用比例的意义判断两个比能否组成比例并正确写出比例是本课教学难点。为了更好地突出重点、突破难点,按照学生的认知规律,本课设计主要让学生在"计算—观察、比较—概括—应用"的探究学习过程中体会比例的意义和价值,掌握比例的有关知识。

三、 学情分析

比例的知识是除法、分数、比、方程等知识的综合与提升,这部分内容是在学生学过比的知识的基础上进行教学的。如果之前学生对比的意义、比的基本性质掌握较好,那么对比例概念的学习便具备了良好的基础。

四、 教学目标

（1）使学生在具体的情境中理解比例的意义,掌握组成比例的关键条件;能应用比例的意义判断两个比能否组成比例。

（2）培养学生分析问题和解决问题的能力。

（3）培养学生学习数学的兴趣及感受数学和谐美的意识。

（4）让学生体会转化、类比、数学美等数学思想方法。

五、 教学重点

比例的意义。

六、 教学难点

判断两个比能否组成比例。

七、 教学过程

(一) 设疑导入,激发需求

课件出示教师照片。(如图 6.4.12、图 6.4.13、图 6.4.14 所示,共三张,有一张按正常比例的,有两张是变形的)

图 6.4.12

图 6.4.13

图 6.4.14

师:你喜欢看哪张照片? 为什么?

生:第一张,因为看起来没有变形,很舒服。

师:之所以看起来舒服没有变形,是因为与数学上的比例知识有关。今天我们就来研究研究。

(板书:比例)

师:关于比例,你想知道什么?

引导学生自主提问。

问题归纳:什么是比例? 比例有什么作用?

设计意图:通过比较变形的和按正常比例的照片对比,引出课题,激发学生学习欲望,渗透比较的思想方法,可以帮助学生较快地对特征作出判断。

(二) 比例概念的形成(材料感知—聚类分析—归纳概括—抽象命名)

1. 一放一收: 探究为什么每面国旗的形状相同?

(1)课件出示图片三面国旗(如图 6.4.15 所示)。

国旗长5 m，宽$\frac{10}{3}$ m。　　国旗长2.4 m，宽1.6 m。　　国旗长60 cm，宽40 cm。

图 6.4.15

师：国旗是中华人民共和国的标志，天安门前、升旗仪式上、教室里我们都可以看到鲜艳的五星红旗。

（2）比较这些国旗有什么相同的地方和不同的地方？（大小不同，形状相同）

（3）学生小组合作探究：为什么每面国旗的形状相同？

师：根据给出的国旗长、宽的数据，你们能够想办法尝试着算一算为什么每面国旗的形状相同吗？

（4）学生汇报交流，发现比值相等的规律。

$2.4：1.6 = 1.5，60：40 = 1.5，5：\frac{10}{3} = 1.5$。

或$1.6：2.4 = \frac{2}{3}，40：60 = \frac{2}{3}，\frac{10}{3}：5 = \frac{2}{3}$。

（5）师：《国旗法》有明文规定：所有的国旗长与宽的比必须是3：2，也就是比值必须是1.5，所以我们看到的国旗虽然大小不一样，但形状却是一样的。

设计意图：通过探究国旗大小不同，形状相同的原因，感受比值相等的原因，引出比例概念，渗透了类比思想。

2. 二放二收：什么是比例？ 比和比例有什么区别？

（1）比例的符号表达。

师：三面国旗长和宽比值都相等。我们任意选其中的两个比可以用什么样的数学符号连接？

生：等号。

学生回答，教师板书：$2.4：1.6 = 60：40$。

师：你能试着用两个比组成这样的等式吗？你能给它取个名字吗？

（2）学生汇报。

$2.4：1.6 = 60：40，5：\frac{10}{3} = 60：40，2.4：1.6 = 5：\frac{10}{3}$。

（3）归纳概括比例的意义。

师：用自己的话说一说什么叫比例。

生：表示两个比相等的式子叫做比例。

（板书并完善课题：比例的意义）

（4）结合比例概念的理解，引导学生同桌讨论：比和比例有什么区别？

（借助如图 6.4.16 所示的学习单，同桌小组合作学习探究。）

设计意图：通过比例概念的归纳总结、符号表达及比与比例的区别，渗透符号思想、比较思想、演绎推理思想等。

比和比例有什么区别？	
比	意义：
	组成：
比例	意义：
	组成：

图 6.4.16

3. 三放三收：你还能找出哪些比例，试着写一写？

（1）师：在这些国旗的尺寸中，除了长和宽的比可以组成比例外，你还能找出哪些比例？请试着写一写。看谁写得多！

引导学生换个角度思考，让他们发现长与长之比与对应的宽与宽之比也能组成比例。

（2）学生汇报。

引导学生发现只要是相对应的比，都能组成比例。

设计意图：学生根据比例概念的归纳总结，举出实例，渗透了类比思想。

（三）比例的应用

1. 基础练习

（1）判断：下面哪组中的两个比能组成比例，并把组成的比例写下来。

① $6:10$ 和 $9:15$ ② $0.6:0.2$ 和 $\frac{1}{4}:\frac{3}{4}$

（2）下面表 6.4.1 中相对应的两个量的比能否组成比例？如果能，把组成的比例写出来。

表 6.4.1

衣服数量（件）	5	10
总价（元）	100	200

（说说是怎样理解相对应的两个量的，这两个量的比表示什么实际含义？）

（3）你能试着编写一组比例吗？跟你的同桌互相交换着验证（鼓励学生举例时包含整数、小数、分数组成比例的式子）。

（4）用比例知识解决问题。

某犯罪嫌疑人作案后逃离现场，只留下一只长 25 厘米的脚印。已知脚的长度与人体身高之比是 $1:7$，你能推测犯罪嫌疑人身高大约是多少吗？

2. 知识拓展：黄金比例

（1）简单介绍黄金比例。（参考图 6.4.17 内容）

黄金比例

一天，古希腊数学家毕达哥拉斯从一家铁匠铺经过，被铺子中那有节奏的叮叮当当的打铁声所吸引，他走进作坊，拿出一把尺量了一下铁锤和铁砧（zhēn）的尺寸，发现它们之间存在着一种十分和谐的关系。回到家里，他拿出一条线段 c 分成长短两段 a、b，他发现 $a:b=b:c$ 这样的比被称为黄金比。它们的比值是 **0.618033…** 人们一般取近似值 **0.618**。古往今来，**0.618** 这个数一直被后人奉为科学和美学的完美结合。

后来，古希腊美学家柏拉图(Platon,前427—前347)将这比例称为黄金比例。

图 6.4.17

设计意图：通过数学文化黄金比例的介绍,渗透极限思想及转化思想、数学美的思想等。

（2）欣赏生活中的黄金比例的美好事物。

（四）教学总结

今天这节课你有什么收获?

八、 教学反思

如何借"比例的意义"这节课例对概念课教学模式进行深入探究,笔者与自己的团队通过磨课和思考,力图在这节课的设计上体现以下几个特点。

（一）提供丰富而典型感性材料,使数学概念形成经历一个抽象的过程

这个过程是一个由表及里发现和提炼本质特点的过程,更是一个对概念本质特点进行归纳概括抽象命名的过程,在这个过程中我们应十分关注通过相应的活动,引导学生经历数学概念的形成过程。于是笔者通过思考设计了概念教学四个步骤:1.大量生活材料,感知概念表象。2.不同中发现相同,直指概念本质。3.归纳概括命名,抽象概念内涵。4.具体运用拓展,升华概念外延。

"比例的意义"一课教学时通过设计四个环节的教学让学生亲身经历对大量材料的辨析比较,帮助学生透过表面发现组成比例的特点,从而归纳概括比例的意义。

第一环节：大量材料感知比例。

首先教师选择了学生生活经验——照片作为第一个材料引入。对于六年级的学生来说,比例的生活经验是什么？是大量的"放大"或"缩小"的生活现象。照片的使用,就是让学生的生活经验走进数学课堂,架起"生活经验"与"数学知识"的桥梁。大多数学生知道现象,但不知道放大或缩小的数学本质为"按比例缩放"和"什么是按比例"。学生的真实反应是"变形——不好看""不变形——好看"。教师自然而然地引出"比例",帮助学生由生活经验转向数学问题的研究,引发学习的内在需求。

其次第二个材料选择的是国旗。从天安门广场的国旗到学校操场的国旗、教室里的国旗,都是贴近学生的生活经验的。它促使学生首先想到这些国旗虽然大小不同,但它们的形状是相同的,接着老师引导学生进一步思考:如果从数学的角度看,可以用什么方法说明它们形状相同? 你觉得这些国旗之间还有什么关系? 于是老师引领学生经历"尝试写出国旗长与宽的比并求比值—交流发现比值相等的规律—用等号表示规律写出等式—归纳概括揭示比例的概念"这一过程。为了拓展学生思维,将国旗的素材运用得比较深刻,从同一面国旗长和宽的比能组成比例到不同国旗之间长与长的比、宽与宽的比等引导学生发现只要是相对应的比,都能组成比例。

第二环节:在不同中发现相同的研究,归纳概括比例的概念。

本节课就经历了几个层次的研究:①概念的感知(比值相等),让学生在情境中计算国旗长与宽的比,感知比值相等;②概念的表象(两个比值相等的式子),让学生观察一些比值相等用等号连接的式子,发现比例的特点;③概念的抽象(表示两个比相等的式子就是比例),根据观察的特点,抽象比例的意义;④概念的内涵(相对应的两个量,比值相等组成等式),在抽象比例的概念后,及时进行判断、辨析,进一步理解概念的内涵;⑤通过具体运用(如犯罪嫌疑人的身高),丰富概念的外延。可以看出,学生不仅经历了对"比例"这一数学概念从无知到深入理解的过程,更是积极主动地参与了"比例"概念的建构过程。

第三环节:运用比例的意义,解决实际问题。

实际问题的设计:从判断生活中相对应的两个量的比能否组成比例—自己编比例互相判断是不是比例—运用比例知识解决警察抓犯罪嫌疑人的问题,这种练习的层次设计使学生更深刻地理解比例的意义。

第四环节:了解黄金比例,感受数学的和谐美。

欣赏生活中的黄金比例的美好事物使学生能感受到比例的真正作用,那就是使生活中的事物变得和谐、美丽,也能使学生感受到数学的魅力。也许若干年过去了,学生不记得什么叫比例,但可能会记得他们欣赏的那一组神奇的运用黄金比例的图片。笔者始终认为教师在数学课上引导学生对数学美的领悟和欣赏可能比数学知识的学习本身更重要。

(二)"概念"需揭示事物的本质特点

美国哲学家、教育家杜威(John Dewey, 1859—1952)在《我们怎样思维》一书中提出"由语言符号所固定下来的意义像一堵围墙、像一个标签、像一种媒介,这才使得事物获得独特的、恒久的意义,可以长期保存,可以进行交流。"

一个概念应该使某一事物具有其独特的意义,那么如何让学生充分理解"两个比相等的式子叫做比例"这一概念的本质属性,如果只通过两面国旗长和宽比值关系的探究可能比较单调,只有通过多种学生熟悉成比例的素材(如照片、国旗、购物)、比例与比两种概念对比讨论、同伴互相当小老师判断是否成比例等才能更好地揭示比例这一概念的本质特点。

(三)用本质内涵升华对概念的理解

前苏联著名教育家苏霍姆林斯基(1918—1970)说:"应该教会儿童从周围世界的美和人的关系中看出精神的高兴、善良和诚恳,并在儿童自己身上确立这种美丽。"对于儿童的文化成长,数学美和其他一切美育因素一样,具有激励、召唤和点化的积极意义。

有时,由于感受到数学在探索大自然奥秘时所发挥出的巨大威力,使人领悟数学与大自然的和谐、神秘之美,进而激发了人们对于大自然之美的神往,增强了探索自然奥秘的信心。由此看来,美是一种召唤,有时,由于走进奇妙的数学,孩子们就像是面对一幅美丽的风景一样流连忘返,他们欣赏比例的和谐、感受黄金比例的神奇,从而更加热爱学数学。

反思这节课感觉还是有些许不满意的地方:学生在课堂上呈现出对资源的收放还是不够自如;每一个问题"放下去"还不够大胆。比如:让学生在情境中计算国旗长与宽的比,感知比值相等的活动设计时,教师选择的问题是你能算一算每面国旗长和宽的比值,你有什么发现?学生列出了三个比值等于二分之三的比出来,然后教师引导学生将两个相等的比用等式列出来,最后归纳概括比例的概念。三个步骤稳步向前。

其实在设计时教师还想到了另一种更开放的提问:"你能试着根据提供的国旗的相关数据写出一些比,并求出比值吗?很显然学生会自由地写许多比,比如长与长、长与宽、宽与宽的比,求出比值来。接着可以引导学生观察这些比值的特点,有些比值都是二分之三,有些比值都是一,有些比值又不同,这是为什么呢?由此进一步研究把比值相等的两个比组成比例。如果选择的是第二种提问引导方式,也许今天学生呈现出的资源会更多元,课堂也会更不一样。

还有对比例这一概念的挖掘可能还不够深入:单位不同的比组成比例的探讨、比例的育人价值等没有涉及到。

总之课堂是遗憾的艺术,这些也有待我们去思考和探究。

我们的思考:如果我们按照传统的教师讲授、学生被动地听的教学方法,只要学生把概念背下来,然后依葫芦画瓢做练习,学生就算学会了吗?过几天或者一段时间学生对"比例意义"的理解会不会淡忘甚至遗忘呢?这种注重形式符号的操练,到底对学生的学习有多大帮助?教师如何帮助学生对比例意义内涵本质的理解、内化和把握?

很显然这种教法看似简单明了。实际存在以下几个问题:一是教师替代了学生对"比例"这一概念本质属性的揭示,导致学生对比例形成过程缺乏参与体验,影响了学生对比例意义清晰性的认识；二是从一个具体情境或事例（国旗）揭示"比例"概念本质的方式使概念内涵比较狭窄单一；三是教师替代了学生对比例这一概念表述的概括提炼和抽象表达。

我们发现：通过教学过程调整和设计，我们发现，比例意义形成的过程才真正是一个由表及里发现和提炼本质特点的过程，更是一个对"比例"概念归纳、概括、抽象、命名的过程。学生通过了解黄金比例感受到了数学的和谐美。

湖南省株洲市荷塘区文化路小学　周慧珊

如何在教学中渗透数学思想方法
——以"鸽巢问题"为例

《标准（2011版）》在基本理念中指出："教师要在教学过程中帮助学生真正理解和掌握基本的数学知识与技能、数学思想和方法，获得广泛的数学活动经验"；在"总体目标"中也明确指出："获得适应社会生活和进一步发展所必须的数学的基本知识、基本技能、基本思想、基本活动经验"。从中我们不难看出，数学思想方法在数学教学中尤为重要。另外，通过最近一段时间在鲲鹏小数教师研修平台学习交流《小学数学与数学思想方法》一书后，越来越多的老师感受到了数学思想方法的魅力，在教学中越来越关注思想方法的教学。下面就以人教版小学数学六年级下册第五单元数学广角"鸽巢问题"的教学为例，谈一谈如何进行数学思想方法的渗透。

从教材中我们可以看出，"鸽巢问题"主要蕴含了两个重要的数学思想方法：推理思想和模型思想。二者都是十大核心理念中重要的思想方法。另外，数形结合、列举法、假设法、反证法、分类等数学思想方法也在本节课中有所体现。因此，本节课的教学目标可以定为：一是通过操作、观察、比较、分析、推理、概括等数学活动，引导学生经历数学建模和初步的数学证明的过程，理解抽屉原理的基本形式，并能初步运用抽屉原理解决相关的实际问题或解释相关的现象；二是在探究鸽巢问题的过程中，渗透逻辑推理、模型和数形结合等思想，进一步培养学生的抽象、推理和应用能力；三是使学生感受数学的魅力，体会数学与外部世界的紧密联系。为有效达成教学目标，教师在教学时必须做到以下两点。

一、借助直观操作，将接受学习与探究学习有机结合，引导学生初步经历数学证明的过程

抽屉原理是一类和存在性有关的问题，它非常抽象，如果让学生自己发现并总

结出抽屉原理,有些勉为其难。因此教师可顺应学生的认知特点,将接受学习与探究学习有机地结合起来。首先从结论入手,让学生通过画草图,找到所有放法,然后进行分析,使学生直观地发现 4 个小球放进 3 个抽屉,不管怎么放,总有一个抽屉里至少有 2 个小球,从而证明结论的正确性。实际上,这个过程就是一种数学证明的雏形,通过这样的方式,不仅有助于提高学生的逻辑思维能力,还为初中学习较严密的数学证明做好准备。接着,在此基础上,提出探究性的问题"5 个小球放进 4 个抽屉,不管怎么放,总有一个抽屉里至少放几个小球",引导学生进行猜测与验证,然后通过观察、对比、分析,从列举法中找到求至少数的简便方法——假设法,并用有余数的除法算式表示出平均分的过程,最后引导学生逐步抽象出抽屉原理。在以上接受学习和探究学习有机结合的过程中,不仅可以促进学生对知识的建构,培养学生的推理和抽象思维能力,还帮助学生积累一定的数学活动经验,实现真正意义上的有效学习。

二、 有意识地进行数学思想方法的渗透

数学思想方法是数学学习的灵魂和精髓,本节课主要渗透了以下思想方法:
1. 模型思想。关于模型思想,《小学数学与数学思想方法》一书中明确指出:数学模型是用数学语言概括地或近似地描述现实世界事物的特征、数量关系和空间形式的一种数学结构。课标中也明确提出:数学模型是运用数学的语言和工具,建立模型是数学应用和解决问题的核心。因此,在本节课中,教师要注重引导学生经历从实际问题中建立数学模型的过程,教学过程以"问题情境—建立模型—解释、应用与拓展"的模式展开,从抽屉原理,到鸽巢原理,再演绎到文具盒原理、口袋原理以及解决学生出生时间的问题等,教师都要有意识地引导学生将具体问题和抽屉原理的一般化模型联系起来,找出什么是"待分的物体",什么是"抽屉",这个过程实际上是学生经历将具体问题数学化的过程,是一个建模的过程,是培养学生数学思维能力的过程。2. 逻辑推理、数形结合、列举法、假设法、反证法、分类等数学思想方法。在教学中,从借助数形结合,一一列举出所有放法,然后分类进行讨论,感受到列举法的局限性,到用假设法、反证法进行推理,再到用算式表示出平均分的过程,在逐步抽象的基础上,渗透了各种数学思想方法。

下面是具体的教学案例。

(一) 激趣引入,揭示课题

1. 扑克牌魔术

教师出示一副扑克牌,取出大小王,让学生随意抽取五张,教师总能猜出:不管怎么抽,至少有两张牌是同一花色的。

先让学生说说这句话的意思,特别是对"至少"的理解,然后出示抽到的扑克牌,验证结论的正确性。

2. 揭示课题

教师：神奇吗？其实这个魔术里面蕴含着一个非常重要的数学原理——抽屉原理。

设计意图：对于"总有、至少"这两个关键词的理解是鸽巢问题教学的难点和关键点。为分散和突破这个难点，教师可以利用扑克牌魔术引入课题，目的是借助学生感兴趣的情境，调动学生学习的积极性，初步理解"至少"。

（二）经历过程，构建模型

1. 研究"4 个小球任意放进 3 个抽屉"存在的现象

（1）出示结论。

4 个小球放进 3 个抽屉里，不管怎么放，总有一个抽屉里面至少放 2 个小球。（如图 6.4.18 所示）

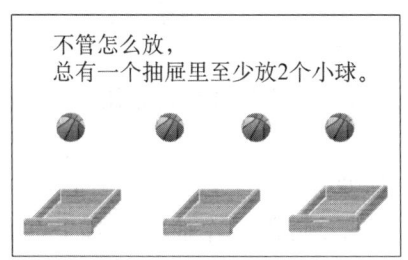

图 6.4.18

让学生说说对这句话中"总有"和"至少"的理解。

（2）验证结论的正确性。

引导学生用长方形代替抽屉，用圆代替小球画一画，看有几种不同的放法。

（3）全班交流。

汇报后，引导学生观察每种放法，如图 6.4.19 所示，通过横向、纵向比较，找到每种放法中放得最多的抽屉，然后从最多数里找最少数，发现不管哪种放法，都能从里面找到这样的一个抽屉，里面至少有 2 个小球，从而理解并证明了"不管怎么放，总有一个抽屉里至少放 2 个小球"这个结论是正确的。

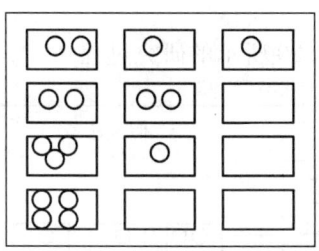

图 6.4.19

2. 研究"5 个小球任意放进 4 个抽屉"存在的现象，找到求至少数的简便方法

（1）猜测。

让学生根据刚才的研究经验猜一猜：把 5 个小球放进 4 个抽屉，不管怎么放，总有一个抽屉里至少放几个小球？

（2）验证。

以小组为单位共同研究：先画出不同的放法，然后观察分析每种放法，看哪种猜测是正确的。

（3）全班交流。

小组汇报研究结果。

教师追问：通过验证，我们发现 5 个小球放进 4 个抽屉里，不管怎么放，总有一个抽屉至少放 2 个小球。也可以结合反证法解释：如果每个抽屉最多放 1 个，那么 4 个抽屉里最多放 4 个小球，与 5 个小球相矛盾。

教师小结：刚才我们在研究"4 个小球放 3 抽屉，5 个小球放 4 个抽屉，不管怎么放，总有一个抽屉至少放几个小球"时，都采用了一一列举的方法，列举法是研究问题的一种基本方法。

（4）寻找求至少数的简便方法。

提出问题：有 100 个小球要放进 30 个抽屉里，如果再用列举法，你觉得怎么样？

使学生感受到列举法的局限性。

追问：有没有更简便的方法，不用把所有的放法都列举出来，就能很快地找到至少数？

引导学生观察 4 个小球放 3 抽屉、5 个小球放 4 个抽屉的所有放法，看哪种放法最能说明不管怎么放，总有一个抽屉里至少有 2 个小球。同时观察这种放法同其他放法相比有什么特点，引出平均分。

结合学生回答，课件演示：把 4 个小球放进 3 个抽屉里，假设每个抽屉平均放一个，还余下一个，这一个任意放进一个抽屉里，不管怎么放，总有一个抽屉里至少放 2 个小球。这种方法叫假设法，它蕴含了平均分的思想。

让学生用算式表示上面平均分的过程：$4 \div 3 = 1 \cdots\cdots 1$，$1 + 1 = 2$；$5 \div 4 = 1 \cdots\cdots 1$，$1 + 1 = 2$。

师生共同回顾如图 6.4.20 所示的研究过程。

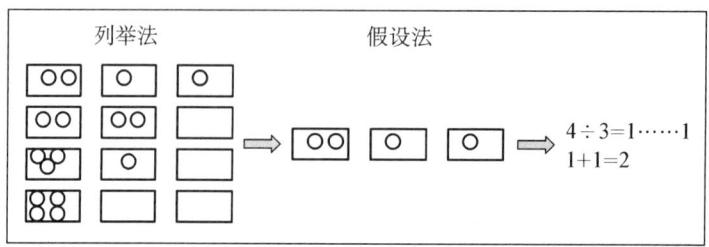

图 6.4.20

教师小结:我们先把所有的放法都列举出来,发现总有一个抽屉里至少放的小球数。列举法虽然很直观,但当数据比较大的时候,就有些繁琐,因此我们又从所有的放法中找到最简便的方法,也就是利用假设法来思考问题。假设每个抽屉放一个,余下的任意放进一个抽屉里,这样就能很快地找到至少数。最后我们用算式简明地表示出了平均分的过程。

3. 概括规律,构建模型

引导学生完成下面表 6.4.2。

表 6.4.2

小球个数	抽屉个数	总有一个抽屉里至少放的小球数
6	5	
7	5	
8	5	
9	5	
10	5	
11	5	

重点解决 7 个小球放进 5 个抽屉里,总有一个抽屉里至少放的小球数,使学生在思辨中明晰:先把小球平均分,然后把余下的小球再平均分,从而找到至少数,这是解决此类问题的关键。

解决完表格中的问题后,见表 6.4.3,继续引导学生进行联想:一直到什么时候至少数是 3? 什么时候变成 4? 什么时候变成 5?

追问:这里面是不是有什么规律? 认真观察这些算式,想一想,至少数都是怎么求出来的?

表 6.4.3

小球个数	抽屉个数	总有一个抽屉里至少放的小球数
6	5	$6 \div 5 = 1 \cdots\cdots 1$ $1 + 1 = 2$
7	5	$7 \div 5 = 1 \cdots\cdots 2$ $1 + 1 = 2$
8	5	$8 \div 5 = 1 \cdots\cdots 3$ $1 + 1 = 2$
9	5	$9 \div 5 = 1 \cdots\cdots 4$ $1 + 1 = 2$
10	5	$10 \div 5 = 2$ $2 = 2$
11	5	$11 \div 5 = 2 \cdots\cdots 1$ $2 + 1 = 3$

师生共同总结:把小球放进抽屉,如果平均分后有剩余,那么总有一个抽屉里

至少放"商加1"个；如果正好分完，那么至少数就等于商。

让学生用这种方法求出100个小球放进30个抽屉里，总有一个抽屉里至少放的小球数。

逐步抽象出抽屉原理的一般形式：把物体放进抽屉里，如果平均分后有剩余，那么总有一个抽屉里至少"商＋1"个物体；如果正好分完，至少数就等于商。

同时说明：抽屉原理由19世纪德国数学家狄利克雷(P. G. L. Dirichlet, 1805—1859)最早提出，因此又叫做狄利克雷原理。

设计意图：为突破教学的重难点，教师可先出示结论，给学生一个思维定向，然后借助画草图的直观方式，通过观察、分析，进行说理，找出最多中的最少，使学生从本质上理解了"不管怎么放，总有一个抽屉里至少有2个小球"这句话。但当数据较大时，再用列举法就显得麻烦。因此提出问题：哪种放法最能说明不管怎么放，总有一个抽屉里至少有2个小球？随后对各种放法进行对比，慢慢地把学生的思维引到平均分上，很自然地引出假设法：先平均分总数，再平均分余数，为后面构建抽屉原理模型做好铺垫。接着通过把6—11个小球分别放进5个抽屉里的系列练习，进一步引导学生熟悉用假设法来分析问题的思路，通过观察、思考、辨析，理解假设法最核心的思路是把小球尽量多地平均分到各个抽屉，发现"把小球放进抽屉，如果平均分后有剩余，那么总有一个抽屉里至少放'商加1'个；如果正好分完，那么至少数就等于商。"最后总结出抽屉原理，构建出数学模型。

三、 运用模型，解释应用

1. 鸽巢问题

出示鸽巢问题，让学生解释，并说说这里的鸽子和鸽巢各相当于什么。

教师说明：抽屉原理也被人们形象地称为鸽巢原理。

2. 找身边的抽屉原理

例如文具盒原理、口袋原理等。

教师指出：抽屉原理在生活中随处可见，它不仅仅局限于把物体放进抽屉、把铅笔放进文具盒里，它还可以研究把一些数放进集合中，由于人们常常借助鸽子和鸽巢来研究，所以此类问题统称为鸽巢问题。因此说，抽屉原理其实就是解决该类问题的一种方法，一个模型。在解决问题时关键是要看清什么是抽屉，什么是待分的物体。

3. 解释应用

(1) 用抽屉原理解释扑克牌魔术。

引导思考：把什么看作抽屉，把什么看作待分的物体？

(2) 用抽屉原理解释：在座的28位同学中至少有3人在同一个月份出生。为什么？

(3) 用抽屉原理批驳算命。

4. 出示我国古代对抽屉原理的记载

通过史料,使学生感受到:研究问题时不仅要善于发现,还要善于总结。

设计意图:《小学数学与数学思想方法》中写道:如果说符号化思想更注重数学抽象和符号表达,那么模型思想更注重数学的应用,即通过数学结构化解决问题,尤其是现实中的各种问题。由此可见,模型思想的培养不仅要重视模型构建的过程,更要重视如何应用模型来解决问题。因此,在学生理解了抽屉原理后,要引导学生运用抽屉原理来解释鸽巢原理、文具盒原理、口袋原理、扑克牌魔术、出生月份问题等,使学生会对一些简单的实际问题加以模型化,进一步渗透模型思想,培养学生分析问题、解决问题的能力。

四、 课堂小结,余味课外

通过小结,拓宽学生视野,感受到抽屉原理更广泛而深刻的应用。

以上就是本节课的教学设计,可以看出,整个教学过程教师紧紧围绕教学目标,通过操作、观察、比较、分析、推理、概括等数学活动,引导学生经历了初步的数学证明和模型构建的过程,理解了抽屉原理(鸽巢原理)的基本形式,并初步运用抽屉原理解决了相关的实际问题,较好地渗透了逻辑推理、模型和数形结合等数学思想方法,进一步培养了学生的抽象、推理和应用能力。一叶知秋,从本节课的教学联想到其他内容的教学,教师一定要善于挖掘知识点背后的数学思想方法,然后紧扣课标要求,围绕教学目标,在教学时适时地渗透数学思想方法,长期坚持下去,对学生后续数学知识的学习而言,至关重要!

山东省临沂朴园小学　郑玲玲